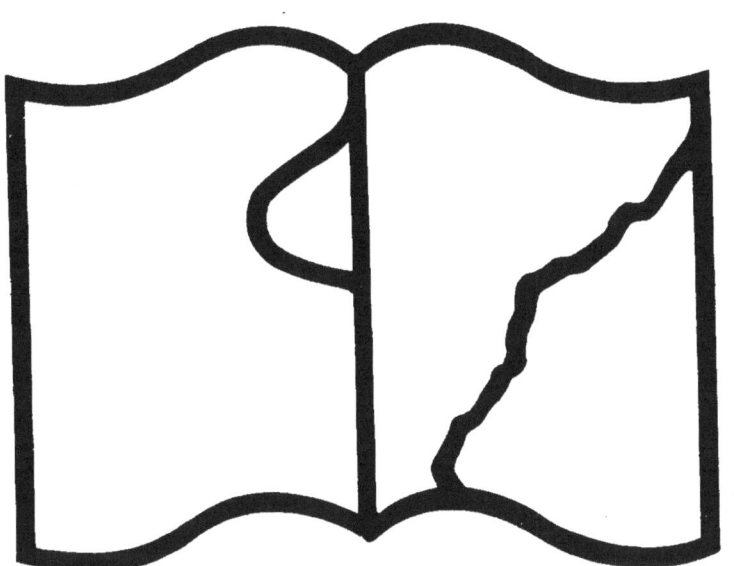

Texte détérioré — reliure défectueuse

NF Z 43-120-11

Éditi   Nationale Populaire

LA FRANCE ILLUSTRÉE

Magnifiques Cartes et Plans en couleurs

NOMBREUSES ILLUSTRATIONS

GRANDE ŒUVRE NATIONALE ET POPULAIRE

D'APRÈS LES DOCUMENTS LES PLUS RÉCENTS

50 centimes le fascicule

(48 pages texte et dessins) avec Carte et Plan tirés en couleurs.

PARIS

Jules ROUFF et Cie, Éditeurs, Cloître Saint-Honoré

(Tous droits réservés)

Par exception ce 1er fascicule est vendu 10 centimes seulement.

La France Illustrée

par V.-A. Malte-Brun

BOURG

1er fascicule

Église de Brou.

Département de l'Ain.

DÉPARTEMENT DE L'AIN

Chef-lieu : BOURG

Superficie : 579,900 hectares. — Population : 356,907 habitants.
5 Arrondissements. — 36 Cantons. — 453 Communes.

DESCRIPTION PHYSIQUE ET GÉOGRAPHIQUE

Situation. — Le département de l'Ain, département frontière par l'arrondissement de Gex, appartient à la région orientale de la France, et dépend du Bassin du Rhône. Il a été formé, en 1790, de la Bresse et du Bugey, qui ont successivement fait partie, autrefois, de la Bourgogne et de la Franche-Comté. La Bresse avait pour annexe la principauté de Dombes; dans le Bugey, étaient compris les petits pays de Gex et de Valromey.

Le Rhône sépare ce département, à l'Est, de ceux de la Savoie et de la Haute-Savoie; au Sud, de celui de l'Isère; à l'Ouest, la Saône le sépare de ceux du Rhône et de Saône-et-Loire; au Nord-ouest, le département est limité par celui de Saône-et-Loire; au Nord, par celui du Jura; enfin les cantons suisses de Genève et de Vaud forment sa frontière Nord-est.

Le point central du département est à peu près à la jonction du 3e degré de longitude Est et du 46e degré de latitude Nord.

Nature du sol. — Le département de l'Ain est montagneux dans sa partie orientale; sa partie occidentale offre de belles plaines au Nord, et un sol découpé par un grand nombre d'étangs et de marais au Sud.

A l'Est, sont les terrains jurassiques; à l'Ouest, les terrains argilo-sableux tertiaires.

Les chaînons du Jura, presque tous rocheux, parallèles les uns aux autres, portent à leurs plus hauts sommets le nom de *crêt* : les vallées longitudinales qui courent entre ces chaînons sont désignées par les appellations de *val* ou de *combe*, suivant que le calcaire ou l'argile y domine.

Le département est traversé, du Nord-est au Sud-sud-ouest, par plusieurs chaînes de montagnes, parallèles entre elles, qui prolongent la Chaîne du Jura. L'extrémité Sud de la principale de ces chaînes, connue sous le nom de Grand-Credo, a une hauteur de 1,624 mètres. Les autres points culminants du département sont : le Crêt de la Neige, 1,724 mètres; le Reculet de Thoiry, 1,720 mètres; le Colomby de Gex, 1,691 mètres. On trouve aussi, vers le centre, une chaîne de collines hautes de 558 mètres, dont les pentes couvertes de vignes portent le nom de Revermont. Les vallées comprises entre les montagnes sont fort encaissées, bordées quelquefois de rochers taillés à pic, et sillonnées par des torrents extrêmement rapides; elles abondent en excellents pâturages et fournissent de très bons fourrages. Les pentes extérieures des collines les plus favorablement exposées sont plantées de vignes; des forêts occupent le centre des chaînes. Vers le Sud-est, les montagnes s'abaissent, les vallées s'élargissent; de charmants paysages, des sources abondantes, de belles rivières, de fraîches prairies, de riches vignobles, beaucoup d'arbres et une végétation vigoureuse, forment ici le plus riant tableau.

Au Nord-ouest, le département présente les belles plaines de la Bresse et les immenses et superbes pâturages des bords de la Saône. C'est, sans contredit, la partie la plus fertile du département, celle dont l'abondance en céréales vient compenser l'insuffisance des récoltes dans les parties montagneuses ou marécageuses.

La partie Sud-ouest contient des vallées à peine marquées; leur sol compact et argileux retient les eaux, que le moindre travail de l'homme suffit à rendre stagnantes; aussi n'y compte-t-on pas moins de 1,500 étangs, pour la plupart artificiels, formés par une digue qui maintient dans les vallées les eaux descendant des coteaux. Cette partie du département renferme quelques bois en assez mauvais état, peu de terres à froment, mais de nombreux champs d'avoine.

Cours d'eau. — Le département de l'Ain est sillonné par un grand nombre de cours d'eau : l'Ain, le Rhône, la Saône, la Bienne, la Reyssouze, qui sont navigables, puis la Seille, la Semine, la Valserine, le Seran, le Furan, l'Albarine, l'Oignin, le Suran, la Veyle, la Chalaronne, et d'autres moins importants.

L'Ain, autrefois le *Dain*, qui donne son nom au département, prend sa source dans le département du Jura, près de Comte, à 4 kilomètres de Nozeroy, et coule dans une gorge très resserrée, en formant plus de vingt chutes, dont la plus remarquable est celle du Pont-de-la-Saisse, où les eaux tombent d'une hauteur de 16 mètres sur une largeur de 130 mètres; c'est une des plus belles cascades de l'Europe. L'Ain est flottable en trains depuis Pont-du-Navoy, et navigable depuis la Chartreuse-de-Vaucluse, points situés dans le département du Jura. Sa pente est de 1 m. 50 par kilomètre; aussi n'est-il navigable que pour la descente. D'ailleurs, l'escarpement presque continuel de ses bords s'opposerait à la construction d'un chemin de halage. Cette rivière pénètre dans le département par le territoire de la commune de Dortan, se dirige vers le Sud, passe près de Serrières, à Poncin, à Pont-d'Ain, à Varambon, à Châtillon-la-Palud, à Loyes, et se jette dans la rive droite du Rhône, vis-à-vis du village d'Authon situé dans le département de l'Isère, après avoir reçu, dans son cours de 190 kilomètres, dont 90 environ à travers le département, la Bienne, l'Oignin, l'Albarine, sur sa rive gauche, la Valouze et le Suran, sur sa rive droite.

Le Rhône n'appartient au département de l'Ain que par sa rive droite, qui lui sert de limite à l'Est et au Sud. Il entre dans le département, en coulant du Nord au Sud, sur le territoire des communes de Challex et de Pougny, passe près de Collonges, au Fort-de-l'Écluse, à Bellegarde, où il reçoit la Valserine, et forme, à quelques kilomètres à l'Ouest, par l'obstacle que lui opposent les hauteurs du Crêt-du-Nu et du Grand-Colombier, le phénomène connu sous le nom de Perte du Rhône, que les travaux entrepris pour assurer le flottage et pour l'utilité de divers établissements industriels tendent chaque jour à faire disparaître. Le fleuve passe ensuite près de Seyssel, à Culoz, à Pierre-Châtel, au Molard, change de direction, coule de l'Est au Nord-ouest d'abord, ensuite de l'Est à l'Ouest, et passe à Evieu, Le Sault-Brénaz, Loyettes, endroit au-dessous duquel il reçoit l'Ain, puis arrose Thil et Miribel; à courte distance de Montgoitron, sa rive droite appartient au département du Rhône.

La Valserine naît près de la Vallée des Dappes, dans le département du Jura, passe à

Mijoux, à Lelex, à Chazery, à Châtillon-de-Michaille, où elle reçoit la Semine ; au Pont-des-Oules, le cours d'eau se précipite dans une profonde fissure où il reste engouffré pendant cent pas. Cette Perte de la Valserine, est au moins aussi curieuse que celle du Rhône. La rivière coule ensuite dans les gorges de Bellegarde, passe sous le Viaduc du Chemin de fer de Genève et se jette dans le Rhône, après un cours d'environ 52 kilomètres.

La Saône n'appartient au département que par sa rive gauche, qui lui sert de limite à partir de son confluent avec la Seille; elle arrose Montmerle, Beauregard, Trévoux, et présente une navigation facile et commode. Dans ce parcours, la Saône reçoit : la Seille ; la Reyssouze, qui passe à Tossiat, à Montagnat, à Bourg, à Montrevel et à Pont-de-Vaux ; la Veyle, qui arrose Châtenay, Dompierre, Lent, Saint-Jean, Pont-de-Veyle ; la Chalaronne, qui passe à Châtillon.

La Bienne prend sa source à Bellefontaine, dans le département du Jura, traverse ce département pour se jeter dans l'Ain, en servant, pendant quelques kilomètres seulement, de limite entre les deux départements du Jura et de l'Ain.

Le Lac de Nantua, seul digne de cette appellation, compte environ 2000 mètres de longueur sur 1000 mètres de largeur ; il est à 475 mètres au-dessus du niveau de l'Océan. Ceux de Silan, de Genin et de Meyriat, moins considérables, se trouvent, ainsi que celui de Nantua, au milieu d'une Suisse en miniature à laquelle rien ne manque : ni les convulsions du sol, ni les anfractuosités des vallées, ni les chalets aux toits de planches maintenues par de lourdes pierres, ni les majestueuses solitudes que troublent seulement le bêlement des chèvres et le mugissement des vaches, mêlés au murmure des eaux torrentueuses qui roulent et grondent profondément encaissées entre les rochers.

Climat. — Le département de l'Ain appartient à la région climatérique du Sud-est ou au climat rhodanien. La température varie selon les localités, la nature du sol, l'abondance ou l'absence des bois et des marais. Le climat, plus froid que ne semblerait l'indiquer la latitude, est généralement humide et brumeux dans les deux arrondissements de Trévoux et de Bourg, rigoureux et plus sec dans la partie orientale et montagneuse du département. Les hivers sont longs à Belley, Nantua et Gex ; plus doux à Trévoux et Bourg. La neige dure dans le Haut-Bugey depuis la fin d'octobre jusqu'au mois d'avril. Le vent du Sud règne en octobre et en novembre ; celui du Nord, redouté en décembre, janvier et février, cesse en mars, souffle de nouveau en avril et mai ; dans ces deux derniers mois, les gelées font quelquefois beaucoup de mal aux produits de la terre. A Bourg, la quantité annuelle moyenne de pluie a été, en vingt ans, d'environ un mètre. L'humidité qui règne dans les parties méridionales du département y cause des ophtalmies, des affections scorbutiques et fiévreuses, tandis que les lieux secs et élevés occasionnent des phtisies et des affections scrofuleuses.

Voies de communication. — Les routes et les chemins de terre ont un développement total de 10,875 kilomètres, dont 452 pour les routes nationales.

La principale ligne de Chemin de fer, qui conduit de Paris à Genève, dépend du grand réseau de Paris-Lyon-Méditerranée. Cette ligne pénètre dans le département après avoir traversé la Saône, à Mâcon, dessert notamment les stations de Pont-de-Veyle (8 kilomètres de Mâcon, 448 de Paris), Bourg (478 de Paris), Pont-d'Ain, Ambronay, Ambérieu (509), Saint-Rambert, Virieu-le-Grand, Culoz (559), Seyssel, Pyrimont, Bellegarde (592), Collonges, Chancy-

Pougny, la Plaine. Après un parcours de 172 kilomètres dans le département, la ligne dessert, en Suisse, les stations de Satigny, Vernier-Meyrin, Genève (626 kilomètres de Paris).

Mais le trajet de Paris à Bourg peut être abrégé par la ligne de Chalon-sur-Saône à Bourg, qui a un parcours de 31 kilomètres dans le département, passe à Saint-Trivier-de-Courtes, et aboutit à Bourg, distant, par cette voie, de 460 kilomètres de Paris.

A Bourg, un embranchement de 64 kilomètres se dirige sur Bellegarde, par Ceyzériat, La Cluse, Nantua, Châtillon-de-Michaille.

Un embranchement joint La Cluse à Saint-Claude par Oyonnax; son trajet est de 18 kilomètres dans le département.

Bourg est directement en communication avec Lyon par une ligne de 59 kilomètres, dont les principales stations sont à Marlieux-Châtillon, Villars-Chalamont et Sathonay.

Une ligne de 12 kilomètres, appartenant à une société particulière, joint Marlieux à Châtillon-sur-Chalaronne.

De Sathonay, une ligne de 19 kilomètres, propriété d'une autre société particulière, conduit à Trévoux.

La ligne de Bourg à Saint-Amour, par Coligny, après un trajet de 25 kilomètres dans le département de l'Ain, entre dans celui du Jura, où elle bifurque sur Dijon et sur Lons-le-Saunier.

De Culoz, près de l'extrême limite Est du département, la grande ligne de Paris se prolonge vers le tunnel du Mont-Cenis par Aix-les-Bains, Chambéry et Modane.

De Bellegarde, également près de l'extrême limite Est du département, elle envoie vers Annemasse un embranchement qui bifurque ensuite sur Evian et sur Cluses.

D'Ambérieu, un embranchement de 18 kilomètres conduit à Montalieu, par Lagnieu et Villebois; il se prolonge vers Sablonnières, où il rejoint la ligne de Lyon à Saint-Genix.

Un embranchement va de Virieu-le-Grand à Saint-Genix, par Belley; son trajet est de 34 kilomètres dans le département.

Le chemin de fer de Lyon à Genève traverse le département sur une longueur de 40 kilomètres, en passant aux stations de Miribel, Beynost, Montluel, La Valbonne, Meximieux, Ambérieu (52 kilomètres de Lyon), où il rejoint la ligne de Paris à Genève par Culoz.

La longueur des lignes exploitées actuellement est de 492 kilomètres, dont 454 appartiennent au grand réseau de la Compagnie de Paris-Lyon-Méditerranée.

Agriculture, Industrie, Commerce. — Les habitants du département de l'Ain sont grands, robustes, bien proportionnés dans leur structure, d'une physionomie agréable, souvent d'une pâleur mate, indice des fièvres locales qui sévissent sur certains cantons. Economes, laborieux, ils ont le jugement sain, la raison froide. Leurs dispositions naturelles pour la musique sont presque générales. Malgré que les bienfaits de l'instruction soient très appréciés dans ce département, sa population demeure encore fidèle à quelques vieilles croyances et coutumes superstitieuses; mais ces pratiques d'un autre âge tombent chaque jour en désuétude, et nous les rappelons bien moins comme une peinture du présent que comme une dernière empreinte du passé, lente à s'effacer dans tous les temps et dans tous les pays.

Sur une population de 356,907 âmes, plus de 250,000 habitants vivent de l'agriculture directement ou indirectement, et, sur une superficie de 579,900 hectares, il y en a près de 550,000 de terres cultivables; le département de l'Ain est donc essentiellement agricole.

La culture des céréales comprend le froment, le méteil, le seigle, l'orge, le sarrasin, le maïs et l'avoine. La moisson suffit au delà des besoins de la consommation; le surplus est exporté dans les autres départements et en Suisse. Les céréales se récoltent en grande quantité dans la Bresse, qui est la contrée la plus fertile et la mieux cultivée. Le département n'a pas de ferme-école, mais un Orphelinat agricole est établi à la Providence de Seillon, et il existe une Ferme-modèle à Peyrieux.

La récolte est également abondante en pommes de terre, en farineux et en légumes de toute espèce. Les produits des vergers, des jardins et des potagers, alimentent en partie les halles de Lyon. Parmi ces produits, nous citerons notamment les châtaignes qui forment la ressource de certains cantons pauvres du département, les pommes avec lesquelles on fabrique du cidre, les noix et les prunes.

On trouve dans l'arrondissement de Belley et dans la Michaille de bonnes truffes noires.

Les vignobles, atteints par le phylloxéra, se relèvent progressivement. Le Bugey et le Revermont contiennent les meilleurs. Les vins rouges de Béon, Cerveyrieu et Virieu-le-Grand, les vins blancs de Gravelles, Montagnieu et Seyssel, sont les plus estimés.

Les cultures industrielles ont peu d'importance; elles ne produisent que le colza, la navette et le chanvre. Ce dernier est très beau dans les environs de Pont-de-Vaux.

Les fourrages sont abondants et d'excellente qualité, surtout dans les belles prairies des bords de la Saône, de la Reyssouze et de la Chalaronne.

La flore des marais est la plus riche de toute la France.

Les plus importantes forêts sont celles d'Arvières, de Champfromier, Cormaranche, Cretet, Genevrais, Jailloux, Meyriat, Montréal, Niermes, Putod. Le sapin, le hêtre, le charme, le chêne, le bouleau, le châtaignier, en forment les principales essences.

La race chevaline, peu nombreuse, tend à reconquérir sa réputation, grâce à l'introduction d'étalons anglo-normands de labour, et grâce aussi aux encouragements d'une société hippique qui a institué des courses à Chatillon-sur-Chalaronne.

La race bovine, fort belle, approvisionne les boucheries de Lyon; les vaches donnent du lait excellent avec lequel on fabrique du bon fromage du genre gruyère, surtout dans les arrondissements de Belley, Gex et Nantua; deux Écoles de fromagerie sont établies à Maillat et à Ruffieu.

Les moutons indigènes sont l'objet de soins qui en améliorent l'espèce; un établissement pour l'élevage des moutons mérinos se trouve à Naz, près de Gex.

Les porcs gras de la Bresse sont très goûtés.

Il en est de même pour les volailles si fines de cette contrée, ainsi que pour les dindons et les oies de la Dombes.

Les ruches d'abeilles, qui se multiplient, donnent de la cire et du miel fort bons.

La sériciculture reste stationnaire et se cantonne dans l'arrondissement de Belley.

Les rivières abondent en excellents poissons, et l'on pêche dans l'Ain, de même que dans ses affluents, des truites fort recherchées.

Les étangs, très poissonneux, sont vidés tous les deux ans; on ensemence leur sol en blé et en avoine pour la troisième année qui produit une très fructueuse récolte.

La Société internationale de pisciculture a un Établissement à Thoiry.

Le gibier à poil se fait rare, mais le gibier à plumes est très répandu; on chasse les canards et les oies sauvages, les cygnes, les grues, les cigognes et les butors.

Les loups, les renards, les putois et les chats sauvages, sont nombreux.

La couleuvre et la vipère se montrent fréquemment.

Le Rhône roule des paillettes d'or; on trouve des pépites de ce métal précieux près de Champdor, et il y en a des indices aux environs de Maillat et de Saint-Martin-de-Fresne.

Il existe cinq concessions de mines de fer; mais celle de Vaux, 1,100 hectares, et celle de Serrières, 240 hectares, sont seules exploitées.

Entre Bellegarde et Seyssel s'étendent de grandes couches de substances bitumineuses, surtout près de Pyrimont. On en extrait l'excellent asphalte de Pyrimont-Seyssel. Chèzery, Confort, Forens, Lélex, Corbonod, Saint-Champ, ont également des calcaires, grès et schistes bitumineux et asphaltiques.

Parmi les gisements de lignite, on exploite celui de Saint-Martin-du-Mont.

Mais la véritable richesse minérale du département de l'Ain consiste dans ses nombreuses carrières de pierre de taille, particulièrement celles de Ceyzériat, Cize, Divonne, Hauteville, Montmerle, Pyrimont, Seyssel, Thoiry, et surtout les carrières de pierres dures de Villebois.

Briord, Marchamp, Montagnieu, Ordonnaz, Serrières, ont des carrières de pierres lithographiques, les meilleures de France, qui rivalisent avantageusement avec celles de l'Allemagne.

On trouve de la chaux à Pont-d'Ain, Pont-de-Vaux, Chazey-Bons, Sainte-Julie, Tenay, Virieu-le-Grand, Trévoux, Meximieux, Thil.

Bien qu'il y ait plusieurs sources d'eaux minérales, l'Établissement balnéaire de Reyrieux, seul, utilise une source d'eau ferrugineuse, à la température de 16°.

Un autre Établissement hydrothérapique exploite les sources de Divonne, non minérales, dont la température constante de 6° 5 produit des réactions salutaires.

Les nombreuses grottes du département renferment des spaths transparents et de grandes masses de stalactites merveilleusement arborisées; la plus remarquable est la Grotte de Corveissiat.

Les minoteries et les moulins à blé sont en très grande quantité.

On fait de l'huile, des fromages, dans beaucoup d'endroits.

On fabrique des tapis, à Nantua; des couvertures et des draps pour la troupe, à Montluel; de la bonneterie, de la toile, du linge de table, à Saint-Rambert.

On apprête, on peigne, on carde, on file et l'on tisse la soie, à Saint-Rambert, Argis, Tenay; on fabrique des soieries à Bourg et à Jujurieux; des velours, à Ambérieu; des teintures pour soieries, à Miribel.

Il existe aussi quelques filatures de laine.

Les tanneries, mégisseries et corroiries, sont nombreuses; les chamoiseries, plus rares: on travaille surtout le cuir à Bourg, Pont-de-Vaux, Nantua, Châtillon-sur-Chalaronne et Thoissey.

Saint-Rambert, Cerdon et Bellegarde, possèdent des fabriques de papier.

Belley, Bourg, Gex, Nantua et Trévoux, ont des imprimeries qui publient 35 journaux.

D'importantes scieries à main, à vapeur, à force motrice hydraulique ou électrique, débitent le bois; la tonnellerie, la construction des bateaux, la carrosserie, la boissellerie, la préparation du bois pour les arsenaux militaires, les fabriques de meubles, de chaises et de sabots, sont surtout concentrées dans les arrondissements de Belley, Gex et Nantua.

Tombeau de Marguerite de Bourgogne dans l'église de Brou.

Mentionnons spécialement les ateliers pour l'affinage, le tirage, le battage, la tréfilerie d'or et d'argent, de Trévoux; les fabriques de filières, de Trévoux et Lagnieu; de bijoux bressans en émail, de Bourg; les taillerics de diamants, les ateliers de perçage de diamants, d'horlogerie et de lunetterie, ainsi que les tourneries, les tabletteries, les fabriques de peignes en corne, en buffle et en ivoire, de tabatières, de pipes en racine de bruyère, de bijouterie en corne, en ivoire, en nacre et en écaille, de jeux divers en ivoire, en os et en bois, de boutons de nacre, de perles, d'objets divers en celluloïd, et autres articles dits de Saint-Claude classés dans la catégorie des articles de Paris, dont le centre de fabrication est à Oyonnax, et qui occupent de nombreux artisans dans les arrondissements de Gex et de Nantua.

Viennent ensuite des fabriques de brosses, de sparterie, de cordes, d'objets de petit équipement militaire, de chapeaux, de savons, de bougies, de verre trempé.

L'industrie métallurgique comprend des clouteries à Bâgé-le-Châtel, Treffort, Lagnieu, Nantua; des ateliers de construction, à Bourg, Maillat, Saint-Didier-de-Formans; une cuivrerie, à Cerdon; des usines d'électricité, à Tenay, Nantua, Bellegarde, Oyonnax; des fonderies de fer, à Bourg, Crottet, Ambérieu; des fabriques d'instruments agricoles, à Artemare, Virieu-

LIVR. 2.

le-Petit, Ormex, Prévessin, Nantua, Villeneuve; d'instruments de pesage, à Bourg, Ambérieu, Cerdon.

Notons enfin les poteries, les tuileries, les briqueteries, les fabriques de céramique et de poêles en faïence.

Le commerce d'exportation du département de l'Ain comprend les grains, les vins, les bœufs et les porcs gras, les volailles, les fromages, les truffes, les poissons, les bois de construction, les pierres de taille, l'asphalte, les pierres lithographiques, les articles de tournerie, les bijoux, les soieries, le linge.

L'importation se compose surtout de la houille, des fruits secs, liqueurs, sucres, alcools, huiles et denrées coloniales, de la soie brute, des cornes, de l'ivoire et autres matières qui alimentent les nombreuses tourneries.

Il se fait, en outre, par le même département, un grand transit de marchandises entre la France et la Suisse.

Organisation et divisions générales. — Le département de l'Ain, dont Bourg est le chef-lieu, se divise en 5 arrondissements, 36 cantons et 453 communes. Les chefs-lieux des arrondissements, outre Bourg, qui est préfecture, sont les 4 sous-préfectures de Belley, Gex, Nantua, Trévoux. Ce département forme 6 collèges électoraux; sa représentation législative est de 3 sénateurs et de 6 députés. Il y a 1 conseil de préfecture, 1 conseil général, 5 conseils d'arrondissement et 453 conseils municipaux.

Le département forme les 7e et 8e subdivisions de la 7e région de corps d'armée; cette région a son quartier général à Besançon; le centre de la 7e subdivision est à Bourg; celui de la 8e subdivision, à Belley. Ces deux dernières villes ont chacune un bureau de recrutement, de mobilisation et de réquisition.

L'état-major de la 25e brigade d'infanterie, qui fait partie de la 13e division, 7e corps, réside à Bourg; cette brigade est composée du 23e régiment à Bourg, et du 133e à Belley. Au 23e régiment actif correspondent le 223e de réserve et le 55e territorial, avec centre de formation à Bourg; de même, au 133e actif correspondent le 333e de réserve et le 56e territorial, avec centre à Belley.

Pour la remonte, le département dépend du dépôt de Mâcon.

Le service de l'artillerie appartient à la direction de Besançon, place de Pontarlier, annexe du Fort-de-l'Écluse, sauf l'arrondissement de Trévoux, compris dans la direction de Lyon.

Le département est de même compris dans la direction du génie militaire de Besançon, chefferie de Bourg, moins l'arrondissement de Trévoux qui fait partie de la direction et de la chefferie de Lyon.

Une sous-intendance militaire fonctionne à Bourg, avec magasins de subsistances dans la même ville ainsi qu'au Camp de Sathonay, et magasins d'habillement au Fort-de-l'Écluse et au Fort de Pierre-Châtel.

Les soldats malades sont soignés, soit dans les salles militaires des hospices civils de Bourg et de Belley, soit aux hôpitaux militaires du Camp de La Valbonne et de Lyon.

La compagnie départementale de gendarmerie est comprise dans la 7e légion *bis* dont le commandant réside à Bourg.

Depuis le déclassement des anciens ouvrages de Pierre-Châtel, le département n'a plus d'autre place forte que le Fort-de-l'Écluse avec la Batterie Mauregard sur une hauteur voisine qui domine ce Fort.

Deux Camps permanents sont établis à Sathonay et à la Valbonne ; ils servent à l'instruction des troupes de Lyon.

Le département de l'Ain relève de l'Académie de Lyon ; forme le diocèse d'un évêché dont le siège est à Belley, suffragant de l'archevêché de Besançon ; dépend du consistoire de l'Église réformée de Lyon, 20e circonscription synodale ; ressortit à la cour d'appel de Lyon.

Ce département est compris dans la 3e circonscription agricole, ou région de l'Est ; l'inspection minéralogique du Nord-est, arrondissement et sous-arrondissement de Châlons-sur-Saône ; la 17e conservation forestière, siège à Mâcon ; la 2e inspection générale des haras, dépôt de Cluny ; la 6e inspection générale des ponts et chaussées ; la direction des douanes de Lyon ; la 8e inspection générale de l'enseignement industriel ; la 3e inspection régionale de l'enseignement commercial ; la 20e inspection du travail des enfants dans l'industrie, siège à Lyon ; la 5e circonscription de vérification des poids et mesures, siège à Lyon ; la 20e circonscription pénitentiaire, siège à Lyon.

Le département possède : une trésorerie générale des finances ; des directions : des contributions directes ; des contributions indirectes ; de l'enregistrement, des domaines et du timbre ; des postes et télégraphes ; une succursale de la Banque de France.

HISTOIRE DU DÉPARTEMENT

Le département de l'Ain a été formé des anciennes provinces de Bresse et du Bugey, du Valromey, du pays de Gex et de la principauté de Dombes. Son histoire se rattache donc à celle de ces diverses contrées.

Avant la conquête romaine, la majeure partie du département de l'Ain était occupée par les Sébusiens (*Sebusiani*) et par les Ambarres (*Ambarri*) ; ces derniers, alliés et clients de l'importante peuplade des Éduens. Les noms des villes d'Ambérieu et d'Ambronay nous rappellent les anciens Ambarres, et il reste encore dans le département de nombreux vestiges de l'époque celtique ; on retrouve journellement des tombeaux, des haches de serpentine, des monuments préhistoriques et des médailles, parmi lesquelles il en est qui rappellent le soulèvement des Gaules par Vercingétorix ; mais on a dit, à tort, qu'on en avait trouvé qui constataient le passage d'Annibal, quand il franchit les Alpes pour porter ses armes en Italie.

Une guerre survenue entre les Helvètes et les Éduens détermina l'invasion romaine ; les Helvètes, vaincus d'abord, avaient appelé à leur secours la plupart des tribus campées sur les rives du Rhin ; les Éduens, à leur tour, sollicitaient l'appui du sénat romain, lorsqu'une armée de 368,000 Helvètes vint menacer la Gaule d'une terrible invasion. N'ayant pu franchir le Rhône à Genève, parce que César en avait fait rompre le pont, ils traversèrent le défilé de l'Écluse, et pénétrèrent ainsi au milieu du pays des Ambarres, qu'ils ravagèrent. César accourut ; dans une seule campagne, à la tête de cinq légions, il dispersa les Helvètes, qu'il atteignit au moment où ils traversaient la Saône, et il rejeta de l'autre côté du Rhin les bandes vaincues. L'établissement de la domination romaine succéda, pour les Ambarres, au danger qu'ils avaient couru de subir le joug des Germains.

Outre le grand épisode national auquel est attaché le nom de Vercingétorix, plusieurs révoltes locales protestèrent contre les efforts de l'administration romaine pour dénationaliser les Gaules. Sous Tibère, en l'an 21, Silius, proconsul de la Germanie supérieure, eut à combattre, dans les régions qui nous occupent, une sédition dont Sacrovir était le chef, et dans laquelle se signalèrent les gladiateurs gaulois destinés aux cirques de Rome. En 69, les Séquanais remportèrent une inutile victoire sur le général Sabinus. Les résultats de ces mouvements avortés étaient de fréquents remaniements dans la division territoriale des provinces domptées ; c'est ainsi que le pays occupé par les Ambarres fit tour à tour partie de la Germanie Supérieure sous Auguste, de la Grande Séquanaise sous Constantin, et, plus tard, de la Première Lyonnaise. Quoique les Romains n'aient point laissé, de leur passage dans le département de l'Ain, des traces aussi monumentales que dans certaines autres contrées de la France, leur civilisation n'y est point restée sans influence sur l'adoucissement des mœurs, sur l'amélioration des voies de communication, sur l'embellissement des villes et bourgs de cette époque ; des ruines de temples, d'autels votifs et d'aqueducs, des égouts et des bains, témoignent encore de cette initiation à l'art antique, qui fut comme la mission providentielle de la conquête romaine. On prétend que le Valromey (*Vallis Romana*) doit son nom au choix qui fut fait de cette petite enclave du pays des Ambarres pour lieu d'exil assigné aux citoyens romains bannis de l'Italie.

Cependant ce n'était pas un éternel adieu qu'avaient dit les Germains au doux climat et aux fertiles campagnes de l'Occident. Leurs hordes semblaient renaître plus innombrables et plus ardentes sous le tranchant des épées romaines ; le ive siècle vit successivement s'engouffrer dans les Gaules, les Suèves, les Alains, les Vandales et les Huns d'Attila. Mais tous, comme emportés par l'impétuosité de leur élan, roulèrent au delà des fleuves qui bornaient l'ancien pays des Séquanais ; c'est à d'autres conquérants qu'était réservé le territoire des Ambarres.

Derrière les bandes rapides d'Attila s'avançait une espèce d'armée de géants, muraille vivante, lente, raide et impassible ; ils avaient sept pieds, dit Sidoine Apollinaire ; c'étaient les Burgundes ; ils mirent sept ans pour descendre de Mayence à Lyon. Romains et Gaulois tentèrent à peine de leur résister ; au reste, ils arrivaient sans colère et comme des enfants oubliés qui seraient venus réclamer leur place au foyer paternel. « Cantonnés militairement dans une grande maison, dit Augustin Thierry, pouvant y jouer le rôle de maîtres, ils faisaient ce qu'ils voyaient faire au client romain et se réunissaient de grand matin pour aller saluer leur noble hôte par les noms de père et d'oncle, titres de respect fort usités alors dans l'idiome des Germains. Ensuite, en nettoyant leurs armes et en graissant leur longue chevelure, ils chantaient à tue-tête leurs chansons nationales et, avec une bonne humeur naïve, demandaient aux Romains comment ils trouvaient cela. »

Le premier *hendin* ou chef connu des Burgundes était Gondicaire ; il mourut en 476, laissant quatre fils qui se partagèrent ses États. Gondebaud, l'un d'eux, dépouilla ou fit mourir les trois autres et constitua le royaume de Bourgogne. Cette dynastie disparut en 534, devant les armes victorieuses des Francs, et les conquêtes des Burgundes allèrent grossir l'héritage des fils de Clovis. Toutefois, cette courte domination laissa une profonde empreinte dans le sol et dans le régime du pays ; la Loi Gombette fut maintenue dans celles de ses dispositions qui attribuaient aux Bourguignons la propriété des deux tiers des terres conquises et d'un tiers des serfs qui les habitaient, ne laissant que le tiers des terres et les deux tiers des serfs aux anciens possesseurs.

Nos provinces de la Bresse et du Bugey traversèrent sans de grands orages les temps mérovingiens, tantôt annexées au royaume de Metz ou d'Orléans, tantôt administrées au nom des rois d'Austrasie par des patrices ou maires du palais.

Mais, au viiie siècle, une nouvelle secousse ébranle le sol; d'autres conquérants apparaissent; cette fois, c'est du sud qu'ils arrivent : ce sont les Sarrasins d'Abd-el-Rhaman; ils remontent la Saône jusqu'à Chalon, et, là, se partagent en deux armées, dont l'une envahit et ravage toute la rive gauche de cette rivière. La victoire de Charles-Martel donne la date de leur dispersion; leur séjour, dont on ignore la durée, dut être assez long, puisqu'on rencontre encore des constructions qui leur sont attribuées.

La période qui s'étend de Charles-Martel à Louis le Débonnaire n'offre d'intéressant pour notre histoire que la lente élaboration de nouvelles divisions territoriales qui font pressentir déjà l'approche des temps féodaux. Il commence à être fait mention, dans les chartes, du *Dombensis*, principauté de Dombes, et de la *Brissia*, comté de Bresse. Ces provinces successivement incorporées, par le Traité de Verdun, en 843, au royaume d'Italie et à celui de Lotharingie, ne rentrèrent au domaine de Neustrie qu'à la mort de Louis II (879).

A cette époque d'inexprimable confusion provoquée par le partage du vaste empire de Charlemagne, compliquée par le Capitulaire de Kiersy-sur-Oise qui fonda les fiefs, se rattache l'établissement d'une première maison de Bourgogne comptant quatre comtes : Beuves d'Ardennes; Boson, roi d'Arles; Richard le Justicier; Gislebert de Vergy. Alors aussi apparaissent, pour la première fois, des comtes de Bresse, qui commencent, en 830, au sire de Baugé, doté, par Louis le Débonnaire, de cette seigneurie, en récompense des services qu'il lui avait rendus; ils finissent en 1268, avec Guy, mort sans autre descendance qu'une fille nommée Sibylle, dont le mariage avec Amédée V transporta à la maison de Savoie la plus grande partie de la Bresse.

Rien n'est plus horriblement lugubre que le spectacle offert au xe siècle par les contrées riveraines de la Saône, successivement dévastées et dépeuplées par les déchirements féodaux, les invasions des Normands et des Hongrois, dix famines et treize pestes. On vendit publiquement de la chair humaine à Mâcon!

Hâtons-nous d'échapper à de pareils souvenirs, et, sous la domination de la maison capétienne de Bourgogne, suivons l'extension et la consolidation du pouvoir des comtes de Savoie dans les petites provinces de la Bresse et du Bugey. Du mariage d'Amédée V avec Sibylle, héritière des sires de Baugé, naquit Édouard, qui fut aussi comte de Savoie, épousa Blanche de Bourgogne, et, à défaut d'héritier direct, laissa les comtés de Savoie et de Bresse à son frère cadet, nommé Aymon. Celui-ci épousa Yolande Paléologue, fille de Théodore, marquis de Montferrat. Leur fils aîné, Amédée ou Amé VI, surnommé le Comte Vert, pour s'être présenté dans un tournoi, à Chambéry, avec une armure et une livrée vertes, vécut jusqu'en 1383; il ajouta à ses domaines héréditaires une partie notable du Bugey, acheta les biens des seigneurs de Coligny et de Montluel, la seigneurie de Miribel et le pays de Gex, et obtint de l'empereur Henri IV d'ajouter à ses titres celui de comte du Bugey.

Amé VII, surnommé le Comte Rouge ou le Roux, à cause de la couleur de ses cheveux, et qui avait épousé Bonne de Berry, petite-fille du roi Jean, ne régna que huit ans; il mourut en 1391, des suites d'une blessure reçue en chassant le sanglier.

Son fils, Amé ou Amédée VIII, fut le premier duc de Savoie ; ce titre lui fut octroyé par l'empereur Sigismond, lors de son passage à Chambéry en 1416. Epoux de Marie de Bourgogne, il éprouva un si vif chagrin de sa mort, en 1428, qu'il chercha des consolations dans la religion ; en 1434, ce prince remit les rênes de l'État à son fils Louis, et s'enferma dans un Château qu'il avait fait construire sur les bords du Lac de Genève, à côté d'un ermitage voisin de Thonon, Château qui était une retraite délicieuse, comme l'indique son nom caractéristique de Ripaille. Amédée y vivait heureux depuis cinq ans avec six veufs sexagénaires, qu'il avait décidés à le suivre dans sa retraite, lorsqu'il en fut tiré, en 1439, par les prélats du concile de Bâle, qui le nommèrent pape sous le nom de Félix V, et l'opposèrent à Nicolas V. Dix ans après, Amédée renonçait à la tiare, mettait ainsi fin au schisme de l'Église, et retournait à Ripaille.

C'est à Amé VIII que les habitants de la Bresse et de la Savoie durent la concession des premières chartes communales et la rédaction des statuts qui régirent le pays jusqu'à la Révolution de 1789 ; il ôta aux évêques le droit de souveraineté de leurs villes épiscopales et détruisit la mainmorte à Bourg.

Son fils, Louis I*er*, régna de 1440 à 1465 ; prince faible et irrésolu, il vint en France auprès de Louis XI, son gendre, pour prendre part à la guerre du Bien Public, et mourut à Lyon. Son successeur fut Amé IX, dit le Bienheureux, parce que plus tard il fut canonisé ; épileptique, incapable de régner, Amé IX abandonna le soin des affaires à sa femme Yolande, sœur de Louis XI, et à son frère Philippe de Bresse, qui firent une guerre atroce contre les Vaudois des Alpes, et laissèrent l'Inquisition envoyer de nombreuses victimes au feu.

Les descendants d'Amé IX conservèrent encore pendant plus d'un siècle, de 1472 à 1601, la possession de la Bresse et du Bugey ; mais leur pouvoir y devenait plus précaire à mesure que s'affermissait et se concentrait la monarchie française.

En 1536, François I*er* s'empara de la Bresse, qui resta annexée à la France pendant tout son règne et ne fut rendue par Henri II au duc Emmanuel-Philibert qu'en considération de son mariage avec Marguerite de France, dernière fille de François I*er*. Le fils issu de cette union, le duc Charles IV, est le dernier prince de la maison de Savoie qui ait possédé le territoire du département de l'Ain.

En 1601, Henri IV, qui était maître du marquisat de Saluces, enclavé dans le Piémont, offrit au duc Charles de l'échanger contre la Bresse. La convention fut acceptée et ratifiée par le traité de paix conclu à Lyon la même année ; le Bugey et le Valromey furent compris dans l'échange, ainsi que le pays de Gex, à l'exception de quelques petits villages sur lesquels le canton de Genève fit valoir ses droits de souveraineté. Cette petite baronnie, qui avait relevé autrefois des comtes de Genevois, appartenait alors aux cadets de cette famille ; de leurs mains, elle était passée à la maison de Joinville, à laquelle les comtes de Savoie l'avaient enlevée en 1353, sous prétexte que ses seigneurs refusaient de leur rendre hommage.

Quant à la principauté de Dombes, ancien fief des puissants comtes de Beaujeu, devenue, depuis 1391, par legs du comte Édouard, domaine de la maison royale des ducs de Bourbon, son indépendance ne souffrit aucune atteinte de ces diverses transformations. Vers le temps où nous sommes arrivés, Henri IV empruntait l'hôtel de la monnaie de Dombes pour y faire frapper des pièces d'argent et de cuivre à son effigie. Ce petit État, survivant avec son originalité vivace à l'anéantissement de toute organisation féodale dans le royaume, se maintint avec l'intégrité de ses privilèges et l'observance de ses vieilles coutumes jusqu'au règne de Louis XIV. Mlle de Montpensier en était alors souveraine; on lui persuada d'abandonner Dombes au duc du Maine, fils légitimé du roi, pour obtenir de Louis XIV l'autorisation de rendre publique son union avec le beau Lauzun; le roi accepta pour son fils la principauté et se contenta d'ouvrir à Lauzun les portes de la prison de Pignerol. En 1762, la Dombes fut irrévocablement réunie à la Couronne, en vertu d'un échange qu'en fit le comte d'Eu, second fils du duc du Maine, contre le duché de Gisors, en Normandie.

Depuis l'annexion de la Bresse et du Bugey à la France, ces provinces ont suivi la fortune de la patrie commune sans incidents particuliers.

Signalons cependant, en 1814, la belle défense du Défilé des Balmettes, à mi-distance d'Ambérieu à Saint-Rambert, par les habitants de Torcieu contre l'armée autrichienne, défense qui leur valut le nom bien mérité de Héros des Balmettes.

En 1870, le sol du département de l'Ain n'a pas été envahi par les Allemands. Mais, lorsque l'armée de l'Est, acculée à Pontarlier, vers la fin de janvier 1871, par suite des erreurs qu'avait commises le gouvernement de la Défense nationale en signant l'armistice du 28, dut passer en Suisse, quelques fractions de cette armée s'échappèrent vers le Sud. C'est ainsi que la 1re division du 24e corps, la division de cavalerie du 15e corps, la division de réserve de l'armée, d'autres troupes entièrement désorganisées, se réfugièrent dans le département de l'Ain.

HISTOIRE ET DESCRIPTION DES VILLES, BOURGS ET CHATEAUX LES PLUS REMARQUABLES

ARRONDISSEMENT DE BOURG

BOURG — (lat. 46° 12′ 21″ N.; — long. 2° 53′ 28″ E.; — altitude, 227 m.; — à 432 kilom. S.-E. de Paris par route; 460 par voie ferrée; 59 N.-E. de Lyon; 96 O. de Genève). — (*Tannum, Burgus*). — Ville de 18,968 habitants; — chef-lieu du département, d'un arrondissement et d'un canton; siège d'une préfecture, d'un conseil de préfecture, d'un conseil général, d'un conseil d'arrondissement, de deux collèges électoraux; — ville de garnison, avec état-major de la 25e brigade d'infanterie, 23e régiment actif, 223e régiment de réserve et 55e régiment territorial d'infanterie; bureau de recrutement de la 7e subdivision régionale du 7e corps d'armée; — inspection académique, lycée national, lycée de jeunes filles; inspection primaire, école normale d'instituteurs, école normale d'institutrices; bibliothèque, musée, théâtre; trois sociétés savantes; — grand séminaire diocésain; — inspection des forêts, société départementale d'agriculture, syndicat agricole, société hippique, école de dressage avec dépôt d'étalons; — tribunal de commerce; — service ordinaire des ponts et chaussées; — directions : des contributions directes; des contributions indirectes; de l'enregistrement et des domaines; des postes et télégraphes; conservation des hypothèques; trésorerie générale des finances; succursale de la Banque de France; — deux établissements d'aliénés, deux établissements hospitaliers; — tribunal de première instance, justice de paix, prison; — station où se croisent les voies ferrées de Paris par Mâcon; de Paris par Chalon-sur-Saône; de Belfort par Lons-le-Saunier; de Genève par Bellegarde; de Culoz par Ambérieu; de Lyon par Sathonay; — était autrefois capitale de la province de Bresse, siège d'un gouvernement particulier, avec bailliage, présidial, châtellenie royale; relevait du diocèse de Lyon, du parlement de Paris; faisait partie de la Bourgogne.

Le nom de Bourg, avec son acception naturelle de *Burgus*, groupe, réunion de maisons, a remplacé deux autres noms qui répondent à des époques peu connues de l'histoire de cette ville. Sur son emplacement habitait la peuplade des Ambarres-Éduens, qui était voisine de ces Sébusiens (*Sebusiani*), que l'on a longtemps confondus à tort avec les Ségusiens ou Séguslaves (*Segusiani*, *Segusiari*), cantonnés sur le territoire de Feurs, dans le département de la Loire. On ne sait comment ce premier nom a disparu; mais nous voyons plus tard le nom de *Tamnum* comme désignation irrécusable de cette ville; ainsi, vers 900, Furtailler, dans sa *Légende de saint Gérard*, évêque de Mâcon, nous représente son pieux héros prenant la robe d'ermite et se retirant dans la Forêt de Brou (*prope oppidum Tamni, cui Burgo nunc nomen est*), « près de la ville forte de *Tamnum*, qu'on appelle maintenant Bourg. » Ce document prouve donc que le nom de Tanière ou Tenières, qu'a conservé un Quartier de la ville, est un souvenir du nom qu'a porté jadis la ville elle-même; et le mot *oppidum* doit faire supposer que, dès avant cette époque, elle était entourée de murailles. Quant à son importance, elle ne devait pas être fort grande, puisqu'elle ne nous est signalée par aucun fait historique jusqu'à la prise de possession par les ducs de Savoie, ainsi qu'il ressort de l'histoire générale du département, et, en particulier, de la Bresse, dont Bourg a dû partager le sort pendant cette longue période.

Vers le XIII° siècle, Bourg commence à conquérir quelques franchises; Guy II, sire de Baugé, seigneur de Bresse, et Reynald, son frère, déclarent la ville franche dans des limites désignées, puis lui accordent plusieurs immunités et privilèges, entre autres celui de chasser et de pêcher dans la châtellenie et de tirer de l'arc et de l'arbalète. Le vainqueur du tir était exempt de tailles pour une année. En outre, Guy et Reynald dotèrent Bourg des lois et des avantages dont jouissait Baugé, leur résidence, et cela moyennant une somme assez considérable qui leur fut payée par les habitants. Ces faits témoignent de l'importance que commençait à prendre Bourg, puisque ses maîtres l'assimilaient à leur vieille capitale.

L'avènement de la maison de Savoie, qui succéda à Guy II dans la possession de toute la contrée, engendra des accroissements bien plus considérables. Amé IV, le premier comte de Savoie qui régna sur le pays, ordonna de transporter à Bourg, dès son avènement, le siège du gouvernement de la province, au grand détriment de Baugé, qui jamais ne se releva de ce coup et devint ce village, situé à 9 kilomètres à l'Est de Mâcon, oublié sous son nom, que le temps n'a pas même respecté, de Bagé-le-Châtel. C'est véritablement de cette époque que date le rôle de Bourg dans l'histoire; Edouard IX y convoque ses alliés et y rassemble ses soldats pour l'expédition qu'il entreprend contre le comte de Genève, son neveu. Les principales fondations religieuses octroyées à la ville remontent au même temps; le Couvent des Cordeliers fut fondé en 1356 par Amé IV et par Bonne de Bourbon, sa femme; celui des Dominicains, par le comte Amé ou Amédée VIII; mais ce dernier, commencé en 1334, ne fut achevé qu'en 1414. Philippe I°ʳ avait fondé les Clarisses ou Sœurs de Sainte-Claire, et, plus tard, fut établi un ordre de quêteuses connues sous le nom d'Hirondelles de carême,

Le Rhône à Bellegarde.

dont la première directrice, une sainte fille appelée Colette, a été béatifiée. Plusieurs hôpitaux furent construits ou dotés par la munificence des comtes de Savoie.

Bourg dut aussi au premier duc de cette maison, Amé VIII, une extension des privilèges antérieurement accordés, une exemption de *lods*, droits onéreux sur les héritages qui changeaient de main par testaments, codicilles, donations entre vifs et à cause de mort; ce privilège fut maintenu au pays longtemps après l'établissement de la souveraineté des rois de France. Amé VIII compléta la libéralité de ces mesures par divers édits, qui constituèrent à la ville de Bourg une véritable municipalité; les syndics et consuls élus eurent pouvoir de répartir également, entre tous les habitants, tailles, subsides, impositions, et de choisir eux-mêmes le collecteur seul autorisé à contraindre les contribuables au payement de leurs cotes. L'organisation militaire fût réglée sur des principes aussi larges; le duc remit la police intérieure et la garde des fortifications à une milice bourgeoise commandée par un capitaine, à la nomination duquel tout citoyen avait non seulement le droit, mais le devoir de concourir. Les encouragements au commerce n'étaient pas négligés; le même prince concédait franchises absolues pour quatre foires par an. Les dernières années de la domination de la maison de Savoie furent marquées par des témoignages plus éclatants encore de ses sympathies traditionnelles pour la capitale de la Bresse. Sur les vives sollicitations de Charles III, et malgré l'opposition qu'y apportèrent François Ier, le duc de Bourbon, alors prince de Dombes, l'archevêque de Lyon, et tous les évêques des provinces environnantes, la paroisse de Bourg fut érigée en évêché, en 1515, par Léon X, qui appela à ce siège Louis de Gorrevod, évêque de Maurienne; mais l'évêché fut supprimé par François Ier. Enfin, en 1569, Emmanuel-Philibert fit construire, pour la défense de la ville, une Citadelle de forme pentagonale, qui passait pour une des plus régulières et des plus fortes de l'Europe. Louis XIII invoqua la mésintelligence qui avait surgi entre le gouverneur de la province et celui de la Citadelle pour en ordonner la démolition au mois de septembre 1611.

Toutefois, le règne des deux derniers princes que nous venons de citer, Charles III et Emmanuel-Philibert, fut séparé par une période de domination française sur la Bresse et sa capitale. En 1535, à propos d'une contestation sur la possession du comté de Nice, et d'un refus d'hommage pour le Faucigny, François Ier déclara la guerre au duc de Savoie, Charles III, auquel il avait surtout à reprocher son alliance avec l'empereur d'Allemagne. L'amiral Chabot fut chargé d'une expédition contre les États du duc, et, en moins de trois semaines, il avait conquis à la France Gex, le Valromey, la Bresse et le Bugey. Pour apaiser les regrets que l'administration paternelle de la maison de Savoie avait pu laisser dans le cœur des habitants de Bourg, tous les privilèges dont jouissait la ville furent confirmés.

Henri II conserva, pendant les premières années de son règne, Bourg et les provinces conquises par Chabot; il paraissait même ajouter un grand prix à cet accroissement du territoire national, car, en 1548, il vint aussi visiter Bourg, confirma et étendit les franchises provinciales, et s'attacha les notaires du pays par un édit qui les autorisait à transmettre à leurs successeurs et héritiers la minute des actes rédigés par eux, usage dont l'adoption a servi de base à l'organisation du notariat dans toute la France.

Ces faveurs ne parvenaient cependant pas à déraciner dans la Bresse et le Bugey le souvenir des anciens maîtres; Emmanuel avait succédé à Charles; moins résigné que celui-ci, aidé des vœux secrets d'influents seigneurs du pays, appuyé d'une petite armée impériale, qu'avait recrutée dans le comté de Ferrette un capitaine résolu, du nom de Polviller, il dirigea une attaque contre la ville de Bourg; on comptait sur une surprise; la garnison royale fit bonne contenance et résista. Les seigneurs de Digoine et d'Erchenets, chargés de la défense, n'attendirent même pas les secours qui leur arrivaient de plusieurs côtés pour forcer les assaillants à une retraite précipitée; le mauvais succès de cette tentative aurait sans doute consolidé la domination française, si le désastreux Traité de Cambrai (1559) n'eût rétabli les choses comme elles étaient avant François Ier.

Le duc Emmanuel, en reprenant possession de Bourg avec Marguerite de Valois, sœur de Henri II qu'il avait épousée, ne voulut se souvenir que des vieilles sympathies qui unissaient la ville à sa maison; il renchérit encore sur toutes les libéralités dont chaque vainqueur était tour à tour prodigue envers elle, et lui permit d'ajouter la croix d'argent de Saint-Maurice aux armoiries qu'Amé V lui avait données deux siècles auparavant; grâce enfin à la modération de sa conduite, ce prince put laisser intact à son successeur l'héritage de ses aïeux, qu'il avait eu le bonheur de reconquérir.

Celui-ci, Charles-Emmanuel, ambitieux et brouillon, confondant les époques et méconnaissant la force des choses, ne comprit pas que la constitution de la monarchie française imposait désormais à la Savoie la loi d'une prudente neutralité; croyant voir dans les guerres de la Ligue l'occasion heureuse d'une intervention qui étendrait ses domaines ou accroîtrait son influence, il encouragea, par sa complicité, le gouverneur de la Bresse à seconder le duc de Nemours, son parent, un des plus acharnés adversaires de Henri IV. Le Béarnais ne réclama point et courut au plus pressé; mais, dès que son pouvoir fut solidement établi en France, il remit au jour les griefs qu'il avait à faire valoir contre le duc de Savoie; le maréchal de Biron reçut l'ordre d'envahir la Bresse, et, le 12 août 1600, presque sans coup férir, il entrait dans les murs de Bourg. La Citadelle tint pendant six mois; mais les assiégés déployaient un courage inutile, et les négociations entamées ne pouvaient que ratifier le succès des armées françaises; depuis trop longtemps était méconnue la loi qui a donné le Jura et les Alpes pour frontières à la France; le Traité de Lyon (17 janvier 1601) annexa définitivement à notre patrie les provinces contestées et Bourg, leur capitale.

Il n'est pas aujourd'hui, en France, de ville plus française que Bourg; la Révolution de 1789 y a rendu plus ferme et plus vivace encore l'esprit de nationalité, comme ses habitants l'ont prouvé lors de la première invasion de la France.

En janvier 1814, le général Musnier, n'ayant pas assez de forces pour s'opposer à la marche du corps d'armée autrichien que commandait Bubna, se retira de Bourg sur Lyon, et laissa à la garde nationale le soin de défendre le chef-lieu du département de l'Ain. Cette troupe, malgré que tout le pays fût envahi par les coalisés qui avaient violé la neutralité de la Suisse pour pénétrer en France de ce côté, crut n'avoir devant elle qu'un faible parti quand un parlementaire se présenta pour obtenir la reddition de la ville. Elle renvoya cet officier, et fut presque aussitôt attaquée par la colonne ennemie qui, plus nombreuse et plus aguerrie, eut vite raison de la résistance, entra à Bourg, livra la ville au pillage et en chassa les habitants, dont beaucoup rejoignirent le général Musnier pour continuer la lutte.

La ville de Bourg occupe un site agréable sur la rive gauche de la Reyssouze et près de la Veyle; le mamelon sur lequel elle est bâtie domine à l'Est un bassin gracieux et varié que couronnent les coteaux de Revermont; au Nord, l'œil suit la Reyssouze, dont les eaux arrosent d'immenses prairies qui s'étendent jusqu'à la Saône.

Les rues, dont la régularité laisse à désirer, sont propres; plusieurs d'entre elles possèdent des Fontaines, dont une, en forme de Pyramide, a été élevée par les habitants à la mémoire de Joubert. Les Murailles du Moyen-Age subsistent encore en partie; mais les fossés ont été desséchés et disposés en jardins; les derniers vestiges du Château ducal ont disparu dans les premières années de la Restauration. L'Église paroissiale, dédiée à Notre-Dame, avec façade entièrement du style de la Renaissance, et intérieur du Moyen-Age, est le plus important monument. Après elle, il faut citer l'Hôtel de la Préfecture avec la Statue de Joubert dans la cour intérieure, la Bibliothèque, le Musée, la Halle au blé, un assez joli Théâtre, la Maison-mère des Sœurs de Saint-Joseph, en face du Lycée, et, en dehors de la ville, un magnifique Hôpital d'aliénés entouré de beaux jardins. Ce qu'on ne saurait assez louer, ce sont de délicieuses promenades formées par plusieurs avenues de peupliers : le Quinconce, avec la Statue d'Edgar Quinet; le Mail, remarquable par sa longueur; le Bastion, au centre même de la ville, avec hémicycle décoré d'une Statue en bronze de Bichat, due au ciseau de David d'Angers.

Les céréales, les bestiaux et les volailles forment le principal commerce de Bourg.

On y trouve des minoteries, distilleries, brasseries, tanneries, corroieries, mégisseries et chamoiseries, bonneteries, bijouteries d'émaux bressans, tonnelleries, taillanderies, poteries en terre réfractaire; des tissages de soie; des fabriques de bougies, de chapeaux de paille, de produits chimiques, d'appareils de distillation, d'appareils de levage, de balances-bascules, de pompes; une usine à gaz; des imprimeries avec huit journaux.

Cette ville est la patrie de Bachet, traducteur et commentateur; d'Antoine Fabre, jurisconsulte, et de son frère Fabre de Vaugelas, le grammairien, tous deux membres de l'Académie française; des conventionnels Alexandre Goujon et Marie Gouly; de l'astronome Lalande; de l'académicien Faret, illustré par un vers de Boileau; d'Aubry de La Bouchardie, lieutenant-général d'artillerie; du poète et littérateur Edgar Quinet, député à l'Assemblée nationale, mort à Versailles en 1875.

Les armes de Bourg sont : *parti de sinople et de sable, à la croix de Saint-Maurice d'argent, brochant sur le tout.* Un manuscrit du XVII⁰ siècle les représente : *de sable, à la croix florée d'argent.*

Brou. — A 2 kilomètres à l'Est de Bourg s'élève la merveilleuse Église de Brou.

Au milieu d'une des vastes forêts qui couvraient alors le pays, saint Gérard de Mâcon vint, en 958, se construire un modeste ermitage, autour duquel se forma une petite communauté. En 1120, Ulric, seigneur de Baugé et de Bresse, y finit ses jours. Ce Monastère dépendait de l'Abbaye d'Ambronay en Bugey, qui y nomma des prieurs jusqu'en 1516.

Vers la fin du XVᵉ siècle, la contrée était gouvernée par Philippe II de Savoie, qui fit à la chasse une chute de cheval si grave que les médecins étaient impuissants à le guérir; Marguerite de Bourgogne, sa femme, qui l'aimait avec tendresse, forma le vœu de remplacer l'ermitage de saint Gérard par un riche Couvent de Bénédictins, si Philippe recouvrait la santé. Ce pieux désir ayant été exaucé, la princesse se mit aussitôt en devoir d'accomplir sa promesse. Surprise par la mort, elle légua par testament la continuation et l'achèvement de son œuvre à son mari et à son fils, alors âgé de deux ans; il ne fut donné ni à l'un ni à l'autre de remplir la dernière volonté de Marguerite; mais l'enfant, devenu homme et régnant sous le nom de Philibert le Beau, avait épousé Marguerite d'Autriche, qui lui survécut, et à laquelle il légua à son tour la réalisation du vœu maternel. Cette princesse s'en acquitta fidèlement. La Bresse lui ayant été assignée pour douaire, elle se rendit à Bourg, voulut voir par elle-même l'emplacement du Monastère projeté, y ajouta la construction d'une Église, et chargea des travaux un des plus habiles architectes d'alors, Colomban, qui en promit la complète exécution moyennant une somme de deux cent mille écus d'or, marqués au coin de France.

Les premiers fondements furent jetés au commencement de l'année 1511; Marguerite en posa la première pierre; puis elle partit pour les Pays-Bas, dont Charles-Quint, son neveu, venait de la nommer gouvernante, et laissa à l'évêque Gorrevod le soin de veiller à l'achèvement de l'édifice. Les travaux furent d'abord poussés avec vigueur; mais, au bout de dix-huit mois, la somme promise et payée à l'architecte avait été absorbée, et la construction était bien peu avancée; l'artiste, découragé et désespéré, prit la fuite et alla se cacher à Salins sous la robe d'un ermite; mais, bientôt assailli par les regrets, tourmenté du désir de savoir comment se poursuivait l'œuvre qu'il avait conçue et dans laquelle il avait placé tant d'espérance et de gloire, il revint déguisé, dit la légende, et il put, sans être reconnu, s'approcher des chantiers dirigés par un rival qui substituait ses plans et ses dessins à la pensée de l'architecte. Pendant huit jours, le grand artiste, épiant le départ des ouvriers qui s'éloignaient à l'heure des repas, vint effacer les tracés de son successeur et les remplaça par d'autres en harmonie avec le plan primitif; pendant huit jours, ses ruses trompèrent toutes les recherches de son rival et des ouvriers, ainsi que leurs efforts pour découvrir le sorcier qui jetait le trouble et la confusion dans leurs travaux; l'architecte fut enfin pris sur le fait, conduit devant l'évêque auquel il avoua tout, et qui lui pardonna; on fit plus, on lui rendit la direction qu'il avait abandonnée, et il acheva son œuvre (1536), trop tard cependant pour que Marguerite pût voir terminée la tâche à laquelle elle avait pris tant de part.

Cette princesse, qui mourut à Malines, avait commandé par testament que son corps fût transporté et enterré à Brou. Elle avait légué douze mille florins aux religieux de la nouvelle Église et trois cents florins aux chanoines de Notre-Dame de Bourg, à condition « qu'eux et leurs successeurs diroient à perpétuité et annuellement au nombre de douze, tant chanoines que clercs, le vendredi avant le dimanche des Brandons et les vigiles des Morts, neuf psaumes et neuf leçons auprès de son tombeau, plus une grand'messe à la fin de laquelle ils chanteroient à haute voix les psaumes : *De profundis, Miserere, Libera me.* » Le même legs était fait, sous les mêmes conditions, aux Pères Jacobins, aux Cordeliers et aux Antonins de la ville. Les dépouilles de Marguerite furent transférées à Brou, selon son désir, et inhumées auprès des restes du duc Philibert, son époux, dans un caveau situé au milieu du chœur de l'Église.

L'asile que leur avait préparé l'architecte est un chef-d'œuvre. Trois frontons d'un goût très original couronnent le frontispice de la façade extérieure; celui du milieu, le plus élevé, présente un dessin qu'on ne retrouve dans aucun autre monument de la Renaissance. Le portail, avec arc surbaissé, est couvert d'ornements et d'arabesques, remarquables par la richesse du travail et la perfection des détails. L'intérieur de l'édifice est généralement simple; mais, dans le chœur, tout le luxe architectural s'est déployé. La blancheur éclatante de la pierre et du marbre de Carrare employés dans la construction, les reflets de la lumière qui ne pénètre qu'à travers des vitraux d'un coloris aussi vif qu'harmonieux, tout donne au sanctuaire un aspect de magnificence et de richesse qui rappelle les splendeurs de l'École byzantine et la pompeuse ornementation des temples de Venise.

C'est dans cette partie de l'édifice que se trouvent les trois Mausolées en marbre blanc qui ont tant contribué à la renommée de l'Église de Brou : à droite celui de Marguerite de Bourgogne, qui fit vœu de fonder le Monastère; vis-à-vis, celui de Marguerite d'Autriche, sa belle-fille, dont nous avons dit le zèle pieux. La devise de cette princesse, fille de l'empereur Maximilien Ier, tante de Charles-Quint, et qui, selon la chronique, après avoir eu deux maris, mourut vierge, était formée de ces mots répétés de toutes parts dans l'église : « Fortune, infortune, fort une. » Au milieu est le plus beau des trois monuments, celui de Philibert le Beau, fils de la première et mari de la seconde Marguerite. Le prince est représenté mort au-dessus du Mausolée, et mourant au-dessous ; les deux figures offrent le même fini et la même vérité ; près des tombeaux est la Statue en marbre de Colomban.

Il reste à admirer les boiseries du chœur, la sculpture gothique d'un élégant jubé, une Chapelle du même style, revêtue de marbre et décorée d'une ornementation aussi riche de détails qu'admirable de finesse et de perfection. Sur l'autel, un immense tabernacle, construit d'une espèce d'albâtre, est tout couvert de sculptures délicieuses, dont les sujets sont empruntés aux mystères des Livres-Saints. Devant le portail, en avant de la porte d'entrée, on voit un cadran elliptique, fort curieux comme indice de l'état des sciences au XVIe siècle, reconstruit, en 1757, par Lalande à ses frais.

On reproche à l'Église de Brou son mélange de la forme italienne avec les procédés d'exécution allemands; mais, puisque l'harmonie générale n'en est pas atteinte, ne convient-il pas plutôt de faire un mérite à l'architecte de cette originalité et d'y voir une preuve de plus de l'indépendance et de la puissance de son génie?

L'Église de Brou, aujourd'hui monument historique, est placée dans un site fort agréable, presque à l'extrémité d'un Faubourg de Bourg, sur la Route d'Italie, à proximité d'une vaste Forêt; elle a été très habilement restaurée par Dupasquier.

Bâgé-le-Châtel. — Bourg de 691 habitants; chef-lieu de canton, justice de paix, perception des finances, bureau des postes et télégraphes, établissement hospitalier, centre du syndicat agricole de la Bresse; à 30 kilomètres Nord-ouest de Bourg.

C'est l'ancien Baugé qui fut la capitale de la Bresse jusqu'au xie siècle; on y voit encore des restes de vieilles Fortifications.

Il s'y fait un important commerce de bestiaux et de volailles.

Bâgé-le-Châtel a élevé un petit monument au général Puthod qui est né dans ce bourg.

Ceyzériat. — Bourg de 966 habitants; chef-lieu de canton, justice de paix, perception des finances, bureau des postes et télégraphes, syndicat agricole et viticole; station de la ligne de Bourg à Bellegarde, à 10 kilomètres Sud-est de Bourg.

Il s'y trouve d'importantes carrières de pierres calcaires, et des gisements de lignite.

Coligny. — Ville de 1,698 habitants; chef-lieu de canton, justice de paix, perception des finances, bureau des postes et télégraphes, syndicat agricole et viticole; station de la ligne de Bourg à Saint-Amour; à 24 kilomètres Nord de Bourg.

Cette ville fut le berceau de l'illustre famille de Coligny.

Montrevel. — Bourg de 1,465 habitants; chef-lieu de canton, justice de paix, perception des finances, bureau des postes et télégraphes; station de la ligne de Bourg à Chalon-sur-Saône; à 16 kilomètres Nord de Bourg.

On a découvert dans ce bourg des médailles romaines.

On y remarque un Château du xviiie siècle.

Ses foires entretiennent un commerce actif.

Pont-d'Ain. — Ville de 1,518 habitants; chef-lieu de canton, justice de paix, recette d'enregistrement, perception des finances, bureau des postes et télégraphes; station de la ligne de Bourg à Ambérieu; à 19 kilomètres Sud-est de Bourg, sur la rive droite de l'Ain, au pied d'une montagne que couronnent les ruines d'un ancien Château construit par les ducs de Savoie.

Les agréments du site, la salubrité de l'air, faisaient adopter cette résidence par les duchesses de Savoie pour la durée de leurs couches. Philippe le Beau y naquit, ainsi que sa sœur Louise de Savoie, mère de François Ier. Le dernier duc, possesseur de la Bresse, donna cette petite ville à des seigneurs de Laric, de Franche-Comté, sous la domination des rois de France; elle fut achetée par le connétable de Lesdiguières et jointe à la belle terre de Treffort érigée pour lui en marquisat. Le connétable fit restaurer magnifiquement le Château, qui resta dans sa famille jusqu'à la duchesse de Créqui. C'est aujourd'hui un Hospice pour les prêtres âgés ou infirmes du diocèse.

Il ne reste rien de l'ancien Pont qui a laissé son nom à la ville; on l'a remplacé par un Pont suspendu de deux travées sur la rivière.

Les armes de Pont-d'Ain sont : *de gueules, à la croix d'argent.*

Pont-de-Vaux. — Ville de 2,669 habitants ; chef-lieu de canton; collège communal, bibliothèque, musée; justice de paix, perception des finances, bureau des postes et télégraphes, établissement hospitalier; station à Fleurville, sur la voie ferrée de Paris à Lyon par Mâcon ; à 40 kilomètres Nord-ouest de Bourg, sur la rive droite de la Reyssouze et près de la rive gauche de la Saône, dans la région la plus fertile du département.

Cette ville, régulièrement bâtie, a, par ses richesses et par son industrie agricole, transformé, sans l'amoindrir, l'importance dont elle jouissait autrefois ; sa paroisse avait le titre de collégiale; elle possédait un Couvent de Cordeliers et un d'Ursulines, un Hôpital, un Petit Collège et un corps municipal, dont le chef entrait de droit aux États de Bresse. Comprise dans l'héritage de l'évêque Gorrevod, elle était échue aux seigneurs de Beaufremont.

Ses monuments modernes sont un Hôtel-de-Ville récemment construit; l'Hospice, dont les restaurations successives ont fait un édifice presque neuf; une Halle au blé, jadis dévorée par un incendie, puis entièrement rebâtie par l'architecte Morand, qui a donné son nom à un Pont de Lyon. Enfin, sur une des Places de la ville a été érigée, en 1832, la Statue du général républicain Joubert, auquel Pont-de-Vaux s'enorgueillit d'avoir donné naissance.

Pont-de-Vaux communique avec la rive droite de la Saône par un Pont suspendu ; un Canal de 3 kilomètres accompagne la Reyssouze jusqu'à son confluent dans la Saône.

Cette ville fait un commerce très important de bestiaux et de volailles. On y trouve des distilleries, tanneries et mégisseries, des fabriques de toile et de sparterie, une usine à éclairage électrique.

Les armes de Pont-de-Vaux sont : *d'azur, à un croissant montant d'argent.*

Pont-de-Veyle (*Pons ad Vidulam, oppidum Velæ*). — Ville de 1,220 habitants ; chef-lieu de canton; justice de paix, perception des finances, bureau des postes et télégraphes, hôpital ; station de la ligne de Mâcon à Bourg; à 30 kilomètres Ouest de Bourg, sur la rive gauche de la petite rivière de Veyle, à 2 kilomètres de son embouchure dans la Saône.

La maison de Savoie tenait ce domaine des anciens sires de Baugé; il fut érigé en comté par le dernier duc possesseur de la Bresse, puis échangé contre la terre de Bennes, en Piémont, que possédait un gentilhomme nommé Coste de Bennes ; des héritiers de ce seigneur, il a passé entre les mains de propriétaires dont les noms ne sont pas historiques. La terre avait été engagée, en 1535, par François Ier, à Guillaume, comte de Furstenberg, en payement de sommes considérables que le roi lui devait pour diverses levées d'Allemands et de Lansquenets amenés en France. La Réforme comptait de nombreux adhérents à Pont-de-Veyle, dont la population était partagée assez également entre le culte catholique et le culte protestant.

La ville se trouve dans un vallon bas et humide, mais d'une grande fertilité; elle est environnée de coteaux couverts de vignes. A un millier de mètres, Nord-est, il y a deux Fontaines d'eaux minérales ferrugineuses froides.

Les armes de Pont-de-Veyle sont : *d'argent, à un pont de quatre arches de gueules, sur une rivière d'azur; le pont sommé d'un mât de sable auquel est attachée une voile enflée d'azur, accompagnée d'une étoile de même posée au second canton.*

Saint-Trivier-de-Courtes. — Bourg de 1,446 habitants ; chef-lieu de canton; justice de paix, perception des finances, bureau des postes et télégraphes, établissement hospitalier; station de la ligne de Bourg à Chalon-sur-Saône, à 31 kilomètres Nord-ouest de Bourg.

Les traces d'anciennes Murailles y sont encore visibles.

Treffort. — Bourg de 1,740 habitants; chef-lieu de canton; justice de paix, perception des finances, recette d'enregistrement, bureau des postes et télégraphes; à 15 kilomètres Nord-ouest de Bourg.

C'était jadis une importante baronnie; on y voit les restes de vieilles fortifications.

Treffort exploite plusieurs carrières de terre réfractaire, et possède de nombreuses fabriques de poteries.

ARRONDISSEMENT DE BELLEY

BELLEY — (lat. 45° 45′ 28″ N. — long. 3° 21′ 9″ E. — altitude, 278 mètres — à 496 kilom. S.-E. de Paris par route; 527 kilom. par voie ferrée; 75 kilom. S.-E. de Bourg). — (*Bellica, Bellicium*). — Ville de 6,295 habitants; — chef-lieu d'un arrondissement et d'un canton, sous-préfecture, conseil d'arrondissement, collège électoral; — ville de garnison, 133° régiment actif, 333° régiment de réserve et 56° régiment territorial d'infanterie; bureau de recrutement de la 8° subdivision régionale du 7° corps d'armée; — inspection primaire; bibliothèque, musée d'antiques; — évêché, petit séminaire; — syndicats agricoles et viticoles; inspection des forêts; — arrondissement des ponts et chaussées; — recettes : des contributions indirectes; de l'enregistrement; des finances; des postes et télégraphes; conservation des hypothèques; — deux établissements hospitaliers; — tribunal de première instance, justice de paix; prison; — station de chemin de fer, sur la ligne de Grenoble à Bourg; — était autrefois la capitale du Bugey, chef-lieu d'élection, siège d'un bailliage; dépendait de l'intendance et du parlement de Dijon, comme annexe de la Bourgogne.

Sans attribuer, comme le font certaines traditions naïves, la fondation de Belley à Créuse, fille de Priam et femme d'Énée, sans accepter non plus tout ce qui a été avancé, mais non appuyé par des preuves, sur la prédilection de César pour cette ville et sur les longs séjours qu'il y fit, on ne peut cependant contester l'antiquité de Belley; l'étymologie de son nom, la découverte de plusieurs sculptures anciennes, le maintien d'une louve dans ses armes, permettent de supposer que cette ville était placée, pendant la domination romaine, sous la protection de Bellone, et qu'elle était assez importante pour renfermer plusieurs temples, notamment celui qui était consacré à Cybèle, dont subsiste encore l'inscription dédicatoire : *Matri Deum* (A la mère des dieux). Ce qui est non moins authentique, c'est que cette ville, fortifiée par les Romains contre les Allobroges, fut ravagée, en 390, par Alaric, et rebâtie par Vibertus en 412. Le chiffre de sa population et la solidité des nouvelles murailles inspiraient quelque sécurité, car, au v° siècle, la ville de Nyon, dans le pays de Vaud, ayant été ruinée par les Barbares, l'évêché dont elle était le siège fut transféré à Belley.

Depuis Audax, le plus anciennement connu de ses évêques, jusqu'à saint Anthelme, nommé en 1163, la capitale du Bugey, administrée par une longue suite de prélats, suivit le sort du reste de la province. La piété exemplaire et les vertus du saint évêque, que nous venons de citer, lui avaient conquis les sympathies et la vénération de Frédéric Barberousse. Cet empereur, par un diplôme conservé à Belley, conféra à saint Anthelme et à ses successeurs le titre de princes du Saint-Empire; il leur abandonna la seigneurie de la ville avec les droits régaliens les plus entiers et les plus absolus, y compris celui de battre monnaie. Les prodiges qui s'accomplirent à la mort du prélat et autour de son tombeau augmentèrent encore le prestige attaché au siège de Belley. Guillaume de Nangis rapporte dans sa Chronique

Belley.

qu'au moment où l'on enterrait Anthelme, il tomba du ciel un feu qui alluma les lampes de l'Église placées devant le cercueil, à l'exception d'une seule, entretenue par un usurier de la ville, et qui ne put s'enflammer.

Les princes de Savoie, qui fournirent au siège épiscopal de Belley plusieurs membres de leur famille, respectèrent toujours les privilèges concédés par Frédéric, mais ne purent excepter la ville de la cession de territoire faite à la France en 1601.

Henri IV et ses successeurs assujettirent le siège de Belley aux usages généraux qui réglaient les rapports de la Couronne avec l'épiscopat français; on a remarqué que, de leur côté, comme protestation, les papes évitèrent longtemps de mentionner l'intervention royale dans les nominations qu'ils furent appelés à ratifier pour l'évêché de Belley. Henri IV, en 1609, nomma le premier prélat appelé à ce siège par les princes français. C'était Pierre Le Camus, l'ami de saint François de Sales. Célèbre par la singularité et la multiplicité de ses ouvrages, mais d'un zèle souvent trop ardent, il se démit de sa dignité en 1624 et eut pour successeur Jean de Passalaigue, Bénédictin riche en bénéfices, qui consacra une partie de ses revenus à restaurer la Cathédrale et le Palais épiscopal; au cours des travaux, en rebâtissant la Tour du clocher, on retrouva le corps de saint Anthelme, en parfait état de conservation ; on le plaça dans une riche châsse, où il est exposé à la vénération des fidèles.

En 1385, un incendie avait détruit une partie de la ville ; elle dut, à cette époque, sa reconstruction à Amé VII, duc de Savoie, qui la fit entourer de Fortifications.

La ville de Belley est agréablement située entre deux coteaux, à 5 kilomètres du Rhône, dans un bassin fertile qu'arrose le Furan. Il ne reste rien de remarquable des nombreux couvents qu'elle renfermait autrefois. Ses principaux monuments sont : le Palais épiscopal ; la Cathédrale, dont la fondation remonte à 889 et la dernière restauration à 1864 ; le Séminaire ; enfin un riche Cabinet de médailles et d'antiques rassemblés par le savant abbé Greppo. Mais ce qui fait la gloire et le charme de Belley, ce sont ses environs, avec leurs promenades si intéressantes, notamment : la Ferme-modèle de Peyrieux ; la Cascade de Glandieux ; les ruines de Chatillanet ; le Lac d'Ambléon, sur la Montagne de ce nom ; le Lac Bertrand ; la Cataracte de Servérieux ; la Source intermittente du Groin ; le Pont du Diable ; les ruines de la Chartreuse d'Arvières ; le Mont Colombier ; l'ancienne Chartreuse de Portes, prison d'État sous l'Empire, puis Citadelle, aujourd'hui déclassée ; l'Annonciade ; les Grottes de la Balme, sous Pierre-Chatel ; la Grotte de Charvieux, près d'Arandal.

L'industrie de Belley comporte des moulins à huile, deux imprimeries avec deux journaux, une usine à gaz, des tanneries, l'éducation des vers à soie et l'exploitation des carrières de pierres lithographiques regardées comme les meilleures de France. Il s'y fait un important commerce de bestiaux, de bois de construction, de truffes noires, de saucissons renommés.

C'est la patrie du savant jésuite Fabri ; du baron Costaz, de l'Institut d'Égypte ; des généraux Dallemagne et Bouvier des Éclaz ; des conventionnels Mollet et A. Ferrand ; de Brillat-Savarin, le spirituel et célèbre auteur de la *Physiologie du goût* ; des docteurs Récamier et Richerand ; du savant docteur Montègre ; enfin, c'est au collège de Belley qu'a été élevé Alphonse de Lamartine, poète, historien et orateur.

Les armes de Belley sont : *d'argent, à un loup de sinople, armé et lampassé de gueules*.

Virignin et *Fort-de-Pierre-Chatel*. — C'est sur le territoire de la commune de Virignin, située à 7 kilomètres Sud-est de Belley et peuplée de 1,144 habitants, bureau des postes et télégraphes, station de la ligne de Belley à Saint-André-le-Gaz, que s'élève le Fort-de-Pierre-Chatel, déclassé, mais non démantelé ; il occupe l'emplacement d'une ancienne Chartreuse, sur un roc calcaire dominant le Rhône, en face de la Montagne de Parves, haute de 630 mètres ; l'Église de la Chartreuse est encore debout, et c'est dans la cour du cloître que s'élèvent les Casernes. Des terrasses et du jardin, on a une vue admirable sur les environs, ainsi que sur le cours encaissé et torrentueux du Rhône. La montagne renferme plusieurs Grottes, où l'on a fait des découvertes de l'Age de pierre.

Ambérieu. — Ville de 3,635 habitants ; chef-lieu de canton ; justice de paix, perception des finances, bureau des postes et télégraphes, hôpital ; station de chemin de fer, où se rencontrent les voies ferrées de Bourg, de Culoz, de Sablonnières, de Lyon ; à 53 kilomètres Nord-ouest de Belley ; près de la rive droite de l'Albarine, sur un coteau couronné par les ruines du Château de Gondehaud ; ancienne châtellenie de la principauté de Dombes.

Ambérieu a perdu depuis longtemps son importance historique, qui se rattache aux temps reculés de la domination des princes bourguignons. Les légendes du Château de Gondebaud manquent d'intérêt et surtout d'authenticité. Ce domaine a suivi pendant de longs siècles le sort de la Dombes, dont il était une des villes principales.

Aujourd'hui, les habitants se livrent aux entreprises industrielles, fabriquent du tulle, des couvertures de laine, des draps pour l'habillement des troupes, des plateaux de balance, produisent de la fonte, et ont un important commerce de chevaux et de bestiaux.

En creusant les tranchées pour l'établissement du Chemin de fer, on a découvert une Nécropole, d'où l'on a extrait des curiosités archéologiques.

A 5 kilomètres d'Ambérieu, sont les ruines du Château des Allymes, bâti en 1354 par Amé V, comte de Savoie, et détruit par le maréchal de Biron; du haut de ces ruines, on a une vue étendue sur tout le Bas-Bugey.

Ambronay (*Ambroniacum*). — Bourg de 1,415 habitants; bureau des postes et télégraphes; station de la ligne d'Ambérieu à Bourg; à 60 kilomètres Nord-ouest de Belley.

Ambronay possédait jadis une abbaye de Bénédictins, fondée en 800 par Bernard, archevêque de Vienne, dont l'Église, devenue paroissiale, appartient au style ogival et mérite d'être visitée.

Ce bourg doit sa principale illustration aux précieuses découvertes faites dans sa plaine, où l'on a retrouvé les vestiges d'un Camp, que l'on a longtemps considéré comme romain, et que l'on croyait être, d'après les descriptions des historiens, celui qu'a occupé Galba, lieutenant de César, lorsque les Helvètes voulurent s'ouvrir un passage dans le pays des Nantuates; des études plus récentes ont démontré que les Retranchements sont moins anciens. Cependant de nombreuses médailles frappées à l'effigie des empereurs attestent la présence des Romains et de leurs légions en ce lieu.

Une tradition populaire plus difficile à expliquer, qui doit cependant reposer sur quelque fait, s'obstine à désigner cet emplacement sous le nom de Motte des Sarrasins, en souvenir d'un épisode qui aurait signalé leur passage dans le pays. La science n'a pu donner aucune base positive à cette légende.

Champagne. — Village de 503 habitants; chef-lieu de canton; justice de paix, perception des finances, bureau des postes et télégraphes; à 20 kilomètres Nord de Belley.

C'est l'ancien chef-lieu du Valromey.

On y trouve de nombreux vestiges de constructions romaines qui justifient l'étymologie que nous avons donnée du Valromey.

Hauteville. — Village de 708 habitants; chef-lieu de canton, justice de paix, perception des finances, bureau des postes et télégraphes; à 32 kilomètres Nord-ouest de Belley.

Hauteville, qui est une petite station estivale, exploite d'importantes carrières de pierres et fabrique des fromages.

Lagnieu. — Ville de 2,488 habitants; chef-lieu de canton; justice de paix, perception des finances, bureau des postes et télégraphes, établissement hospitalier; station de la ligne d'Ambérieu à Montalieu; à 52 kilomètres Nord-ouest de Belley, près de la rive droite du Rhône.

On y remarque des débris de Remparts, une Église ogivale, un Pont sur le Rhône.

Cette ville possède une fabrique de filières en diamants, rubis et saphirs, pour tréfilerie d'or et d'argent, une distillerie et des tanneries.

Ses foires sont très fréquentées.

Lhuis. — Village de 1,155 habitants; chef-lieu de canton; justice de paix, perception des finances, bureau des postes et télégraphes; à 25 kilomètres Ouest de Belley, à 2 kilomètres de la rive droite du Rhône.

Dans ce bourg se trouvent des carrières de pierres lithographiques.

On y voit les restes d'un Château, deux Portes et une Tour.

L'Église de Lhuis est une ancienne Chapelle de Bénédictins.

Au hameau de *Rix*, qui sert de port à Lhuis sur le Rhône, on a découvert des débris de constructions romaines.

Groslée. — Village de 620 habitants; à 23 kilomètres Sud-ouest de Belley, à 2 kilomètres environ de la rive droite du Rhône.

Groslée était autrefois une seigneurie importante, appartenant à une famille du même nom; les ruines de son Château sont encore imposantes, quoiqu'il ait servi de carrière de pierres pour le village; on distingue très bien son Donjon carré et ses deux Enceintes flanquées de Tours rondes.

Saint-Rambert. — Ville de 3,765 habitants; chef-lieu de canton; justice de paix, perception des finances, bureau des postes et télégraphes, établissement hospitalier; station de la ligne d'Ambérieu à Culoz; à 42 kilomètres Nord-ouest de Belley.

L'origine de cette ville fort ancienne remonte au ve siècle. A cette époque, un riche Romain, nouvellement converti au Christianisme et nommé Domitien, voulant embrasser un genre de vie plus austère que celui du Monastère de Lérins, où il s'était d'abord retiré, vint s'établir dans ce lieu; il y mourut avec une grande réputation de sainteté, et les miracles qu'y opéraient ses reliques déterminèrent l'établissement d'un Monastère. En 680, un seigneur du nom de Rambert, que l'on prétend avoir été du sang de Clovis, vint chercher dans ce Couvent un refuge contre les persécutions d'Ebroïn, maire du palais, qui l'y fit assassiner. Les miracles qu'opéra ce nouveau saint firent oublier le premier, et le Monastère prit son nom. La ville qui ne tarda pas à se grouper autour du Couvent avait l'abbé commendataire pour seigneur. Un Château, démoli par ordre de Henri IV, attestait la puissance de ce prélat. Le Monastère et le Château ont laissé quelques vestiges. Saint-Rambert, qui prenait le titre de seconde ville du Bugey et figurait immédiatement après Belley, fut au xviie siècle le siège d'un marquisat dépendant de la maison de Savoie.

La situation de Saint-Rambert dans un étroit vallon, resserrée entre deux hautes montagnes qui sont des embranchements du Jura, lui a valu autrefois le surnom de Joux. La nature géologique des gorges de Saint-Rambert offre au naturaliste de curieux et intéressants sujets d'étude.

Cette ville possède des cardages et filatures, des moulinages de soie, des fours à chaux, une fabrique de papier, une scierie mécanique, une tannerie.

Ses armes sont : *d'argent, à une corneille de sable, becquée et membrée de gueules.*

Tenay. — Ville de 4,000 habitants; société de tir et société de musique, bureau des postes et télégraphes; station de la ligne de Culoz à Ambérieu; à 35 kilomètres Nord-ouest de Belley.

Tenay possède une fabrique de ciment, une usine à éclairage électrique, des scieries hydrauliques, des peignages de déchets de soie.

Seyssel (*Sissum, Sysselium*). — Ville de 1,028 habitants; chef-lieu de canton; justice de paix, perception des finances, bureau des postes et télégraphes; station du chemin de fer de Culoz à Bellegarde; à 15 kilomètres Nord de Culoz, à 42 kilomètres Nord-est de Belley; sur le Rhône, qui commence à y être navigable.

Cette petite ville est partagée en deux Quartiers par le Rhône, que l'on y traverse sur un Pont suspendu; le Quartier de la rive droite appartient au département de l'Ain; le Quartier de la rive gauche, au département de la Haute-Savoie.

On trouve à Seyssel des minoteries, des scieries hydrauliques, des tanneries, une usine à électricité, des carrières de gypse, de pierre, et surtout, du côté de Pyrimont jusqu'à Bellegarde, de riches gisements d'asphalte et de bitume, dont l'importante exploitation a contribué à répandre le bien-être dans le pays.

Les vins des environs de Seyssel sont estimés.

A l'extrémité de la ville, sur les ruines d'un vieux Château, il y avait autrefois un Couvent de Capucins.

Ses armes sont : *de gueules, à la lettre capitale S, d'or, cantonnée de quatre croisettes d'argent deux en chef et deux en pointe.*

Culoz. — Ville de 1,477 habitants, bureau des postes et télégraphes; à la base méridionale du Colombier; à 27 kilomètres Nord-est de Belley.

Culoz doit toute son importance moderne à sa station de Chemin de fer, point d'arrêt pour les voyageurs qui viennent de Paris (559 kilom.); de Belfort (331 kilom.); de Genève (67 kilom.); de Turin (242 kilom.), par le Mont-Cenis et Chambéry; de Marseille (391 kilom.), par Grenoble et Chambéry; enfin de Lyon (104 kilom.).

Virieu-le-Grand. — Ville de 1,189 habitants; chef-lieu de canton; justice de paix, perception des finances, bureau des postes et télégraphes; station de la ligne d'Ambérieu à Culoz, où aboutit la ligne de Belley; à 13 kilomètres Nord de Belley, dans le vallon de l'Arêne.

On y voit les débris du Château féodal où Honoré d'Urfé écrivit *l'Astrée*.

Virieu-le-Grand fabrique de la chaux hydraulique et du ciment.

Les sites environnants sont très pittoresques.

ARRONDISSEMENT DE GEX

Gex — (lat. 46° 20′ 9″ N. ; — long. 3° 43′ 23″ E. ; — altitude, 647 mètres; — à 483 kilom. S.-E. de Paris par la route ; à 83 kilom. N.-E. de Bourg ; à 16 kilom. N.-O de Genève) — (*Gesium, Gestum*). — Ville de 2,659 habitants ; — chef-lieu d'un arrondissement et d'un canton, sous-préfecture, conseil d'arrondissement et collège électoral ; — comice agricole, syndicat agricole, inspection des forêts ; — recettes : des contributions indirectes ; des finances ; des postes et télégraphes ; conservation des hypothèques ; — deux établissements hospitaliers ; — tribunal de première instance, justice de paix ; prison ; — autrefois capitale du pays de Gex, baronnie, châtellenie royale ; était le siège d'un gouvernement particulier, d'une prévôté de maréchaussée ; relevait du diocèse de Genève.

L'origine de cette ville se perd dans la nuit du Moyen-Age. La baronnie de Gex relevait du comté de Genève; c'était l'apanage des cadets de cette maison. La barbarie des temps féodaux se révèle à chaque page de son histoire. Au XIIIe siècle, un comte de Genève fait construire au-dessus de la ville de Gex un Château-Fort pour servir de retraite aux bandes de pillards qu'il lançait sur les terres de Savoie; Amé IV, de son côté, élève sur les marches du pays de Gex une Citadelle, appelée Marnalz, qui menace les possessions de son dangereux voisin. Celui-ci ne pouvant assouvir sa colère sur la personne de son ennemi, fait saisir l'architecte et les maçons qui ont bâti Marnalz et les massacre impitoyablement. Par représailles, les gens de Savoie s'emparent d'un gentilhomme nommé Foucigny, qui passait pour le favori du comte de Genève; ils le décapitent et, pendant la nuit, vont clouer sa tête, comme une hure de sanglier, à la porte du fort de Gex, nouvellement construit, et qui s'appelait le Fort Gaillard. La vengeance appelle la vengeance; quelque temps après on célébrait à Marnalz une de ces fêtes ou *vogues*, auxquelles venaient prendre part, comme dit un vieil historien, gens de toute sorte qui faisoient mille insolences et ivrogneries; dans la foule, on n'avait pas remarqué certains groupes de paysans suspects qui, à un signal donné, se réunirent, mirent au clair les armes qu'ils avaient tenues cachées sous leurs vêtements, se précipitèrent tous ensemble vers la Citadelle, surprirent les sentinelles, pénétrèrent dans la place et passèrent la garnison au fil de l'épée. C'étaient des habitants de Gex et des Genevois, leurs alliés; pour venger la mort de Foucigny, ils coupèrent la tête du commandant assailli pendant son sommeil et l'attachèrent à la porte du château avec deux flèches plantées dans le front, en forme de cornes, et disant que, si les Savoyards avaient tué le sanglier, ils avaient, eux, pris le cerf. A peine informé du succès de l'expédition, le seigneur de Gex arriva pour présider à la démolition de Marnalz, mais peu s'en fallut qu'il ne fût surpris par le comte de Savoie, accouru au secours des siens; il ne dut son salut qu'à la rapidité de son cheval et perdit dans le combat presque tous les soldats qui l'accompagnaient.

C'est vers cette époque, en 1353, que la baronnie de Gex fut conquise par Amé le Vert à la maison de Savoie. Hugard, seigneur de Gex et homme lige du dauphin de Viennois, ayant eu à se plaindre de son suzerain, promit au comte de Savoie de lui faire, après sa mort, hommage de sa baronnie; il s'en repentit sans doute, car, à son lit de mort, il institua pour son héritier Hugues de Genève, à la condition que celui-ci se reconnaîtrait vassal du dauphin de Viennois; le legs et ses clauses avaient été acceptés, lorsque Amé le Vert réclama du nouveau seigneur de Gex l'hommage promis par Hugard; le refus de Hugues amena la guerre; Amé envahit le pays et assiégea Gex, qui, après une vaillante résistance, dut ouvrir ses portes à son nouveau maître; la garnison avait obtenu la vie sauve et défilait devant le vainqueur, lorsque Amé IV aperçut le commandant de la place : « Mon gentilhomme, lui cria-t-il, allez dire à votre maître qu'il n'a plus rien à faire avec moi pour la baronnie de Gex, et que son seigneur le dauphin ne sera cette fois assez puissant pour la lui maintenir. »

Gex, en effet, resta jusqu'en 1601 dans les États de Savoie. Les seuls faits à signaler pendant cette période sont l'enlèvement, près de la ville, par Charles de Bourgogne, de la duchesse de Savoie, Yolande, et de ses deux enfants; le duc, en usurpant la tutelle du jeune Philippe, voulait s'immiscer dans les affaires de la Savoie; mais Olivier de la Marche, son gouverneur, ému de pitié par l'âge de cet enfant, le conduisit lui-même à Genève. A deux reprises, en 1536 et quelques années après, la république de Genève, dans ses démêlés avec les princes de Savoie, s'empara de la ville de Gex; mais elle ne garda de cette conquête que quelques villages qui, depuis cette époque, ont continué à faire partie de son territoire.

La ville de Gex et tout le pays de ce nom furent compris dans la cession faite à la France en 1601. Son histoire semble terminée à cette époque, tant a été profonde la paix dont la contrée a joui depuis.

Cette ville, qui se compose presque uniquement d'une rue assez large, mais d'une pente rapide, est située dans la position la plus pittoresque; le voyageur, placé sur une petite terrasse ombragée de beaux arbres, qui domine Gex, peut du regard embrasser le Lac Léman, Genève, les montagnes de Savoie couronnées par le Mont Blanc, les cimes verdoyantes du Jura et du Mont Saint-Claude, les rives toujours fleuries du rapide et harmonieux torrent le Jornant. Du Château-Fort, des Couvents, des Murailles, il reste à peine quelques vestiges.

La principale industrie des habitants de Gex consiste dans la fabrication de fromages, façon gruyère. On y trouve des tanneries, une fabrique de chaux, une imprimerie et un journal; il s'y fait un commerce assez étendu de vins et de charbon.

C'est la patrie du théologien Émery et de Girod de l'Ain, pair de France sous Louis-Philippe.

Les armes de la ville sont : *coupé d'argent et de gueules, à un geai naturel couronné d'une couronne de côté d'or.* Alias : *d'azur à trois morailles d'or, liées d'argent l'une sur l'autre, au chef de même, chargé d'un lion issant de gueules*

Divonne. — Bourg de 1,560 habitants; bureau des postes et télégraphes; à 8 kilomètres Nord-est de Gex.

Ce bourg est situé à la base septentrionale du Mont Mussy, dans une admirable position d'où l'on découvre une partie du Lac de Genève, les Alpes et le Jura; il est dominé par un beau Château et arrosé par la Versoix ou Divonne qui y prend sa source; c'est un assemblage de plusieurs hameaux qui possède des forges, des scieries, des carrières de pierres de taille, des tailleries de diamant et des tuileries.

Divonne doit son importance à un bel Établissement hydrothérapique. Au pied du Château s'étendent plusieurs bassins alimentés par des Sources, les plus froides peut-être que l'on connaisse, car, en tout temps, elles ne marquent que 6 degrés 1/2; l'eau de ces bassins, d'une extrême pureté, agit avec succès contre les affections rhumatismales ou muqueuses.

Collonges (*Colonia Allobrogum*) et *Fort-de-l'Écluse*. — C'est sur le territoire de Collonges que s'élève le Fort-de-l'Écluse. Collonges est un chef-lieu de canton de 1,075 habitants, avec justice de paix, perception des finances, bureau des postes et télégraphes; station de la ligne de Bellegarde à Genève; à 26 kilomètres Sud de Gex et au revers oriental du Grand-Credo.

Le Fort-de-l'Écluse est une ancienne Forteresse située à 423 mètres d'altitude, dans un Défilé que Jules César décrit dans ses *Commentaires*. Le passage est dominé au Nord par le Jura; la Route domine elle-même au Sud le Rhône, qu'on voit écumer dans un profond encaissement, ou plutôt dans un profond abîme. Au milieu de ce Défilé s'élève, suspendu sur le fleuve, adossé à une masse verticale qui soutient une haute terrasse, et resserré entre deux ravins d'une effroyable profondeur, le Fort-de-l'Écluse, qui fut longtemps un des plus puissants boulevards de la Savoie. Les Autrichiens l'ont détruit en partie, dans l'invasion de 1814; il a été réparé en 1824, et compte, depuis cette époque, au nombre des places fortes; mais il a bien perdu de son importance stratégique depuis que l'annexion de la Savoie a porté notre frontière jusqu'aux Alpes. La Route de Genève, ne pouvant passer ailleurs, y pénètre par un Pont-levis et en sort par un autre. Tout à côté, le Chemin de fer de Genève franchit le Tunnel du Credo, long de près de 4 kilomètres, à une altitude de 380-393 mètres au-dessus du niveau de la mer.

Ferney-Voltaire. — Ville de 1,200 habitants; chef-lieu de canton, justice de paix, perception des finances, bureau des postes et télégraphes, paroisse protestante; à 9 kilomètres Sud-est de Gex, au pied du versant oriental du Jura, dans un vallon entrecoupé de prairies, de bouquets de bois et de terres labourables, presque sur les bords du Lac Léman.

Cette ville doit sa prospérité et son illustration au long séjour de Voltaire.

Le grand philosophe y fit construire, à ses frais, cent dix maisons, et y établit l'industrie de l'horlogerie; en moins de dix ans, un pauvre hameau, composé d'une cinquantaine d'habitations éparses dans un sol marécageux, inculte et malsain, s'était transformé en un gracieux village plein d'animation et d'avenir, où respiraient l'aisance, la santé et le bonheur.

La demeure, que fit bâtir et qu'habitait Voltaire à Ferney, ne se fait remarquer que par son élégante simplicité; on y arrive par une avenue de tilleuls qui coupe le chemin à angle droit; le bâtiment, commode et bien distribué, est l'habitation d'un citoyen, non le château d'un seigneur opulent. Le cabinet de travail de l'illustre écrivain se trouve au rez-de-chaussée; à gauche de ce cabinet, on voit sa chambre à coucher. Devant la maison se dresse une petite Chapelle, qui ne sert plus au culte, avec cette inscription : *Deo erexit Voltaire.*

L'industrie fondée par Voltaire à Ferney a prospéré et lui a survécu; les habitants y ont joint depuis des poteries, tuileries et briqueteries.

Thoiry. — Bourg de 1,349 habitants; bureau des postes et télégraphes; sur un petit affluent du Lavidon, à 14 kilomètres Sud de Gex.

Ce bourg possède une fabrique de filières en diamants, rubis et saphirs, une usine pour la taillerie et la percerie des diamants, une scierie mécanique, un établissement de la Société internationale de pisciculture.

C'est de Thoiry que l'on fait l'ascension du Reculet (1,720 mètres), la plus haute montagne du Jura français après le Crêt-de-la-Neige (1,724 mètres). Du sommet du Reculet, on jouit d'une vue admirable sur les environs.

ARRONDISSEMENT DE NANTUA

NANTUA — (lat. 4°9′7″N.; — long. 3°16′23″ E.; — altitude 480 mètres; — à 474 kilom. S.-E. de Paris, route; 500 kilom. par le chemin de fer; à 40 kilom. E. de Bourg) — (*Nantoidis, Nantuacum, Nantuadunum*). — Ville de 2,973 habitants; — chef-lieu d'un arrondissement et d'un canton; sous-préfecture, conseil d'arrondissement et collège électoral; — collège communal; inspection primaire; bibliothèque, cabinet géologique et paléontologique, sociétés de gymnastique, de musique, de touristes, de vélocipédie; — syndicat agricole, inspection des forêts; — conservation des hypothèques; recette des finances; bureau des postes et télégraphes; — établissement hospitalier, hospice pour les vieillards; — tribunal de première instance, justice de paix; prison; — station de la ligne de Bourg à Genève par Bellegarde; était autrefois une baronnie, avec prieuré et collège; relevait du diocèse de Saint-Claude et du parlement de Dijon.

Nantua dérive de *Nant,* nom d'un petit ruisseau qui s'échappe de son Lac, ou d'une

Nantua.

colonie des *Nantuates*, peuplade celtique qui, selon Strabon, habitait dans les environs du lac Léman.

Une légende fait remonter l'origine de la ville à saint Amand, qui, avec l'autorisation de Chilpéric II, fonda un Monastère en un lieu appelé *Nanto*. Le nouvel établissement porta ombrage à Mummolus, évêque d'Izernore, qui envoya des meurtriers à Nanto pour tuer saint Amand; mais, au moment où ils allaient exécuter leur projet, éclata un orage qui les terrifia; ils tombèrent aux pieds du saint et implorèrent leur pardon.

Avec le temps, l'ermitage de Saint-Amand devint un important Monastère; les habitations qui se groupèrent autour de cette demeure formèrent plus tard une ville dont l'histoire est restée étroitement liée à celle de l'Abbaye qui lui avait donné naissance. En 817, dans la convocation de tous les hauts dignitaires de l'Église à Aix, sous Louis le Débonnaire, figurait Pierre de Nantua, et son domaine est classé parmi ceux qui n'ont à fournir qu'un don sans levée de milice (*dona sine militia*). Plus tard, l'abbé Helmédius obtint de Louis, roi d'Aquitaine, en faveur de Nantua, l'autorisation d'avoir des bateaux sur le Rhône, la Saône et la Loire, pour transporter ses denrées, sans qu'elles fussent soumises à aucun péage. Lorsque Charles le Chauve, tombé malade à Genève, à son retour d'Italie, vint mourir, en 878, au village de Briord, près du Rhône, ce même Helmédius présida aux funérailles du monarque, qui fut inhumé dans l'Église de Nantua, à la gauche du maître autel, et c'est sans doute à la vénération qu'il inspirait au prince mourant que furent dus les riches présents dont sa libéralité dota le temple qui devait être sa dernière demeure.

L'Abbaye de Nantua dépendit longtemps de l'archevêché de Lyon; elle fut soumise, en 959, par une charte de Lothaire, au Monastère de Cluny, jusqu'à l'avènement de saint Hugues, un de ses abbés, qui réclama et obtint du pape Pascal II la création de prieurs indépendants. Parmi ces nouveaux prélats, on compte plusieurs personnages illustres : Boniface de Savoie, évêque de Belley, qui devint archevêque de Cantorbéry; Philippe de Savoie, qui occupa le siège de Lyon; enfin le duc Amé VIII, qui fut pape sous le nom de Félix V.

Lorsque François Ier traversa la Bresse et le Bugey, après la conquête de l'amiral Chabot en 1536, il s'arrêta à Nantua et logea au Monastère.

Le seul fait militaire à signaler dans les annales de la ville se rattache à l'interrègne qui suivit la mort du duc de Savoie, Amé IX. Philippe, son frère, disputant la régence à sa belle-sœur Yolande, voulut passer par Nantua à la tête d'une petite troupe de cinq cents soldats; les habitants s'y refusèrent et l'obligèrent à se retirer sur Seyssel.

La ville de Nantua, située au milieu d'une gorge sauvage et aride de la Chaîne du Jura, se compose de trois rues à peu près parallèles ; deux de ces rues sont larges et belles; la troisième est vieille, noire, étroite, malpropre ; une haute montagne longe et domine, à l'Est, les habitations, que baignent, à l'Ouest, les eaux du Lac. Le seul monument est l'Église paroissiale, reste de son ancienne Abbaye, d'un beau style lombard; le portail, quoique horriblement mutilé, offre encore des débris curieux ; c'est le Bas-Empire dans toute sa naïveté; le fronton circulaire était décoré de sujets tirés de l'Apocalypse comme dans la plupart des temples de l'École byzantine.

Cette ville a des tanneries, corroiries, mégisseries, chaudronneries, clouteries, distilleries, une usine à éclairage électrique, des fabriques de peignes, de soie, une taillerie de diamants, une fabrique d'articles de petit équipement militaire, des tourneries de bois, des imprimeries et deux journaux.

Les poissons et surtout les truites renommées du Lac, les fromages de la montagne, sont l'objet d'un commerce assez important, auquel il faut ajouter encore un échange actif de céréales et de vins entre la France et la Suisse.

Nantua est la patrie du docteur Jacques Maissiat, ancien représentant à l'Assemblée nationale de 1848, auteur d'ouvrages sur le passage de César et d'Annibal à travers la Gaule.

Ses armes sont : *un lac de sinople, à une truite d'argent, au chef d'azur chargé d'une fleur de lis d'or.* On les trouve encore : *d'or, à une truite de sable posée en fasce, et trois bucelles ondées en pointe, au chef de gueules, à la croix alaisée d'argent.*

Brénod. — Bourg de 801 habitants; chef-lieu de canton; justice de paix, perception des finances, bureau des postes et télégraphes; sur l'Albérine, à 20 kilomètres Est de Nantua.

On remarque dans ce bourg une Église du XVe siècle avec un beau maître-autel en marbre, ainsi que de belles Fontaines.

Brénod possède une fabrique de fromages façon gruyère, des minoteries, des scieries mécaniques et de nombreuses boisselleries.

Il s'y fait un important commerce de chevaux, de bestiaux et de bois.

Dans le Vallon du Valey, que dominent les roches à pic de la Forêt de Meyriat, se trouvent les ruines de la Chartreuse de Meyriat, construite au xii° siècle.

Chatillon-de-Michaille. — Bourg de 1,095 habitants; chef-lieu de canton; justice de paix, perception des finances, bureau de la douane, bureau des postes et télégraphes, syndicat agricole et viticole; station de la ligne de Bourg à Bellegarde, à 19 kilomètres Sud-est de Nantua, au confluent de la Valserine et de la Semine.

On y remarque une jolie Église moderne.

Du haut des rochers de la Tour, où se dresse une Statue de la Vierge, on jouit d'une fort belle vue.

Bellegarde. — Ville de 2,222 habitants; recette principale des douanes, bureau des postes et télégraphes; station des chemins de fer venant de Genève, d'Annemasse, de Culoz, de Bourg; au pied du Credo, à 24 kilomètres Est de Nantua, sur la rive droite du Rhône, au confluent de ce fleuve avec la Valserine.

A 1,000 mètres en amont de Bellegarde se trouve la Perte du Rhône, causée par l'érosion des eaux sur les roches calcaires, dont les bancs horizontaux s'étendent en travers du lit du fleuve par-dessus les argiles; le Pont de Lucey passe au-dessus de cette Perte qui varie suivant les saisons; c'est quand les eaux sont basses ou moyennes que l'effet se produit le mieux; d'ailleurs, des travaux et des accidents récents en ont considérablement diminué l'aspect curieux.

On trouve à Bellegarde une très importante usine électro-métallurgique, de grandes scieries mécaniques avec fabrique de parqueteries, de moulures et de bois découpés, des fabriques de bonneterie, de confiserie, de papiers de pâte de bois, de cartons, et une imprimerie.

Les environs de Bellegarde sont fort intéressants à visiter; outre la Chute du Rhône, on peut voir la Chute de la Valserine, le Tunnel du Credo, le Fort-de-l'Écluse.

Izernore. — Bourg de 1,016 habitants; chef-lieu de canton; justice de paix, perception des finances, bureau des postes et télégraphes; à 11 kilomètres Nord de Nantua.

Isernodurum, avant l'invasion romaine, était déjà une ville considérable de la Gaule. Elle s'élevait dans la plaine, à côté du bourg actuel, et elle était entourée de Murs dont on distingue encore les fossés. Cette plaine est couverte de cailloux et de petits tertres. En quelque endroit que l'on fouille la terre, au-dessous de ce que le soc de la charrue peut retourner, on trouve des ruines, des emplacements de maisons, dans lesquels on reconnaît jusqu'à la distribution des appartements. Près du bourg et à l'Est de l'ancienne ville, on admire encore les restes d'un Temple, mais rien n'indique à quelle divinité il a été élevé.

Izernore paraît avoir été, sous les Romains et sous les Mérovingiens, une place importante. On connaît des sous d'or mérovingiens frappés dans cette ville. Les ruines d'Izernore sont classées parmi les monuments historiques. Jacques Maissiat a vainement essayé de l'identifier avec *Alesia*, ce rempart de l'indépendance gauloise.

Oyonnax. — Ville de 4,461 habitants; chef-lieu de canton; justice de paix, perception des finances, sociétés de gymnastique, de musique et de chant, bureau des postes et télégraphes; station de la ligne de La Cluse à Saint-Claude, à 13 kilomètres Nord de Nantua, sur le petit ruisseau de l'Ange.

On a découvert plusieurs antiquités gallo-romaines dans cette ville dont l'histoire inconnue.

Oyonnax est aujourd'hui une des plus industrieuses et des plus commerçantes vi du département. On y fabrique, en grande quantité, des peignes, de la tabletterie, des obj en corne, en bois, en ivoire, en nacre, en écaille, en os, en celluloïd, objets du genre Saint-Claude dits articles de Paris. Elle possède des scieries mécaniques qui débitent planches les magnifiques sapins de ses forêts; une grande usine d'électricité distrib la lumière et la force motrice à domicile. Il s'y fait, en outre, un commerce de bois construction et de bois pour la marine; ses foires d'août et de septembre sont très fréquentée

Poncin. — Bourg de 1,831 habitants; chef-lieu de canton; justice de paix, perceptio des finances, bureau des postes et télégraphes, syndicat agricole; à 27 kilomètres Sud-oue de Nantua; sur la rive gauche de l'Ain.

On voit à Poncin les restes d'un ancien Château, notamment des terrasses, une écuri· et une Tour carrée, ainsi que d'anciennes Maisons et les vestiges de vieilles Fortifications.

Ce bourg possède une fabrique de soieries et des fabriques de chapeaux.

Ses foires sont nombreuses et achalandées.

Jujurieux. — Ville de 2,737 habitants; bureau des postes et télégraphes, syndicat agricole; à 33 kilomètres Sud-ouest de Nantua.

On y trouve une fabrique importante de soieries et une fabrique de ciment.

ARRONDISSEMENT DE TRÉVOUX

Trévoux — (lat. 45°56′37″ N.; — long. 2° 26′ 19″ E.; — altitude 250 mètres; — à 440 kilom. S.-E. de Paris par route; à 486 kilom. par voie ferrée; à 44 kilom. S.-O. de Bourg; à 26 kilom. N. de Lyon) — (*Treviæ, Trivium, Trevurtium*). — Ville de 2,687 habitants; — chef-lieu d'un arrondissement et d'un canton; sous-préfecture, conseil d'arrondissement et collège électoral; — inspection primaire; bibliothèque, sociétés de gymnastique, de chant, de musique, de vélocipédie; — comice agricole, syndicat agricole; — recettes : des contributions indirectes; de l'enregistrement; conservation des hypothèques; — bureau des postes et télégraphes, hôpital, — tribunal de première instance, justice de paix; prison; — tête de ligne d'une voie ferrée allant à Lyon; possède, en outre, dans le département du Rhône, une station de la grande ligne de Paris à Lyon; — était autrefois la ville principale de la principauté de Dombes, siège d'un bailliage, d'une châtellenie, d'une chambre des monnaies, d'un parlement; relevait du diocèse de Lyon.

Trévoux est, selon toute apparence, une ville d'origine romaine; fondée à l'endroit où l'un des grands chemins qu'Agrippa avait fait construire dans les Gaules se partageait en trois branches, elle dut à cette circonstance son nom de *Tresviæ, Trivium*, rendu célèbre par la victoire de l'empereur Sévère sur son compétiteur Albinus.

Au XIII° siècle, un Château y avait été construit par les sires de Thoiré et de Villars; un de leurs successeurs, Henri, archevêque et comte de Lyon, second fils d'Étienne II, voyant Beauregard, l'ancienne capitale de la contrée, démantelée et ruinée par les dernières guerres soutenues contre la maison de Savoie, eut la pensée de déclarer Trévoux ville franche et de promettre les privilèges les plus étendus aux nouveaux habitants qui viendraient y résider. A cet appel répondirent de nombreux émigrants qui, paraît-il, n'étaient pas tous d'une moralité exemplaire; dès lors, Trévoux changea de face; le village se transforma en une ville, où l'industrie et le commerce allèrent se développant de jour en jour.

Lorsque Louis II, duc de Bourbon, devint, en 1391, l'héritier d'Édouard II, dernier seigneur de Beaujéu, dont il avait été le constant défenseur, il acheta d'Humbert VII, sire de Villars et de Thoiré, pour arrondir ses petits États, les châtellenies de Trévoux, d'Ambérieu et du Chatelard; c'est de la réunion de ces domaines à l'héritage d'Édouard II que fut formée la principauté de Dombes, dont Trévoux devint la capitale, et qui éveilla aussitôt la jalousie des princes ses voisins. Un chef de bande, le comte Vergy, à la solde du comte de Savoie ou du duc de Bourgogne, envahit la Dombes avec 1,000 chevaux et 3,000 hommes de pied; mais il fut repoussé par Jean de Levis, marquis de Châteaumorand, commandant l'armée du duc de Bourbon.

Le successeur de ce prince, Jean Ier, avait été fait prisonnier à Azincourt; le comte de Savoie et le duc de Bourgogne, jugeant le moment favorable, se liguèrent ouvertement pour tenter une nouvelle expédition contre la principauté dont ils rêvaient le partage. Leurs troupes couvraient le pays; la ville de Trévoux, prise par escalade, avait été livrée au pillage; Marie de Berry, duchesse de Bourbon, qui gouvernait la province en l'absence de son époux, s'était retirée à Beauregard et ne pouvait guère opposer à ses puissants ennemis que des protestations courageuses, mais inutiles, lorsqu'une heureuse diversion de Charles Ier, comte de Clermont, qui menaçait la Franche-Comté avec une armée nombreuse, rappela à la défense de ses propres domaines le duc de Bourgogne, bientôt suivi par le comte de Savoie, et la guerre de Dombes se termina par un traité qui fixa ses limites et consacra son indépendance.

Trévoux, depuis cette époque, ne fut le théâtre d'aucun événement politique d'un intérêt général. Après avoir été possédée par les différentes branches de la maison de Bourbon, et avoir même été réunie un instant, sous François Ier, au domaine royal, cette ville fut définitivement annexée à la couronne de France en 1762, par l'échange que le comte d'Eu fit de la Dombes contre le duché de Gisors.

Pendant longtemps, Trévoux resta la petite capitale d'un État indépendant au milieu de la France. Cet État avait son hôtel des monnaies, son parlement; il possédait aussi des lieux de réunion particuliers pour les députés des trois ordres; de plus, un conseil souverain était établi, à Paris, près la personne des princes de Dombes, dont l'autorité était aussi illimitée que celle des rois de France : ils avaient sur leurs sujets droit de vie et de mort, et pouvaient les anoblir et les imposer à discrétion. Leur revenu fixe s'élevait à 200,000 livres, auxquelles le pays ajoutait un don annuel de 20,000 livres, et l'hôtel des monnaies plus de 100,000 livres par an. Trévoux possédait un des trois bureaux d'argue qui existaient à cette époque, en France, pour le tirage des lingots d'argent.

Parmi les industries qui s'étaient développées à Trévoux, l'imprimerie avait pris surtout un essor particulier; c'est ce qui engagea les Jésuites à y fonder, en 1700, leur *Journal de Trévoux*, célèbre recueil critique et littéraire, qu'ils publièrent de 1701 à 1782, pour combattre l'École philosophique. La même cause détermina Louis XIV à y établir une imprimerie d'où sortit, en 1704, la première édition du Dictionnaire universel, sous le nom de *Dictionnaire de Trévoux*.

Il ne reste à Trévoux de son passé que quelques pans de ses Murailles et débris des Tours de son Château; le Palais de Justice, fondé en 1696, par le duc du Maine; l'Hôpital dû à Marie-Louise d'Orléans; plusieurs Églises, dont la plus ancienne est la Collégiale, dédiée à saint Symphorien.

Les constructions modernes de Trévoux se réduisent à un beau Quai et à un Pont suspendu sur la Saône.

On trouve à Trévoux des affinages, tirages et tréfileries d'or et d'argent, des fabriques de filières en rubis et saphirs, une fabrique de chaux, une imprimerie et deux journaux.

Cette ville est la patrie des frères Bacheville.

Ses armes sont : *d'argent, à la tour de huit pans de gueules couvertes en pointe, au chef d'azur à trois fleurs de lis d'or, traversées chacune d'une colice de gueules.* On les trouve encore : *d'argent, à une tour de gueules, ouverte, ajourée et maçonnée de sable, au chef de France.*

Sathonay et *Camp de Sathonay*. — Ville de 2,781 habitants, à 19 kilomètres Sud-est de Trévoux, bureau des postes et télégraphes, station où se réunissent les deux lignes venant de Trévoux et de Bourg, à 7 kilomètres Nord de Lyon.

A côté de Sathonay, est le Camp de rassemblement et de manœuvre, qui porte son nom. Son Château a été transformé en maison de secours pour les filles des militaires.

Chalamont. — Ville de 1,857 habitants; chef-lieu de canton; justice de paix, perception des finances, bureau des postes et télégraphes, établissement hospitalier ; à 35 kilomètres Est de Trévoux.

On y voit quelques anciennes Habitations.

Du haut du Signal de Chalamont, on jouit d'une vue très étendue.

Châtillon-sur-Chalaronne. — Ville de 2,956 habitants ; chef-lieu de canton ; justice de paix, perception des finances, bureau des postes et télégraphes, champ de courses, établissement hospitalier ; station où aboutit l'embranchement de Marlieux, à 26 kilomètres Nord-Est de Trévoux.

On y remarque la statue de saint Vincent de Paul, qui fut curé de cette paroisse en 1617 ; une Porte de l'ancien Château, une Église moderne, une Halle.

Il se fait, dans cette ville, un important commerce. Ses foires, nombreuses, sont très achalandées.

Meximieux. — Ville de 2,137 habitants ; chef-lieu de canton ; justice de paix, petit séminaire, perception des finances, bureau des postes et télégraphes, hôpital ; station du chemin de fer de Lyon à Ambérieu ; à 34 kilomètres Est de Trévoux ; dans une position agréable et saine, sur le penchant d'une colline, non loin de la rive droite de l'Ain ; était autrefois une des baronnies de la Bresse.

De son ancien château, qui couronne l'éminence au pied de laquelle elle est assise, on a une vue magnifique sur les environs.

Le commerce de Meximieux est assez important ; on y fabrique de la chaux.

Pérouges (Perugiæ). — Village de 665 habitants, à 32 kilomètres Est de Trévoux.

Ce fut autrefois un bourg fortifié, qui subit plusieurs sièges; il repoussa notamment l'armée de Comminges, général au service du dauphin Louis, plus tard Louis XI. Pour célébrer leurs exploits, les habitants avaient fait graver à l'entrée de leur ville l'inscription dont voici le texte latin et la traduction.

PERUGIÆ PERUGIARUM	Pérouges des Pérougiens,
URBS IMPRENABILIS	ville imprenable.
COQUINATI DELPHINATI VENERUNT	Les coquins du dauphin vinrent
ET NON POTUERUNT COMPREHENDERE ILLAM	et ne purent s'en emparer.
ATTAMEN IMPORTAVERUNT PORTAS ET GONOS	Mais ils emportèrent les portes et leurs gonds.
DIABOLUS IMPORTAT ILLOS.	Que le diable les emporte.

Montluel (*Mons Lupellus*). — Ville de 2,686 habitants; chef-lieu de canton; justice de paix, perception des finances, bureau des postes et télégraphes, hôpital, orphelinat; station du chemin de fer de Lyon à Ambérieu; à 28 kilomètres Sud-est de Trévoux; dans une contrée agréable, à 3 kilomètres de la rive droite du Rhône.

La petite rivière de Seraine l'arrose et s'y divise en plusieurs bras.

C'est dans l'ancien Château de Montluel que l'empereur Sigismond fit, de la Savoie, un duché en faveur d'Amé VIII, en 1416. La seigneurie de Montluel, d'abord réunie au Dauphiné, puis à la Couronne par la donation de Humbert II, fut remise et cédée, après la conquête de la Bresse sous Henri IV, à Henri de Bourbon, prince de Condé, avec la baronnie de Gex, en échange de la terre de Château-Chinon.

En 1814, nous nous sommes battus à Montluel contre les Autrichiens qui parcoururent tout le pays environnant de janvier à avril.

Les torrents qui descendent des coteaux voisins et surtout de la Cottière, au pied de laquelle est la ville, et les débordements du Rhône, y causent quelquefois de grands ravages.

Un nouveau Château remplace l'ancien, qui datait du xie siècle.

Montluel possède des fabriques de couvertures, des manufactures de draps pour l'armée et un important commerce de grains, de colza, de chanvre, de fil, de draps et de vins.

Les armes de Montluel sont : *d'or, à six fasces diminuées de sable, à un lion de gueules armé, lampassé et couronné d'argent sur le tout.*

Miribel. — Ville de 3,420 habitants; perception des finances, bureau des postes et télégraphes; station de la ligne de Lyon à Ambérieu; à 24 kilomètres Sud-est de Trévoux; sur la rive droite du Rhône.

Miribel a des chantiers de construction de bateaux, une fabrique de teintureries pour les soieries de Lyon, des ateliers de broderie, des fabriques d'huile.

Des ruines du vieux Château, qui couronnent la colline de Miribel, on jouit d'un horizon très étendu sur la vallée du Rhône.

Camp de la Valbonne. — Sur le territoire des cantons de Meximieux et de Montluel, entre Béligneux, Dagneux, Balan, Saint-Maurice-de-Gourdans et Saint-Jean-de-Niort, à 2 kilomètres de la rive droite du Rhône, est établi le Camp de la Valbonne qui avait une École régionale de tir pour l'infanterie; le Camp est desservi par une station de la ligne de Lyon à Ambérieu, à 31 kilomètres Nord-est de Lyon.

Saint-Trivier-sur-Moignans. — Bourg de 1,632 habitants; chef-lieu de canton; justice de paix, perception des finances, bureau des postes et télégraphes, établissement hospitalier; à 18 kilomètres Nord-est de Trévoux.

Dans ce bourg, voisin d'un Étang formé par le Moignans, on voit des débris de vieilles Murailles et l'Enceinte d'un grand Château démantelé au xiv° siècle.

Thoissey (*Thogissium*). — Ville de 1,461 habitants; chef-lieu de canton; justice de paix, perception des finances, bureau des postes et télégraphes, hôpital; sur la Chalaronne, à peu de distance de son embouchure dans la Saône et à 30 kilomètres Nord de Trévoux.

Thoissey fait un grand commerce de grains et de bestiaux et possède des fabriques de chapeaux, des tanneries et des mégisseries.

Montmerle. — Ville de 1,687 habitants; perception des finances, bureau des postes et télégraphes, hôpital; à 18 kilomètres Nord de Trévoux; sur la rive gauche de la Saône.

On a découvert à Montmerle un Cimetière romain et recueilli des antiquités.

Un Pont suspendu conduit à la rive droite de la Saône, où se trouve la station de Belleville, sur la voie ferrée de Mâcon à Lyon.

Un service de bateaux relie Montmerle à Lyon, Mâcon et Chalon, par la Saône.

Montmerle, où l'on fabrique de l'huile et des chaises, fait le commerce de fruits, de chanvre, de boissellerie, de merrains, de cuirs, de moutons, de chevaux et de bestiaux. Ses foires sont très fréquentées.

Villars. — Ville de 1,482 habitants; chef-lieu de canton; justice de paix, perception des finances, bureau des postes et télégraphes; station de la ligne de Bourg à Lyon, à 22 kilomètres Nord-est de Trévoux.

On y voit une Église ogivale avec très belle crédence et les ruines d'une vieille Tour.

Les foires de Villars sont très importantes pour le commerce des céréales, des bestiaux et du poisson.

I. — STATISTIQUE COMMUNALE DU DÉPARTEMENT DE L'AIN

ARRONDISSEMENT DE BOURG
165,900 hectares. — 123,309 habitants. — 10 cantons. — 120 communes.

CANTON DE BOURG
30,492 hab., 14 comm.

NOM de LA COMMUNE	POPULATION
Bourg	18.968
Buellas	702
Lent	1.181
Montagnat	471
Montcet	401
Montracol	586
Péronnas	991
Polliat	1.441
Saint-André-le-Panoux	836
Saint-Denis	1.059
Saint-Just	206
Saint-Remy	317
Servas	459
Viriat	2.741

CANTON DE BÂGÉ-LE-CHÂTEL
11,704 hab., 11 comm.

NOM de LA COMMUNE	POPULATION
Bâgé-le-Châtel	691
Asnières	114
Bâgé-la-Ville	1.885
Dommartin	925
Feillens	2.553
Manziat	1.599
Replonges	1.642
Saint-André-de-Bâgé	181
Saint-Laurent	1.746
Saint-Sulpice	192
Vésines	176

CANTON DE CEYZÉRIAT
7,202 hab., 14 comm.

NOM de LA COMMUNE	POPULATION
Ceyzériat	966
Bohas	278
Cize	192
Drom	402
Grand-Corent	243
Hautecourt	753
Jasseron	660
Meyriat	459
Ramasse	360
Revonnas	368
Rignat	320
Romanèche	390
Simandre	767
Villereversure	1.044

CANTON DE COLIGNY
9,568 hab., 9 comm.

NOM de LA COMMUNE	POPULATION
Coligny	1.698
Beaupont	1.031
Bény	997
Domsure	860
Marboz	2.602
Pirajoux	700
Salavre	607
Verjon	401
Villemotier	762

CANTON DE MONTREVEL
11,208 hab., 13 comm.

NOM de LA COMMUNE	POPULATION
Montrevel	1.465
Attignat	1.295
Béréziat	639
Confrançon	1.208
Cras-sur-Reyssouze	1.155
Curtafond	694
Etrez	603
Foissiat	2.530
Jayat	1.104
Malafretaz	540
Marsonnas	1.121
Saint-Didier-d'Aussiat	983
Saint-Martin-le-Châtel	871

CANTON DE PONT-D'AIN
9,870 hab., 11 comm.

NOM de LA COMMUNE	POPULATION
Pont-d'Ain	1.518
Certines	578
Dompierre	1.160
Druillat	1.071
Journans	322
Neuville-sur-Ain	1.376
Priay	1.013
Saint-Martin-du-Mont	1.517
Tossiat	623
Tranclière (La)	306
Varambon	386

CANTON DE PONT-DE-VAUX
11,720 hab., 12 comm.

NOM de LA COMMUNE	POPULATION
Pont-de-Vaux	2.609
Arbigny	719
Boissey	511
Boz	689
Chavannes-sur-Reyssouze	1.130
Chevroux	1.011
Gorrevod	552
Ozan	480
Reyssouze	861
Saint-Bénigne	1.133
St-Etienne-sur-Reyssouze	819
Sermoyer	1.116

CANTON DE PONT-DE-VEYLE
9,031 hab., 12 comm.

NOM de LA COMMUNE	POPULATION
Pont-de-Veyle	1.220
Bey	264
Cormoranche	728
Crottet	670
Cruzilles-lès-Mépillat	795
Grièges	1.044
Laiz	475
Perrex	626
Saint-André-d'Huiriat	595
Saint-Cyr-sur-Menthon	1.140
Saint-Genis-sur-Menthon	529
Saint-Jean-sur-Veyle	945

CANTON DE SAINT-TRIVIER-DE-COURTES
11,631 hab., 12 comm.

NOM de LA COMMUNE	POPULATION
Saint-Trivier-de-Courtes	1.446
Cormoz	1.120
Courtes	409
Curciat-Dongalon	1.473
Lescheroux	1.148
Mantenay-Montlin	650
Saint-Jean-sur-Reyssouze	1.455
St-Julien-sur-Reyssouze	884
Saint-Nizier-le-Bouchoux	1.700
Servignat	350
Vernoux	470
Vescours	526

CANTON DE TREFFORT
7,883 hab., 12 comm.

NOM de LA COMMUNE	POPULATION
Treffort	1.740
Arnans	237
Chavannes-sur-Suran	930
Corveissiat	433
Courmangoux	680
Cuisiat	513
Germagnat	291
Meillonnas	920
Pouillat	177
Pressiat	274
Saint-Etienne-du-Bois	1.551
St-Maurice-d'Echazeaux	137

ARRONDISSEMENT DE BELLEY

131,000 hectares. — 79,819 habitants. — 9 cantons. — 116 communes.

CANTON DE BELLEY
17,545 hab., 24 comm.

Commune	Pop.
Belley	6.205
Ambléon	200
Andert-et-Condon	333
Arbignieu	771
Brégnier-Cordon	834
Brens	552
Chazey-Bons	681
Colomieu	262
Conzieu	290
Cressin-Rochefort	427
Izieu	332
Lavours	297
Magnieu	500
Massignieu-de-Rives	593
Murs-et-Gélignieux	299
Nattages	563
Parves	362
Peyrieu	933
Pollieu	227
Prémeyzel	285
Saint-Bois	312
Saint-Champ	303
St-Germain-les-Paroisses	633
Virignin	1.141

CANTON D'AMBÉRIEU
8,463 hab., 8 comm.

Commune	Pop.
Ambérieu	3.635
Abergement-de-Varey (L')	421
Ambronay	1.415
Bettant	462
Château-Gaillard	537
Douvre	368
St-Denis-le-Chosson	816
St-Maurice-de-Rémens	509

CANTON DE CHAMPAGNE
7,002 hab., 13 comm.

Commune	Pop.
Champagne	503
Artemare	963
Béon	394
Brénaz	236
Charancin	217
Chavornay	403
Fitignieu	194
Lilignod	101
Lochieu	243
Lompnieu	326
Luthézieu	238
Passin	408
Ruffieu	447
Songieu	548
Sutrieu	225
Talissieu	442
Vieu	612
Virieu-le-Petit	501

CANTON D'HAUTEVILLE
4,213 hab., 9 comm.

Commune	Pop.
Hauteville	708
Arnae	766
Corlier	226
Cormaranche	602
Lacoux	213
Lompnes	429
Longecombe	384
Prémillieu	270
Thézillieu	645

CANTON DE LAGNIEU
10,707 hab., 14 comm.

Commune	Pop.
Lagnieu	2.488
Ambutrix	270
Blye	264
Chazey-sur-Ain	646
Leyment	536
Loyettes	826
Proulieu	352
Sainte-Julie	409
Saint-Sorlin	683
Saint-Vulbas	527
Sault-Brénaz	790
Souclin	445
Vaux	848
Villebois	1.626

CANTON DE LHUIS
6,979 hab., 12 comm.

Commune	Pop.
Lhuis	1.155
Bénonces	531
Briord	547
Groslée	620
Innimond	352
Lompnas	324
Marchamp	420
Montagnieu	518
Ordonnaz	474
Saint-Benoît	986
Seillonnaz	309
Serrières	713

CANTON DE SAINT-RAMBERT
12,737 hab., 12 comm.

Commune	Pop.
Saint-Rambert	3.765
Arandas	485
Argis	1.116
Chaley	678
Cleyzieu	364
Conand	330
Evosges	497
Hostias	399
Nivollet-Montgriffon	362
Oncieu	227
Tenay	4.039
Torcieu	625

CANTON DE SEYSSEL
5,368 hab., 5 comm.

Commune	Pop.
Seyssel	1.028
Anglefort	1.000
Chanay	610
Corbonod	1.253
Culoz	1.477

CANTON DE VIRIEU-LE-GRAND
7,075 hab., 14 comm.

Commune	Pop.
Virieu-le-Grand	1.189
Arnix	134
Belmont	610
Burbanche (La)	336
Ceyzérieu	1.362
Cheignieu-Labalme	389
Contrevoz	731
Cuzieu	386
Flaxieu	127
Marignieu	255
Pugieu	256
Rossilion	484
Saint-Martin-de-Bavel	659
Vongnes	154

DÉPARTEMENT DE L'AIN 43

ARRONDISSEMENT DE GEX

41,400 hectares. — 20,519 habitants. — 3 cantons. — 31 communes.

CANTON DE GEX
7,632 hab., 11 comm.

Commune	Population
Gex	2.650
Cessy	424
Chevry	398
Crozet	517
Divonne	1.560
Echenevex	341
Grilly	360
Léley	492
Segny	253
Vesancy	373
Vesenex-Crassy	255

CANTON DE COLLONGES
7,991 hab., 11 comm.

Commune	Population
Collonges	1.075
Challex	607
Chézery	1.017
Confort	497
Farges	573
Lancrans	593
Leaz	788
Péron	1.016
Pougny	420
Saint-Jean-de-Gonville	588
Vanchy	907

CANTON DE FERNEY-VOLTAIRE
4,896 hab., 9 comm.

Commune	Population
Ferney-Voltaire	1.200
Moëns	243
Ornex	312
Prévessin	317
Saint-Genis-Pouilly	752
Sauverny	178
Sergy	343
Thoiry	1.349
Versonnex	202

ARRONDISSEMENT DE NANTUA

93,300 hectares. — 48,191 habitants. — 6 cantons. — 74 communes.

CANTON DE NANTUA
8,315 hab., 12 comm.

Commune	Population
Nantua	2.973
Apremont	298
Brion	274
Charix	460
Géovreissiat	239
Lalleyriat	372
Maillat	609
Montréal	1.101
Neyrolles	387
Poizat (Le)	606
Port	223
Saint-Martin-du-Frêne	803

CANTON DE BRÉNOD
5,867 hab., 12 comm.

Commune	Population
Brénod	801
Champdor	541
Chevillard	272
Condamine	316
Corcelles	443
Grand-Abergement (Le)	652
Hotonnes	852
Izenave	306
Lantenay	322
Outriaz	233
Petit-Abergement (Le)	474
Vieu-d'Izenave	655

CANTON DE CHATILLON-DE-MICHAILLE
10,048 hab., 17 comm.

Commune	Population
Châtillon-de-Michaille	1.095
Arlod	494
Bellegarde	2.222
Billiat	565
Champfromier	910
Craz	356
Forens	350
Giron	284
Injoux	721
L'Hôpital	127
Montanges	519
Ochiaz	411
Plagne	179
Saint-Germain-de-Joux	850
Surjoux	225
Villes	275
Vouvray	475

CANTON D'IZERNORE
4,913 hab., 14 comm.

Commune	Population
Izernore	1.016
Bolozon	249
Ceignes	267
Challes	406
Granges	139
Leyssard	422
Matafelon	596
Mornay	335
Napt	115
Peyriat	174
Samognat	310
Serrières-sur-Ain	285
Sonthonnax-la-Montagne	360
Vologuat	269

CANTON D'OYONNAX
9,908 hab., 11 comm.

Commune	Population
Oyonnax	4.461
Arbent	775
Belignat	301
Belleydoux	638
Bouvent	125
Dortan	1.261
Echallon	955
Géovreisset	121
Groissiat	248
Martignat	597
Veyziat	426

CANTON DE PONCIN
9,110 hab., 8 comm.

Commune	Population
Poncin	1.821
Boyeux-Saint-Jérôme	783
Cerdon	1.430
Jujurieux	2.737
Labalme	297
Mérignat	280
Saint-Alban	348
Saint-Jean-le-Vieux	1.404

ARRONDISSEMENT DE TRÉVOUX

148,300 hectares. — 85,069 habitants. — 8 cantons. — 112 communes.

NOM de LA COMMUNE.	POPULATION.	NOM de LA COMMUNE.	POPULATION.	NOM de LA COMMUNE.	POPULATION.
CANTON DE TRÉVOUX		Condeissiat	823		
15,927 hab., 23 comm.		Mézériat	1.416	**CANTON DE SAINT-TRIVIER-SUR-MOIGNANS**	
		Neuville-les-Dames	1.643	9,296 hab., 15 comm.	
Trévoux	2.687	Romans	622		
Ars	512	St-André-le-Bouchoux	246	St-Trivier-sur-Moignans	1.032
Beauregard	254	St-Georges-sur-Renon	250	Amareins	175
Civrieux	645	Saint-Julien-sur-Veyle	663	Ambérieux-en-Dombes	862
Frans	354	Sandrans	610	Baneins	527
Genay	1.143	Sulignat	551	Cesseins	223
Jassans-Riottier	417	Vandeins	479	Chaleins	747
Massieux	249	Vonnas	1.628	Chaneins	650
Mionnay	407			Fareins	1.063
Misérieux	577	**CANTON DE MEXIMIEUX**		Francheleins	481
Montanay	728	8,002 hab., 13 comm.		Lurcy	297
Parcieux	404			Messimy	658
Rancé	300	Meximieux	2.137	Relevant	415
Reyrieux	1.470	Bourg-Saint-Christophe	711	Sainte-Olive	220
Saint-André-de-Corcy	805	Charnoz	250	Savigneux	614
Saint-Bernard	266	Faramans	423	Villeneuve	1.028
Saint-Didier-de-Formans	533	Joyeux	326		
Sainte-Euphémie	321	Loyes	987	**CANTON DE THOISSEY**	
St-Jean-de-Thurigneux	395	Mollon	237	11,243 hab., 13 comm.	
Saint-Marcel	306	Montellier (Le)	380		
Sathonay	2.781	Pérouges	665	Thoissey	1.461
Tramoyes	379	Rignieux-le-Franc	439	Dompierre-sur-Chalaronne	292
		Saint-Eloi	330	Garnerans	581
CANTON DE CHALAMONT		Saint-Jean-de-Niost	654	Genouilleux	332
5,469 hab., 8 comm.		Saint-Maurice-de-Gourdans	1.066	Guéreins	607
				Illiat	640
Chalamont	1.857	**CANTON DE MONTLUEL**		Mogneneins	1 007
Châtenay	476	11,144 hab., 10 comm.		Montceaux	516
Châtillon-la-Palud	673			Montmerle	1.687
Crans	267	Montluel	2.686	Pézieux	340
Plantay (Le)	491	Balan	553	St-Didier-sur-Chalaronne	2.288
Saint-Nizier-le-Désert	650	Béligneux	778	St-Etienne-sur-Chalaronne	1.360
Versailleux	414	Beynost	858	Valeins	132
Villette	641	Boisse (La)	764		
		Bressolles	435	**CANTON DE VILLARS**	
CANTON DE CHATILLON-SUR-CHALARONNE		Cordieux	219	5,313 hab., 9 comm.	
15,075 hab., 16 comm.		Dagneux	870	Villars	1.482
		Miribel	3.420	Birieux	251
Châtillon-sur-Chalaronne	2.956	Neyron	545	Bouligneux	500
Abergement-Clémenciat (L')	594	Niévroz	403	Chapelle-du-Châtelard (La)	418
Biziat	308	Pizay	288	Lapeyrouse	395
Chanoz-Châtenay	794	Rillieux	1.414	Marlieux	704
Chaveyriat	967	Sainte-Croix	870	Monthieux	375
		St-Maurice-de-Beynost	287	St-Germain-sur-Renon	341
		Thil	248	Saint-Paul-de-Varax	847

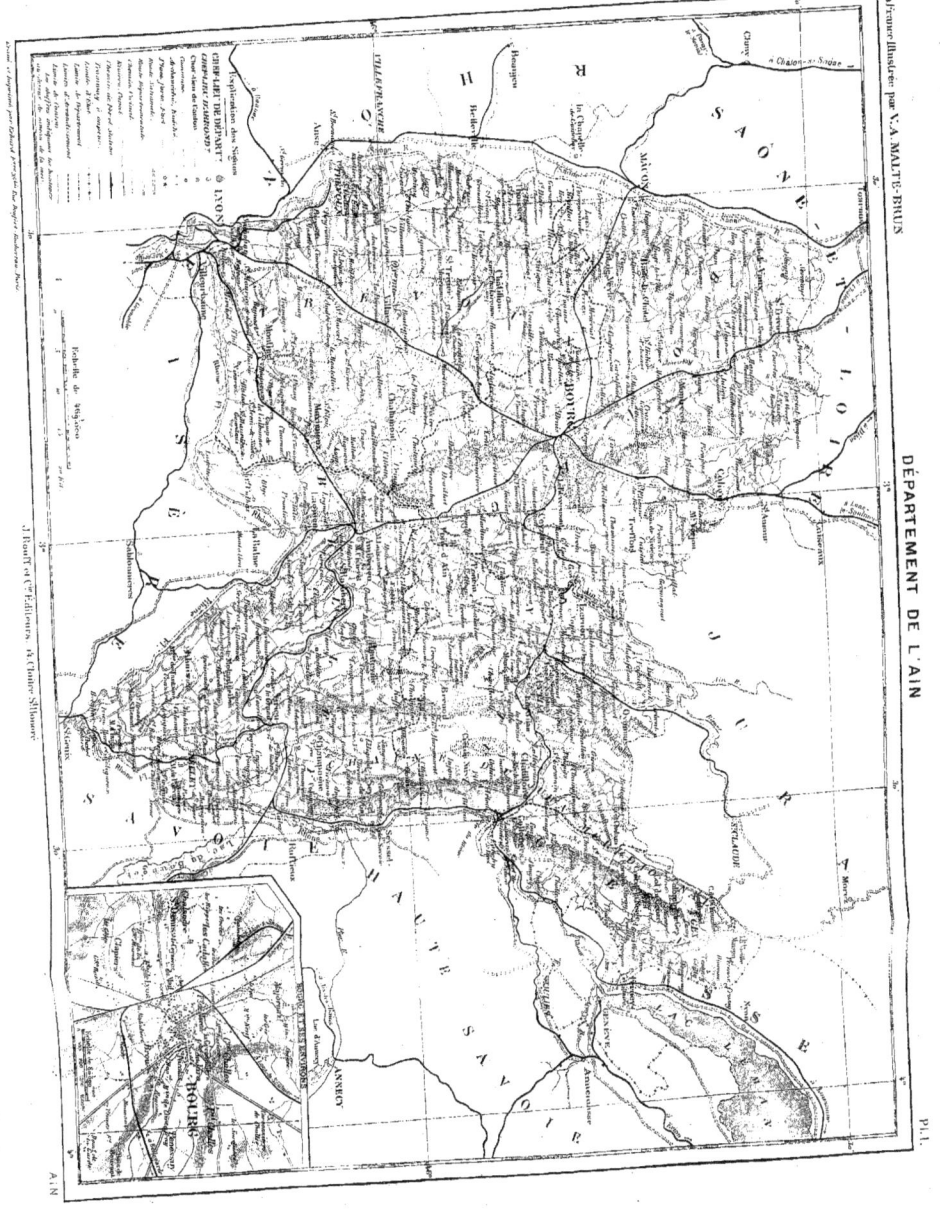

DÉPARTEMENT DE L'AIN 45

II. — STATISTIQUE GÉNÉRALE DU DÉPARTEMENT DE L'AIN

Les nombres marqués en gros chiffres dans la première colonne indiquent le rang du département.
Sauf pour les données statistiques annuelles, les nombres de cette statistique générale correspondent aux quantités moyennes des dix dernières années.

Superficie : **55ᵉ**.
579,900 hectares ou 5,799 kilomètres carrés.
1,703,000 parcelles de terre qui forment 193,000 propriétés non bâties donnant un revenu annuel de 26,000,000 de francs.
95,804 propriétés bâties, dont 1136 bâtiments publics, 93,203 habitations, 1465 bâtiments industriels, donnant ensemble un revenu annuel de 6,000,000 de francs.

Population : **43ᵉ**.
356,907 habitants, dont 4730 étrangers :
179,672 du sexe masculin :
177,235 du sexe féminin ;
2,507 mariages par an ;
35 divorces par an ;
130 émigrants par an.

Densité de la population : **41ᵉ**.
61 habitants par kilomètre carré.

Naissances : **42ᵉ**.
7,108 naissances annuelles, non compris 297 mort-nés :
3,697 du sexe masculin ;
3,411 du sexe féminin ;
20 pour 1000 habitants.

Décès : **42ᵉ**.
7,685 décès annuels, dont 118 par accident et 67 par suicide :
3,984 du sexe masculin ;
3,701 du sexe féminin ;
21 pour 1,000 habitants.

Durée moyenne de la vie : **32ᵉ**.
Hommes : 40 ans 6 mois ;
Femmes : 41 ans 7 mois.

Représentation législative.
105,000 électeurs ;
3 sénateurs ;
6 députés.

Organisation administrative.
1 préfecture, 4 sous-préfectures ;
5 arrondissements, 36 cantons, 453 communes.
1 conseil de préfecture ;
1 conseil général, 5 conseils d'arrondissement, 453 conseils municipaux.

Armée.
Subdivisions régionales :
7ᵉ et 8ᵉ subdivisions régionales du 7ᵉ corps d'armée ; 7ᵉ et 8ᵉ bureaux de recrutement, de mobilisation et de réquisition de la 7ᵉ région du corps d'armée.

Recrutement :
3,000 jeunes gens inscrits chaque année sur les listes cantonales du département, dont :
2,148 incorporations du contingent annuel dans l'armée, et 200 provenant de la catégorie des ajournés des deux classes précédentes ;
340 ajournés pour faiblesse de constitution, et 30 pour défaut de taille, à une nouvelle décision du conseil de revision ;
150 classés dans les services auxiliaires comme inaptes au service armé ;
300 exempts comme inaptes à tout service.

Taille des inscrits :
40 de taille inférieure à 1 m. 54 ;
670, de la taille de 1 m. 54 à 1 m. 62 ;
160, de la taille de 1 m. 63 ;
210, de 1 m. 64 ;
220, de 1 m. 65 ;
200, de 1 m. 66 ;
500, de 1 m. 67 à 1 m. 69 ;
540, de 1 m. 70 à 1 m. 72 ;
460 de taille supérieure à 1 m. 72.

Troupes :
25ᵉ brigade d'infanterie, relevant de la 13ᵉ division, 7ᵉ corps d'armée ; 23ᵉ et 133ᵉ régiments actifs, 223ᵉ et 333ᵉ régiments de réserve, 55ᵉ et 56ᵉ régiments territoriaux d'infanterie.
1 sous-intendance, 2 magasins de subsistances, 2 magasins d'habillement ;
1 hôpital militaire ; 2 hospices civils avec salles militaires.

Gendarmerie :
1 compagnie, 55 brigades, 285 gendarmes.

Douaniers :
310 agents actifs des douanes.

Forestiers :
180 gardes des forêts.

Gardes :
1,020 gardes des champs, des chasses et des pêches, dont 465 particuliers.

Sapeurs-pompiers :
Plusieurs compagnies et subdivisions de compagnie.

Instruction publique.
Instruction primaire :
4 inspections primaires ;
1 école normale d'instituteurs ; 30 élèves ; 1 école normale d'institutrices, 41 élèves.
1,023 écoles primaires : 32,000 garçons et 30,000 filles ;
64 écoles maternelles : 2,600 garçons et 2,700 filles.

Instruction secondaire :
1 inspection académique ;

1 lycée national, 376 élèves;
2 collèges communaux, 170 élèves;
1 lycée de filles, 85 élèves;
3 établissements libres, 345 élèves;
1 cours secondaire de filles, 80 élèves.

Titres universitaires annuels :

1,200 certificats d'études primaires élémentaires de garçons ; 1,100 de filles;
5 certificats d'études primaires supérieures de garçons, 15 de filles;
90 brevets de capacité élémentaire de garçons, 200 de filles;
15 brevets de capacité supérieure de garçons, 35 de filles;
40 diplômes des baccalauréats.

Sans instruction :

40 illettrés sur une classe annuelle de recrutement de 3,000 inscrits.

Institutions diverses :

6 bibliothèques publiques ;
2 musées ; 1 théâtre;
2 sociétés savantes ; 7 sociétés musicales; 2 sociétés de tir;
2 sociétés de gymnastique ; 2 sociétés vélocipédiques ;
35 journaux et publications périodiques.

Religion.

Culte catholique :

1 évêché, 36 cures, 401 succursales; 3 séminaires, 65 élèves.

Culte protestant :

1 église : 1,500 protestants.

Service sanitaire :

95 médecins, 60 pharmaciens.

Professions.

Sur une classe annuelle de recrutement de 3,000 jeunes gens, on en compte :
80 sans profession;
500 de toutes autres professions que les suivantes :
50 employés de bureau ;
2,370 ouvriers, dont : 1,940 ouvriers agricoles, 75 meuniers et boulangers, 35 bouchers, 25 tailleurs d'habit, 30 ouvriers du cuir, 55 ouvriers de la pierre, 150 ouvriers du bois, 40 ouvriers des métaux, 20 palefreniers et voituriers.

Agriculture.

76,000 exploitations agricoles, dont : 58,191 directes. 14.489 par fermes, 3,320 par métairies, exploitant ensemble 559,300 hectares ;
1 station agronomique ;
1 chambre consultative d'agriculture ;
5 comices agricoles ;
1 ferme-modèle ;
2 écoles de fromagerie ;
25 syndicats agricoles et viticoles, 6,500 membres ;
28 syndicats anti-phylloxériques ; 500 membres ;
1 société hippique.
23 vétérinaires.

Céréales .

Froment : 91,469 hectares, 1,225,000 hectolitres de grains, 25,343,000 francs par an;
Méteil, seigle, orge, sarrasin, maïs et millet : 50,943 hectares, 1,182,000 hectolitres de grains, 12,829,000 francs par an ;
Avoine : 19,177 hectares, 408,000 hectolitres de grains, 3,305,000 francs par an.
Total des céréales : 161,589 hectares, 2,815,000 hectolitres de grains et 3,200,000 quintaux de paille, 54,000,000 de francs par an.

Farineux .

Haricots, pois, lentilles, fèves : 3,206 hectares, 58,000 hectolitres, 1,325,000 francs par an.

Pommes de terre :

17,350 hectares, 1,270,000 quintaux, 7,367,000 francs par an.

Autres racines :

Carottes, navets, panais : 6,720 hectares, 910,000 quintaux et 1,760,000 francs par an ;

Légumes :

Jardins potagers et maraîchers, vergers : 4,764 hectares.

Fruits :

Châtaignes, noix, pommes, poires, prunes, cerises, abricots, pêches : 60,000 hectolitres. 531,000 francs par an.

Vin :

Vignes : 14,373 hectares, 139.000 hectolitres de vin, 6,100,000 francs par an.

Alcool :

7,146 bouilleurs de cru et 40 distillateurs produisant annuellement 1,686 hectolitres d'alcool.

Plantes oléagineuses :

Colza et navette : 3,602 hectares, 28,000 hectolitres de grains, 660,000 francs par an.

Plantes textiles :

Chanvre : 1,088 hectares, 7,400 quintaux de filasse, 1,000,000 de francs par an.

Bois :

1 conservation des forêts.
Bois et forêts : 120,451 hectares, dont : 3,094 à l'État, 49,341 au département et aux communes, 68,016 hectares aux particuliers ;
Principales essences : sapin, hêtre, charme, chêne, bouleau, châtaignier ;
Nature des plantations : 90,061 hectares en taillis ; 30,390 hectares en futaie.
Production annuelle de l'exploitation : 275,000 mètres cubes.

Fourrages :

99,080 hectares de prés naturels et 23,114 hectares de prairies artificielles : ensemble, 122,194 hectares, 5,785,000 quintaux, 32,850,000 francs par an.
3,602 hectares de betteraves fourragères, 692,000 quintaux, 1,523,000 francs par an.

Animaux de ferme :

Effectif de :
Espèce chevaline : 17,820 têtes; 7,000,000 de francs ;
Espèce mulassière : 384 têtes; 100,000 francs ;
Espèce asine : 2,735 têtes ; 250.000 francs ;

Espèce bovine : 252,521 têtes ; 55,000,000 de francs ;
Espèce ovine : 41,385 têtes ; 925,000 francs ;
Espèce porcine : 77,744 têtes ; 5,500,000 francs ;
Espèce caprine : 22,691 têtes ; 500,000 francs.
Production annuelle de :
11,000,000 de kilogrammes de viande, 16,000,000 de francs ;
1,300,000 hectolitres de lait, 17,700,000 francs ;
2,200,000 kilogrammes de beurre, 3,780,000 francs ;
4,400,000 kilogrammes de fromage, 3,800,000 francs ;
80,000 kilogrammes de laine, 246,000 francs.

Animaux de basse-cour :

Effectif de 460,000 poules, 16,000 oies, 37,000 canards, 12,000 dindons, 2,000 pintades, 200,000 pigeons, 50,000 lapins : ensemble 1,250,000 francs.

Apiculture :

29,000 ruches d'abeilles, 165,000 kilogrammes de miel et 62,000 kilogrammes de cire, 320,000 francs par an.

Sériciculture :

1,600 quintaux de feuilles de mûrier, 24,000 kilogrammes de cocons frais, 85,000 francs par an.

Pisciculture :

1 établissement international.

Industrie.

1 inspection départementale de l'enseignement industriel ;
533 établissements industriels avec 598 machines à vapeur qui développent une force de 4,748 chevaux-vapeur, dont :
1,863, à l'agriculture ;
289, aux mines et carrières ;
106, à la métallurgie ;
672, à l'alimentation ;
178, aux produits chimiques et tanneries ;
998, aux tissus et vêtements ;
207, aux instruments divers, meubles, papeteries ;
435, aux travaux de bâtiments.
Utilisation de la force motrice du Rhône évaluée à 15,000 chevaux-vapeur.
Utilisation de la force motrice de l'électricité.

Principales entreprises industrielles :

Moulins à blé et à huile, distilleries, vinaigreries, brasseries, fromageries ;
Charcuterie renommée ;
Fabriques de bougies, de savons, de produits chimiques ;
Tanneries, corroieries, mégisseries, chamoiseries ;
Filatures de laine, 2,735 broches ;
Fabriques de linge, de toile, de draps, de couvertures, de tapis ;
Moulinages et tissages de soie, fabriques de soieries et de velours, teinturerie de soieries ;
Scieries de bois, boissellerie, fabriques de sabots, carrosserie, chantiers de construction de bateaux ;
Bijouterie bressane à émaux, bijouterie, en ivoire, écaille, nacre, corne ; tournerie ; tabletterie ; lapidairerie ; horlogerie ; lunetterie ; articles de Saint-Claude ;
Affinage, tirage, battage, tréfilerie d'or et d'argent ; filières ;
Mine de lignite ;
Mines de fer, forges, fonderies, taillanderies, coutelleries, clouteries ;
Exploitation de bitume et d'asphalte ;
Carrières de pierres dures, de pierres de taille, de pierres lithographiques, de tuf, de marbre, d'albâtre, de pierres à plâtre, de chaux ; ciment ; poteries, tuileries, briqueteries ; verreries ;
Fabriques de pompes, de balances, de crics ;
Papeteries et imprimeries ;
Usines à gaz et à lumière électrique.

Commerce.

1 tribunal de commerce : 6 juges ;
950 affaires annuelles, dont 250 devant ce tribunal et 700 devant les tribunaux de première instance ;
10 sociétés créées et 5 dissoutes par année ;
8 liquidations judiciaires et 36 faillites ;
4 vérifications des poids et mesures ;
6 syndicats patronaux, 250 membres ;
9 syndicats ouvriers, 1,100 membres ;
13,700 patentes ;
453 foires, durant 464 jours, se tenant dans 113 communes ;
15 communes à octroi ;
Exportation de grains, de vins, de bœufs, de porcs, de charcuterie, de volailles, de fromages, de linge, de toile, de draps, de soieries, de bois de construction, de bijoux, d'articles de Saint-Claude, d'asphalte, de pierres de construction, de pierres lithographiques ;
Importation de sucre, d'épices, de denrées coloniales, de liqueurs, d'alcool, d'huile, de soie brute, de corne et d'ivoire, de houille.
Transit considérable entre la France et la Suisse.

Routes et chemins.

1 direction et 3 arrondissements du service ordinaire des ponts et chaussées ;
1 direction et 5 arrondissements du service vicinal ;
10,875 kilomètres de voies de terre, dont 452 de routes nationales.

Voies ferrées.

Réseau de la compagnie de Paris-Lyon-Méditerranée ;
2 compagnies particulières, 492 kilomètres de ligne.
82 gares, stations, haltes.

Postes et télégraphes.

1 direction, 3 inspections, 58 bureaux de poste et télégraphe, 18 bureaux de poste, 8 bureaux de télégraphe ;
5,850,000 envois annuels par la poste, 94,000 par le télégraphe.

Service des finances.

1 trésorerie générale, 4 recettes particulières, 62 perceptions de finances ;

1 direction, 1 inspection des contributions directes ;
1 direction, 2 inspections des contributions indirectes ;
1 direction, 5 inspections de l'enregistrement, des domaines et du timbre ; 5 conservations des hypothèques ;
1 succursale de la Banque de France faisant pour 12,000,000 de francs d'opérations annuelles.

Contributions annuelles.

23,085,000 francs au total, dont :
17,817,000 à l'État ;
1,995,000 au département ;
3,273,000 aux communes.
Le budget de l'État comprend :
2,631,000 francs de contributions directes et de taxes assimilées ;
3,693,000 francs de ressources spéciales ;
11,493,000 francs de contributions indirectes.
Parmi les contributions directes, on compte 2,690,000 francs de contributions foncières sur les propriétés non bâties et 522,000 sur les propriétés bâties ; 974,000 francs de contribution personnelle-mobilière ; 555,000 francs de contributions sur les portes et fenêtres ; 814,000 francs sur les patentes.
Parmi les contributions indirectes, on relève : 2,825,000 francs de l'impôt d'enregistrement ; 625,000 francs de l'impôt du timbre ; 1,557,000 francs des droits de douane ; 1,755,000 francs d'impôts sur les boissons ; 3,502,000 francs du produit des monopoles de l'État, lettres, télégrammes, allumettes, poudres, tabacs, cartes à jouer.

Situation financière.

Dettes du département : 4,008,000 francs ;
Dettes des communes : 9,447,000 francs.

Prévoyance.

Sociétés de secours mutuels :
232 sociétés : 16,000 membres ; 288,000 francs de recettes annuelles.

Sociétés coopératives :
6 sociétés de consommation, 1,100 membres.

Caisses d'épargne.
37,000 livrets, 16,000,000 de francs ;

Caisse des retraites :
1,150 parties prenantes recevant annuellement 117,000 francs.

Assistance.

Établissements hospitaliers :
23 hôpitaux et hospices : 1,020 lits ; population moyenne de 550 hospitalisés ; 3,670 entrées et autant de sorties annuelles.
2 asiles d'aliénés : population de 1,460 pensionnaires ; 300 entrées et autant de sorties annuelles.
25 enfants assistés dans les hospices, 390 à la campagne, 410 à domicile ; 70 admissions et autant de radiations annuelles.

Bureaux de bienfaisance :
229 bureaux secourant 7,000 personnes par an.

Justice.

Tribunaux :
1 cour d'assises ;
5 tribunaux de première instance et 5 chambres ;
36 justices de paix.

Personnel :
26 présidents et juges des tribunaux ; 8 procureurs et substituts ;
36 juges de paix ;
28 avocats, 28 avoués, 61 huissiers, 118 notaires ;
7 commissaires et 14 agents de police.

Crimes :
25 condamnations annuelles, pour 6 crimes commis contre les personnes et 19 contre les propriétés ; 17 à des peines afflictives et infamantes, 8 à des peines correctionnelles d'emprisonnement.

Délits :
1,295 condamnations annuelles : 25 à plus d'un an de prison, 615 à moins d'un an, 625 à l'amende.

Contraventions :
2,970 condamnations annuelles : 30 à la prison, 2,940 à l'amende.

Procès :
1,035 affaires civiles terminées par année.

Justice de paix :
2,510 affaires annuelles portées à l'audience pour y recevoir jugement ;
385 affaires conciliées à l'audience ;
16,000 affaires conciliées en dehors de l'audience ;
1,750 affaires suivies de jugements de simple police.

Répression.

5 maisons d'arrêt, de justice et de correction : population moyenne de 110 hommes et 15 femmes ; 1,050 entrées et autant de sorties annuelles d'hommes, 115 de femmes ;
47 chambres et dépôts de sûreté : 680 entrées et autant de sorties annuelles d'hommes, 80 de femmes ;
20 garçons et 2 filles originaires du département dans les établissements d'éducation correctionnelle ;
45 hommes et 10 femmes originaires du département dans les maisons centrales et les pénitenciers agricoles.
4 hommes au dépôt des condamnés aux travaux forcés de Saint-Martin-de-Ré.

LA FRANCE ILLUSTRÉE, PAR V.-A. MALTE-BRUN

ORLÉANS.

1. Maison d'Agnès Sorel.
2. — de Diane de Poitiers.
3. — de Jeanne d'Arc.

Département du Loiret.

DÉPARTEMENT DU LORET
Chef-lieu : ORLÉANS

Superficie : 677,100 hectares. — Population : 377,718 habitants.
4 Arrondissements. — 31 Cantons. — 349 Communes.

DESCRIPTION PHYSIQUE ET GÉOGRAPHIQUE

Situation. — Le département du Loiret, formé de l'Orléanais propre, du Gâtinais, du Dunois-Orléanais et d'une partie du Berry, tire son nom d'une petite rivière qui, après un cours de 12 kilomètres seulement, se jette dans la Loire, par sa rive gauche. Il fait partie du Bassin de ce grand fleuve, et appartient à la région centrale de la France ; le méridien de Paris le traverse en son milieu.

Ses limites sont : au Nord, les départements de Seine-et-Oise et de Seine-et-Marne ; à l'Est, celui de l'Yonne ; au Sud, ceux du Cher, de Loir-et-Cher, de la Nièvre ; à l'Ouest, ceux d'Eure-et-Loir et de Loir-et-Cher.

Nature du sol. — La Loire divise le département du Loiret en deux parties bien distinctes, relativement à la nature du sol.

La partie au Nord du fleuve se compose de plaines élevées, fertiles et bien cultivées, de belles prairies et de nombreux pâturages ; on y voit de vastes forêts, parmi lesquelles la Forêt d'Orléans, la plus grande de France, 40,308 hectares de superficie, célèbre par la retraite de l'armée de la Loire en 1870, et la Forêt de Montargis, 8,516 hectares.

La partie au Sud de la Loire, qui dépendait de l'ancienne Sologne, n'offre qu'un pays sablonneux et peu productif. Cependant, elle est en voie d'amélioration, par suite du desséchement des étangs et des marais, de la création du Canal de la Sauldre et de routes agricoles ; un système d'irrigation tend chaque jour à l'assainir.

Le département n'est traversé par aucune chaîne de montagnes ; seulement, le Bassin de la Seine est séparé de celui de la Loire par un immense plateau que l'on désigne sous le nom de Plateau d'Orléans, dont le développement s'étend dans le Loiret, du Sud-est au Nord-ouest ; les dos de pays qu'il forme ne dépassent pas 180 à 200 mètres ; à l'Est de Briare, un point atteint 221 mètres ; à 4 kilomètres Sud de Château-Renard, un autre compte 188 mètres ; la Forêt d'Orléans a des altitudes de 180 à 182 mètres.

Au Sud du fleuve, l'élévation du canton de Châtillon-sur-Loire va de 220 à 275 mètres.

La Loire, devant Orléans, est à 93 mètres au-dessus du niveau de la mer.

Considéré dans son ensemble, le département forme deux vastes plateaux : l'un, incliné du Nord au Nord-est, s'infléchit sur les bords de la Seine et s'appuie sur le versant septentrional du coteau d'Orléans ; l'autre, au Sud et au Sud-est, est coupé par la Loire et naturellement divisé en deux parties, dont l'une, au Nord, s'appuie sur le versant méridional de la ligne de partage des eaux des Bassins de la Loire et de la Seine par des ondulations qui, sur le Plateau d'Orléans, semblent la continuation des Monts du Morvan, et s'affaisse sur la rive droite du fleuve, tandis que l'autre partie, adossée à la ligne d'entre Cher et Loire principalement, vient mourir par des pentes peu sensibles sur la rive gauche de la Loire.

Cours d'eau. — La Loire traverse le département du Loiret du Sud-est à l'Ouest. Ce fleuve prend sa source au mont Gerbier-de-Joncs, dans le département de l'Ardèche. Après avoir traversé ou longé ceux de la Haute-Loire, de la Loire, de l'Allier, de Saône-et-Loire, de la Nièvre et du Cher, il pénètre dans le département du Loiret, entre Bonny et Beaulieu. La Loire passe près de Briare, Gien, Sully, Châteauneuf, Jargeau, Orléans, Meung, Beaugency. Entre Tavers et Lailly, après un cours de 133 kilomètres dans le département, elle en sort pour traverser encore les départements de Loir-et-Cher, Indre-et-Loire, Maine-et-Loire et Loire-Inférieure, où elle mêle ses eaux à celles de l'Océan, entre Saint-Nazaire et Saint-Brévin, après un cours total de 1,008 kilomètres.

La Loire, dont la largeur moyenne est ici de 346 mètres, a une vitesse de 1 m. 30 par seconde; cette rapidité change souvent le lit naturel du fleuve et rend parfois la navigation dangereuse, quelquefois impossible. La Loire est sujette à de grandes inondations. Les plus remarquables depuis le commencement de ce siècle ont eu lieu en 1804, 1807, 1810, 1823, 1825, 1841, 1846, 1856, 1866. Aussi, pour parer à ce fléau, a-t-on élevé à partir d'Orléans deux digues, dont la construction primitive remonte aux temps des Carlovingiens, et que l'on entretient avec soin ; celle de la rive droite se nomme Levée de la Loire.

La Loire a pour affluents, dans la portion de son cours qui appartient au département : sur la rive droite, la Trézée, canalisée pour la tête du Canal de Briare, le Ravoir, la Cens, canalisée pour la tête du Canal d'Orléans, la Mauve ; sur la rive gauche, la Notre-Heure ou Yèvre, la Thièle ou Quiaulne-la-Bedable, le Loiret, grossi du Dhuy, l'Ardoux et un grand nombre de rivières secondaires.

Le Loiret, qui donne son nom au département, prend naissance au Château de la Source, dans la commune de Saint-Cyr-en-Val, et coule de l'Est à l'Ouest, sur une longueur de 12 kilomètres seulement. Il sort de deux sources séparées par un espace de 30 mètres. La plus ancienne de ces deux sources porte le nom d'Abîme ; elle est la moins abondante, mais sa profondeur est très grande, et au fond elle forme des cavités souterraines. L'autre source porte le nom de Bouillant, et sortit de terre en 1672 ; elle doit son nom au bouillonnement impétueux qu'elle forme à sa surface ; c'est la plus remarquable des deux par son site pittoresque.

Le Loiret ainsi formé reçoit encore plusieurs ruisseaux, dont le plus important est le Dhuy ou d'Huy, que l'on nomme quelquefois la Dève ; cette petite rivière, que l'on croit formée par une dérivation souterraine de la Loire, est navigable sur presque tout son parcours ; ses eaux qui ne gèlent jamais sont utilisées comme gare pour abriter en hiver les bateaux qui seraient exposés à quelques avaries sur le fleuve. Le Loiret passe à Olivet, à Saint-Hilaire et se jette dans le fleuve à Saint-Mesmin.

Le Loing, qui appartient au Bassin de la Seine, ne baigne que la partie orientale du département du Loiret ; il prend sa source au hameau de Loing, dans le département de l'Yonne, entre dans celui du Loiret à Dammarie et traverse, du Sud au Nord, Châtillon, Montargis, Nangis, où il entre dans le département de Seine-et-Marne. Le développement de cette rivière est de 65 kilomètres dans le département du Loiret, et ses principaux affluents sont, dans ce département, l'Ouanne, le Vernisson, le Cléry et le Fessard.

L'Essonne, autre affluent de la Seine, qui baigne le Nord du département du Loiret prend naissance dans la Forêt d'Orléans ; cette rivière est formée par la Rimarde et l'Œuf, qui se réunissent à Aulnay-la-Rivière ; son cours, dans le département, est d'environ 50 kilomètres ; avant de le quitter, elle le sépare du département de Seine-et-Marne.

Le département est traversé par le Canal d'Orléans et par le Canal de Briare, qui se réunissent à Montargis, se continuent par le Canal du Loing, et mettent en communication la Seine et la Loire.

Le Canal latéral à la Loire n'appartient au département que jusqu'à Briare, pendant 16 kilomètres sur les 198 kilomètres de son parcours total.

Le Canal d'Orléans, commencé en 1679, sous les auspices du duc d'Orléans, frère de Louis XIV, n'a été terminé qu'en 1690; il commence à Combleux, à 5 kilomètres d'Orléans, et se soude, à Buges, au Canal du Loing, après un parcours de 73 kilomètres; sa pente sur le versant de la Loire, qui est de près de 30 mètres, est rachetée par 11 écluses; sur le versant de la Seine, elle est de plus de 44 mètres et est rachetée par 17 écluses; le Bief de partage est situé entre Combreux et Sury-aux-Bois.

Le Canal de Briare, le plus ancien de nos canaux à point de partage, entrepris en 1604, achevé en 1642, commence à Briare-sur-Loire et se joint, au-dessus de Montargis, au Canal du Loing, après un parcours de 55 kilomètres. Sa pente sur le versant de la Loire, qui est de 38 mètres, est rachetée par 12 écluses; celle du versant de la Seine, qui est de 78 mètres, est rachetée par 29 écluses; le Bief de partage des eaux est entre les écluses de Garonne et de Rondeau.

Le Canal du Loing ou de Montargis n'est que la continuation des canaux d'Orléans et de Briare, et se confond quelquefois avec le Loing. Il date de 1720 et a dans le département une longueur de 18 kilomètres, sur laquelle on compte 21 écluses. A Nangis, il entre dans le département de Seine-et-Marne, pour se joindre à la Seine près de Moret.

Le département du Loiret renferme encore près de 800 étangs, couvrant un espace de 3,949 hectares. Nous citerons, parmi les principaux, ceux de Beaulieu, de Saint-Florent, de Bonnée, d'Ouzouer, de Coullons, de Loury et de Brinvilliers.

Climat. — Le climat du département est généralement tempéré; il appartient à la zone climatoriale dite climat séquanien, ou du Nord-ouest.

La température moyenne de l'hiver est de 2°85; celle de l'été, de 19°32; la température moyenne annuelle, de 11°. Le mois de janvier est le plus froid, avec 1° au-dessous de zéro; et le mois le plus chaud, celui de juillet, avec température moyenne de 20°.

Le nombre annuel des jours de pluie est, à Orléans, de 124.

Les vents qui soufflent le plus fréquemment sont ceux du Sud et du Sud-ouest.

On ne signale aucune maladie spéciale au pays; cependant, quelques parties marécageuses de la Sologne et du Gâtinais sont exposées aux fièvres putrides. Les affections pulmoniques, cutanées et rhumatismales sont les plus ordinaires.

Voies de communication. — Le département possède 5,853 kilomètres de voies de terre, dont 437 kilomètres de routes nationales.

Les voies ferrées du département appartiennent au réseau de la Compagnie de Paris-Orléans, à celui de la Compagnie de Paris-Lyon-Méditerranée et à celui de l'État.

La grande ligne de Paris à Orléans pénètre dans le département à Boisseaux, dessert Artenay, Chevilly, Cercottes, Les Aubrais, et atteint Orléans (121 kilomètres de Paris) après un parcours de 40 kilomètres dans le département.

La gare des Aubrais est le nœud principal des lignes de chemin de fer.

De cette gare, la précédente ligne se dirige vers Tours par Meung-sur-Loire et Beaugency; elle sort du département après y avoir parcouru 34 kilomètres.

De la gare des Aubrais, une ligne gagne Vierzon par La Ferté-Saint-Aubin, en parcourant 30 kilomètres dans le département.

Une ligne, qui va de Paris à Bourges, traverse le département du Nord au Sud; elle passe par Malesherbes, Puiseaux, Beaune-La-Rolande, Bellegarde-Quiers, Lorris, Les Bordes, Sully, Cerdon. Au Nord de Beaune-la-Rolande, sur une longueur de 27 kilomètres, elle appartient à la Compagnie de Paris-Lyon-Méditerranée; au Sud, à la Compagnie de Paris-Orléans, sur un trajet de 67 kilomètres.

Une autre ligne, qui vient également de Paris, passe par Ferrières-Fontenay, Montargis (118 kilomètres de Paris), Nogent-sur-Vernisson, Gien (155 kilomètres de Paris), Coullons, et conduit à Bourges. Elle a un développement de 62 kilomètres dans le département : au Nord de Gien, c'est une ligne de la Compagnie de Paris-Lyon-Méditerranée ; au Sud, elle entre dans le réseau de Paris-Orléans.

D'Orléans, une ligne de la Compagnie de Paris-Orléans aboutit à Malesherbes par Les Aubrais, Neuville-aux-Bois, Pithiviers (95 kilomètres de Paris) ; elle a un trajet de 64 kilomètres. Cette ligne passe ensuite au réseau de Paris-Lyon-Méditerranée, sort aussitôt du département et atteint Moret.

D'Orléans, une autre ligne de la Compagnie de Paris-Orléans, mène à Montargis par Les Aubrais, Vennery, Combreux, Bellegarde-Quiers, Ladon, Pannes. Après ce trajet de 76 kilomètres, la ligne passe au réseau de Paris-Lyon-Méditerranée, dessert Amilly, Châteaurenard, arrive à Triguères, d'où elle bifurque, soit sur Sens par Courtenay, soit sur Clamecy par Douchy; cette seconde partie du parcours est de 43 kilomètres.

D'Orléans encore, une ligne, de la Compagnie de Paris-Orléans jusqu'à Gien, puis de la Compagnie de Paris-Lyon-Méditerranée au delà de Gien, conduit à Nevers par Chécy-Mardié, Saint-Denis-Jargeau, Châteauneuf-sur-Loire, Les Bordes, Ouzouer-Dampierre, Gien, Briare, Châtillon-sur-Loire, Bonny; son trajet est de 85 kilomètres.

D'Orléans, une ligne du réseau de l'État mène à Patay par Bricy; de Patay, elle se dirige, soit sur Châteaudun, soit sur Chartres, par deux embranchements qui sortent aussitôt du département; ces trois tronçons ont un développement de 30 kilomètres.

Notons, en dernier lieu, l'embranchement de Beaune-La-Rolande à Montargis, par Mignières-Gondreville, et celui de Gien à Auxerre par Bréteau; ces deux embranchements appartiennent au réseau de la Compagnie Paris-Lyon-Méditerranée ; ils ont, l'un et l'autre, une longueur de 23 kilomètres; le premier est tout entier contenu dans le département.

La ligne de tramways de Loir-et-Cher, qui vient de Blois par Ouzouer-le-Marché, conduit à Orléans par Épieds, Coulmiers et Ormes, et parcourt ainsi 31 kilomètres dans le département du Loiret.

Une autre ligne de tramways, dite du Loiret, longue de 32 kilomètres, va de Toury à Pithiviers par Outarville et Guigneville.

Les lignes en exploitation ont un développement total de 667 kilomètres, dont 30 du réseau de l'État, 389 du réseau de la Compagnie de Paris-Orléans, 185 du réseau de la Compagnie de Paris-Lyon-Méditerranée, 63 à deux compagnies particulières.

Les gares, stations et haltes sont au nombre de 99.

Les voies navigables atteignent une étendue de 289 kilomètres, dont 129 pour la Loire et 160 pour 4 canaux.

Agriculture, Industrie, Commerce. — Le département du Loiret, surtout dans sa partie septentrionale, se compose de calcaire ou de sable reposant sur la craie chlorite et sur le grès vert. La partie septentrionale possède un sol très gras propre à la culture; la partie méridionale comprend un terroir léger, sablonneux, perméable, sec et aride.

La Beauce et le Gâtinais sont très fertiles en céréales ; la première est surtout d'une richesse devenue proverbiale : « Avoir une ferme en Beauce », c'est parler d'un riche propriétaire. Il n'en est pas de même dans la Sologne, qui produit à peine assez pour les besoins de ses habitants. La récolte des graines dans le Loiret dépasse cependant les besoins de la consommation; le surplus est expédié dans les pays voisins et fait l'objet d'une branche de commerce importante.

Le safran et le miel constituent, dans le Gâtinais, une source avantageuse de production.

Les asperges des environs d'Orléans sont renommées.

Le cognassier donne des fruits dont on fait d'excellentes confitures.

La vigne offre des produits assez considérables, et l'on connaît dans le commerce les vins d'Orléans et de Beaugency. Les plus estimés sont les vins rouges de Guignes, de Saint-Jean-de-Bray, de La Chapelle, de Saint-Gy, de Saint-Ay, de Saint-Jean-le-Blanc, de Meung, de Beaule, d'Olivet, et les vins blancs de Saint-Mesmin, de Marigny, de Rebrechien.

Le chêne est la principale essence des forêts; les hêtres, les bouleaux et les trembles sont plus rares; le châtaignier l'est encore davantage. Les cours d'eau sont bordés de belles plantations d'aunes et de peupliers.

Les races d'animaux de ferme sont assez belles; les espèces bovines et ovines ont été beaucoup améliorées; les moutons solognots sont petits, chétifs, mais recherchés pour la délicatesse de leur chair et la finesse de leur laine.

La carpe et le brochet des rivières sont estimés.

Les forêts regorgent de gibier à poil.

Les loups, les renards, les fouines, sont les animaux nuisibles les plus répandus.

Les métaux sont peu nombreux dans le département; cependant, il existe une mine de fer oxydé aux environs de Montargis.

Les carrières de pierres de diverses qualités, fort nombreuses, appartiennent à la classe des carbonates; les meilleurs pierres sont celles de Briare, de Fay-aux-Loges, de La Chapelle-Saint-Mesmin, de Saint-Fiacre et de Beaugency.

Il existe des tourbières, des marnières, des glaisières et de la terre à brique.

On trouve à Olivet des pierres transparentes susceptibles d'être taillées et de recevoir le poli; ces pierres sont connues sous le nom de diamants d'Olivet.

Il y a des sources d'eaux minérales ferrugineuses, acidulées, chaudes, à Ferrières; ferrugineuses, froides, à Segrais, Saint-Gondon, Noyers, Château-sur-Loire, Beaugency, et à L'Hermitage, près d'Orléans.

L'industrie manufacturière n'est pas aussi développée dans le Loiret que l'industrie agricole; cependant, la ville d'Orléans tient un rang distingué parmi les villes manufacturières de la France; ses vinaigreries et ses confiseries sont très renommées; on y trouve des manufactures de bonneterie, des fabriques de draps, de limes, de râpes, de chocolat.

Les fabriques de poteries et de faïence font vivre un grand nombre d'ouvriers; on cite celle de Gien, comme l'une des plus importantes par ses produits artistiques.

Les autres industries du département sont : des fonderies de fer, de cuivre et de fonte ; des tuileries, des fabriques de chaux, de plâtre; des filatures de coton, des papeteries, des tanneries, dont les cuirs sont fort appréciés; des distilleries, des blanchisseries de cire, des fabriques de serge et de couvertures de laine.

Le commerce du Loiret, facilité par un grand fleuve, quatre canaux, un réseau complet de chemins de fer et de routes, est très actif.

Le commerce d'exportation consiste principalement en céréales, bois, safran et vins; le commerce d'importation, en denrées coloniales, meubles de luxe, librairie, modes, fers, houille; le commerce de transit et le commerce de consommation comportent principalement la distribution et la manutention des produits du sol et des provenances extérieures.

Les foires et marchés se complètent par d'autres réunions qui ont lieu à l'occasion des fêtes patronales des communes.

Organisation et divisions générales. — Le département du Loiret a pour chef-lieu Orléans, siège de la préfecture.

Il forme 4 arrondissements, 31 cantons, 349 communes, 5 circonscriptions électorales, et possède 1 conseil de préfecture, 1 conseil général, 4 conseils d'arrondissement, 349 conseils municipaux.

Ses sous-préfectures sont Gien, Montargis, Pithiviers.

Sa représentation législative compte 3 sénateurs, 5 députés.

Orléans est le quartier général du commandant du 5ᵉ corps d'armée dont la région comprend les départements du Loiret, de Loir-et-Cher, de Seine-et-Marne et de l'Yonne, ainsi que les cantons de Charenton, de Nogent-sur-Marne, de Saint-Maur, de Vincennes et de Montreuil, du département de la Seine, les 2ᵉ, 3ᵉ, 11ᵉ et 12ᵉ arrondissements de Paris.

Le département du Loiret constitue les 6ᵉ et 8ᵉ subdivisions régionales du 5ᵉ corps d'armée. Les 6ᵉ et 8ᵉ bureaux de recrutement, de mobilisation et de réquisition de la 5ᵉ région de corps d'armée sont à Montargis et à Orléans.

La 5ᵉ section de secrétaires d'état-major et de recrutement a son centre à Orléans.

La 9ᵉ division d'infanterie, 17ᵉ et 18ᵉ brigade, et la 10ᵉ division, 19ᵉ et 20ᵉ brigade, se relèvent tous les deux ans pour contribuer à la garnison de Paris.

Montargis a pour garnison le 82ᵉ ou le 89ᵉ régiment actif; le 282ᵉ ou le 289ᵉ régiment de réserve s'y mobiliserait, ainsi que le 38ᵉ régiment territorial d'infanterie.

Le 76ᵉ ou le 131ᵉ régiment actif réside à Orléans; s'y formeraient le 276ᵉ ou le 331ᵉ régiment de réserve et le 40ᵉ régiment territorial d'infanterie.

Le commandement de l'artillerie du 5ᵉ corps d'armée a son état-major dans cette ville avec les 30ᵉ et 32ᵉ régiments actifs d'artillerie; s'y formeraient les batteries de réserve de la 5ᵉ brigade d'artillerie et les batteries du 5ᵉ régiment territorial d'artillerie.

On trouve encore, à Orléans: 1 école d'artillerie; 1 direction du génie; la direction des services de l'intendance du 5ᵉ corps d'armée; 3 sous-intendances; la 5ᵉ section active et la 5ᵉ section territoriale de commis et ouvriers d'administration; 1 magasin de subsistances; 1 magasin régional d'habillement et de campement; la direction du service de santé du 5ᵉ corps d'armée; enfin 1 hôpital mixte ainsi qu'à Montargis.

La 5ᵉ légion de gendarmerie, composée des compagnies des départements du Loiret, de Loir-et-Cher, de Seine-et-Marne et de l'Yonne, a son centre à Orléans, ainsi que la compagnie du Loiret.

Orléans est le siège d'une cour d'appel dont le ressort s'étend sur les départements du Loiret, d'Indre-et-Loire, de Loir-et-Cher.

Le département du Loiret relève de l'Académie universitaire de Paris, forme le diocèse de l'évêché d'Orléans, suffragant de l'archevêché de Paris, et fait partie du 3ᵉ synode du culte réformé, synode de Paris.

Il est compris dans la 5ᵉ région agricole, région du centre; la 1ʳᵉ inspection générale des mines, inspection du Nord-ouest, arrondissement de Paris, sous-arrondissement de Versailles; la 15ᵉ inspection générale des ponts et chaussées; la 19ᵉ conservation des forêts, résidence à Tours; la 2ᵉ inspection des haras, résidence à Bourges, dépôt de Blois; la 9ᵉ inspection de l'enseignement industriel; la 6ᵉ inspection de l'enseignement commercial; la 3ᵉ inspection du travail des enfants dans l'industrie, résidence à Bourges; la 1ʳᵉ circonscrip-

Cathédrale d'Orléans.

tion de vérification des poids et mesures, résidence à Paris; la 7ᵉ direction pénitentiaire, résidence à Melun.

Le département possède des directions : des postes et télégraphes; des contributions directes; des contributions indirectes; de l'enregistrement, des domaines et du timbre; une trésorerie générale des finances; une succursale de la Banque de France.

HISTOIRE DU DÉPARTEMENT

Plusieurs peuples gaulois ont primitivement habité le territoire qui forme le département du Loiret; les *Carnutes* occupèrent la partie septentrionale, et les *Senones* s'étendaient vers l'Est, dans le pays appelé depuis Gâtinais.

Ces deux confédérations ne se montrèrent pas hostiles à César dans les premières années de la guerre qu'il fit en Gaule.

Mais, en l'année 52 avant Jésus-Christ, lorsque toutes les populations se furent soulevées à la voix de Vercingétorix, un Senonais et un Carnute s'efforcèrent d'arracher leurs compatriotes à la servitude romaine. Le premier, Accon, échoua dans sa tentative et fut mis à mort; le second, Cotuatus, fut plus heureux.

César s'était emparé de la ville principale de la contrée, *Genabum*, Orléans, et y avait réuni une partie de son armée et de ses munitions; Cotuatus surprit cette place, fit périr le commandant romain Fusius et tous les soldats romains qu'il avait autour de lui. A cette nouvelle, César accourt, amenant avec lui les légions qu'il tenait en réserve à *Agendicum*, Sens, soumet les Senones révoltés et surprend Orléans. Les habitants jettent un Pont sur la Loire et s'efforcent de fuir; César fait mettre le feu à leur ville, et presque tous périssent dans les flammes en expiation du meurtre des Romains.

Le conquérant s'empara ensuite de la capitale des Bituriges, *Avaricum*, puis d'Alise; le héros de l'Arvernie fit sa soumission, et la Gaule fut domptée.

Les Carnutes se résignèrent désormais à la domination romaine. Sous les empereurs, la capitale du pays, restaurée par Aurélien, prit de son bienfaiteur le nom d'*Aurelianum*. Dioclétien rangea la partie du territoire des Carnutes et des Senones qui nous occupe dans la Quatrième Lyonnaise (292).

C'est à peu près à cette époque que le Christianisme fut apporté dans la contrée par saint Albin et qu'Orléans eut son premier évêque.

Lors des invasions des Barbares, la position centrale des Carnutes et des Senones les exposait aux ravages de ces troupes immenses qui traversaient la Gaule du Nord au Sud. Orléans vit d'abord les Vandales, les Alains, puis les Huns avec Attila. Cette dernière invasion était plus désastreuse que toutes les précédentes; l'évêque de la ville, saint Aignan, se rendit sous la tente du terrible chef pour le fléchir; Attila imposa de si dures conditions, que les habitants et le prélat lui-même préférèrent courir les risques d'un siège.

Leur ville, pressée de tous les côtés par des hordes innombrables, allait être emportée; ses habitants s'abandonnaient à un affreux désespoir; le pieux évêque était à l'autel environné des prêtres, n'espérant plus que dans la miséricorde céleste, quand du haut des Murailles on signala les premiers cavaliers de l'armée romaine que le patrice Aétius amenait contre les Barbares; les Huns abandonnèrent leur proie; poussés par ce nouvel ennemi, ils remontèrent vers le Nord. On sait qu'ils furent écrasés à Châlons-sur-Marne (451).

Orléans échappait au désastre, mais tout le pays et les villes moins fortes avaient été si horriblement saccagés, que plusieurs cités ne se relevèrent pas.

Ceux des Barbares qui s'établirent les premiers d'une manière définitive dans ce pays furent les Francs; la victoire de Soissons livra à Clovis la Gaule jusqu'aux bords de la Seine (486). Son alliance avec la nièce du roi Gondebaud, Clotilde, étendit sa domination jusqu'à la Loire. Les évêques de toute la Gaule centrale accueillirent avec empressement un roi qui, bien que païen encore, favorisait le Catholicisme. Orléans reconnut son autorité, et le chef franc en fit sa principale place d'armes contre les Wisigoths.

A la mort de Clovis, un de ses quatre fils prit le titre de roi d'Orléans (511).

Ce prince, Clodomir, périt en 524 dans une guerre contre les Bourguignons; il laissait trois jeunes enfants : deux furent égorgés par leurs oncles Childebert et Clotaire; le troisième, Clodoald, n'échappa à un sort pareil qu'en faisant couper sa longue chevelure, insigne de la dignité royale chez les Francs, et en se consacrant à Dieu; il fonda auprès de Paris un Monastère qui a été l'origine du village de Saint-Cloud.

Les États de Clodomir furent partagés entre Childebert et Clotaire. Ce dernier en fut seul possesseur et hérita de toute la monarchie franque à la mort de son frère, en 558. Trois années plus tard (561), Clotaire mourut.

Il n'y eut plus de roi d'Orléans; la ville échut à Gontran, roi de Bourgogne, dans le partage que les quatre fils de Clotaire firent des États de leur père.

Cette période fut pour toute la Gaule une époque d'anarchie. Les pays des Carnutes et des Senones eurent leur part des calamités générales; Orléans et son territoire furent souvent dévastés dans la lutte de Frédégonde et de Brunehaut.

Cette cité vit aussi quelques bandes de l'armée arabe d'Abd-el-Rhaman; mais la victoire de Charles-Martel, à Poitiers (732), lui épargna de nouveaux désastres.

Vingt ans après, la famille d'Héristal recueillait les fruits des services qu'elle avait rendus aux Francs, en remplaçant sur le trône la dynastie des Mérovingiens.

C'est alors que les ducs d'Aquitaine s'efforcèrent de conquérir leur indépendance au Sud de la Loire; les soumettre fut en partie l'œuvre du règne de Pépin; Orléans et son territoire virent plus d'une fois les opiniâtres ennemis du roi franc. Hunald et Waïfer reportèrent au Nord de la Loire les ravages que le fils de Charles-Martel n'épargnait pas au Sud.

Le règne glorieux de Charlemagne fut une trêve entre deux époques calamiteuses; grâce à une administration bienfaisante et à une répression sévère des excès et des actes injustes, Orléans et les pays qui l'environnent jouirent d'un bien-être inaccoutumé.

En ce temps existaient déjà les noms de Sologne et de Gâtinais, qui, sans jamais indiquer des divisions administratives et provinciales, se sont perpétués jusqu'à nous.

Quand les Francs eurent envahi la Gaule, les anciennes divisions établies par les Romains s'effacèrent et furent remplacées par des divisions nouvelles qui prirent, selon leur étendue, le nom de *pagi majores* ou *pagi minores*. Les *pagi majores* reproduisaient à peu près les cités dans toute leur étendue; les *pagi minores* en étaient des subdivisions. Dans le territoire qui forme le Loiret, se trouva le vaste *pagus* d'Orléans, et en partie les *pagi minores* de *Magdunum*, Meung; de *Sigalonia*, Sologne; de *Belsia*, Beauce; de *Gastum*, Gâtinais.

Charlemagne plaça, dans la plupart des *pagi*, des comtes pour les administrer; ces bénéficiaires, tous amovibles et viagers, parvinrent à se rendre héréditaires sous les faibles successeurs de l'empereur carlovingien, quand ils ne furent plus surveillés par les *legati* et par les *missi dominici*, officiers impériaux qui rattachaient au centre les extrémités de l'empire et donnaient l'unité à la vaste administration de leur roi.

En 861, Charles-le-Chauve accorda à Robert-le-Fort, tige des rois capétiens, le gouvernement du duché de France; le comté d'Orléans et tout le Gâtinais étaient compris dans cette vaste donation; ce fut un bienfait pour ces provinces. Elles avaient été ravagées à plusieurs reprises par les bandes de pirates normands qui, remontant les grands fleuves sur leurs bateaux, prenaient les villes riveraines et mettaient tout à feu et à sang sur leur passage. La ville d'Orléans avait été prise et dévastée en 856; Robert et ses successeurs surent faire en partie respecter par les pirates la province qu'ils gouvernaient. Sous ces puissants seigneurs, les principales villes eurent leurs comtes particuliers. La capitale du Gâtinais, Château-Landon, avait été donnée par Louis II, le Bègue, à son sénéchal Ingelger, avec la main de l'héritière du comté, Adèle, fille de Geoffroy I*er*. Les sires de Beaugency, Courtenay, Gien, Pithiviers, Sully, furent, autour d'Orléans, les membres principaux de la hiérarchie féodale.

Les évêques d'Orléans étaient à la même époque devenus grands vassaux; ils possédaient en fiefs les terres de leurs églises, à charge seulement du service militaire.

Lorsque Hugues Capet remplaça sur le trône les Carlovingiens, ses vastes possessions se trouvèrent, par le fait de son usurpation, réunies à la Couronne, et c'est dans la Tour d'Orléans que le nouveau roi fit enfermer son compétiteur, l'héritier légitime, Charles de Lorraine, qui avait essayé de faire valoir son droit par les armes.

Quelques-uns des vassaux secondaires s'étaient affranchis autour d'Orléans de la suprématie des ducs de France; il en avait été ainsi des comtes du Gâtinais.

Philippe Ier recouvra ce comté en 1062, mourut en 1108 et fut inhumé dans le Monastère de Saint-Benoît-sur-Loire, qu'il avait particulièrement aimé et comblé de largesses.

Louis VI, son successeur, se fit sacrer à Orléans par l'archevêque de Sens; la vie de ce roi se passa à lutter dans un cercle restreint, autour de ses domaines, contre des seigneurs féodaux; le seigneur de la terre de Meung, vassal de l'évêque d'Orléans, s'empara du petit Château de Meung, dont l'évêque s'était réservé la souveraineté immédiate; Louis, invoqué par l'évêque, marcha contre le comte rebelle, fut vainqueur et le fit périr. Il marcha ensuite contre le seigneur du Puiset, en Beauce, qui tyrannisait toute la contrée entre Chartres et Orléans. Hugues du Puiset fut battu et perdit sa ville.

Le sire de Beaugency avait accompagné le roi; un engagement eut lieu près du Château du Puiset; le comte abandonna tout à coup l'armée royale et se joignit à ses ennemis; Louis, vainqueur de Hugues, tira vengeance du sire de Beaugency par une forte amende.

A l'autre extrémité du département du Loiret, vers l'Est, les sires de Courtenay, seigneurs de Montargis, exigeaient un droit de péage de Sens à Orléans et n'en pillaient pas moins les marchands, quand même ils avaient acquitté ce droit.

Le mouvement religieux qui entraîna vers l'Orient un grand nombre de seigneurs délivra la royauté de beaucoup de ses ennemis; dans les pays qui nous occupent, plusieurs barons se joignirent à Godefroy de Bouillon et prirent part à la première Croisade, et presque tous accompagnèrent le roi Louis VII à la seconde, qui eut lieu en 1147.

C'est dans cette expédition que quatre des seigneurs de l'Orléanais furent, à ce que raconte une légende, délivrés du plus grand péril par un miracle.

Les sires de Sully, d'Yèvre-le-Châtel, d'Achères et de Rougemont, emportés par leur courage, avaient été entourés par un corps d'armée turque, faits prisonniers, et, le lendemain, ils devaient être pendus aux longues gargouilles ou gouttières du Château où leurs vainqueurs les avaient enfermés. Dans un si grand péril, ils ne s'abandonnèrent pas au désespoir; l'un d'eux avait déjà eu occasion de recourir à la toute-puissante intervention de Notre-Dame-de-Sainte-Croix; il engagea ses compagnons à lui adresser comme lui leurs prières, et les quatre chevaliers firent vœu de se consacrer à leur bienfaitrice si elle les délivrait des gouttières du Château. Ils s'endormirent ensuite pleins de confiance; à leur réveil, ils étaient transportés dans l'Église d'Orléans. Ce fut l'origine d'une redevance en cire appelée gouttière, qui fut longtemps payée à l'Église par les successeurs des quatre barons.

La même époque qui vit les Croisades vit aussi l'affranchissement des communes.

L'Orléanais participa peu, dans le principe, aux avantages accordés à un grand nombre de villes situées hors du domaine royal.

Les rois intervenaient volontiers chez leurs vassaux, accordaient des chartes aux bourgeois et évitaient soigneusement de faire aucune concession dans leurs propres domaines.

En 1137, les bourgeois d'Orléans voulurent s'ériger en commune malgré les officiers du roi; après une répression terrible, la commune fut supprimée par Louis VII, qui se contenta d'abolir la servitude dans la ville et dans la banlieue la dernière année de son règne (1180).

Lorris reçut à cette époque une charte, faveur sollicitée par beaucoup d'autres villes.

Philippe-Auguste acquit les terres de Montargis (1184) et de Gien (1200).

En ce temps, tous les pays de l'Orléanais et de la Champagne étaient livrés aux déprédations des Pastoureaux, qui parcouraient en grandes troupes les campagnes, y prêchant des doctrines d'égalité entre les pauvres et les riches et de destruction des puissants. Ces bandes dévastatrices furent dispersées.

Les dernières années de Philippe-Auguste n'eurent de remarquable en Orléanais que la querelle de ce roi contre l'évêque Manassès, au sujet du service féodal dû par les prélats comme vassaux. Manassès obtint de ne pas conduire en personne ses milices à la guerre.

Sous le règne de saint Louis, la contrée jouit d'un calme presque complet.

En 1236, une émeute sanglante éclata entre les bourgeois d'Orléans et le clergé; plusieurs jeunes nobles qui suivaient les cours de l'Université périrent dans un combat qui eut lieu sur la Grande Place. A la nouvelle de la mort de leurs proches, les seigneurs entrèrent dans la ville, tuèrent un grand nombre de bourgeois et mirent le feu à leurs maisons; ces désordres ne cessèrent que par l'intervention du roi.

Pendant la Croisade que fit saint Louis en 1248, les Pastoureaux se montrèrent de nouveau; ils avaient pris la croix et annonçaient l'intention d'aller en Égypte au secours du roi prisonnier des Musulmans. La régente Blanche, mère de saint Louis, les toléra d'abord dans cet espoir; mais, au lieu de tenir leur promesse, ils se mirent à ravager tous les pays par lesquels ils passaient, pillèrent Orléans et y égorgèrent un grand nombre de prêtres.

Les successeurs de saint Louis continuèrent à agrandir le domaine royal.

Philippe-le-Bel acheta, en 1292, le comté de Beaugency.

Les Capétiens, qui possédaient plusieurs résidences dans le département du Loiret, affectionnaient particulièrement les séjours de Gien, Montargis, Châteauneuf-sur-Loire; la vaste Forêt d'Orléans retentissait souvent du bruit des fanfares des chasses royales.

Philippe-Auguste avait établi à Orléans un bailli, officier chargé de l'administration de la justice, dont la juridiction s'étendait sur Beaugency; Montargis, Gien et le Gâtinais appartenaient au bailliage de Sens.

Philippe IV de Valois érigea, en 1345, l'Orléanais en duché au profit de son second fils Philippe, auquel Humbert, dauphin de Viennois, avait cédé le Dauphiné. Le roi de France, pour rattacher plus directement à la Couronne cette province éloignée, fit porter le titre de dauphin à son fils aîné Jean. Au duché d'Orléans, qui de la sorte était accordé à Philippe en échange du Dauphiné, il joignit les châtellenies de Beaugency, de Châteauneuf, d'Yèvre-le-Châtel, de Vitry, de Neuville-aux-Loges, d'Hyenville, de Château-Renard, de Lorris et de Bois-Commun, qui furent momentanément distraites du domaine royal.

La guerre de Cent-Ans ramena dans l'Orléanais des désastres que depuis longtemps cette province ne connaissait plus. Plusieurs de ses comtes périrent ou furent pris dans les batailles de Crécy (1346) et de Poitiers (1356). Après cette dernière défaite, des bandes d'Aventuriers anglais et navarrais se répandirent autour d'Orléans et mirent toute la contrée à feu et à sang. Les villes de Châteauneuf et Châtillon-sur-Loire furent détruites. Après le Traité de Brétigny (1360), les Grandes Compagnies, auxquelles la paix leur avait enlevé leurs moyens d'existence, exercèrent autant de ravages qu'en pleine guerre.

A la reprise des hostilités (1367), le prince de Galles ravagea le Gâtinais; trois ans plus tard, Robert Knolles dévasta l'Orléanais. Beaugency tomba au pouvoir des Gascons.

Le prudent Charles V eut soin d'éviter tout engagement sérieux contre les Anglais et se garda bien de compromettre le sort de la France dans une grande bataille comme à Crécy et à Poitiers; il reprit une à une les villes dont les ennemis s'étaient emparés, mais il abandonna le plat pays, et le territoire dont nous nous occupons fut horriblement saccagé.

Au commencement du règne de Charles VI, l'Orléanais fut réuni à la Couronne par la mort de Philippe, duc d'Orléans, qui ne laissait pas d'héritiers.

Malgré les sollicitations des bourgeois des villes, qui demandaient à ne plus être séparés de la France royale, Charles VI donna l'Orléanais en apanage à son frère Louis.

Avec ce prince s'ouvre la lutte des Armagnacs et des Bourguignons.

La démence de Charles VI livre le gouvernement à Philippe-le-Hardi, duc de Bourgogne et oncle du roi, et à Louis, duc d'Orléans, son frère.

Après la mort de Philippe, Jean-sans-Peur, son fils, hérita de son influence dans la direction des affaires. Le duc d'Orléans ne cessa d'être en opposition avec les deux ducs de Bourgogne; deux partis se formèrent dans l'État autour d'eux.

Mais la lutte ne devint directe qu'après que Jean, sur le soupçon d'une intrigue entre sa femme et le duc d'Orléans, eut fait assassiner celui-ci à Paris, rue Vieille-du-Temple (1407). Cet événement fut le signal des hostilités. Valentine de Milan, épouse de Louis d'Orléans, vint à Paris demander justice du meurtrier; mais le peuple de Paris s'était prononcé pour Jean-sans-Peur; le comte Bernard d'Armagnac, beau-père du jeune Charles d'Orléans, accourut du Midi au secours des jeunes princes d'Orléans; il eut à Gien une entrevue avec eux pour aviser au moyen de détruire l'influence des Bourguignons (1410); cinq années se passèrent en combats et en guerres intestines. L'invasion de la France par les Anglais, qui furent victorieux à Azincourt (1415), n'établit qu'une trêve momentanée entre les partis.

Le duc d'Orléans ayant été fait prisonnier dans cette journée désastreuse, le dauphin se chargea de sa querelle.

L'assassinat du Pont de Montereau répondit à celui de la rue Vieille-du-Temple (1419).

Les Bourguignons se jetèrent dans le parti des Anglais, y entraînèrent avec eux l'infortuné Charles VI, lui firent déshériter son fils Charles VII au profit du roi d'Angleterre, Henri V, par le traité de Troyes, 1420, qui s'emparèrent si bien de toute la France, que, deux ans après, à la mort de Charles VI et de Henri V, le dauphin ne put être sacré à Reims, et que, dépouillé de la plupart de ses villes, il était appelé en dérision « le roi de Bourges ».

En 1423, Charles VII avait perdu la bataille de Cravant; en 1428, les places de Jargeau, Pithiviers, Courtenay lui étaient enlevées, et le siège était mis devant Orléans.

Une chanson populaire, dont on accompagnait le son des cloches, ne disait-elle pas :

A notre Dauphin si gentil,
Hélas! que lui reste-t-il?
Orléans, Beaugency,
Notre-Dame de Cléry,
Vendosme, Vendosme !

La monarchie était à deux doigts de sa ruine quand une jeune fille sauva la Patrie.

Orléans était le dernier boulevard de la France; Jeanne d'Arc délivra la place. Après avoir sauvé la capitale, elle reprit une à une les villes de l'Orléanais, Jargeau, Beaugency, remporta une victoire complète à Patay et mena sacrer Charles VII à Reims.

Après la mort de l'héroïque jeune fille, les Anglais s'emparèrent de nouveau de Montargis;

mais, en 1438, cette place rentra sous la domination française. L'année suivante eurent lieu, à Orléans, les fameux États généraux où la création d'une armée permanente et l'établissement d'une taille pour son entretien furent décidés.

En 1440, Orléans fournit au duc Charles 9,000 écus d'or pour l'aider à payer sa rançon au roi d'Angleterre.

Le successeur de Charles VII, Louis XI, affectionna l'Orléanais ; il se fit admettre chanoine de Saint-Aignan, offrit de riches présents à la Cathédrale d'Orléans et reconstruisit l'Église de Notre-Dame de Cléry. Cette Église ayant été en partie détruite par les flammes en 1472, il la fit de nouveau réédifier telle qu'elle existe aujourd'hui. Pendant la régence d'Anne de Beaujeu, le duc d'Orléans, qui plus tard fut Louis XII, se souleva et entreprit la Guerre-Folle. Il passa quelques années à Orléans, qu'il fit agrandir de près de moitié ; et c'est de là qu'il partit pour se mettre à la tête de l'armée de Bretagne qui fut dispersée à Saint-Aubin-du-Cormier.

Son avènement au trône (1498) réunit pour la seconde fois l'Orléanais à la Couronne.

Les rois Louis XII, François Ier et Henri II, régularisèrent la justice dans l'Orléanais.

La Coutume du bailliage d'Orléans, dressée en 1227, en même temps que celle de Paris, fut publiée en 1510 ; celle de Montargis date de 1531 ; en 1558, Henri II créa une généralité à Orléans, qui auparavant dépendait de la généralité de Bourges. Sous Charles IX, elle fut divisée en douze élections, au nombre desquelles se trouvaient Orléans, Beaugency, Pithiviers, Montargis et Gien. Dans la dernière année du règne de Henri II, un siège présidial fut établi à Orléans, avec ressort sur Montargis, Gien, Beaugency.

Cette même époque vit les guerres de la Réforme ensanglanter les bords de la Loire ; Calvin avait étudié à l'Université d'Orléans, alors célèbre. Ses doctrines pénétrèrent dans l'Orléanais vers 1540. Gien les accueillit en 1542, et un des prêtres de cette petite ville fut brûlé à Auxerre en 1545. Les habitants de Châtillon-sur-Loire se distinguèrent parmi les plus fervents Calvinistes. A Montargis, la duchesse d'Este se fit la protectrice des Réformés.

En 1560, Orléans comptait autant de Protestants que de Catholiques.

Les premiers troubles éclatèrent dans cette ville et à Gien en 1561.

Le prince de Condé s'empare d'Orléans après le massacre de Vassy qui fit éclater la guerre civile : la ville de Beaugency est prise et pillée en 1562 ; les tombeaux de l'Abbaye de Cléry, où avait été enseveli Louis XI, sont profanés ; l'Abbaye de Saint-Benoit-sur-Loire est saccagée ; celle de Fontaine-Jean, incendiée. Le capitaine Noisy, qui commandait dans la ville calviniste de Gien, s'empara de Saint-Brisson ; le prince de Condé ayant été battu et pris à Dreux, le duc de Guise s'avança dans l'Orléanais, prit Jargeau et vint assiéger Orléans, mais il fut assassiné devant cette ville par Poltrot de Méré.

Orléans fit bon accueil à Charles IX après la pacification d'Amboise (1563) ; la faveur que ce roi accorda aux Catholiques souleva de nouveau les Protestants en 1567. Le capitaine calviniste La Noue s'empara d'Orléans par surprise, Condé prit Beaugency ; en 1569, le duc de Deux-Ponts amena une armée à l'amiral de Coligny jusqu'à Gien. Les succès des Protestants ne furent arrêtés que par le terrible massacre de la Saint-Barthélemy ; pendant deux journées entières, les Protestants furent égorgés, au nombre de 700, dit-on. Jargeau et Beaugency furent également le théâtre de scènes sanglantes.

La supériorité des Catholiques s'étant établie à Orléans, cette ville entra dans la Ligue.

Une rencontre eut lieu auprès de Montargis, à Vimory, entre une troupe de Reîtres au service du roi de Navarre et les soldats du duc de Guise, qui furent vainqueurs.

Dans ces circonstances, le roi de France, Henri III, menacé d'un côté par les Guises

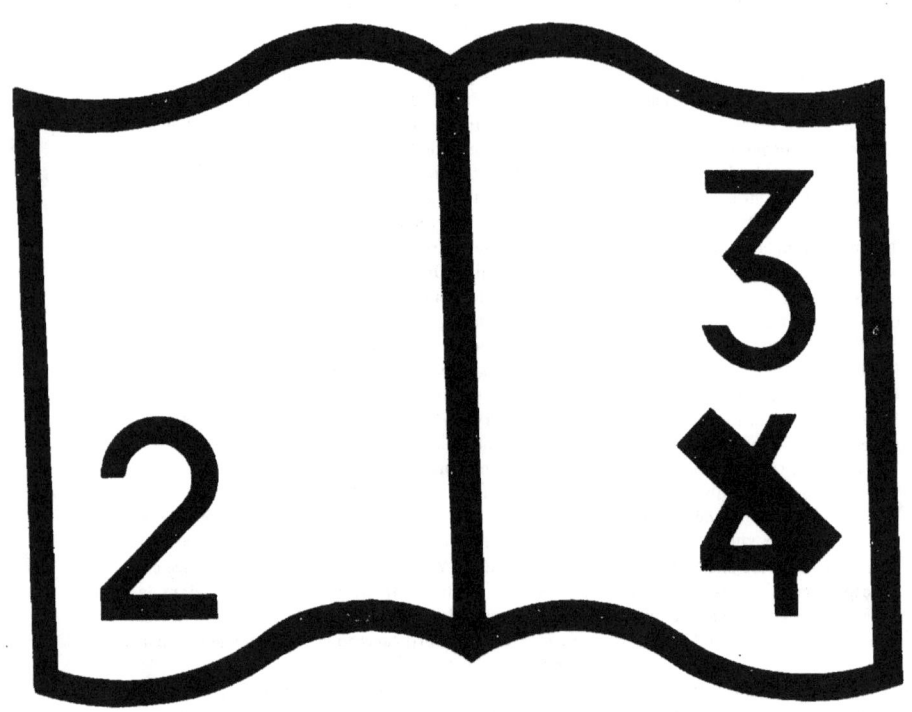

Pagination incorrecte — date incorrecte

NF Z 43-120-12

qui ne prétendaient à rien de moins qu'à le remplacer sur le trône, et de l'autre par les Protestants, fit la paix avec ces derniers, s'unit à Henri de Navarre et s'empara d'une partie de l'Orléanais, de Jargeau, Gien et Pithiviers. Il fut assassiné à Saint-Cloud (1589).

Orléans continua à tenir pour la Ligue et à résister à Henri IV jusqu'à ce que Paris l'eût reçu. La soumission de la capitale du duché (1594) entraîna celle de toutes les villes environnantes.

Un fils de Henri IV, Gaston, reçut en apanage l'Orléanais.

Louis XIV donna à son frère le duché au même titre, et ce dernier a été la tige de la maison d'Orléans qui arriva au trône en 1830.

Le frère de Louis XIII se mêla à toutes les intrigues et à tous les soulèvements de la noblesse contre le cardinal de Richelieu, puis, sous Mazarin, prit avec sa fille, Mlle de Montpensier, la fameuse Mademoiselle, une part active aux troubles de la Fronde. Son duché, l'Orléanais, fut le centre de la plupart des agitations politiques qu'il suscita; en 1643, Orléans voulut rester neutre entre la Fronde et Mazarin; Mademoiselle pénétra dans la ville et la détermina à prendre le parti des Frondeurs. Turenne s'avança à cette nouvelle sur Gien; mais Condé, à la tête de 12,000 Allemands que lui avait amenés le duc de Nemours, prit l'offensive, s'empara de Montargis et battit à Bléneau une partie de l'armée royale.

Les guerres de Religion, de la Ligue, puis de la Fronde, avaient tellement appauvri le pays, que les habitants se trouvèrent dans l'impossibilité de payer aucune sorte d'impôt; en 1655, ceux qui résidaient dans les paroisses de Sully-sur-Loire et de Saint-Benoît se coalisèrent contre les percepteurs des tailles et ne purent être réduits que par la force.

En 1789, l'Orléanais adopta avec enthousiasme les principes de la Révolution ; le chef-lieu du Loiret eut cependant sous la Convention à subir la sanglante oppression de ses proconsuls; Collot d'Herbois et Laplanche s'y signalèrent par leurs fureurs.

Pendant les années suivantes, jusqu'en 1800, des bandes de brigands, connues sous le nom de Chauffeurs, ravagèrent les deux départements du Loiret et d'Eure-et-Loir.

En 1815 et en 1870, l'Orléanais eut à souffrir de l'invasion étrangère.

A la suite du combat d'Artenay, le général Von der Tann, à la tête de 50,000 Bavarois, s'empara, le 11 octobre 1870, d'Orléans, d'où l'armée de la Loire, sous les ordres du général d'Aurelle de Paladines, le délogea, le 10 novembre, par la victoire mémorable de Coulmiers ; mais le 5 décembre, après trois jours de combats, elle dut se retirer devant les forces supérieures de l'ennemi, qui prit de nouveau possession d'Orléans. Cependant, les 7, 8 et 10 décembre, les 15e, 18e et 20e corps, placés sous les ordres du général Chanzy, soutinrent vaillamment, sur les bords de la Loire, l'attaque des Prussiens ; mais composés pour la plupart de gardes mobiles, c'est-à-dire de soldats improvisés, inexpérimentés et mal armés, ils ne pouvaient opposer une longue résistance aux troupes aguerries du prince Frédéric-Charles ; Chanzy dut battre en retraite sur Vendôme, et de là sur Le Mans.

HISTOIRE ET DESCRIPTION
DES VILLES, BOURGS ET CHATEAUX LES PLUS REMARQUABLES

ARRONDISSEMENT D'ORLÉANS

ORLÉANS — (lat. N. 47° 54' 9" ; — long. O. 0° 25' 35" ; — alt. 116 m. ; — à 122 kilom. S.-O. de Paris par la route; à 121 kilom. par la voie ferrée) — (*Genabum*, *Aurelianum*). — Ville de 63,705 habitants ; — chef-lieu du département, d'un arrondissement, de cinq cantons ; préfec-

Place du Bassin à Saint-Nazaire.

Le Port de Bourgneuf est à quelque distance de la ville ; l'ancien Port, Port-Robard, où des bâtiments de 150 tonneaux venaient prendre leur chargement, est aujourd'hui à plus de 3 kilomètres du rivage. Le Bassin maritime de Bourgneuf, exposé aux vents du Nord-ouest, s'ensable de plus en plus et menace de disparaître.

Signalons : à la *Bernerie*, une Plage avec station balnéaire, des Grottes ; à *Chéméré*, une Église du XIe siècle, les Étangs aux Iles enchantées, les ruines d'un Château ; aux *Moutiers*, une autre Station balnéaire, une Motte féodale

Le Pellerin. — Ville de 2,241 habitants ; chef-lieu de canton ; justice de paix, perception des finances, bureau des postes et télégraphes ; escale des bateaux à vapeur de Nantes à Saint-Nazaire ; à 28 kilomètres Est de Paimbœuf ; sur la Loire.

Signalons : à *Sainte-Pazanne*, la Salle-des-Fées, Dolmen en ruine, portant des signes gravés, classé parmi les monuments historiques ; à *Vue*, une Fontaine, dont l'eau guérit les maux d'yeux, et qui est un but de Pèlerinage.

Pornic. — Ville de 1,980 habitants ; chef-lieu de canton ; port, syndicat des gens de mer ; justice de paix, perception des finances, bureau des postes et télégraphes, établissement hospitalier ; station où aboutit une ligne venant de Nantes ; à 23 kilomètres Sud de Paimbœuf.

LIVR. 5.

Pornic, qui s'échelonne en amphithéâtre sur un coteau élevé de plus de 25 mètres au-dessus du niveau de la mer, se divise en deux parties, la Ville-Haute et la Ville-Basse, appelée aussi les Sables.

Devant l'entrée de l'ancien Château se trouve la belle Promenade de la Terrasse, d'où l'on jouit d'une vue étendue sur la Baie de Bourgneuf et sur les environs. Son Port, profondément encaissé, reste à sec à la marée basse. Il fait le commerce de cabotage et surtout d'engrais. Sa Baie y attire chaque année un grand nombre de baigneurs. Aux environs, dans l'Anse de Malmy, on trouve une Source d'eau ferrugineuse qui convient au traitement des maladies de l'estomac. L'air de Pornic, vif, très sain, convient parfaitement aux valétudinaires.

Notons : au *Clion*, un Dolmen ; à la *Plaine*, la Plage de Préfailles avec Établissement de bains de mer, une Source d'eaux ferrugineuses, les Rochers de la Pointe de Saint-Gildas ; à *Saint-Michel-Chef-Chef*, une autre station balnéaire.

Saint-Père-en-Retz. — Bourg de 3,024 habitants ; chef-lieu de canton ; justice de paix, bureau des postes et télégraphes ; station de la ligne de Nantes à Paimbœuf ; à 11 kilomètres Sud de Paimbœuf.

On voit aux environs quelques Mégalithes.

ARRONDISSEMENT DE SAINT-NAZAIRE

Saint-Nazaire — (lat. N. 47°16′26″ ; — long. O. 4°32′11″ ; — alt. 4 m. ; — à 440 kilom. S.-O. de Paris par la route ; à 491 par la voie ferrée ; à 60 kilom. O. de Nantes). — Ville de 30,935 habitants ; — chef-lieu d'arrondissement et de canton ; sous-préfecture ; conseil d'arrondissement ; deux circonscriptions électorales ; — port ; quartier d'inscription maritime ; commissariat de la marine ; école d'hydrographie ; caisse des invalides de la marine ; syndicat des gens de mer ; société des régates ; — collège communal ; inspection primaire ; musée ; société de gymnastique ; — chambre de commerce ; conseil de prud'hommes ; — bureau des postes et télégraphes ; — recette des finances ; — conservation des hypothèques ; bureau auxiliaire de la Banque de France ; — établissement hospitalier ; — tribunal de première instance ; justice de paix ; prison ; — gare où se croisent les lignes de Nantes, de Pontchâteau, du Croisic ; — à l'embouchure de la Loire ; — agences consulaires d'Allemagne, Angleterre, Belgique, Brésil, Chili, Colombie, Danemark, Équateur, Espagne, États-Unis de l'Amérique du Nord, Guatemala, Haïti, Hollande, Honduras, Italie, Mexique, Nicaragua, Pérou, Russie, Saint-Domingue, Salvator, Suède et Norvège, Uruguay, Vénézuela.

Cette ville, qui se présente à l'entrée de la Loire, rive droite, est d'origine fort ancienne.

Ses marins, habitués aux récifs et aux sables de l'Embouchure du fleuve, sont en état de piloter tous les navires marchands.

La position de Saint-Nazaire a quelque analogie avec celle du Havre ; aussi en a-t-on fait l'Avant-Port de Nantes, en le reliant à cette ville par un Chemin de fer et en creusant, dans sa Rade, de magnifiques Bassins à flot destinés à recevoir de grands bâtiments.

Une Jetée amortit la force des marées montantes.

Les approches sont signalées par de beaux Phares dont les plus remarquables portent les noms de Phare d'Aiguillon et de Phare du commerce.

Saint-Nazaire se compose aujourd'hui de deux villes, l'ancienne ville qui se groupe autour de l'Église et la nouvelle qui s'élève, chaque jour, autour des nouveaux Bassins et des Docks.

On n'y voit d'autre monument remarquable qu'un Dolmen, le plus entier, le plus considérable, le plus curieux du département. Il se compose d'une pierre de 3 m. 25 de longueur sur 1 m. 64 de largeur et 40 centimètres d'épaisseur; elle est supportée par deux autres pierres, enfoncées en terre et élevées de 2 mètres au-dessus du sol. On a, dit-on, trouvé dessous, en creusant la terre, des urnes et des monnaies d'or, d'argent et de cuivre.

Notons encore le Dolmen et le Tumulus de Dissignac, classés parmi les monuments historiques, les Plages de Congrégoux, Porcé, Pornichet, Sainte-Marguerite, Saint-Marc, Ville-ès-Martin, avec Villas et Établissements de bains de mer.

Saint-Nazaire est le point de départ de lignes côtières, sur Marseille, Cette, l'Espagne, le Portugal, Bordeaux, la Belgique et Liverpool, des lignes postales des Antilles, du transit de toutes les marchandises pour l'Amérique centrale et méridionale. Son Bassin à flot peut contenir 50 des plus grands navires; le Bassin de Penhouët, 150. Une ligne de bateaux à vapeur fait le service jusqu'à Nantes.

L'importation introduit l'or, l'argent, les minerais, les denrées coloniales, la houille, le riz, les orchidées, les guanos. L'exportation fait sortir les articles de Paris, les produits agricoles, les tissus, les vins, les liqueurs.

Cette ville possède des chantiers de construction pour la marine, des armements, des magasins généraux, un entrepôt de douane, des forges et aciéries, des briqueteries, une fonderie, une corroirie, une usine à gaz, des imprimeries avec trois journaux.

Le Port de Saint-Nazaire compte, pour la marine marchande, 24 navires à vapeur et 68 navires à voiles, ensemble 92 navires jaugeant 18,600 tonnes.

Son quartier d'inscription maritime a un effectif de 400 pêcheurs montant 68 bateaux.

Donges. — Bourg de 2,933 habitants; bureau des postes et télégraphes, établissement hospitalier; station de la ligne de Saint-Nazaire à Nantes; à 16 kilomètres Est de Saint-Nazaire; sur la Loire.

Donges se trouve au Sud des Marais qui portent son nom.

C'est une ancienne vicomté qui possédait un Château dont il ne reste d'autre trace que le nom donné à une des Places. La Tour de son ancien Prieuré de Saint-Benoît sert de point de direction aux navires qui entrent en Loire. L'Église offre quelques parties d'architecture romane. On voit encore dans le bourg un monument assez curieux qui remonte au Moyen-Age : c'est l'ancien auditoire où se tenait la justice de la vicomté.

Dans son petit Port, la Chaussée Halgan, construite en 1822, sert d'abri aux barques de passage qui vont d'une rive à l'autre.

Cette commune fait un commerce important de vins, de bestiaux et de blé; elle exporte en Angleterre les sangsues que l'on recueille dans les Marais voisins.

Ces Marais, que la Loire recouvre en hiver, se tapissent au printemps d'une belle verdure; l'été les convertit en une plage aride coupée de canaux et de flaques d'eau, d'où émergent des buttes cultivées et habitées, reliées entre elles par des chaussées.

De la Butte de Cesmes, qui est dans le voisinage de Donges, on jouit d'un admirable coup d'œil sur la Loire et sur les environs.

On signale aussi, près de Donges, plusieurs monuments mégalithiques, notamment la Pierre-de-la-Vacherie, Dolmen classé parmi les monuments historiques.

Montoir-de-Bretagne. — Ville de 6,942 habitants; syndicat des gens de mer; bureau des postes et télégraphes, établissement hospitalier; gare où se croisent les lignes de Saint-Nazaire, de Nantes, de Brest; à 7 kilomètres Nord-est de Saint-Nazaire.

On a cru voir, dans cette petite ville, l'ancienne *Corbilo;* mais d'Anville et Adrien de Valois la placent, avec plus de raison, à Couëron.

La principale industrie et le principal commerce du pays consistent dans l'exploitation des tourbes, des foins de la Grande-Brière, vaste prairie tourbeuse qui s'étend au Nord-ouest de Montoir, par 15 kilomètres de longueur et 10 de largeur, sur l'emplacement d'une forêt renversée par un terrible ouragan. Les habitants du pays retirent, dit-on, sans cesse, de ce sol marécageux, un grand nombre de troncs d'arbres, de chênes surtout, dont le bois est devenu aussi noir, aussi dur que l'ébène. Ces troncs, par leur position, semblent indiquer qu'ils ont été abattus par un ouragan venu de la mer dans la direction du Sud-ouest. Cette tourbière immense est coupée de canaux qui se déchargent dans la Loire par l'Étier de Méan.

C'est encore sur le territoire de Montoir-de-Bretagne que se trouvent les importantes usines de Trignac, où l'on travaille le fer et l'acier.

Blain. — Ville de 6,787 habitants; chef-lieu de canton; justice de paix, perception des finances, bureau des postes et télégraphes, établissement hospitalier; station de la ligne de Saint-Nazaire à Châteaubriant; sur le canal de Nantes à Brest; à 44 kilomètres Nord-est de Saint-Nazaire.

Blain est une ville fort ancienne; on y a trouvé des débris de constructions gallo-romaines, et sept Voies en partaient. Protégée, en 1105, par un Château-Fort, que construisit Alain Fargent, duc de Bretagne, elle devint une des places les plus importantes de Bretagne. Devenue la propriété de la famille de Clisson, la ville fut habitée par le fameux connétable et passa dans la famille de Rohan par le mariage de sa fille avec le vicomte de Rohan. En 1628, Louis XIII, pour punir le duc de Rohan de s'être joint aux Calvinistes, ordonna la démolition du Château, dont il ne reste plus que deux Tours des neuf qui le défendaient; l'une d'elles porte encore le nom de Tour du Connétable.

Le Croisic — (*Crociliacum, Corbilum, Cruciatum*). — Ville de 2,418 habitants; chef-lieu de canton; port, quartier d'inscription maritime, commissariat de la marine, caisse des invalides de la marine, syndicat des gens de mer; justice de paix, perception des finances, bureau des postes et télégraphes, deux établissements hospitaliers; gare où aboutit la grande ligne de Paris; à 28 kilomètres Ouest de Saint-Nazaire; agence consulaire du Danemark.

Le Croisic occupe une position fort agréable, à l'extrémité d'une langue de terre qui s'avance dans l'Océan, sur la rive méridionale d'un petit Golfe, qui y forme un Port excellent et animé, surtout à l'époque de la vente du sel et de la pêche des sardines.

La ville fut fondée dans le v° siècle, par des Saxons. De ce poste ils incommodèrent longtemps le comté de Nantes, malgré la garnison établie à Guérande pour les surveiller. En 557, ils furent convertis par saint Félix et plantèrent sur le rivage une croix, d'où le nom de *Vicus Cruciatus,* Croisic. D'autres font dériver ce nom du mot celtique *groaz,* qui signifie *grève, sable,* auquel ils ajoutent la terminaison *ic,* diminutif breton.

Il se forma au Croisic une population d'excellents marins qui obtinrent des ducs de Bretagne des privilèges, respectés ensuite par les rois de France, et furent des premiers à aller pêcher la morue sur les côtes de Terre-Neuve.

Leur patriotisme se signala contre les Espagnols et les Anglais.

En 1513, après l'union de la Bretagne à la France, cette province fut menacée par une flotte anglaise; mais on fit à Brest un armement considérable; les Anglais, attaqués par les Franco-Bretons, furent complètement repoussés, grâce au concours de quatre vaisseaux armés par les habitants du Croisic. Le vaisseau *La Cordelière,* qui avait été construit dans le

Port de Morlaix par ordre de la reine Anne, l'an 1500, sauta et périt dans les flammes avec le vaisseau amiral anglais *Le Régent*. Il était monté par Primauguet, gentilhomme breton.

Les habitants du Croisic écrivirent, le 29 avril 1557, au duc d'Étampes, gouverneur de Bretagne, pour lui apprendre qu'ils avaient chassé les Espagnols de Belle-Ile.

Deux pasteurs protestants, Fleuri et Villiers, après avoir parcouru la Bretagne, s'étaient rendus, en 1558, au Croisic; Antoine de Créqui, évêque de Nantes, accouru pour s'opposer aux progrès de l'hérésie, arriva au Croisic le 7 juin, et, pour raviver la foi de ses ouailles, fit faire une procession en tête de laquelle on porta le saint sacrement. La maison où les ministres protestants s'étaient retirés fut attaquée par ordre du prélat, et battue avec une grosse couleuvrine, mais les Calvinistes se sauvèrent à la faveur de la nuit.

En 1759, les Croisicais repoussèrent, par le feu de leurs batteries, une flotte anglaise qui venait de battre une escadre française en vue de la côte.

La population du Croisic s'occupe du commerce du sel et de la pêche de la sardine. Le Port s'obstrue de jour en jour; mais le Clocher de Notre-Dame-de-Pitié, haut de 55 mètres, sert encore de point de repère aux navigateurs. L'Église date de la Renaissance.

En face du Croisic, à deux lieues en mer, sur un rocher, s'élève le Phare du Four.

On a ouvert au Croisic, depuis 1845, un bel Établissement de bains de mer, qui reçoit, pendant la belle saison, une foule de baigneurs.

Signalons le Menhir de Pierre-Longue, monument historique, la Chapelle de Saint-Goustan, autre monument historique, le Pèlerinage de la Fontaine-Miraculeuse, l'Établissement hospitalier des Frères Saint-Jean-de-Dieu, l'Hôpital de Pen-Bron pour les enfants scrofuleux, les Ouvrages défensifs de la Pointe du Croisic, la Grotte-à-Madame, la Plage Valenton, la Promenade du Mont-Esprit.

Le quartier du Croisic compte 3,600 pêcheurs montant 345 bateaux.

Cette ville possède un chantier de construction de navires et une raffinerie de sel.

Elle est la patrie du mathématicien et hydrographe Pierre Bouguer, de l'Académie des sciences, qui, en 1735, alla, avec Godin et La Condamine, au Pérou, y faire les observations nécessaires à la détermination de la figure de la terre.

Ses armes étaient autrefois : *d'azur, à la croix d'argent, cantonnée de quatre hermines d'or*.

Batz. — Ville de 2,569 habitants; port, bureau des postes et télégraphes; station de la ligne du Croisic à Nantes ; à 22 kilomètres Ouest de Saint-Nazaire.

Batz, dont le nom en langue bretonne signifie immersion, est une des communes les plus importantes du département. Située à 3 kilomètres du Croisic et à 4 kilomètres de Guérande, au milieu des Marais salants, sur les bords de l'Océan, où elle a un Port très favorable pour la pêche, elle est fort agréable et bien bâtie.

L'Église, consacrée à saint Guenolé, dont le nom signifie tout blanc, a été bâtie dans le XIIIe siècle; elle s'élève sur un monticule à 100 mètres de l'Océan, qu'elle domine au loin. La foudre en détruisit le Clocher en 1657; on le remplaça, en 1690, par une belle Tour carrée en granit de 55 mètres de hauteur, que termine une coupole élégante. Cette Tour sert de point de repère aux navigateurs pour doubler les écueils dangereux du Four et de la Banche.

L'industrie des paludiers s'est emparée des Marais salants qui environnent Batz, et dont on évalue la surface à plus de 400 hectares.

La ville a un Établissement de bains de mer et des parcs à huîtres.

Le Pouliguen. — Ville de 1,222 habitants; port, syndicat des gens de mer; bureau des postes et télégraphes; station de la ligne de Saint-Nazaire au Croisic; à 10 kilomètres Ouest de Saint-Nazaire.

Le Pouliguen, en langue bretonne, Poult-guen, baie blanche, possède un petit Port, une raffinerie de sel, une Plage superbe qui en fait une Station balnéaire.

A droite du village s'élèvent les rochers accidentés de Painchâteau, où l'on va visiter dans une Chapelle un curieux bas-relief en albâtre; à gauche, et sur une longueur de 6 à 7 kilomètres, s'étend en demi-cercle une grève solide, tandis que l'entrée de la Loire apparaît semée d'écueils redoutables, tels que les Escu, la Pierre-Percée et les Charpentiers.

Quelques essais de plantation dans les dunes ont été tentés avec succès.

Guéméné-Penfao. — Ville de 6,812 habitants; chef-lieu de canton; justice de paix, perception des finances, bureau des postes et télégraphes; station de la ligne de Châteaubriant à Redon; à 55 kilomètres Nord-est de Saint-Nazaire; sur le Don.

Signalons, à *Massérac*, le Lac Murin.

Guérande. — Ville de 7,020 habitants; chef-lieu de canton; justice de paix, perception des finances, bureau des postes et télégraphes, établissement hospitalier; gare où aboutit un embranchement venant d'Escoublac-la-Bôle; à 14 kilomètres Nord-ouest de Saint-Nazaire.

Sur la hauteur qui domine cette ville, les Romains avaient élevé la Forteresse de *Grannona*, dont le nom, associé au mot breton *ker*, cité, a produit *Ker-rann*, Guérande.

Des Saxons du Croisic s'établirent au pied de cette éminence et fondèrent la ville. Aujourd'hui encore, la population guérandaise se distingue de la population celtique qui l'environne par des mœurs particulières.

Du côté du Sud, Guérande présente un mélange de maisons, de vieux manoirs, d'arbres, de bouquets d'œillets, de giroflées, de chèvrefeuilles, de lauriers-roses, le tout encadré par l'épaisse Muraille de granit à mâchicoulis, flanquée de dix Tours, que Jean V a construite.

Sur les murailles de l'Église de Saint-Aubin se voient encore les traces de crosses et de mitres d'évêque sculptées, ainsi qu'une chaire épiscopale taillée dans la pierre.

Au IXe siècle, la ville eut un évêque, un certain Gislard, que soutint le roi breton Érispoë, et qui fut longtemps en lutte avec l'évêque de Nantes, Actard, soutenu par le roi franc.

Ici donc nous retrouvons une trace de la lutte des populations limitrophes. Les Guérandais furent les soutiens fidèles de l'indépendance bretonne. Ils durent rentrer sous l'autorité de l'évêque de Nantes; mais ils conservèrent leur Collégiale, qui prenait place dans les synodes immédiatement après le chapitre métropolitain.

La vaillante petite ville sut repousser les attaques des Normands, avec le secours de saint Aubin, son patron, qui apparut en guerrier et guida les habitants dans la mêlée.

Récompensée de son courage, elle prospéra; les Marais salants qui l'environnent lui fournissaient les éléments d'un commerce de sel, qu'elle fais it d'autant mieux que, par le Golfe du Grand-Trait, la mer visitait alors le pied même de la colline où elle est bâtie.

Une catastrophe terrible arrêta cette prospérité.

En 1340, Louis d'Espagne amena une flotte castillane au secours de Charles de Blois et assiégea la ville. La résistance fut admirable: prêtres, femmes, enfants, vieillards, y prirent part. Malheureusement, une brèche négligée servit de passage aux assiégeants. La ville fut saccagée, noyée dans le sang; la voûte de l'Église, livrée aux flammes, s'écroula sur la tête des malheureux qui s'y étaient réfugiés.

Jean de Montfort releva la malheureuse cité, et elle eut l'honneur, sous Jean IV, son fils, d'être choisie pour le congrès qui pacifia la Bretagne en 1365. « On s'y assembla de part et d'autre, dit un historien, à cause du carême, afin d'avoir du poisson plus abondamment. »

La Paix de Guérande, conclue sous la médiation du roi de France, représenté par l'archevêque de Reims, fut proclamée dans l'Église de Saint-Aubin.

Quand la guerre se ralluma, Guérande tint ferme contre Du Guesclin, qui s'en empara pourtant (1373), et contre Olivier de Clisson qui ne put y entrer.

Lorsque le Calvinisme eut pris pied dans la ville, elle se prononça pour Henri III et Henri IV contre Mercœur, qui était de la Ligue, et qui d'ailleurs s'appuyait sur Nantes.

Au temps de la Révolution, elle fut prise par les Royalistes (1793). En 1815, sa garnison soutint contre eux un siège, quoique les habitants leur fussent favorables.

Outre le traité de 1365, Guérande fut plusieurs fois le théâtre de solennités du même genre. En 1381, Jean IV y vint, avec une grande foule de chevaliers, pour signer un traité nouveau. En 1625, les États de Bretagne y furent réunis.

Nous avons déjà raconté quelques traits héroïques des Guérandais ; en voici deux autres :

En 1379, la flotte castillane débarque 300 hommes qui menacent la ville ; 16 habitants, sous les ordres de Guillaume du Châtel, frère du fameux Tanneguy, les mettent en fuite.

En 1457, les Espagnols débarquent encore, mais en plus grand nombre, et désolent toute la côte ; Chavaignes, le sénéchal de Guérande, rassemble 300 hommes dans la ville et les faubourgs et rejette les assaillants sur leurs vaisseaux.

Outre les beaux restes de ses anciennes Murailles et sa vieille Église de Saint-Aubin, monument historique, restaurée en partie en 1869, Guérande possède les ruines d'un ancien Couvent de Dominicains et plusieurs Pierres druidiques.

C'est le centre d'un commerce fort actif qui porte sur le sel.

Cette ville fabrique aussi des toiles et des basins assez renommés pour porter son nom.

Ses armes sont : *de gueules à deux lions passants d'argent*, ou bien encore *d'hermines pleines, en losange, soutenues par des lions casqués*.

Mentionnons : à *La Turballe,* un syndicat des gens de mer, de même qu'à *Mesquer*, et des usines à sardines ; à *Escoublac*, un Dolmen, les Dunes qui ont englouti le bourg en 1779 ; à *Piriac*, les Grottes de la Pointe du Castelli, le Mégalithe appelé Tombeau d'Almanzor, les ruines du Fort de Ré dans l'Ile Damet.

Herbignac. — Bourg de 4,219 habitants ; chef-lieu de canton ; justice de paix, perception des finances, bureau des postes et télégraphes ; à 26 kilomètres Nord-ouest de Saint-Nazaire.

On voit, à *Saint-Lyphard*, une Église du XIe siècle.

Pontchâteau. — Ville de 4,632 habitants ; chef-lieu de canton ; justice de paix, perception des finances, bureau des postes et télégraphes ; gare où se croisent les lignes de Saint-Nazaire, de Nantes, de Châteaubriant, de Redon ; à 22 kilomètres Nord-est de Saint-Nazaire ; sur le Brivet.

Notons le Fuseau-de-Madeleine, Menhir classé comme monument historique, et, dans le canton, d'autres Mégalithes.

Saint-Étienne-de-Montluc. — Ville de 4,322 habitants ; chef-lieu de canton ; justice de paix, perception des finances, bureau des postes et télégraphes ; station de la ligne de Nantes à Saint-Nazaire ; à 40 kilomètres Est de Saint-Nazaire.

Cette ville fait le commerce du blé, du foin, du millet, élève des chevaux et des bestiaux.

Signalons : à *Vigneux*, le Château de Buron, du XIVe siècle, qu'habita Mme de Sévigné.

Couëron. — Ville de 5,377 habitants; bureau des postes et télégraphes; station de la ligne de Nantes à Saint-Nazaire; à 49 kilomètres Sud-est de Saint-Nazaire; sur la Loire.

Agréablement située, sur la rive droite, au Nord de collines couvertes de la plus belle végétation, cette ville était autrefois une place importante, défendue par un Château, dont l'emplacement est aujourd'hui occupé par un Calvaire.

C'est au Château de Couëron que se retira, en 1488, François II, duc de Bretagne, après la bataille de Saint-Aubin-du-Cormier; il y mourut d'une chute de cheval.

Autrefois, les gros vaisseaux qui se rendaient à Nantes, déchargeaient une partie de leurs marchandises au Port de Couëron. Aujourd'hui, ce dernier est à demi ensablé; cependant les bateaux à vapeur et les petits navires y font encore escale.

Couëron possède une verrerie fondée en 1785 et une fonderie de métaux.

Son Église a de belles Statues sculptées de l'époque de la Renaissance, qui proviennent de l'ancienne Abbaye de Buzay.

Saint-Gildas-des-Bois. — Bourg de 2,596 habitants; chef-lieu de canton; justice de paix, perception des finances, bureau des postes et télégraphes; station de la ligne de Redon à Pontchâteau; à 31 kilomètres Nord-est de Saint-Nazaire.

L'Église de cette ville est classée parmi les monuments historiques.

Signalons : à *Dreffëac*, la Ferme-École de la Grosse-Aulne; à *Missillac*, le Dolmen de La Roche-au-Loup, le Château de la Bretèche, du XVe siècle; à *Sévérac*, le Dolmen de La Vache.

Saint-Nicolas-de-Redon. — Bourg de 2,263 habitants; chef-lieu de canton; justice de paix, perception des finances, bureau des postes; à 48 kilomètres Nord-est de Saint-Nazaire.

Ce bourg touche à Redon et à l'importante gare de cette ville.

Notons : à *Avessac*, une Tombelle et d'anciens Châteaux; à *Plessé*, le Château de Carheil, du XVIIIe siècle, propriété de la famille d'Orléans.

Savenay. — Ville de 3,172 habitants; chef-lieu de canton; justice de paix, perception des finances, bureau des postes et télégraphes, école normale d'instituteurs, établissement hospitalier; gare où se croisent les lignes de Saint-Nazaire, de Redon, de Nantes; à 25 kilomètres Nord-est de Saint-Nazaire.

Cette ville, située sur un coteau qui domine la rive droite de la Loire, était le siège de la plus ancienne juridiction de la province.

Mais son nom n'est connu que depuis l'action sanglante et mémorable dont elle fut le théâtre pendant la Révolution. La population des environs s'insurgea, en 1793, contre les décrets de la Convention, entraîna les habitants de Guérande et égorgea plusieurs fonctionnaires républicains. Bientôt les Vendéens s'y établirent. L'armée de la Convention, commandée par Kléber, Marceau, Westermann, courut sur ce point pour les empêcher de se jeter au delà de la Loire ou de la Vilaine. Une bataille acharnée se livra sous les murs, puis dans les rues de la ville. Trois fois les Vendéens en furent chassés; trois fois ils rentrèrent, et ne cédèrent que décimés par la mort, épuisés de lassitude. Ceux qui s'échappèrent furent poursuivis et précipités dans la Loire et les Marais par la cavalerie de Westermann. Environ 10,000 hommes périrent dans ce combat.

I. — STATISTIQUE COMMUNALE DU DÉPARTEMENT DE LA LOIRE-INFÉRIEURE

NOM de LA COMMUNE.	POPULATION.	NOM de LA COMMUNE.	POPULATION.	NOM de LA COMMUNE.	POPULATION.
ARRONDISSEMENT DE NANTES					
174,000 hectares. — 284,608 habitants. — 17 cantons. — 71 communes.					
CANTONS DE NANTES		**CANTON DE CARQUEFOU**		Saint-Jean-de-Corcoué	1.487
10 comm., 145,529 hab.		5 comm., 12,002 hab.		Touvois	2.116
Nantes (1er canton)	24.120	Carquefou	2.902	**CANTON DU LOROUX-BOTTEREAU**	
Nantes (2e canton)	25.813	Doulon	5.521	7 comm., 15,322 hab.	
Nantes (3e canton)	15.408	Mauves	1.392		
Nantes (4e canton)	24.702	Sainte-Luce	1.133	Loroux-Bottereau (Le)	3.809
Saint-Sébastien	2.440	Thouaré	1.054	Barbechat	998
Nantes (5e canton)	18.161			Boissière (La)	765
Nantes (6e canton)	16.956	**CANTON DE LA CHAPELLE-SUR-ERDRE**		Chapelle-Basse-Mer (La)	3.046
Chantenay-sur-Loire	14.139	6 comm., 11,941 hab.		Landreau (Le)	2.016
Indre	3.517			Remaudière (La)	1.086
Saint-Herblain	2.668	Chapelle-sur-Erdre (La)	2.504	Saint-Julien-de-Concelles	3.602
		Grandchamps	1.885		
CANTON D'AIGREFEUILLE		Orvault	1.960	**CANTON DE MACHECOUL**	
7 comm., 14,230 hab.		Sautron	1.067	6 comm., 11,124 hab.	
		Sucé	2.522		
Aigrefeuille	1.385	Treillières	2.003	Machecoul	3.954
Bignon (Le)	1.823			Marne (La)	1.127
Maisdon	1.943	**CANTON DE CLISSON**		Paulx	1.917
Montbert	2.631	7 comm., 12,472 hab.		St-Etienne-de-Mer-Morte	1.399
Planche (La)	1.858			Saint-Mars-de-Coutais	1.665
Remouillé	1.135	Clisson	2.916	Saint-Même	1.062
Vieillevigne	3.455	Boussay	2.062		
		Gétigné	2.195	**CANTON DE St-PHILBERT-DE-GRAND-LIEU**	
CANTON DE BOUAYE		Gorges	1.801	5 comm., 11,198 hab.	
7 comm., 17,476 hab.		Monnières	958		
		Saint-Hilaire-du-Bois	1.277	St-Philbert-de-Grand-Lieu	3.047
Bouaye	1.420	Sainte-Lumine-de-Clisson	1.263	Chevrolière (La)	2.089
Bouguenais	3.897			Limouzinière (La)	1.575
Brains	1.159	**CANTON DE LEGÉ**		Saint-Colombin	2.309
Pont-Saint-Martin	1.644	4 comm., 9,566 hab.		Sainte-Lumine-de-Coutais	1.278
Rezé	7.431				
Saint-Aignan	1.334	Legé	4.533		
Saint-Léger	541	Saint-Etienne-de-Corcoué	1.430		

LIVR. 6.

ARRONDISSEMENT DE NANTES (suite)

CANTON DE VALLET
5 comm., 10,498 hab.

Nom	Pop.
Vallet	4.901
Chapelle-Heulin (La)	1 350
Mouzillon	1.477
Pallet (Le)	1.461
Regrippière (La)	1.309

CANTON DE VERTOU
7 comm., 13,414 hab.

Nom	Pop.
Vertou	5.002
Basse-Goulaine	1.234
Châteauthébaud	1.594
Haie-Fouassière (La)	1.589
Haute-Goulaine	1.656
Saint-Fiacre	530
Sorinières (Les)	1.209

ARRONDISSEMENT D'ANCENIS

79,100 hectares. — 51,777 habitants. — 5 cantons. — 27 communes.

CANTON D'ANCENIS
7 comm., 15,201 hab.

Nom	Pop.
Ancenis	5.141
Anetz	846
Mésanger	2 884
Oudon	1.700
Pouillé	732
Saint-Géréon	1.034
Saint-Herblon	2.954

CANTON DE LIGNÉ
4 comm., 8,811 hab.

Nom	Pop.
Ligné	2 719
Cellier (Le)	2.586

Nom	Pop.
Couffé	2.103
Mouzeil	1.406

CANTON DE RIAILLÉ
5 comm., 9,604 hab.

Nom	Pop.
Riaillé	2.370
Joué-sur-Erdre	2.901
Pannecé	1.613
Teillé	1.710
Trans	1.100

CANTON DE SAINT-MARS-LA-JAILLE
6 comm., 8,658 hab.

Nom	Pop.
Saint-Mars-la-Jaille	1.947
Bonnœuvre	898
Maumusson	1.414
Pin (Le)	1.580
Saint-Sulpice-des-Landes	1.355
Vritz	1.664

CANTON DE VARADES
5 comm., 9,320 hab.

Nom	Pop.
Varades	3.205
Belligné	2.161
Chapelle-Saint-Sauveur (La)	1.115
Montrelais	1.636
Rouxière (La)	1.200

ARRONDISSEMENT DE CHATEAUBRIANT

139,600 hectares. — 82,494 habitants. — 7 cantons. — 37 communes.

CANTON DE CHATEAUBRIANT
4 comm., 12,892 hab.

Nom	Pop.
Châteaubriant	6.523
Ruffigné	1.204
Saint-Aubin-des-Châteaux	2.403
Soudan	2.762

CANTON DE DERVAL
6 comm., 12,828 hab.

Nom	Pop.
Derval	3.257

Nom	Pop.
Jans	1.741
Lusanger	1.705
Mouais	5 4
Saint-Vincent-des-Landes	2 085
Sion	3.456

CANTON DE MOISDON-LA-RIVIÈRE
5 comm., 9,539 hab.

Nom	Pop.
Moisdon-la-Rivière	2.577
Grand-Auverné	1.764

Nom	Pop.
Issé	2.527
Louisfert	881
Meilleraye-de-Bretagne (La)	1.790

CANTON DE NORT
6 comm., 15,963 hab.

Nom	Pop.
Nort	5.346
Casson	1.165
Héric	4.048
Petit-Mars	1.374
Saint-Mars-du-Désert	1.944
Touches (Les)	2.086

ARRONDISSEMENT DE CHATEAUBRIANT (suite)

CANTON DE NOZAY
6 comm., 16,993 hab.

Commune	Population
Nozay	4.170
Abbaretz	2.775
Puceul	1.797
Saffré	3.664
Treffieux	1.253
Vay	3.334

CANTON DE ROUGÉ
5 comm., 6,074 hab.

Commune	Population
Rougé	2.785
Fercé	902
Noyal	559
Soulvache	628
Villepôt	1.200

CANTON DE SAINT-JULIEN-DE-VOUVANTES
5 comm., 8,205 hab.

Commune	Population
Saint-Julien-de-Vouvantes	1.834
Chapelle-Glain (La)	1.555
Erbray	2.897
Juigné-des-Moutiers	910
Petit-Auverné	1.009

ARRONDISSEMENT DE PAIMBŒUF

76,900 hectares. — 49,255 habitants. — 5 cantons. — 27 communes.

CANTON DE PAIMBŒUF
3 comm., 4,591 hab.

Commune	Population
Paimbœuf	2.180
Corsept	1.063
Saint-Brevin	1.348

CANTON DE BOURGNEUF-EN-RETZ
6 comm., 8,542 hab.

Commune	Population
Bourgneuf-en-Retz	2.944
Bernerie (La)	1.085
Chéméré	1.351
Fresnay	812
Moutiers (Les)	800
Saint-Hilaire-de-Chaléons	1.550

CANTON DU PELLERIN
8 comm., 15,048 hab.

Commune	Population
Pellerin (Le)	2.241
Cheix	420
Montagne (La)	2.404
Port-Saint-Père	1.812
Saint-Jean-de-Boiseau	2.003
Sainte-Pazanne	2.576
Rouans	2.265
Vue	1.327

CANTON DE PORNIC
6 comm., 11,159 hab.

Commune	Population
Pornic	1.980
Arthon-en-Retz	2.319
Clion (Le)	2.317
Plaine (La)	1.600
Saint-Michel-Chef-Chef	1.198
Sainte-Marie	1.715

CANTON DE SAINT-PÈRE-EN-RETZ
4 comm., 9,915 hab.

Commune	Population
Saint-Père-en-Retz	3.024
Chauvé	1.791
Frossay	3.390
Saint-Viaud	1.710

ARRONDISSEMENT DE SAINT-NAZAIRE

217,900 hectares. — 176,965 habitants. — 11 cantons. — 55 communes.

CANTON DE SAINT-NAZAIRE
3 comm., 40,810 hab.

Commune	Population
Saint-Nazaire	30.935
Donges	2.933
Montoir-de-Bretagne	6.942

CANTON DE BLAIN
5 comm., 16,860 hab.

Commune	Population
Blain	6.787
Bouvron	3.177
Fay-de-Bretagne	3.464
Gâvre (Le)	1.518
Notre-Dame-des-Landes	1.914

CANTON DU CROISIC
3 comm., 6,209 hab.

Commune	Population
Croizic (Le)	2.418
Batz	2.569
Pouliguen (Le)	1.222

CANTON DE GUÉMÉNÉ-PENFAO
5 comm., 12,744 hab.

Commune	Population
Guéméné-Penfao	6.812
Conquereuil	1.505
Marsac	1.702
Massérac	1.017
Pierric	1.708

CANTON DE GUÉRANDE
7 comm., 17,116 hab.

Commune	Population
Guérande	7.020

ARRONDISSEMENT DE SAINT-NAZAIRE (suite)

NOM de LA COMMUNE.	POPULATION.	NOM de LA COMMUNE.	POPULATION.	NOM de LA COMMUNE.	POPULATION.
Escoublac	1.648	Saint-Joachim	4.705	**CANTON DE SAINT-NICOLAS-DE-REDON**	
Mesquer	1.513	Sainte-Reine	1.085		
Pirlac	1.277				
Saint-André-des-Eaux	1.682			4 comm., 14,481 hab.	
Saint-Molf	1.293	**CANTON DE SAINT-ÉTIENNE-DE-MONTLUC**			
Turballe (La)	2.683			Saint-Nicolas-de-Redon	2.263
		5 comm., 15,919 hab.		Avessac	3.616
CANTON D'HERBIGNAC				Fégréac	3.073
4 comm., 10,226 hab.		Saint-Etienne-de-Montluc	4.322	Plessé	5.529
		Cordemais	2.261		
		Couéron	5.377		
Herbignac	4.210	Temple-de-Bretagne (Le)	569	**CANTON DE SAVENAY**	
Assérac	1.817	Vigneux	3.390		
Chapelle-des-Marais (La)	2.164			9 comm., 16,330 hab.	
Saint-Lyphard	2.026	**CANTON DE SAINT-GILDAS-DES-BOIS**			
				Savenay	3.272
CANTON DE PONTCHATEAU				Bouée	846
5 comm., 13,350 hab.		5 comm., 12,020 hab.		Campbon	3.794
				Chapelle-Launay (La)	1.514
		Saint-Gildas-des-Bois	2.596	Lavau	841
Pontchâteau	4.632	Dreffèac	928	Malville	1.655
Besné	1.259	Guenrouet	3.924	Prinquiau	1.581
Crossac	1.669	Missillac	3.876	Quilly	1.271
		Sévérac	1.596	Sainte-Anne	1.556

II. — STATISTIQUE GÉNÉRALE DU DÉPARTEMENT DE LA LOIRE-INFÉRIEURE

Les numéros marqués en gros chiffres dans la première colonne indiquent le rang du département.
Sauf pour les données annuelles, les nombres des tableaux suivants correspondent aux quantités moyennes des dix dernières années.

Superficie : 20ᵉ.

687,500 hectares ou 6,875 kilomètres carrés;
2,187,375 parcelles de terre;
168,545 propriétés non bâties, avec une superficie de 635,960 hectares et un revenu annuel de 35,425,000 francs;
156,132 propriétés bâties, dont 862 bâtiments publics, 152,908 habitations, 2,362 bâtiments industriels : revenu annuel de 23,521,000 francs.

Population : 8ᵉ.

645,263 habitants, dont 1,709 étrangers :
314,938 du sexe masculin;
330,325 du sexe féminin;
4,776 mariages par an;
23 divorces par an;
262 émigrants par an.

Densité de la population : 11ᵉ.

94 habitants par kilomètre carré.

Naissances : 12ᵉ.

14,791 naissances annuelles, non compris 705 mort-nés :
7,620 du sexe masculin;
7,171 du sexe féminin;
22 pour 1,000 habitants.

Décès : 12ᵉ.

14,004 décès annuels, dont 250 par accident et 83 par suicide :
7,098 du sexe masculin;
6,906 du sexe féminin;
21 pour 1,000 habitants.

Durée moyenne de la vie : 88ᵉ.

Hommes : 37 ans 6 mois;
Femmes : 41 ans 1 mois.

Représentation législative.

168,000 électeurs; 8 circonscriptions électorales;
5 sénateurs;
8 députés.

Organisation administrative.

1 préfecture, 4 sous-préfectures;
5 arrondissements, 45 cantons, 217 communes;
1 conseil de préfecture;
1 conseil général, 5 conseils d'arrondissement, 217 conseils municipaux.

Armée.

Subdivisions régionales :
1ʳᵉ et 2ᵉ subdivisions régionales du 11ᵉ corps d'armée;
1ᵉʳ et 2ᵉ bureaux de recrutement, de mobilisation et de réquisition de la 11ᵉ région de corps d'armée.

Recrutement :
5,515 jeunes gens inscrits chaque année sur les listes cantonales du département, dont :
3,800 incorporations du contingent annuel dans l'armée, et 310 provenant de la catégorie des ajournés des deux classes précédentes;
495 ajournés pour faiblesse de constitution et 120 pour défaut de taille, à une nouvelle décision du conseil de revision;
215 classés dans les services auxiliaires comme inaptes au service armé;
885 exempts comme inaptes à tout service.

Taille des inscrits :
170 de taille inférieure à 1 m. 54;
1,220 de la taille de 1 m. 54 à 1 m. 62;
350 de la taille de 1 m. 63;
475 de 1 m. 64;
305 de 1 m. 65;
350 de 1 m. 66;
1,040 de 1 m. 67 à 1 m. 69;
790 de 1 m. 70 à 1 m. 72;
815 de taille supérieure à 1 m. 72.

Troupes :

Quartier général du commandement de la 11ᵉ région de corps d'armée;
11ᵉ section de secrétaires de l'état-major et du recrutement;
Quartier général de la 21ᵉ division d'infanterie, état-major de la 41ᵉ brigade, 64ᵉ et 65ᵉ régiments actifs, 264ᵉ et 265ᵉ régiments de réserve, 81ᵉ et 82ᵉ régiments territoriaux;
État-major de la 11ᵉ brigade de cavalerie, 3ᵉ régiment actif de dragons, escadrons de réserve et escadrons territoriaux de dragons de la 11ᵉ région de corps d'armée;
11ᵉ escadron actif et 11ᵉ escadron territorial du train;
Commandement du génie du 11ᵉ corps d'armée, 1 direction du génie;
Direction du service de l'intendance du 11ᵉ corps d'armée, 11ᵉ section active et 11ᵉ section territoriale d'ouvriers d'administration, 1 magasin de vivres, 1 magasin d'habillement, 1 atelier de confection;
Direction du service de santé du 11ᵉ corps d'armée, 1 1ʳᵉ section active et 11ᵉ section territoriale d'infirmiers, 2 hôpitaux mixtes;
1 conseil de guerre, 1 prison militaire.

Gendarmerie :

11ᵉ légion, 1 compagnie, 56 brigades, 287 gendarmes.

Douaniers :

991 agents actifs des douanes.

Forestiers :

12 gardes des forêts.

Gardes divers :

650 gardes des champs, des chasses et des pêches, dont 480 particuliers.

Sapeurs-pompiers :

Compagnies et subdivisions cantonales et communales.

Marine.

Sous-arrondissement du 3e arrondissement maritime, 3 quartiers d'inscription maritime, 12 syndicats de gens de mer.

Instruction publique.

Enseignement primaire :

5 inspections primaires;
1 école normale d'instituteurs, 65 élèves; 1 école normale d'institutrices, 40 élèves;
53 écoles maternelles : 3,515 garçons et 3,365 filles;
725 écoles et 7 pensionnats primaires : 45,405 garçons et 44,575 filles;
2 écoles primaires supérieures : 235 garçons et 155 filles;
4 cours complémentaires : 50 garçons et 30 filles.

Enseignement secondaire :

1 inspection académique;
1 lycée national, 495 élèves;
1 collège communal, 170 élèves;
8 établissements libres, 1,075 élèves;
1 lycée de jeunes filles, 190 élèves.

Enseignement supérieur :

1 école de médecine et de pharmacie de plein exercice;
1 école préparatoire à l'enseignement des sciences et des lettres;
1 école libre de droit.

Titres universitaires annuels :

2,020 certificats d'études primaires élémentaires de garçons, 1,640 de filles;
35 certificats d'études primaires supérieures de garçons, 1 de filles;
85 brevets de capacité élémentaire de garçons, 110 de filles;
10 brevets de capacité supérieure de garçons, 20 de filles;
74 diplômes des baccalauréats.

Sans instruction :

380 illettrés sur une classe annuelle de recrutement de 5,515 inscrits.

Institutions diverses :

Bibliothèques, musées, théâtres;
Sociétés des lettres, des sciences, des arts, de chant, de musique, de gymnastique, de tir, de vélocipédie;
53 journaux et publications périodiques.

Religion.

Culte catholique :

1 évêché, 52 cures, 208 succursales; 3 séminaires, 185 élèves.

Culte protestant :

1 consistoire, 1 église, 900 protestants.

Culte israélite :

1 synagogue, 500 israélites.

Service sanitaire.

226 médecins, 96 pharmaciens.

Professions.

Sur une classe annuelle de recrutement de 5,515 jeunes gens, on compte :
95 sans profession;
1,105 de toutes autres professions que les suivantes :
110 employés de bureau;
4,205 ouvriers, dont : 2,580 ouvriers de l'agriculture, 140 meuniers et boulangers, 80 bouchers, 15 tailleurs d'habits, 105 ouvriers du cuir, 145 ouvriers de la pierre, 400 ouvriers du bois, 490 ouvriers des métaux, 30 palefreniers et voituriers, 180 bateliers, 40 ouvriers des manufactures.

Agriculture.

83,171 exploitations agricoles, dont : 52,707 directes, 21,218 par fermes, 9,246 par métairies, exploitant ensemble 635,960 hectares;
1 station agronomique;
1 chaire départementale;
1 école nationale d'agriculture;
5 chambres consultatives;
11 sociétés et comices agricoles;
4 syndicats agricoles, 4,435 membres;
2 sociétés hippiques, 14 champs de courses;
25 vétérinaires.

Céréales :

Froment : 152,000 hectares, 2,225,000 hectolitres de grains, 44,801,000 francs par an;
Sarrasin, orge, seigle, méteil, millet et maïs : 42,000 hectares, 603,000 hectolitres, 6,522,000 francs par an;
Avoine : 24,000 hectares, 624,000 hectolitres de grains, 5,722,000 francs par an;
Total : 218,000 hectares, 3,452,000 hectolitres de grains et 4,602,000 quintaux de paille, 76,060,000 francs par an.

Farineux :

Pois, fèves, haricots : 1,453 hectares, 33,000 hectolitres, 736,000 francs par an.

Pommes de terre :

21,500 hectares, 1,247,000 quintaux, 7,794,000 francs par an.

Autres racines :

Navets, carottes, panais : 5,891 hectares, 1,007,000 quintaux, 2,676,000 francs par an.

Légumes :

Jardins potagers et maraîchers, vergers : 11,894 hectares.

Fruits :

Récolte annuelle :
Châtaignes : 5,000 quintaux, 25,000 francs;
Prunes : 9,000 quintaux, 54,000 francs.

Vins :

Vignes : 31,000 hectares, 915,000 hectolitres de vin, 27,450,000 francs par an.

Cidre :

Pommes à cidre : 310,000 quintaux, 2,325,000 francs, 264,000 hectolitres de cidre par an.

Alcool :

1,025 bouilleurs de cru et 18 distillateurs, produisant ensemble 600 hectolitres par an.

Plantes oléagineuses :

Colza : 150 hectares, 2,000 hectolitres de grains, 47,000 francs par an.

DÉPARTEMENT DE LA LOIRE-INFÉRIEURE

Plantes textiles :

Lin et chanvre : 2,300 hectares, 15,000 quintaux de filasse, 1,427,000 francs par an.

Bois :

Bois et forêts : 42,506 hectares, dont : 4,561 à l'État, 37,945 aux particuliers ;
Principales essences : chêne, ormeau, frêne, châtaignier, hêtre, bouleau.
Nature des plantations : 35,408 hectares en taillis ; 7,098 hectares en futaie ;
Production annuelle de l'exploitation : 133,000 mètres cubes.

Fourrages :

120,000 hectares de prés naturels et 20,000 hectares de prairies artificielles : ensemble 140,000 hectares, 3,400,000 quintaux, 18,855,000 francs par an ;
9,000 hectares de betteraves fourragères, 2,100,000 quintaux, 4,860,000 francs par an.

Animaux de ferme :

Effectif de :
Espèce chevaline : 47,700 têtes, 14,000,000 de francs ;
Espèce mulassière : 50 têtes, 8,000 francs ;
Espèce asine : 780 têtes, 75,000 francs ;
Espèce bovine : 355,200 têtes, 85,400,000 de francs ;
Espèce ovine : 92,200 têtes, 2,500,000 francs ;
Espèce porcine : 104,300 têtes, 8,000 de francs ;
Espèce caprine : 3,800 têtes, 55,000 francs.
Production annuelle de :
17,958,000 kilogrammes de viande, 25,614,000 francs ;
1,825,000 hectolitres de lait, 29,200,000 francs ;
9,95,000 kilogrammes de beurre, 1,990,000 francs ;
125,000 kilogrammes de laine, 300,000 francs.

Animaux de basse-cour :

Effectif de 604,000 poules, 59,000 oies, 60,000 canards, 2,000 dindons, 1,500 pintades, 27,000 pigeons, 58,000 lapins ; ensemble : 1,332,000 francs.

Apiculture :

38,000 ruches d'abeilles ; 190,000 kilogrammes de miel et 40,000 kilogrammes de cire, 375,000 francs par an.

Industrie.

1 inspection départementale de l'enseignement industriel ;
3 écoles professionnelles ;
790 établissements industriels, avec 1,036 machines à vapeur qui développent une force de 12,884 chevaux-vapeur, dont :
3,521 à la métallurgie ;
1,653 à l'agriculture ;
1,566 à l'alimentation ;
1,417 aux travaux de bâtiments et autres ;
843 aux services publics ;
799 aux mines et carrières ;
427 aux tissus et vêtements ;
338 aux produits chimiques et tanneries ;
264 aux instruments divers, meubles, papeteries ;
Utilisation de la force motrice des cours d'eau, de l'air, de l'électricité.

Principales entreprises industrielles :

Minoteries, brasseries ;
Exploitation de marais salants ;
Elevage ;
Fabriques de cidre ;
Fabrique de conserves alimentaires ;
Raffineries de sucres ;
Manufacture de tabacs ;
Filatures de lin ;
Corroiries et tanneries ;
Scieries et tonnelleries ;
Exploitation de carrières de granit ;
Fours à chaux ;
Verreries ;
Etablissements métallurgiques, forges, fonderies, hauts fourneaux, usines ;
Atelier national de construction de machines et de chaudières pour la marine ;
Chantiers de construction de navires de toutes sortes et de toutes dimensions ;
Sources d'eaux minérales ;
Imprimeries.

Commerce.

1 bourse de commerce ;
1 tribunal de commerce, 13 juges ; 2,090 affaires annuelles, dont 1,510 devant ce tribunal et 580 devant les tribunaux de première instance ;
2 conseils de prud'hommes, 480 affaires annuelles ;
2 chambres de commerce ;
7 magasins généraux ;

4 vérifications des poids et mesures ;
22 syndicats patronaux, 1,445 membres ;
32 syndicats ouvriers, 2,705 membres ;
4 syndicats mixtes, 345 membres ;
28,279 patentes ;
324 foires, durant 360 jours, se tenant dans 122 communes ;
64 sociétés constituées et 25 dissoutes par an ;
21 liquidations judiciaires et 90 faillites annuelles ;
Exportation de toutes matières premières et de tous produits de l'industrie et du commerce de France ;
Importation de tous articles, objets, denrées provenant des colonies françaises et des pays étrangers.

Routes et chemins.

1 direction des ponts et chaussées ;
8,413 kilomètres de voies de terre, dont 573 de routes nationales.

Voies ferrées.

586 kilomètres de lignes, dont : 132 à l'État ; 250 à la Compagnie d'Orléans ; 204 à la Compagnie de l'Ouest ;
94 gares, stations et haltes.

Navigation fluviale.

130 kilomètres, dont 80 pour 2 rivières et 50 pour 2 canaux.

Navigation maritime.

Lignes de messageries maritimes :
120 navires à vapeur et 305 navires à voiles pour la marine marchande ;
4 navires pour la grande pêche ;
5,000 pêcheurs avec 1,200 bateaux pour la petite pêche.

Postes et télégraphes.

1 direction, 78 bureaux des postes et télégraphes, 11 bureaux des postes, 26 bureaux des télégraphes ;
12,74,000 envois annuels par la poste, 337,000 par le télégraphe.

Service des finances.

1 trésorerie générale, 2 recettes particulières, 49 perceptions des finances;
1 direction des contributions directes;
1 direction des impôts indirects;
1 direction de l'enregistrement, des domaines et du timbre; 5 conservations des hypothèques;
1 succursale de la Banque de France, avec bureau auxiliaire, faisant pour 145,000,000 de francs d'opérations annuelles.

Contributions annuelles.

69,287,000 francs au total, dont :
 60,062,000 à l'État;
 3,419,000 au département;
 5,806,000 aux communes.
La répartition donne au budget de l'État :
 5,302,000 francs de contributions directes et de taxes assimilées;
 5,771,000 francs de ressources spéciales;
 48,989,000 francs d'impôts indirects.

Parmi les contributions directes et les ressources spéciales de l'État, on compte : 2,606,000 francs de contributions foncières sur les propriétés non bâties, et 1,568,000 sur les propriétés bâties; 1,931,000 francs de contribution personnelle-mobilière; 1,180,000 francs de contributions sur les portes et fenêtres; 2,636,000 francs sur les patentes.

Dans les impôts indirects, on relève : 5,987,000 francs de droits d'enregistrement; 1,306,000 fr. du timbre; 11,482,000 francs des droits de douane; 6,467,000 fr. sur les boissons; 11,558,000 fr. sur les sucres; 6,885,000 fr. du produit des monopoles de l'État, lettres, télégrammes, allumettes, poudres, tabacs, cartes à jouer.

Situation financière.

8,865,000 francs : dettes du département;
25,607,000 francs : dettes des communes.

Prévoyance.

Sociétés de secours mutuels :
110 sociétés, 15,050 membres; 121,000 francs de recettes annuelles.

Sociétés coopératives :
3 sociétés, 2,300 membres.

Caisses d'épargne :
73,000 livrets : 32,000,000 de francs.

Caisse de retraites :
1,710 parties prenantes, 453,000 francs de pensions annuelles.

Assistance.

Établissements hospitaliers :
18 hôpitaux et hospices; 4,338 lits; population moyenne de 740 hospitalisés; 7,120 entrées et autant de sorties annuelles;
2 asiles d'aliénés; population de 705 pensionnaires; 255 entrées et autant de sorties annuelles;
80 enfants assistés dans les hospices, 995 à la campagne, 520 à domicile.

Bureaux de bienfaisance :
121 bureaux secourant 20,385 personnes avec 509,000 francs de ressources annuelles.

Mont-de-piété :
1 établissement de prêt : 15,650 articles annuellement déposés pour 376,000 francs; 9,320 renouvelés, 13,650 dégagés, 1,640 vendus, par an.

Justice.
Tribunaux :

1 cour d'assises;
5 tribunaux de première instance comprenant 6 chambres;
45 justices de paix.

Personnel :

32 présidents et juges des tribunaux; 9 procureurs et substituts;
45 juges de paix;
83 avocats, 33 avoués, 52 huissiers, 128 notaires;
12 commissaires et 148 agents de police.

Crimes :

73 condamnations annuelles, pour 26 crimes commis contre les personnes et 47 contre les propriétés; 31 à des peines afflictives et infamantes, 42 à des peines correctionnelles d'emprisonnement.

Délits :

2,620 condamnations annuelles : 50 à plus d'un an de prison, 1,825 à moins d'un an, 745 à l'amende.

Contraventions :

6,625 condamnations annuelles : 1,165 à la prison, 5,460 à l'amende.

Procès :

1,846 affaires civiles terminées par année.

Justices de paix :

3,418 affaires annuelles portées à l'audience pour y recevoir jugement;
7,259 affaires suivies de jugements de simple police;
293 affaires conciliées à l'audience;
19,371 affaires conciliées en dehors de l'audience.

Répression.

46 chambres et 4 dépôts de sûreté; 545 entrées et autant de sorties annuelles d'hommes, 45 de femmes;
5 maisons d'arrêt, de justice et de correction; population moyenne de 245 hommes et 50 femmes; 2,530 entrées et autant de sorties annuelles d'hommes, 845 de femmes;
95 garçons et 15 filles originaires du département dans les établissements d'éducation correctionnelle;
105 hommes et 20 femmes originaires du département dans les pénitenciers agricoles et les maisons centrales;
12 hommes au dépôt des condamnés aux travaux forcés de Saint-Martin-de-Ré.
1 maison d'éducation correctionnelle; population de 80 garçons; 45 entrées et autant de sorties annuelles.

LA FRANCE ILLUSTRÉE,

PAR V.-A. MALTE-BRUN

ANGERS.

Statue de David d'Angers.

Département de Maine-et-Loire.

54ᵉ fascicule.

DÉPARTEMENT DE MAINE-ET-LOIRE

Chef-lieu : ANGERS

Superficie : 712,100 hectares. — Population : 518,589 habitants.
5 Arrondissements. — 34 Cantons. — 381 Communes.

DESCRIPTION PHYSIQUE ET GÉOGRAPHIQUE

Situation. — Le département de Maine-et-Loire doit son nom aux deux principaux cours d'eau qui l'arrosent ; il appartient à la région du Nord-ouest de la France et dépend entièrement du Bassin de la Loire.

Ce département a été formé de la presque totalité de l'ancienne province d'Anjou.

Ses limites sont : les départements de la Sarthe et de la Mayenne, au Nord ; de la Loire-Inférieure, à l'Ouest ; de la Vendée, au Sud-Ouest ; des Deux-Sèvres, au Sud ; de la Vienne et d'Indre-et-Loire, à l'Est.

Nature du sol. — Le département de Maine-et-Loire est un pays de plaines peu élevées et sillonné de vallées peu profondes ; il a sa pente générale vers l'Ouest dans le sens du cours de la Loire.

Il ne faut pas y chercher de montagnes.

Les points culminants du département se trouvent au Sud de la Loire. Ce sont : le coteau du Château des Gardes, au Sud de Chemillé, à 210 mètres au-dessus du niveau de la mer ; celui de la Salle-de-Vihiers, à l'Ouest de Vihiers, à 206 mètres ; près de Saint-Paul-du-Bois, une colline haute de 208 mètres.

Les plateaux ont une élévation moyenne de 80 à 100 mètres au-dessus du niveau de la mer, soit 60 à 80 mètres au-dessus du cours de la Loire.

Au Nord du fleuve, le pays est généralement moins élevé ; les collines ne dépassent guère 125 mètres ; les hautes plaines, 60 à 80 mètres.

La plupart des collines sont plantées de vignes ou couvertes de bois ; dans les plaines, la terre de bruyère domine et donne une grande fertilité.

Le département, d'aspect agréable et varié, est entrecoupé de plaines et de vallons, que des haies vives et bien entretenues, du milieu desquelles s'échappent des bouquets d'arbres, partagent en nombreuses propriétés rurales. Au milieu de ces clos s'élèvent les habitations blanches, propres et commodes, qui sont d'un effet très pittoresque et qui égayent la riche nature de ce pays.

On peut considérer le département comme partagé en trois régions distinctes : la Vallée, sur les deux rives de la Loire ; le Bocage, partie la plus boisée du département, dans les arrondissements de Baugé, de Segré, de Cholet et d'Angers ; la Plaine, formée presque entièrement par l'arrondissement de Saumur.

Cours d'eau. — Le département de Maine-et-Loire appartient entièrement au Bassin de la Loire ; il a sa pente générale vers l'Ouest dans le sens du cours de ce fleuve, qui le partage en deux parties à peu près égales.

Les rivières qui l'arrosent sont toutes tributaires de la Loire.

Au Nord de ce fleuve, les affluents de la rive droite sont : la Maine, formée par la réunion, au-dessus d'Angers, du Loir, de la Sarthe et de la Mayenne grossie de l'Oudon ; l'Authion et l'Erdre, qui a sa source seulement dans le département.

Les affluents de la rive gauche sont, au Sud : le Thouet et son affluent la Dive, le Layon, l'Èvre, la Sèvre-Nantaise et son affluent le Moine.

La Loire entre dans le département sur le territoire de la petite commune de Montsoreau, à 693 kilomètres de sa source, après avoir baigné successivement les départements de l'Ardèche, où elle prend sa source, de la Haute-Loire, de la Loire, de Saône-et-Loire, de l'Allier, de la Nièvre, du Cher, du Loiret, de Loir-et-Cher et d'Indre-et-Loire.

Son cours, dans le département est de 87 kilomètres ; elle le quitte près d'Ingrandes, sur sa rive droite, et à La Varenne, à 40 kilomètres plus loin, sur sa rive gauche.

Elle passe successivement à Montsoreau, Saumur, Gennes, les Rosiers, Saint-Mathurin, Les Ponts-de-Cé, Chalonnes, Ingrandes, Saint-Florent-le-Vieil, Champtoceaux et La Varenne.

La largeur moyenne du fleuve est de 675 mètres.

Ses eaux capricieuses sont retenues dans leur lit par une levée qui, sur la rive droite, protège les vergers, les jardins, les bourgs et les villages contre leurs trop fréquentes et redoutables inondations.

Les îles de la Loire situées dans le département passent pour les plus belles qu'embrasse le cours de ce fleuve.

La Mayenne naît au village de Maine, dans le département de l'Orne ; elle entre dans celui de Maine-et-Loire sur le territoire de la commune de La Jaille-Yvon, passe aux Rues, à Chenillé-Changé, à Montreuil ; près de La Giraudière, elle reçoit l'Oudon, qui vient du département de la Mayenne ; elle arrose ensuite Segré, Le Lion-d'Angers, Grez-Neuville, Pruillé, Juigné ; près de Cantenay, elle reçoit la Sarthe et prend alors le nom de la Maine ; son cours total est d'environ 204 kilomètres, en y comprenant la Maine ; 32 appartiennent au département.

La Sarthe, qui vient de Somme-Sarthe, département de l'Orne, entre dans le département de Maine-et-Loire sur les territoires des communes de Morannes et de Chemiré, à 170 kilomètres de sa source ; elle passe successivement à Morannes, Brissarthe, Châteauneuf, Juvardeil, Cheffes, Briollay. A un kilomètre au-dessous de cette dernière commune, la Sarthe reçoit le Loir, qui entre sur le territoire du département près de Durtal, et passe à Lezigné, Montreuil et Seiches. La Sarthe va se jeter dans la Mayenne, après un cours de 286 kilomètres.

La Maine, ainsi formée par la réunion de la Sarthe et de la Mayenne, passe à Angers, et, après un cours de 12 kilomètres, elle vient affluer dans la Loire, près de la petite commune de Champtourteau, à environ 6 kilomètres à l'Ouest des Ponts-de-Cé.

L'Authion sort des étangs d'Hommes et de Rillé, département d'Indre-et-Loire, et porte jusqu'à Bourgueil le nom de Doit. A peu de distance de ce bourg, la rivière entre dans le département de Maine-et-Loire en suivant l'ancien lit de la Loire, coule à travers une plaine marécageuse jusqu'à Beaufort, où elle est flottable, grâce à quelques travaux de canalisation, et atteint la Loire au-dessus des Ponts-de-Cé, après un cours d'environ 100 kilomètres. Elle a pour affluents de droite le Lahan et le Couasnon.

Les cours d'eau de la rive gauche de la Loire sont beaucoup moins remarquables.

Le Thouet, qui passe à Montreuil-Bellay et afflue dans la Loire au-dessous de Saumur, a 100 kilomètres de cours ; il reçoit sur sa rive droite la Dive, qui est en partie canalisée.

Le Layon, dont le cours, de 72 kilomètres, est en entier dans le département, passe à Passavant, Neuil, Aubigné-Briand, Touarcé, Rablay, Saint-Aubin et Chalonne, où il se jette dans la Loire.

L'Èvre, qui a 40 kilomètres de cours, prend sa source au-dessus du May, dans l'arrondissement de Beaupréau, passe au May, à Beaupréau, à Montrevault et atteint la Loire au-dessous de Saint-Florent.

On compte dans le département un assez grand nombre d'étangs, mais la plupart sans importance; les principaux se trouvent dans l'arrondissement d'Angers, aux environs de Saint-Georges.

Climat. — Le département de Maine-et-Loire appartient à deux régions climatériques distinctes.

La partie située au Nord de la Loire dépend du climat séquanien, et la partie au Sud de ce fleuve appartient au climat girondin.

Le climat est généralement sain, plutôt humide que sec; les hivers sont souvent pluvieux.

On se souviendra cependant de l'hiver de 1879-1880 et de l'embâcle de la Loire entre Villebernier et Saumur.

A Angers, la température moyenne annuelle est de 12°,31; la température moyenne de l'hiver, de 5°,93; celle du printemps, de 11°,57; celle de l'été, de 18°,12; celle de l'automne, de 13°,13.

La quantité moyenne annuelle de pluie atteint 520 millimètres.

Les vents dominants sont ceux du Sud-ouest, de l'Ouest et du Nord.

Voies de communication. — Le département est traversé par 7,361 kilomètres de voies de terre, dont 564 kilomètres de routes nationales.

Les voies ferrées du département appartiennent aux réseaux de l'État, de la Compagnie d'Orléans et de la Compagnie de l'Ouest.

La principale ligne est celle de Paris, par Orléans et Tours, à Nantes et Saint-Nazaire, qui dépend du grand réseau d'Orléans. Cette ligne, qui suit la rive droite de la Loire, pénètre dans le département un peu avant la station de Varennes, dessert les stations de Varennes, Saumur (295 kilomètres de Paris), Saint-Martin-sur-Loire, Saint-Clément-des-Levées, Les Rosiers, La Ménitré, Saint-Mathurin, La Bohalle, Trélazé, Angers (339 kilomètres de Paris), La Pointe, Les Forges, La Possonnière, Saint-Georges, Champtocé, Ingrandes; elle quitte alors le département, après un parcours de 95 kilomètres, pour entrer dans celui de la Loire-Inférieure.

La ligne, du réseau de l'État, qui mène de Paris à Bordeaux par Chartres, entre dans le département avant Maigné et dessert les stations de Noyant-Méon, Linières-Bouton, Vernantes, Blon, Vivy, Saumur (293 kilomètres de Paris), Nantilly, Chacé-Varrains, Brézé-Saint-Cyr-en-Bourg, Montreuil-Bellay, puis sort du département après y avoir parcouru 66 kilomètres.

Une ligne du réseau d'Orléans conduit de Saumur à La Flèche par Vivy, Longué, Jumelles-Brion, Baugé et Clefs; sa longueur dans le département est de 47 kilomètres.

D'Angers, une ligne de la Compagnie des chemins de fer d'intérêt local de l'Anjou, longue de 64 kilomètres, se dirige sur Noyant-Méon, par Malaquais, Trélazé-Bourg, Andard, Corné, Mazé, Fontaine-Guérin, Baugé, Pontigné et Auverse.

D'Angers, une autre ligne, du réseau d'Orléans, conduit à La Flèche par Plessis-Pellouailles, Villévêque-Corzé, Seiches, Lezigné et Durtal : son parcours dans le département est de 36 kilomètres.

D'Angers encore partent deux autres lignes, du réseau de l'Ouest; la première, qui conduit à Paris par Le Mans, parcourt 32 kilomètres dans le département, en passant par Ecouflant, Saint-Sylvain-Briollay, Tiercé, Etriché-Châteauneuf, Morannes, et met Angers à une distance de 308 kilomètres de la capitale; la seconde se dirige sur Rennes et Brest, dessert Montreuil-Belfroy, La Membrolle, Le Lion-d'Angers, Segré, Noyant-la-Gravoyère, Combrée, Pouancé, sur un trajet de 75 kilomètres dans le département; de Segré, un embranchement, du même réseau, franchit 10 kilomètres dans le département par La Ferrière-de-Flée pour atteindre Château-Gontier; de Pouancé, un autre embranchement gagne Craon par Chazé-Henry et sort du département après y avoir parcouru 8 kilomètres.

D'Angers enfin, une ligne, du réseau de l'État, conduit à Poitiers; elle arrive à Montreuil-Bellay après un trajet de 64 kilomètres en desservant La Maitre-École, La Pyramide, les Ponts-de-Cé, Juigné-Saint-Melaine, Quincé-Brissac, Thouarcé-Bonnezeaux, Perray-Jouannet, Jouannet-Chavagne, Martigné-Briand, Saint-Gorges-Chatelaison, Doué-la-Fontaine, Les Verchers-Baugé, Le Vaudelnay-Puy-Notre-Dame.

A Perray-Jouannet, cette ligne est rejointe par un embranchement, du réseau de l'État, long de 33 kilomètres, qui vient de la Possonnière par Chalonnes, Chaudefonds-sur-Layon, Saint-Aubin-de-Luigné, Beaulieu-Saint-Lambert, Rablay, Faye-Chanzé, Thouarcé-Ville.

De La Possonnière, une ligne, du réseau de l'État, conduit à Niort; elle dessert Chalonnes, La Jumellière, Chemillé, et arrive à Cholet après un trajet de 43 kilomètres.

A Cholet, cette ligne atteint une autre ligne, du réseau de l'État, qui va de Nantes à Poitiers, et qui, outre Cholet, dessert Torfou-Tiffauges, Evrunes-Mortagne, Saint-Christophe-du-Bois, Maulevrier : elle parcourt ainsi 35 kilomètres dans le département.

La longueur des voies ferrées actuellement en exploitation dans le département est de 610 kilomètres, dont 243 du réseau de l'État, 178 du réseau d'Orléans, 125 du réseau de l'Ouest, 64 du réseau de la Compagnie des chemins de fer d'intérêt local de l'Anjou.

On compte 108 gares, stations et haltes.

Les voies navigables ont un développement de 380 kilomètres, donnés par 9 rivières.

Agriculture, Commerce, Industrie. — Le département de Maine-et-Loire est un pays agricole et manufacturier.

L'agriculture y est en progrès, mais elle est peu avancée, et l'on y laisse encore dans quelques parties les terres trop longtemps en jachère.

Les productions en céréales et en légumes dépassent de beaucoup les besoins de la consommation, car le sol est très fertile.

Les vergers, très nombreux, sont plantés d'arbres à fruits, tels que noyers, pruniers, pommiers, poiriers.

Rabelais nous a appris à estimer les vins de la côte de Saumur et de celle d'Angers. La moitié de la production annuelle des vignes est livrée au commerce ou convertie en eau-de-vie et en vinaigre estimé sous le nom de vinaigre de Saumur; l'autre moitié est consommée dans le département. Les vins blancs qui ont le plus de réputation sont ceux des coteaux de Saumur (Rotissant), la Perrière, le Grand et le Petit-Morin, les Poilleux, Parnay, Dampierre, Souzé, Thouarcé, Rablay, Savenières; les mêmes crus donnent de bons vins mousseux. Ces vins sont classés au nombre des meilleurs vins de première classe ou des meilleurs vins d'ordinaire de la France. Parmi les vins rouges, on cite ceux de Champigny, de Neuillé, de Champigné-le-Sec, de Dampierre, de Varennes, de Saint-Cyr, de Brézé, de Saumur.

Le lin et le chanvre, fort estimés et d'une croissance remarquable, servent à faire la toile fine de Cholet et sont surtout cultivés dans l'arrondissement de Cholet.

Il ne faut pas omettre, parmi les productions de Maine-et-Loire, les melons précoces d'Angers et les cantaloups de l'Anjou.

On y cultive aussi la réglisse, la coriandre, les graines potagères et fourragères.

Les bords des rivières offrent de belles prairies et d'excellents pâturages.

Les essences dominantes des forêts sont celles du chêne et du hêtre. On y trouve aussi des cormiers, des alisiers, des poiriers sauvages; le genévrier, le houx, le genêt d'Espagne, l'ajonc y sont communs. Les principales forêts sont celles de Brissac, de Bécon, de Beaulieu, de Chambier, de Monnoie, de Baugé, de Vézins, de Maulévrier, de Beaupréau, de Fontevrault, de Milly, de Brigon, de Longuenée, de Juigné, de Chandelais et de Bressay.

Les animaux de ferme sont généralement de belle race.

L'élève des chevaux, pour la cavalerie légère, celle des mulets, celle des bœufs et des porcs, engraissés pour l'approvisionnement de la capitale, sont une grande source de richesse pour les cultivateurs.

L'élève des abeilles fait dans quelques cantons d'heureux et rapides progrès.

Les rivières sont très poissonneuses.

Les plantations qui bordent les champs nourrissent des oiseaux des espèces les plus variées.

Les forêts recèlent des sangliers, des cerfs, des loups, des blaireaux, des renards, des fouines, des belettes et des chats sauvages. On rencontre quelquefois dans le Bocage, sur la rive gauche de la Loire, des martres et des genettes dont la peau est estimée des fourreurs.

Parmi les reptiles, on remarque la vipère, l'aspic, la couleuvre et la salamandre terrestre.

La partie orientale du département est située dans la région géologique dite de Neustrie, et sa partie occidentale dans la région dite de Bretagne.

Dans la première, on trouve de la pierre à chaux ordinaire et à chaux hydraulique et de l'argile; dans la seconde, des granits et des marbres.

La pierre dure et à grains fins propre à la statuaire s'y rencontre aussi.

Mais les principaux produits de l'exploitation minérale sont les ardoises, la craie, la houille et le fer.

Les ardoisières d'Angers jouissent d'une grande réputation. Elles sont exploitées à ciel ouvert et forment de vastes excavations; les principales sont dans les communes de Trélazé et de Saint-Barthélemy.

Parmi les sources minérales, les seules qui aient quelque réputation sont celles : de Joanette, commune de Martigné-Briand; de l'Épervier, commune de Saint-Sylvain, près d'Angers. Les eaux se prennent en douches et en bains.

L'industrie manufacturière la plus considérable est celle de la fabrication des toiles, cotons et cotonnades, flanelles et autres lainages, et surtout celle du linge de table et des mouchoirs renommés dits de Cholet. L'arrondissement de Cholet est le centre de cette industrie, qui s'étend aux départements voisins.

Parmi les autres industries, nous citerons le filage de la laine et du coton, la fabrication des toiles à voiles et des bougies à Angers; des chapelets de Saumur; des cuirs, des papiers, de la saboterie, des tuiles, des briques, de la poterie, de la verrerie; le travail du fer, la distillation des eaux-de-vie et liqueurs, la préparation du vinaigre et l'exploitation des ardoisières, des houillères et des carrières de craie et de marbre, ainsi que des mines de fer des cantons de Châteauneuf, Segré, Pouancé et Candé.

Les articles exportés sont surtout les produits de la fabrication de Cholet, les vins et vinaigres, les grains et farines, le bois, le trèfle, le chanvre, le lin et les bestiaux gras. Les foires sont nombreuses et très achalandées. Les deux principales, dites de la Fête-Dieu et de la Saint-Martin, se tiennent à Angers, et durent chacune huit jours.

On vend principalement du lin, du chanvre, du fil, des graines de lin et de chanvre aux foires des arrondissements d'Angers, de Saumur et de Cholet; des vins dans celui de Saumur; des pruneaux, aux foires de Montsoreau et de Trèves; des futailles, à Saint-Hilaire-le-Doyen; des rubans de fil, à Couture; des dentelles, à Passavant; de la chapellerie, à Saumur; des anneaux de nerfs de bœuf pour attacher les fléaux à battre le grain, à Chamellier. Enfin, les foires du Louroux-Béconnais sont renommées pour la vente du bétail en gros.

Organisation et divisions générales. — Le département de Maine-et-Loire a, our chef-lieu, Angers, siège de la préfecture.

Il contient 5 arrondissements, 34 cantons, 381 communes, 7 circonscriptions électorales.

Ses sous-préfectures sont Baugé, Cholet, Saumur, Segré.

Ce département possède 1 conseil de préfecture, 1 conseil général, 5 conseils d'arrondissement, 381 conseils municipaux.

Sa représentation législative se compose de 4 sénateurs et 7 députés.

Le département forme les 7e et 8e subdivisions régionales du 9e corps d'armée, dont le quartier général est à Tours.

Le 7e bureau de recrutement, de mobilisation et de réquisition de la 9e région de corps d'armée est à Angers; le 8e, à Cholet.

La 18e division d'infanterie a son quartier général à Angers; dans cette ville se trouvent l'état-major de la 36e brigade et le 135e régiment d'infanterie; le 335e régiment de réserve et le 71e régiment territorial s'y formeraient.

Le 77e régiment d'infanterie, de la même division et de la même brigade, tient garnison à Cholet, où se mobiliseraient le 277e régiment de réserve et le 72e régiment territorial.

Le 25e régiment de dragons, compris dans la 9e brigade de cavalerie, a ses quartiers à Angers, où se formeraient les escadrons de réserve et les escadrons territoriaux de dragons de la 9e région de corps d'armée.

Saumur possède l'école d'application de cavalerie avec la 5e compagnie de cavalerie de remonte.

Le 6e régiment du génie réside également à Angers : il est formé des 9e, 10e et 11e bataillons de cette arme; les bataillons de réserve et les bataillons territoriaux du génie des 9e, 10e et 11e corps d'armée se mobiliseraient dans cette ville.

La compagnie de gendarmerie de Maine-et-Loire, comprise dans la 9e légion, a son centre à Angers.

Dans la même ville il y a encore 1 sous-intendance, 1 magasin de vivres, 1 magasin d'habillement, 1 hôpital mixte et 1 dépôt de remonte.

Cholet possède 1 hôpital mixte.

Angers est le siège d'une cour d'appel dont le ressort s'étend sur les départements de Maine-et-Loire, de la Mayenne et de la Sarthe.

Le département de Maine-et-Loire relève de l'Académie universitaire de Rennes, forme le diocèse de l'évêché d'Angers, suffragant de l'archevêché de Tours.

Le département est compris dans : la 4e région agricole, région de l'Ouest; la 3e inspection générale des mines, inspection du Centre, arrondissement de Poitiers, sous-arrondissement d'Angers; la 14e inspection générale des ponts et chaussées; la 19e conservation des

Château de Baugé.

forêts, résidence à Tours; la 2ᵉ inspection générale des haras, résidence à Bourges, dépôt d'Angers; la 2ᵉ inspection de l'enseignement industriel; la 7ᵉ inspection de l'enseignement commercial; la 13ᵉ inspection du travail des enfants dans l'industrie, résidence à Angers; la 2ᵉ circonscription de vérification des poids et mesures, résidence à Tours; la 16ᵉ direction pénitentiaire, résidence à Fontevrault.

Ce département possède : des directions : des postes et télégraphes; des contributions directes; des contributions indirectes; de l'enregistrement, des domaines et du timbre; une trésorerie générale des finances; une succursale de la Banque de France.

HISTOIRE DU DÉPARTEMENT

Les *Andes* ou *Andegaves* occupaient, à l'époque de la conquête romaine, cette partie de la Gaule qui a formé depuis la province d'Anjou et qui forme aujourd'hui le département de Maine-et-Loire.

Les Andes, avec leurs voisins les Aulerces Cénomans, avaient pris part à une des émigrations les plus importantes des Gaulois, et envoyé, dans la partie de l'Italie qui plus reçut le nom de Gaule Cisalpine, l'excédent de leur population.

Aussi quelques Angevins, trop zélés pour la gloire de leur pays, n'ont-ils pas man de considérer sans autre preuve les Andes comme fondateurs du village d'*Andes*, voisin Mantoue et patrie de Virgile. Sans doute il serait bien agréable, pour le patriotisme local, compter parmi les Angevins célèbres l'auteur de l'*Énéide*; mais l'assertion trouvera toujou beaucoup d'incrédules, surtout hors du département de Maine-et-Loire.

Une gloire mieux constatée, c'est d'avoir, sous la conduite du vaillant Dumnacus, résist bravement aux lieutenants de César.

Vaincus par Fabius, les Andes restèrent pendant cinq siècles soumis aux Romains.

Mais lorsqu'au ve siècle l'empire romain, miné depuis si longtemps à l'intérieur par la corruption césarienne, se vit de tous côtés envahi par les Barbares, les Andes, comme leurs voisins, se hâtèrent de ressaisir leur indépendance; ils s'unirent aux Bretons et firent partie de la confédération armoricaine. Leur principale ville, *Juliomagus*, rejeta le nom qui indiquait son origine impériale pour prendre celui d'*Andegavia*, depuis Angers.

Les Angevins n'échappaient à la domination romaine que pour retomber bientôt sous la domination plus dure des Barbares.

Les Saxons et les Francs furent successivement les dévastateurs et les maîtres du pays; sous Childéric Ier, l'Anjou devint la proie des Francs.

Cependant les Angevins s'étaient convertis au Christianisme; opiniâtrément attachés à leurs croyances primitives, ils avaient gardé dans les campagnes le culte des druides et repoussé le Polythéisme romain. L'unité de Dieu, qui faisait le fond de leur religion nationale, devait les rendre moins hostiles au Christianisme; celui-ci, d'ailleurs, se montra ici fort accommodant et sut ménager des coutumes si profondément enracinées dans les mœurs du pays, que quelques-unes se sont conservées jusqu'à nos jours, telles que les processions à certains chênes, les cérémonies du « gui l'an neuf ».

« Ce qui est digne de remarque, dit Bodin dans ses *Recherches sur l'Anjou*, c'est que nos premiers évêques, qui détruisirent avec tant de zèle tous les temples des Romains, respectèrent toujours ceux des druides. »

Le premier de ces évêques fut Defensor, qui vivait dans la seconde moitié du IVe s.

Parmi ses successeurs, saint Maurille et saint Lezin se signalèrent par leurs vertus; ce dernier, avant d'entrer dans les ordres, avait été comte d'Angers sous le nom de Sicinius.

Rainfroy, au VIIIe siècle, reçut de Charles-Martel, comme bénéfice militaire, le titre et la puissance de comte d'Angers. Sur les ruines du Capitole il éleva un Palais, qui devint plus tard celui de l'évêque.

On croit que parmi ses successeurs il faut placer Roland, fils de Milon et neveu de Charlemagne, le fier paladin tué à Roncevaux; mais toute cette période est obscure.

On trouve un peu plus tard l'Anjou divisé en deux comtés, le comté d'Outre-Maine et le comté Deçà-Maine, qui ont chacun pour comtes Robert-l'Angevin et Érispoé.

Robert-l'Angevin ou le Fort, placé là par Charles-le-Chauve pour protéger la France contre les envahissements des Bretons et des Normands, justifia par sa fidélité et sa valeur la confiance de son suzerain; mais il fut tué dans un combat contre Hastings, le fameux chef danois. Robert-le-Fort est le bisaïeul de Hugues Capet, le plus ancien des ancêtres connus de la maison qui régna si longtemps sur notre pays et règne encore en Espagne.

Hastings vainqueur s'empara d'Angers, que la terreur avait rendue déserte, et où s'installèrent ses sauvages compagnons avec leurs femmes et leurs enfants.

Il en fut chassé bientôt par Charles-le-Chauve, aidé de Salomon, roi de Bretagne. Selon une tradition douteuse, celui-ci aurait, par une tranchée, détourné la rivière, dont le lit se trouva un moment à sec; Hastings, voyant qu'il ne pouvait plus tenir, aurait offert à Charles-le-Chauve une somme énorme et la promesse de quitter à tout jamais la France; Charles aurait eu la lâcheté et l'ineptie d'accepter ces conditions de la part d'un ennemi sans foi qu'il pouvait écraser; et Hastings, aussitôt libre, aurait continué sur les bords de la Loire ses brigandages et ses dévastations; l'exactitude de ce récit est, nous devons le dire, révoquée en doute par Bodin.

Angers, après le départ d'Hastings, devint le centre d'un comté héréditaire, dont Ingelger fut le premier possesseur; c'est l'origine de la première maison d'Anjou.

Ingelger, dès l'âge de seize ans, s'était signalé par une action chevaleresque, qui lui avait attiré l'admiration de tous et la bienveillance de Charles-le-Chauve.

Sa marraine, la comtesse de Gâtinais, jeune et belle, avait trouvé un matin auprès d'elle son mari mort subitement.

Un seigneur, nommé Gontran, parent du comte, accuse la veuve d'adultère et d'assassinat. La cause est portée devant Charles-le-Chauve. Gontran soutient son accusation; les seules preuves qu'il allègue sont le mépris et l'aversion témoignés par la comtesse pour son vieux mari; il réclame du souverain l'héritage du comte, son parent, dont la veuve va être investie si elle est déclarée innocente; en terminant, il en appelle au jugement de Dieu et jette son gage de combat. Nul n'osera sans doute relever le défi d'un homme connu par son adresse et son audace; la comtesse s'évanouit.

Mais déjà Ingelger avait relevé le gant et, se présentant devant Charles, l'avait supplié de lui permettre le combat. Après avoir longtemps résisté, Charles cède; le combat a lieu le lendemain. Dès la première passe, la lance de Gontran perce le bouclier du page et y reste fixée, tandis qu'Ingelger lui passe la sienne au travers du corps, le renverse de cheval et, mettant lui-même pied à terre, l'achève avec le poignard de miséricorde.

La comtesse, qui lui devait l'honneur, lui légua tous ses biens.

Plus tard le roi lui donna le comté d'Anjou, et, par un mariage avec la nièce des riches et puissants évêques d'Orléans et de Tours, Ingelger devint un des plus importants parmi les grands vassaux.

C'est pourtant à cette époque, marquée par ces brillants exploits, que les Angevins perdirent leur liberté, qu'avaient respectée les Romains. Réduits au servage, ils ne furent plus que les hommes des seigneurs francs ou normands établis dans le pays.

Foulques-le-Roux, fils d'Ingelger, hérita de son comté d'Anjou de Deçà-Maine; lorsque Eudes, comte d'Anjou d'Outre-Maine, eut contraint le roi Charles-le-Simple à lui céder plus de la moitié de son royaume, il donna son comté à ce même Foulques, et les deux comtés d'Anjou n'en formèrent plus qu'un seul.

Nous ne raconterons pas ici la monotone histoire des comtes d'Anjou, successeurs de Foulques Ier, et qui tous s'appellent Foulques ou Geoffroy; envahissements et violences s'y succèdent comme dans celles de presque toutes les grandes maisons de cette époque.

Le règne du dernier comte, Geoffroy V Plantagenet, marquant une époque de nos annales, mérite qu'on s'y arrête un instant.

Geoffroy-Plantagenet, ainsi surnommé parce qu'il portait sur son casque une branche de genêt, avait épousé Mathilde, fille et unique héritière de Henri I", roi d'Angleterre.

A la mort de ce dernier, il eut, pour faire valoir ses droits, à soutenir une sanglante guerre contre Étienne, neveu de Henri, et lui enleva la Normandie.

Son fils Henri devint roi d'Angleterre sous le nom de Henri II; outre l'Anjou, le Maine, la Normandie et ses possessions d'outre-mer, il y adjoignit bientôt la Bretagne et la Guyenne par son mariage avec Eléonore de Guyenne.

Telle est l'origine de la longue guerre entre la France et l'Angleterre, dans laquelle l'Anjou joua, pour son malheur, un rôle important.

Après la mort de Richard Cœur-de-Lion, son neveu, Arthur, était devenu l'héritier du trône; Jean-sans-Terre, son oncle, le dépouille de ses biens, l'enferme dans une prison et bientôt le fait périr.

Philippe-Auguste confisque alors les possessions de Jean-sans-Terre; l'Anjou est réuni à la Couronne.

Saint Louis, en 1246, donna ce comté à Charles, son frère, qui fut la tige de la maison d'Anjou, appelée bientôt à régner sur le royaume de Naples.

On sait comment Charles d'Anjou, invité à exercer contre le légitime possesseur de ce royaume les vengeances du pape Urbain IV, déshonora sa conquête par ses atrocités, et comment son usurpation fut châtiée en un jour par le massacre connu sous le nom de Vêpres Siciliennes, où périrent les plus brillants chevaliers de la Provence, du Maine et de l'Anjou.

Charles II chassa les Juifs de l'Anjou, et, par zèle religieux, les dépouilla de leurs biens.

Ce prince maria sa fille Marguerite à Charles de Valois, fils de Philippe-le-Hardi, roi de France, et c'est ainsi que l'Anjou entra dans la maison de Valois.

Philippe-le-Bel fit du comté une duché-pairie en faveur de son frère, Charles III.

Ce duché forma bientôt l'apanage du prince Jean, qui, devenu roi de France sous le nom de Jean II, fut vaincu et pris à la bataille de Poitiers.

Il avait déjà cédé l'Anjou à son second fils, Louis, qui fut fait prisonnier avec lui. Ce dernier étant devenu libre, son frère, Charles V, lui donna comme duché héréditaire l'Anjou, que Louis n'avait possédé jusqu'alors qu'à titre d'apanage.

Ravagé par les Anglais et par des bandes de soldats licenciés, le pays était alors en proie à une misère effroyable, qu'augmentèrent encore l'avidité du nouveau duc et sa tentative en Italie, pour s'emparer du royaume de Naples.

Pendant cette expédition malheureuse, le trésor de l'armée étant épuisé, Pierre de Craon, chambellan du duc, est envoyé en Anjou pour se procurer des fonds. Il fait un appel à la fidélité des Angevins, réunit 100,000 ducats d'or, retourne en Italie et, arrivé à Venise, y dissipe cet argent avec des joueurs et des courtisanes, pendant que Louis mourait sans avoir été secouru.

Pierre de Craon, ce digne chambellan, est encore connu dans notre histoire par l'assassinat d'Olivier de Clisson, qu'il fit attaquer la nuit, à Paris, au sortir de l'Hôtel Saint-Pol, par plusieurs hommes armés, mais qui, laissé pour mort, guérit de ses blessures.

C'est en se dirigeant vers l'Anjou pour tirer vengeance de ce crime que le roi Charles VI fut atteint de cette démence fatale qui livra la France aux fureurs rivales de ses parents et aux dévastations des étrangers.

Condamné par le parlement, enfermé dans la tour du Louvre, Pierre de Craon, dont les biens devaient être confisqués, obtint du roi des lettres d'abolition pour son double crime.

Le parlement, indigné, refusa l'entérinement des lettres de grâce et confirma son premier arrêt par un autre plus sévère, mais qui ne fut pas plus exécuté que le premier.

Deux ans auparavant, Pierre de Craon avait cru, après un pèlerinage, expier complètement son crime en léguant aux Cordeliers de Paris une somme d'argent pour assister les condamnés avant leur exécution. Jusque-là on refusait aux criminels des confesseurs; Pierre de Craon avait obtenu qu'on leur en accorderait à l'avenir. Pierre de Craon, quand il s'intéressait si fort aux assassins et aux voleurs, agissait un peu par esprit de corps. Mais, si l'action était bonne, c'est, comme le remarque Bodin, la seule de ce genre qu'on trouve dans toute la vie du puissant baron d'Anjou.

La province fut affreusement ravagée au xv⁰ siècle par les Anglais, et, en 1444, le duc de Sommerset l'envahit avec 6,000 de ceux-ci. Il s'installa avec ses capitaines, près d'Angers, dans l'Abbaye de Saint-Nicolas. Le soir de son arrivée, il soupait aux lumières dans une des salles du Château, lorsqu'un coup de fauconneau, habilement pointé par les habitants d'Angers, tua à côté du comte le sire de Froyford. Cet accident inattendu frappa tellement le chef anglais, qu'il se retira aussitôt.

Le dernier prince de la quatrième maison d'Anjou fut René, le bon roi René, roi de Naples *in partibus*, qui, après de vaines tentatives pour reprendre son royaume, se résigna à vivre tranquillement comme un bon seigneur, ami des arts et des lettres, dans ses riches possessions de Provence.

Malheureusement il légua à la maison de France tous ses droits à la possession du royaume de Naples, droits qui amenèrent les interminables guerres d'Italie du xvi⁰ siècle.

Il est digne de remarque que, deux fois, les princes qui ont gouverné l'Anjou ont fait naître une guerre sanglante pour la France; aux Plantagenets commence l'effroyable guerre qui, pendant un siècle, livre la France aux armes anglaises; le bon roi René, léguant à Louis XI ses droits sur les Deux-Siciles, devient l'innocente cause de cette lutte contre l'Espagne et l'empire, si longtemps poursuivie encore après Maximilien et Charles-Quint.

Depuis la mort de René, l'Anjou n'est plus qu'un apanage, donné successivement à plusieurs princes de la maison de France, dont les plus connus sont Henri de Valois, devenu le roi Henri III, et Philippe, fils de Louis XIV, qui devint roi d'Espagne en 1700.

L'histoire du duché d'Anjou cesse réellement dès le xvi⁰ siècle.

Malheureusement, la guerre civile a trop souvent ensuite fourni aux annales de cette province de tragiques épisodes, que nous allons rapidement rappeler.

Voisin du Poitou, où les Calvinistes étaient nombreux, l'Anjou sentit le contre-coup de ces agitations religieuses, auxquelles la partie du pays située au Sud de la Loire prit une part active, tandis que le Nord restait fidèle au Catholicisme et s'attachait à la Ligue.

D'Andelot, l'un des principaux chefs calvinistes, traversa le pays en se rendant en Poitou et eut à livrer plusieurs combats sanglants.

Saumur surtout avait accueilli la religion réformée, et la Saint-Barthélemy y fut exécutée par le comte de Montsoreau avec une impitoyable férocité.

Angers n'échappa point à ces horreurs et eut, bientôt après, ainsi que le pays tout entier, à subir l'atroce tyrannie de Bussy d'Amboise, gouverneur de l'Anjou.

« Je sais, disait-il à celui qui osait lui faire quelques remontrances, je sais comme le vilain doit être traité. »

Ses soldats pillaient et massacraient le vilain, et traitaient l'Anjou en pays conquis.

Un crime débarrassa le pays de ce misérable.

Bussy d'Amboise, un des débauchés les plus effrénés de cette époque, était aimé de la femme d'un des autres chefs catholiques du pays, la dame de Montsoreau, et se vanta au duc d'Anjou de sa bonne fortune. Ni celui-ci, ni le roi, son frère, ne furent discrets. Montsoreau ayant appris la faute de sa femme, lui fait écrire à Bussy une lettre par laquelle elle lui donne rendez-vous au Château de La Coutancière, près de Saumur, et arrive au lieu désigné avec dix ou douze des siens; Bussy vient, accompagné de son ami Colasseau, lieutenant criminel de la sénéchaussée de Saumur. Brusquement attaqué par le comte et ses domestiques, il se défend avec fureur, couche sur le carreau quatre de ses adversaires; son épée se rompt, il se défend avec les meubles qu'il trouve sous sa main; mais un coup de dague, porté par derrière, l'étend mort au pied du comte de Montsoreau. Quant à Colasseau, on l'étouffa en lui enfonçant violemment la langue dans le gosier. Les deux cadavres furent jetés dans le fossé.

C'est ainsi que périt, sous les coups d'un de ses complices, le bourreau de l'Anjou.

En 1586, la guerre recommença et désola encore les environs de Saumur. Cette ville, dans une position importante, recherchée par les deux partis, s'était montrée favorable au Calvinisme, et le roi de Navarre y avait abjuré le Catholicisme, qu'on lui avait imposé, le poignard sur la gorge, le lendemain de la Saint-Barthélemy.

Plus tard, lorsque Henri III, pour résister à la Ligue, fut obligé de se rapprocher du roi de Navarre, celui-ci voulut qu'on lui garantît un passage sur la Loire; on lui donna Saumur, qu'il confia au fidèle Duplessis-Mornay.

Mornay en fit augmenter les Fortifications, puis s'en alla à Ivry prendre part à la défaite du duc de Mayenne; il arriva la veille de la bataille avec une troupe d'Angevins, qui se signala par sa valeur et sa ferme contenance devant l'ennemi.

« Et la cornette et celui qui la portait, écrit-il dans ses *Mémoires*, furent remarqués d'avoir toujours poussé en avant, quelque ébranlement qui fût en quelques autres; » et le pieux Calviniste ajoute toujours : « Ce dont j'ai beaucoup à louer Dieu. »

Plus tard, en 1597, il fut outragé et faillit être assassiné par un gentilhomme, nommé Saint-Phal de Beaupréau, et par ses gens, dans une rue d'Angers; quelques habitants de la ville, qui se trouvaient là, sauvèrent Duplessis des mains des assassins. C'est à cette occasion que Henri IV écrivit à son fidèle compagnon la lettre célèbre : « Monsieur Duplessis, j'ai un extrême déplaisir de l'outrage que vous avez reçu, auquel je participe et comme roi et comme votre ami. Comme le premier, je vous en ferai justice et me la ferai aussi. Si je ne portois que le second titre, vous n'en avez nul de qui l'épée fust plus prête à dégainer que la mienne, ni qui vous portât sa vie plus gaiement que moi. » Henri contraignit Saint-Phal à demander publiquement pardon à Duplessis-Mornay.

Le duc de Mercœur, le dernier représentant armé de la sainte Ligue, vint à Angers faire sa soumission entre les mains de Henri IV en 1598: l'une des conditions de sa soumission fut la promesse d'unir sa fille et son unique héritière avec César de Vendôme, fils naturel du roi et de Gabrielle d'Estrées. Ce mariage fut célébré onze ans après à Paris.

Pendant les troubles que l'ambition de Marie de Médicis excita en 1620, Les Ponts-de-Cé furent témoins d'un combat livré aux troupes qui soutenaient le parti de la reine mère par les troupes royales; le roi Louis XIII y assista; la défaite des troupes rebelles contraignit la reine mère à se soumettre immédiatement, et ce fut près d'Angers qu'eut lieu l'entrevue de la mère et du fils; scène de réconciliation et de tendres affections à laquelle l'avenir devait bientôt donner un éclatant démenti. Peu de temps après Louis XIII ôta à Duplessis-Mornay le gouvernement de Saumur, qu'il avait gardé avec honneur pendant trente-deux ans;

l'inflexible Huguenot était devenu suspect au roi, ou plutôt au cardinal de Richelieu.

Pendant le xviie et le xviiie siècle, l'Anjou, enfin pacifié, jouit d'un repos que troubla seule la révocation de l'Édit de Nantes.

Mais la malheureuse contrée devait être, pendant la Révolution, le théâtre presque continuel de la guerre civile.

Avant cette époque néfaste, le département de Maine-et-Loire avait envoyé à la frontière menacée son contingent de Volontaires; à leur tête était un héros.

« Beaurepaire, ancien officier de carabiniers, avait formé, commandé depuis 1789, dit Michelet, l'intrépide bataillon des volontaires de Maine-et-Loire. Au moment de l'invasion, ces braves eurent peur de n'arriver pas assez vite. Ils ne s'amusèrent pas à parler en route, traversèrent toute la France au pas de charge et se jetèrent dans Verdun. Ils avaient un pressentiment qu'au milieu des trahisons dont ils étaient environnés, ils devaient périr. Ils chargèrent un député patriote de faire leurs adieux à leurs familles, de les consoler et de dire qu'*ils étaient morts*. — Beaurepaire venait de se marier; il quittait sa jeune femme, et il n'en fut pas moins ferme. Le commandant de Verdun ayant assemblé un conseil de guerre pour être autorisé à rendre la place, Beaurepaire résista à tous les arguments de la lâcheté. Voyant enfin qu'il ne gagnait rien sur ces officiers nobles, dont le cœur tout royaliste était déjà dans l'autre camp : « Messieurs, dit-il, j'ai juré de ne me rendre que mort; survivez à votre honte; « je suis fidèle à mon serment; voici mon dernier mot, je meurs. » Il se fit sauter la cervelle. — La France se reconnut et frémit d'admiration. »

Néanmoins, c'est dans le département de Maine-et-Loire, à Saint-Florent, que s'alluma, en 1793, l'incendie qui devait dévorer tout le pays voisin.

Excités depuis longtemps par les partisans de la royauté, les paysans éprouvaient une aversion profonde pour la République, qui prétendait les contraindre à défendre la France contre l'invasion étrangère.

Le 10 mars 1793, le tirage devait avoir lieu à Saint-Florent; les jeunes gens s'y refusent. La garde nationale veut les y obliger; ils se jettent sur elle, la désarment, prennent pour chefs un voiturier, Cathelineau, et le garde-chasse du château de Maulévrier, Stofflet, s'emparent de Chemillé et de Cholet, puis donnent la main aux insurgés de la Vendée, qui se soulevaient en même temps.

Tel fut le signal de cette affreuse guerre, si héroïque et si sanglante.

Les révoltés organisent leur insurrection avec Stofflet et Cathelineau; Bonchamp, d'Elbée, Lescure, Charette et La Rochejaquelein se mettent à leur tête; Saumur tombe en leur pouvoir.

Tout leur réussit, tant qu'ils ont affaire à des chefs inexpérimentés et à des gardes nationales réunies à la hâte, manquant de tout, tandis que partout des vivres, des munitions, et une complicité toujours assurée attendent les rebelles.

Châtillon, Vihiers, Chatonnay et Les Ponts-de-Cé les reçoivent de force.

Mais bientôt l'armée de Mayence, transportée du Rhin sur les bords de la Loire, vient changer la face des événements. Aubert-Dubayet, Kléber et Marceau conduisent à la victoire les troupes qu'avait tant compromises l'impéritie de Ronsin et de Rossignol.

C'est dans le département de Maine-et-Loire que l'insurrection avait commencé; c'est là qu'elle devait essuyer son premier échec important.

Battus à Saint-Symphorien le 6 octobre 1793, le 9 à Châtillon, puis à Mortagne, où Lescure fut tué, les Vendéens, au nombre de 40,000, s'avancent, le 15 octobre, sur Cholet, que défendent 22,000 républicains. Ceux-ci ne s'attendaient pas à être attaqués, et le désordre se met d'abord dans leurs rangs. Mais Kléber, Marceau, Beaupuy, accourent et rétablissent le combat; l'artillerie foudroie à bout portant les insurgés; le représentant du peuple Merlin pointe lui-même les pièces et, par son exemple, raffermit le courage des soldats. Bientôt les Vendéens écrasés fuient de toutes parts; d'Elbée et Bonchamp sont blessés à mort. Beaupuy et Westermann poursuivent les fuyards avec la cavalerie, et, par un coup d'audace, pénètrent dans Beaupréau, où la masse de l'armée vendéenne s'est réfugiée; tout se disperse devant eux.

Le lendemain, ils voient arriver vers eux une troupe désarmée de 4,000 hommes environ poussant simultanément les cris de « Vive Bonchamp! Vive la République! » C'étaient des soldats républicains faits prisonniers antérieurement par les Vendéens, et que ceux-ci avaient enfermés dans Saint-Florent. Bonchamp près d'expirer dans ce bourg où on l'avait transporté, avait demandé leur grâce au moment où ils allaient être égorgés. Les prisonniers, délivrés sur la demande du mourant, rejoignaient l'armée républicaine.

L'insurrection, frappée à mort, prolonge vainement son agonie désespérée. Battus près de Granville, rejetés sur la Loire, les Vendéens sont définitivement écrasés, le 25 décembre, à Savenay, par Kléber et Marceau. La grande guerre de la Vendée était terminée.

Stofflet cependant continue dans l'Anjou une guerre d'escarmouches, derniers et impuissants efforts d'une cause perdue. Il résiste même après la soumission de Charette, déclarant celui-ci traître à la royauté, il fait prononcer contre lui une sentence de mort. Mais bientôt, se voyant abandonné, il est contraint de se soumettre, et le dernier des chefs vendéens signe la paix à Saint-Florent, où avait commencé l'insurrection.

Cependant, en 1796, l'insurrection se rallume; Stofflet tente de la propager dans l'Anjou; mais, trahi, livré par les siens, il est conduit à Angers et fusillé le 26 février. Cette dernière tentative avait été vite étouffée par l'habileté du général Hoche.

En 1815, d'Autichamp chercha à soulever l'Anjou et à l'associer aux mouvements royalistes organisés dans l'Ouest. Mais le général Lamarque anéantit en un combat cette révolte impuissante, qui se termina le 21 juin, trois jours après la défaite de Waterloo.

Le département de Maine-et-Loire ne fut pas éprouvé pendant la guerre franco-allemande de 1870-1871.

HISTOIRE ET DESCRIPTION
DES VILLES, BOURGS ET CHATEAUX LES PLUS REMARQUABLES

ARRONDISSEMENT D'ANGERS

ANGERS — (lat. N. 47°28'17"; — long. O. 2°53'34"; — alt. 47 m.; — à 302 kilom. S.-O. de Paris par la route; à 308 par la voie ferrée) — (*Andegarum, Juliomagus Andium*). — Ville de 72,669 habitants; — chef-lieu de la préfecture, d'un arrondissement et de trois cantons; conseil de préfecture; conseil général, conseil d'arrondissement, deux circonscriptions électorales; — 7e bureau de recrutement, de mobilisation et de réquisition de la 9e région de corps d'armée; état-major de la 18e division et de la 36e brigade d'infanterie; 135e régiment actif, 335e régiment de réserve et 71e régiment territorial d'infanterie; 25e régiment de dragons, escadrons de réserve et escadrons territoriaux de dragons de la 9e région de corps d'armée; 6e régiment du génie, 9e, 10e et 11e bataillons actifs, bataillons de réserve et bataillons territoriaux des 9e, 10e et 11e corps d'armée; compagnie de gendarmerie; sous-intendance,

Château de Montreuil-Bellay.

magasins de vivres et d'habillement; hôpital mixte; dépôt de remonte; — inspection académique, lycée national; école préparatoire de médecine et de pharmacie; inspection primaire, école normale d'instituteurs, école normale d'institutrices; école nationale des arts et métiers; institution des sourds-muets; bibliothèque, musées, théâtre, jardin botanique; sociétés des lettres, des sciences, des arts, de gymnastique, de tir, de vélocipédie; — évêché, deux séminaires; — sous-arrondissement des mines; — direction des ponts et chaussées; — inspection des forêts; dépôt des haras, société hippique, champ de courses; société d'agriculture; société colombophile; — bourse de commerce; chambre de commerce; chambre consultative des arts et manufactures; tribunal de commerce; conseil de prud'hommes; magasins généraux; — direction des postes et télégraphes; — directions : des contributions directes; des contributions indirectes; de l'enregistrement, des domaines et du timbre; — trésorerie générale des finances; — succursale de la Banque de France; — deux établissements hospitaliers; asile d'aliénés; — cour d'appel, tribunal de première instance, trois justices de paix, prison; — gare de chemin de fer où se croisent les lignes de Paris par Saumur, de La Flèche, de Paris par Le Mans, de Brest par Rennes, de Nantes, de Cholet, de Poitiers; — port sur la Maine; au-dessous du confluent de la Sarthe et de la Mayenne; — agences consulaires de la Belgique et des États-Unis de l'Amé-

LIVR. 3.

rique du Nord; — était autrefois capitale du duché d'Anjou; dépendait du parlement de Paris, de l'intendance de Tours; avait élection, présidial, sénéchaussée, bailliage, prévôté royale, maîtrise des eaux et forêts, grenier à sel.

L'histoire de cette ville se confondant avec celle de la province dont elle était la capitale, nous ne mentionnerons ici que ce qui, dans l'histoire générale du pays, se rapporte plus spécialement à la cité angevine.

Juliomagus Andecavorum, ville puissante au temps des Romains, mais dont l'origine est incertaine, jouissait sous le régime des Césars des droits de bourgeoisie romaine. Elle eut son Capitole, dont quelques fragments subsistent encore, engagés dans des constructions plus modernes; des Thermes, un Aqueduc, un Amphithéâtre, appelé growan, d'un nom celtique, et dont les derniers vestiges, connus dans le pays sous le nom de Grohan, ont été détruits, en 1802, sous le Consulat. Un grand nombre d'antiquités, de tombeaux, de médailles, qui suffiraient pour constater l'antique importance de la cité, ont été mis à découvert.

Andegavia, nom qui succéda, vers le ve siècle, à celui de Juliomagus, vit encore s'accroître sa puissance dans les premiers siècles de la monarchie franque.

Des édifices religieux, dus au zèle de ses évêques et à la piété des fidèles, s'élevèrent de tous côtés. Le clergé y posséda bientôt d'immenses richesses; presque toute l'ancienne partie de la ville appartenait au chapitre de la Cathédrale, ainsi que plusieurs seigneuries importantes dans les environs. Les revenus de l'évêque étaient encore plus considérables que ceux de son chapitre.

Il faut dire à l'honneur de ces riches prélats qu'ils protégèrent constamment les lettres et les sciences. Sous leur protection, l'université d'Angers jeta un grand éclat. On ne connaît pas la date de cette institution, mais nous la voyons, au XIIIe siècle, fameuse par le mérite de ses professeurs et déjà riche en privilèges de toute espèce.

Ce fut plus tard cependant, et surtout pendant le règne tout artistique et littéraire du roi René, que les sciences et les arts fleurirent à Angers. Sous ce prince, des représentations théâtrales, des fêtes, des tournois donnèrent à la ville une existence brillante.

Mais Angers dut à Louis XI des bienfaits plus positifs. Le fin roi, aussitôt après en avoir pris possession, se hâta d'augmenter le pouvoir de la bourgeoisie et de diminuer celui des nobles. Chose notable, Angers n'avait pas pris part à la révolution communale qui avait déjà remué tant de villes de France. Ce fut Louis XI qui lui donna une municipalité, accordant la noblesse aux bourgeois élevés à ces fonctions, ainsi qu'à leurs enfants nés ou à naître, sans parler d'autres privilèges étendus à toute la cité. Le roi s'était réservé la nomination des premiers officiers municipaux; mais leurs successeurs furent électifs, et ces élections avaient lieu tous les trois ans.

Lors de la visite de Louis XI, Angers possédait quatre morceaux de la vraie Croix, qui, réunis, formaient ce qu'on appelait la Croix de Saint-Laud, du nom de l'Église où on la conservait. Un serment prêté sur cette relique était sacré, et celui qui y manquait mourait inévitablement dans l'année. Louis XI se gardait bien de jurer sur la précieuse relique; mais il l'imposait à ceux qu'il redoutait. Ce fut ainsi qu'il obligea son frère, le duc de Guyenne, à prêter serment sur cette Croix, et, le duc étant mort dans l'année, Louis XI affirma que sa mort n'avait pas eu d'autre cause que son parjure, quoique l'histoire le soupçonne d'avoir un peu aidé, en cette occasion, au miracle de la Croix de Saint-Laud.

Angers reçut la visite de Charles VIII et de Louis XII. Celui-ci vint accompagné d'un sinistre personnage, le fils du pape Alexandre Borgia, César, duc de Valentinois, qui étonna, par l'insolence de son faste, les bons habitants d'Angers. La visite de Charles VIII avait été préjudiciable aux intérêts de la municipalité d'Angers; ce prince, prêtant l'oreille aux criailleries jalouses des nobles, avait réduit le nombre des officiers municipaux; il confirma, du reste, ainsi que Louis XII, les privilèges que leur disputaient la noblesse et le clergé.

L'Anjou fut, au XVIe siècle, une des premières provinces agitées par les Calvinistes, et surtout par l'impitoyable répression qui prétendait étouffer les nouvelles doctrines. Un grand nombre y périrent sur le bûcher ou dans des chaudières bouillantes.

A l'ouverture des États provinciaux, en 1552, un gentilhomme, Charles du Lys, ayant protesté énergiquement contre la persécution, il s'ensuivit un affreux tumulte et un combat qui fut appelé la journée des mouchoirs, parce que les Réformés, pour se reconnaître, avaient attaché les leurs à leurs chapeaux. Cette mêlée fut châtiée avec une grande sévérité; un gentilhomme fut décapité et plusieurs bourgeois pendus.

Mais le Calvinisme acquérait chaque jour de nouvelles forces, et, en 1561, les Huguenots dévastèrent les Églises malgré les efforts du prédicateur protestant Théodore de Bèze, qui réussit du moins à arrêter ces profanations. Ils occupèrent Angers pendant un an.

Le capitaine catholique Puygaillard, s'étant enfin introduit secrètement dans la ville avec quelques soldats, débloqua le Château et chassa les Calvinistes; puis, le duc de Montpensier arriva et fit pendre les Réformés échappés à cette déroute, et un édit royal enjoignit aux Catholiques de courir sus aux fugitifs et de les mettre à mort.

En 1564, eut lieu un procès qui laissa un long souvenir dans le pays. Un chanoine, Pierre Fréteau, de mœurs fort dissolues, avait pour maîtresse une bourgeoise que l'on appelait la belle Agnès. Celle-ci, jalouse de son amant, qui se piquait peu de fidélité, le mutila cruellement pendant son sommeil. Elle fut brûlée vive, et, à la place où avait eu lieu l'exécution, s'éleva une Colonne de vingt pieds de haut, qui rappelait le crime et l'expiation.

Charles IX vint visiter plusieurs fois Angers, et l'on a soupçonné que pendant un de ces voyages, en 1571, fut arrêté le plan de la Saint-Barthélemy. L'assassinat du confident du roi, Villequier, accusé, dit-on, d'avoir trahi un secret d'État et tué en plein jour à Bourgueil, semble confirmer ces soupçons.

Le gouverneur d'Angers, Thomasseau de Cursay, refusa d'exécuter les ordres de la cour, quand vint l'heure de l'effroyable massacre. Mais Montsoreau, après avoir inondé de sang Saumur, vint à Angers et y tua plusieurs Calvinistes. L'opposition des magistrats l'empêcha de poursuivre l'exécution de son crime.

Cette modération eut des imitateurs.

Aux États de Blois, un citoyen d'Angers, le publiciste Bodin, nommé président du tiers état, fit voter que le roi serait supplié de ramener ses sujets à l'unité catholique, « mais sans employer la force ni les armes ». Ajoutons que, peu de temps après la Saint-Barthélemy, vainement le duc d'Anjou sollicita de François Bauduin, un des professeurs les plus illustres de l'Université d'Anjou, une apologie du massacre; Bauduin refusa.

Comme une misère effroyable pesait sur le pays, à cette époque, sous le gouvernement de Bussy d'Amboise, les marchands s'avisèrent d'un expédient digne d'être mentionné.

La tyrannie de Bussy ayant fait fuir à Nantes les plus riches citoyens, l'argent manquait.

« Pour y suppléer, dit Bodin, dans ses *Essais sur l'Anjou*, les marchands, les cabaretiers, les artisans les plus connus firent une monnaie de parchemin, sur laquelle ils frappèrent le poinçon qui leur servait à marquer leur vaisselle d'étain. Ces pièces avaient cours entre eux, les unes pour un sou, les autres pour six liards. »

On le voit, au xvie siècle, Angers avait déjà essayé des assignats.

Angers, pendant les guerres de la Ligue, tint pour la sainte Union. Prise, reprise plusieurs fois par les divers partis, la ville se rendit enfin à Henri IV, qui, en 1598, y reçut en grâce le duc de Mercœur, le dernier champion de la Ligue dans l'Ouest.

La rébellion de Marie de Médicis contre l'autorité royale, aisément comprimée; les troubles de la Fronde; enfin, la détention du surintendant Fouquet, qui fut conduit au Château après son arrestation par le lieutenant de mousquetaires d'Artagnan; voilà les seuls faits un peu marquants que l'histoire de la ville présente au xviie siècle.

Mais, pendant la Révolution, tous les malheurs pesèrent sur cette ville infortunée.

Les Vendéens y entrèrent en 1793, et les Républicains la reprirent sans combat. Attaquée une seconde fois par les Vendéens, elle les repoussa avec courage. Les Conventionnels Talien, Bourbotte et Choudieu, y avaient organisé la Terreur; elle y fut impitoyable. Le voisinage des champs de bataille y exaspérait les Révolutionnaires, et les insurgés prisonniers y furent exécutés en grand nombre. Un moment menacée, en 1796, par la nouvelle insurrection que conduisait Stofflet, la ville vit la rébellion étouffée en peu de temps par l'énergie du général Hoche, et c'est au Champ-de-Mars d'Angers que fut fusillé Stofflet.

En 1808, Napoléon visita la ville. On lui avait préparé une fête magnifique. à laquelle il n'assista pas; on sut plus tard qu'il s'était abstenu parce qu'il venait d'apprendre à Nantes la capitulation de Baylen, le premier échec infligé à ses armes toujours victorieuses.

Après la défaite de Waterloo, les Prussiens, au nombre de 5,000, occupèrent Angers sous la conduite du général Thielmann, qui imposa à la ville de fortes contributions.

Située sur la Maine, la ville se divise en deux parties : la Ville-Neuve, propre, bien bâtie; la Vieille-Ville, dans la partie haute. D'aspect curieux pour les voyageurs amis des vieilles constructions, avec ses rues sombres et étroites, bordées de quelques maisons, en bois ou en pierre, noires, plaquées d'ardoises.

Angers a conservé du Moyen-Age un admirable monument, sa Cathédrale. Cette Église, sous le vocable de Saint-Maurice, n'a qu'une seule nef; mais cette nef est une des plus grandes qu'il y ait en France. La beauté de ses voûtes soutenues par des faisceaux de colonnes élancées, l'élégance de ses roses composées de vitraux éclatants, enfin l'absence de ces arcs-boutants qui, presque toujours, enlaidissent l'extérieur de nos anciennes Églises, tout contribue à faire de ce monument historique un des plus beaux édifices du xiiie siècle.

L'Église de Saint-Serge et celle de la Trinité, commencées au xie siècle, et à la construction desquelles les siècles suivants ont contribué, se font remarquer également, l'une, par sa belle nef du xve siècle, l'autre, par sa construction originale.

Angers possède encore un grand nombre d'Églises anciennes ou modernes plus ou moins curieuses, notamment celles de Saint-Laud, de Saint-Jacques, de Saint-Joseph, des Ursulines, des Carmélites, des Jésuites, du Grand Séminaire, de la Madeleine, de Saint-Martin.

Le Lycée d'Angers est établi dans de beaux bâtiments, construits en 1780 par les Frères des Écoles chrétiennes, qui en avaient fait une maison de répression pour les jeunes garçons réputés incorrigibles, maison connue sous le nom de La Rossignolerie et redoutée au loin sous celui du Sabot-d'Angers.

Le Château d'Angers, commencé sous Philippe-Auguste et terminé sous saint Louis, s'élève sur un rocher escarpé, à plus de 30 mètres au-dessus de la Mayenne; il est entouré de dix-huit grosses Tours en pierre d'ardoise, sombres et formidables. Il sert aujourd'hui de Poudrière et d'Arsenal. On y voit une jolie Chapelle qui date du xve siècle.

Au pied du Château s'élève la Statue en bronze du roi René, par David d'Angers.

Citons encore, parmi les monuments remarquables d'Angers, le vieux Palais épiscopal, le Palais épiscopal d'été, un beau Temple protestant, l'Hôtel de la Préfecture, dans l'ancienne abbaye de Saint-Aubin; l'Hôtel-de-Ville, le Palais de Justice, les Halles, le Théâtre, l'Hospice Sainte-Marie, la Chapelle de l'École des arts et métiers, le Musée lapidaire, dans l'ancienne Église de Toussaint, le Musée archéologique, dans l'ancien Hôtel-Dieu, le Musée d'histoire naturelle, le Jardin botanique, et, parmi les vieilles maisons, l'Hôtel gothique d'Anjou, ainsi que le logis Barrault, vaste édifice de la Renaissance, occupé aujourd'hui par la Bibliothèque et le Musée municipal.

Le Musée contient une collection précieuse formée des copies en plâtre de presque tous les chefs-d'œuvre dont l'illustre sculpteur David a fait hommage à sa ville natale, qui, reconnaissante, lui a élevé une Statue sur la Place de Lorraine.

Les principaux établissements industriels d'Angers sont des filatures de chanvre, de lin, de laine et de coton, des corderies; des fabriques de toiles, de flanelles, de bas, de passementerie, de broderie, de bonneterie, de blouses, de chapeaux, de chaussures, de parapluies, de gants; des brasseries, des clouteries, des confitures, des ateliers de confection, des corroiries, maroquineries, mégisseries et tanneries, des distilleries, des drogueries, des chaudronneries, des ferblanteries et des fonderies, des usines à gaz et à électricité, des huileries, des imprimeries avec neuf journaux, des scieries, tourneries, tonnelleries et vanneries; des fabriques de biscuits, de bouchons, de bougies, de cartes, de cartonnage, de chocolat, de crochets et agrafes, de meubles, de papiers, de pipes, de vélocipèdes et de voitures.

Mentionnons : au *Plessis-Grammoire*, une Église du XIIe siècle; à *Saint-Barthélemy*, le Château de Pignerolles, du XVIIIe siècle; à *Saint-Sylvain*, celui d'Echarbot, de la même époque; à *Villevêque*, une Église du XIIe siècle, l'ancien Château des évêques d'Angers, du XVe siècle; à *Avrillé*, les ruines du Prieuré de La Haye-aux-Bons-Hommes, les Souterrains de La Plesse-Clérambault; à *Beaucouzé*, le Château de Molières, du XVIe siècle; à *La Meignanne*, le Dolmen de Fessines, les Menhirs de La Roche; à *Montreuil-Belfroy*, le Manoir de La Diablerie, du XVIe siècle; à *Saint-Lambert-la-Potherie*, le Dolmen de la Maison-des-Fées, le Château de La Colleterie; à *Andard*, deux Châteaux du XVe siècle; à *Brain-sur-l'Authion*, un Château du XVIIe siècle.

Parmi les hommes célèbres qu'Angers a vus naître aux derniers siècles, nous citerons : Jean Bodin, le fameux publiciste du XVIe siècle, l'auteur du livre De la république; le voyageur Bernier, père du joyeux Chapelle; Ménage, ce pédant si spirituel et si érudit; le directeur Larévellière-Lépeaux une des renommées les plus pures de la Révolution, enfin le sculpteur David.

Les armes d'Angers sont : *de gueules, à une clef d'argent posée en pal, au chef d'azur, chargé de deux fleurs de lis d'or.*

Le *Plessis-Macé*. — Village de 361 habitants; à 13 kilomètres Nord-ouest d'Angers.

Ce village possède les restes d'un Château qui tiennent le premier rang parmi les plus belles ruines de l'Anjou.

Le Château, bâti vers le XIe siècle par Matthieu Macé, seigneur du Plessis, fut reconstruit au XVe siècle. Il affecte la forme d'un trapèze; à trois de ses angles sont des Tours rondes; au quatrième est le Donjon, de forme carrée, avec des Tourelles à ses angles; c'est la partie la mieux conservée. On y voit aussi les restes d'une jolie Chapelle moins ancienne que le Donjon, et qui jouit du privilège d'exercer souvent le crayon des artistes. Les fossés sont remplis de grands arbres qui contribuent à embellir le site.

Trélazé. — Ville de 5,147 habitants; perception des finances, bureau des postes et télégraphes; station du Chemin de fer de Saumur à Angers; près de la rive droite de l'Authion; à 9 kilomètres Sud-est d'Angers.

Cette commune, qui n'avait pas 500 habitants en 1800, doit son importance toute moderne à ses ardoisières.

« Elles sont ouvertes sur un banc de schiste régulaire qui se manifeste vers la butte d'Érigné, passe sous la Loire, traverse l'arrondissement de Segré et forme une zone qui se prolonge dans la Bretagne, jusqu'au département du Finistère. Toutefois, la fissilité du schiste n'est pas la même partout. C'est dans les communes d'Angers, de Trélazé et de Saint-Barthélemy qu'elle offre les meilleures conditions d'exploitation; encore ces conditions varient-elles sans cesse. L'exploitation de ces ardoisières, inconnues des Romains, n'a commencé qu'au Moyen-Age. Elle a fourni d'abord ces pierres noires dont les anciennes maisons étaient construites; elle fournit aujourd'hui, et depuis longtemps, les feuilles légères d'ardoise dont on couvre les toits des maisons. »

En 1856, à la suite de la grande crue de la Loire, les ardoisières avaient été inondées; aujourd'hui, elles sont à l'abri de ce fleuve, protégées par une levée d'une longueur d'environ 4 kilomètres, qui s'étend entre le remblai du Chemin de fer et la Route d'Angers à Tours.

Les principales de ces ardoisières portent les noms des Petits-Carreaux, des Grands-Carreaux, de l'Hermitage, de Monthibert, de la Grand'Maison.

Chalonnes-sur-Loire. — Ville de 4,594 habitants; chef-lieu de canton; justice de paix, perception des finances, bureau des postes et télégraphes, établissement hospitalier; gare où se croisent les lignes d'Angers, de Cholet, de Poitiers; au confluent du Layon et du Loiret, sur la rive gauche de la Loire; à 25 kilomètres Sud-ouest d'Angers.

C'est une ville ancienne dont l'origine paraît remonter à la domination romaine; on y a trouvé les restes d'un Camp gallo-romain et, dans les murailles de l'Église Saint-Maurille, les débris d'un Temple antique; en restaurant l'Église Notre-Dame, on découvrit même la sépulture d'un guerrier franc, inhumé avec son cheval et ses armes.

La ville était protégée par un Château-Fort, dont il reste encore une grosse Tour; ce Château, assis sur un haut rocher, baigné au Nord par la Loire, défendu sur les autres points par un large fossé, existait encore au temps de la Ligue; il fut pris par le duc de Mercœur, repris par le baron de La Rochepot et détruit sous Louis XIII.

Chalonnes-sur-Loire doit sa prospérité actuelle à ses vignes, à ses fabriques de toiles, de mouchoirs, de serges, de siamoises; à ses tissages de lin et de chanvre, à ses corderies, teintureries, distilleries et fours à chaux. Cette ville est, en outre, le centre d'un bassin houiller, que l'on exploite dans les environs, à La Prée.

Notons : à *Chaudefonds*, la Source d'eau minérale de Saint-Maurille, un Pont du XIIIe siècle; à *Rochefort-sur-Loire*, les ruines d'un Château; à *Saint-Aubin-de-Luigné*, le Château ruiné de La Basse-Guerche et une Église du XVIe siècle.

Le Louroux-Béconnais. — Bourg de 2,909 habitants; chef-lieu de canton, justice de paix, perception des finances, bureau des postes et télégraphes; sur la Rome; à 26 kilomètres ouest d'Angers.

On remarque, dans ce bourg, les restes des Fortifications et de l'Abbaye de Pontron.

Notons : à *Bécon*, le Château de Landeronde, du XVe siècle, des carrières de granit; à *Villemoisan*, les restes d'un Prieuré.

Les Ponts-de-Cé. — (*Pontes Cæsaris, Pons Sayi*). — Ville de 3,568 habitants; chef-lieu de canton; justice de paix; perception des finances, bureau des postes et télégraphes; station de la ligne d'Angers à Poitiers; à 5 kilomètres Sud d'Angers.

Cette petite ville est d'un aspect fort original et consiste en une suite de Ponts et de Chaussées, traversant sur une longueur de 3 kilomètres les bras et les Iles de la Loire. Les Ponts, reconstruits de 1846 à 1866, sont au nombre de quatre.

C'était autrefois un point militaire important, que se disputèrent les Protestants et les Catholiques. En 1570, l'armée catholique revenant du Midi traversait Les Ponts-de-Cé, lorsqu'un de ses chefs, Strozzi, s'avisa de se débarrasser d'un grand nombre de filles de mauvaise vie que l'armée traînait avec elle, en les faisant jeter dans la Loire : « Ces 800 pauvres créatures, dit Brantôme, piteusement criant à l'aide, furent toutes noyées par trop grande cruauté, laquelle ne fut jamais trouvée belle des nobles cœurs, et même des dames de la cour, qui l'en abhorrèrent étrangement et l'avisèrent longtemps de travers. »

Au XVII° siècle, les partisans de Marie de Médicis y furent défaits par les troupes de son fils Louis XIII.

En 1793, les Vendéens rompirent, pour se maintenir dans cette position, une arche d'un des Ponts. Néanmoins, ils en furent chassés deux jours après par les Républicains.

Près de là, au confluent de la Maine et de la Loire, se trouve le fameux Camp de César, vaste triangle de 13,000 mètres de tour. On y a trouvé une quantité de médailles, dont un grand nombre, appartenant au temps de Constantin, prouvent que ce Camp était encore occupé au IV° siècle par les légions romaines.

Signalons : à *Blaison*, les ruines d'un Château, une Église du XI° siècle; à *Juigné-sur-Loire*, une Église du XII° siècle; à *La Ménitré*, un Manoir du XIII° siècle; à *Mûrs*, les restes du Mur romain des Châtelliers; à *Sainte-Gemmes-sur-Loire*, les Levées de Frémur, un Manoir du XVI° siècle; à *Saint-Jean-des-Mauvrets*, une Chapelle du XVI° siècle; à *Saint-Remy-la-Varenne*, les restes d'un Prieuré; à *Saint-Sulpice*, un Château du XVI° siècle.

Saint-Georges-sur-Loire. — Ville de 2,344 habitants; chef-lieu de canton; justice de paix, perception des finances, bureau des postes et télégraphes; station de la ligne d'Angers à Nantes; à 17 kilomètres Ouest d'Angers.

Une fabrique de chapeaux et une minoterie sont les principaux établissements industriels de cette petite ville bâtie sur un coteau qui domine la rive droite de la Loire; on y remarque les restes d'une Abbaye de Bénédictins, le beau Château de Chevigné, du XVII° siècle.

Notons : à *Ingrandes*, un Pont suspendu sur la Loire; à *La Possonnière*, une Chapelle du XV° siècle, les restes d'un Château.

Champtocé. — Bourg de 1,942 habitants; bureau de télégraphe; station de la ligne d'Angers à Nantes; sur la Rome; près de la rive droite de la Loire; à 24 kilomètres Ouest d'Angers.

Près de ce joli bourg s'élèvent les ruines d'un vieux Château de sinistre apparence, et qui paraît plus sinistre encore à qui se rappelle les crimes de son ancien possesseur.

Gilles de Laval, maréchal de Raiz ou de Retz, au XV° siècle, après avoir vaillamment combattu auprès de Jeanne d'Arc, avait eu l'honneur, au sacre de Charles VII, de tenir à Reims l'étendard royal. Ce haut et puissant seigneur, ruiné par de folles dépenses, s'avisa de s'adonner à la magie sur la foi d'un Florentin, qui lui promit la faveur du diable; celui-ci devait lui rendre son opulence perdue.

On hésiterait à croire aux extravagantes atrocités commises par le maréchal de Retz pour se procurer les bonnes grâces du démon, si elles n'avaient été avouées par lui et constatées par son procès; il lui sacrifiait des victimes humaines.

« Trop élevé au-dessus du vulgaire pour se croire obligé d'ensevelir ses extravagances et ses crimes dans l'ombre du mystère, il les laissa en peu de temps parvenir à la connaissance de tout le monde, dit Bodin dans les *Recherches sur l'Anjou*. Depuis longtemps, la clameur publique accusait le maréchal de Retz de faire enlever et renfermer dans les châteaux de Machecoul et de Champtocé les plus jolis jeunes garçons pour les faire mourir dans d'horribles tourments et faire servir leur sang à ses opérations alchimiques et magiques. C'était en vain que ses vassaux, sur lesquels il prélevait cet affreux tribut, versaient des larmes sur le sort des victimes. Le nom, le rang du coupable, son immense fortune imposaient à la justice et l'avaient jusqu'alors rendue sourde et aveugle. Mais, enfin, la vie de ce monstre devint si révoltante, si exécrable, la voix publique s'éleva si haut contre lui, que l'évêque de Nantes et le sénéchal de Rennes, juge général du pays, furent obligés de l'entendre, et, craignant peut-être que les Bretons et les Angevins, exaspérés par une si cruelle tyrannie, ne se fissent eux-mêmes justice, ils le condamnèrent à être brûlé vif. »

Le maréchal, se croyant sans doute sûr de l'impunité, traita ses juges avec un dédain superbe et osa leur répondre avec le plus grand sang-froid qu'il avait commis plus de crimes qu'il n'en fallait pour faire condamner à mort dix mille hommes.

On trouva dans la Tour de Champtocé une pleine tonne d'ossements calcinés; des os d'enfants en tel nombre, qu'on présuma qu'il pouvait y en avoir une quarantaine. On en trouva également dans les latrines du Château de La Suze, dans d'autres lieux, partout où il avait passé. Partout il fallait qu'il tuât. On porte à cent quarante le nombre d'enfants qu'avait égorgés la bête d'extermination. Comment égorgés, et pourquoi ? C'est ce qui était plus horrible que la mort même. C'étaient des offrandes au diable... Retz offrait parfois à son magicien le sang d'un enfant, sa main, ses yeux et son cœur...

Ayant perdu toute notion du bien, du mal, du jugement, il eut toujours jusqu'au bout bonne opinion de son salut. Le misérable croyait avoir attrapé à la fois le diable et Dieu. Il ne niait pas Dieu; il le ménageait, croyant corrompre son juge avec des messes et des processions. Le diable, il ne s'y fiait qu'à bon escient, faisant toujours ses réserves, lui offrant tout, hors sa vie et son âme. Cela le rassurait. Quand on le sépara de son magicien, il lui dit en sanglotant ces étranges paroles: « Adieu, François, mon ami, je prie Dieu qu'il vous donne patience et connoissance, et soyez certain que, pourvu que vous ayez bonne patience et espérance en Dieu, nous nous entreverrons en la grant joie du paradis. » Il fut condamné au feu et mis au bûcher, mais non brûlé; par ménagement pour sa puissante famille et pour la noblesse en général, on l'étrangla avant que la flamme l'eût touché. Le corps ne fut pas mis en cendres. Des « damoiselles de grand estat » vinrent le chercher à la prairie de Nantes, où était le bûcher, levèrent le corps de leurs nobles mains et, avec l'aide de quelques religieuses, l'enterrèrent dans l'Église des Carmes fort honorablement.

Savennières. — Bourg de 1,298 habitants; perception des finances, bureau des postes et télégraphes; station de la ligne d'Angers à Nantes; sur la rive droite de la Loire; à 16 kilomètres Sud-ouest d'Angers.

L'Église de Savennières est la plus ancienne de l'Anjou et peut-être même de toute la France, car on y reconnaît des parties construites en petit appareil, ce qui la reporterait au IVe ou au Ve siècle de notre ère.

« Le pignon, dit Ad. Joanne, offre, à partir du sommet, deux rangs de briques obliquo-

Saumur.

ment posées, en arête de poisson, deux cordons de briques horizontales, trois rangées de pierres en silex noir, au milieu desquelles est un triangle formé de trois briques, symbole de la sainte Trinité; les briques et la pierre alternent jusqu'à la base; le chœur et la porte de l'est sont du XIe siècle; le reste de l'édifice appartient aux XIe, XIIe et XIIIe siècles. »

Près du hameau des Forges, un Château moderne a remplacé l'ancienne Forteresse de La Roche-aux-Moines, appelée au XIVe siècle La Roche-au-Duc et plus tard La Roche-Serrant. Ce Château fut vainement assiégé en 1214 par Jean-sans-Terre, que Louis, fils de Philippe-Auguste, força à en lever honteusement le siège.

Non loin de là, est le magnifique Château de Serrant. C'est un vaste édifice, composé de plusieurs corps de bâtiments élevés dans les trois derniers siècles; ce mélange de différents genres d'architecture sert à donner à l'ensemble un caractère imposant et pittoresque. La façade qui donne sur la Loire est flanquée à ses deux extrémités de deux belles Tours rondes, couronnées d'un entablement qui règne tout autour du Château. La façade principale, du côté de la Route d'Angers à Nantes, se trouve entre deux grandes ailes en retour qui forment la cour d'honneur. Dans la Chapelle, on remarque un superbe Tombeau, de Coysevox, élevé à la mémoire du marquis de Vaubrun, tué à Altenheim, en 1675. Louis XIV et Napoléon ont reçu l'hospitalité au Château de Serrant.

LIVR. 4.

Dans l'Ile Béhuard, en face de Savennières, on visite une Chapelle curieuse, composée de deux salles bâties l'une au-dessus de l'autre, sur une pointe de schiste. Cette Chapelle, honorée d'une dévotion particulière par Louis XI, renferme de nombreux *ex voto*, parmi lesquels figurent des chaines de prisonniers.

Le vin blanc, dit de la coulée de Serrant, est le meilleur du Bas-Anjou.

Les armes de Savennières sont : *de gueules, à la croix pattée d'or*.

Thouarcé. — Bourg de 1,559 habitants ; chef-lieu de canton ; justice de paix, perception des finances, bureau des postes et télégraphes ; station de la ligne de Chalonnes-sur-Loire à Montreuil-Bellay ; sur le Layon ; à 28 kilomètres Sud d'Angers.

Ce bourg possède une Source d'eaux ferrugineuses avec établissement de bains, une minoterie, une huilerie, des fabriques de meubles et de tire-bouchons, des tonnelleries.

Signalons : à *Beaulieu*, une ancienne Église, un Hôtel du XVIIIe siècle, une mine de houille ; au *Champ*, le Château du Pineau, du XVe siècle ; à *Charcé*, le Dolmen de la rive gauche de l'ancien Étang de Brissac, monument historique, au centre d'un cercle formé de deux Peulvens et autres pierres druidiques ; à *Faveraye*, une Église du XIIe siècle ; à *Gonnord*, les restes d'un Château, une fabrique de coutils ainsi qu'à *Chanzeaux* ; à *Luigné*, une Chapelle du XIIe siècle ; les restes d'une Commanderie du XVe siècle, une ancienne Tour ; à *Notre-Dame-d'Allençon*, une Église du XIIe siècle, un Manoir du XVIe.

Brissac — (*Brissacum*). — Ville de 949 habitants ; perception des finances, bureau des postes et télégraphes ; station de la ligne d'Angers à Poitiers ; sur l'Aubance ; à 16 kilomètres Sud-est d'Angers.

Deux événements historiques ont rendu cette petite ville célèbre : la défaite de Geoffroy-le-Barbu, comte d'Anjou, en 1067, et la réconciliation, en 1620, de Louis XIII avec Marie de Médicis, sa mère, par l'intermédiaire de Richelieu, alors évêque de Luçon.

On y remarque un des plus beaux Châteaux du département ; il est situé entre deux collines ; sur l'une est la ville ; sur l'autre, qui est beaucoup plus élevée, un monument sépulcral d'ordre dorique, appelé le Mausolée.

Le Château de Brissac appartient par son architecture à différentes époques ; mais, malgré ses irrégularités et son défaut d'ensemble, il présente néanmoins une masse imposante et digne de la puissance des seigneurs qui l'ont fait élever. Sa façade principale, tournée vers l'Est, se trouve resserrée entre deux Tours de l'ancien Château de Brochessac, dont la construction était antérieure à celle de celui de Brissac. Ce Château, classé parmi les monuments historiques, a eu beaucoup à souffrir des désastres révolutionnaires.

Brissac possède des huileries, des tonnelleries, une corroirie, une tannerie, et fait un important commerce de grains.

Tiercé. — Bourg de 2,070 habitants ; chef-lieu de canton ; justice de paix, perception des finances, bureau des postes et télégraphes ; station de la ligne d'Angers au Mans ; près de la rive gauche de la Sarthe ; à 19 kilomètres Nord d'Angers.

Dans ce bourg, on remarque une belle Église moderne et le Château de Cimbré.

Citons : à *Briollay*, une Maison du XIIe siècle ; à *Cheffes*, les ruines de La Roche, un Clocher du Xe siècle, le vieux Manoir de Teildras, une grande minoterie, une fabrique de crins frisés ; à *Écuillé*, le Château de Plessis-Bourré, monument historique ; à *Feneu*, le Manoir de Montriou, du XVIe siècle, le Château de Sautré, du XVIIe ; à *Soucelles*, le Dolmen de la Pierre-Cézée ; à *Soulaire-et-Bourg*, le Château du Bois, du XVIIIe siècle.

ARRONDISSEMENT DE BAUGÉ

Baugé. — (lat. N. 47°32′32″; — long. O. 2°26′34″; — alt. 59 m.; — à 274 kilom. S.-O. de Paris par la route, à 328 par la voie ferrée; à 38 kilom. N.-E. d'Angers par la route, à 47 par la voie ferrée). — Ville de 3,623 habitants; — chef-lieu d'arrondissement et de canton; sous-préfecture; conseil d'arrondissement; circonscription électorale; — inspection primaire, école primaire supérieure; collège libre; — chambre consultative d'agriculture; — bureau des postes et télégraphes; — recette particulière des finances; — conservation des hypothèques; — établissement hospitalier, asile d'aliénés; — tribunal de première instance; justice de paix; prison; — gare où se croisent les lignes d'Angers, de Saumur, de Noyant-Méon, de La Flèche; — près du Couesnon.

Cette petite place de guerre, fondée par Foulques Nerra, eut au Moyen-Age de l'importance.

En 1421, le duc de Clarence y fut battu par le maréchal de La Fayette; Clarence y fut tué avec un grand nombre de seigneurs. Cette victoire chassa les Anglais de l'Anjou.

Au XVIIe siècle, Anne de Melun, fille du prince d'Épinay, renonçant au monde, fonda à Baugé un Hôpital où elle vécut trente ans, se consacrant au soulagement des pauvres malades.

Baugé possède un Château du XVe siècle.

On y fabrique des bougies, des outils, des cuirs tannés, des toiles communes, des étoffes de laine, des ouvrages en corne; il s'y trouve des huileries; et il s'y fait un commerce assez important de fruits verts et cuits, de bois, de toiles et de bestiaux.

Signalons : à *Bocé*, le Château de Parpacé, du XVe siècle, celui de l'Auberdière, du XVIIIe; à *Clefs*, une Église du XIIIe siècle; à *Cuon*, le Peulven de Pierre-Frite, une Église du XIe siècle, le Château de La Graffinière, du XVe siècle; à *Echemiré*, un Menhir, une Église du Xe siècle, les restes d'un Prieuré du XIIe siècle; à *Pontigné*, le Dolmen de Pierre-Couverte, une Église du XIIe siècle, monument historique; à *Saint-Martin-d'Arcé*, un Menhir, une Église du XIe siècle; au *Vieil-Baugé*, une Église du XIe siècle, un Château de même époque.

Beaufort. — Ville de 4,492 habitants; chef-lieu de canton; justice de paix, perception des finances, bureau des postes et télégraphes; deux établissements hospitaliers; station de la ligne d'Angers à Noyant-Méon; à 14 kilomètres Sud-ouest de Baugé.

Cette petite ville est agréablement située dans une riche Vallée qu'arrosent la Loire, l'Authion et le Couesnon. C'était autrefois une des principales places fortes de l'Anjou. Aujourd'hui, c'est une ville industrieuse, qui fabrique des toiles blanches, de fil et de coton. Ses marchés et ses foires sont très fréquentés.

Elle possède un beau Collège libre, une École secondaire d'enseignement spécial et une École préparatoire à l'École des arts et métiers, une Église du XVe siècle, les restes d'un Prieuré, une Maison du XVIe siècle, le Château de Blinière, de même époque, celui de Monet. De l'Esplanade de son ancien Château, on jouit d'une belle vue sur les environs.

Notons : à *Fontaine-Guérin*, les Dolmens de La Tour-du-Pin et de La Rangeardière, une Motte féodale, des carrières de tuffeau; à *Mazé*, le Château de Montgeoffroy, du XVIIIe siècle; à *Saint-Georges-du-Bois*, les Caves de Saint-Sicot, le Manoir de La Roche-Abilen, du XVIe siècle.

Les armes de Beaufort sont : *d'azur, à un château d'argent, flanqué de deux tours crénelées et couvertes, et d'une tour au milieu crénelée et accompagnée de trois fleurs de lis d'or, deux en chef et une en pointe.*

Durtal. — Ville de 3,177 habitants; chef-lieu de canton; justice de paix, perception des finances, bureau des postes et télégraphes, établissement hospitalier; station de la ligne d'Angers à La Flèche; sur la rive droite du Loir; à 18 kilomètres Nord-ouest de Baugé.

On y voit plusieurs Châteaux, dont celui de la famille de Schomberg, du xv° siècle.

Il s'y trouve des minoteries, une poterie, une papeterie.

Signalons : à *Baracé*, une Église très ancienne; à *Etriché*, le Château du Plessis-Chivré, du xvi° siècle; aux *Rairies*, des carrières de moellons et de pierres de taille et des fabriques considérables de chaux, de briques, de carreaux, de tuiles.

Longué. — Ville de 4,360 habitants; chef-lieu de canton; justice de paix, perception des finances, bureau des postes et télégraphes, établissement hospitalier; station de la ligne de La Flèche à Saumur; sur le Lathan; à 19 kilomètres Sud de Baugé.

Longué possède des minoteries, des huileries, des fonderies de cuivre, et fait le commerce des sangsues pêchées dans les marais voisins.

On y remarque une Église moderne, les restes du Château de Montils, le Manoir de La Cirottière, du xv° siècle, le Château de Grange-Marie.

Mentionnons : à *Blou*, une Église romane du ix° siècle; à *La Lande-Chasles*, un Menhir; à *Mouliherne*, une Église du xi° siècle, monument historique, un Ossuaire du xii°, le Manoir du Val, de même époque, le Château de La Touche, du xvi° siècle; à *Vernoil*, le manoir fortifié de Poligny, du xvi° siècle, le Château de Ville-au-Fourier, du xvii°.

Vernantes. — Bourg de 1,958 habitants; perception des finances, bureau des postes et télégraphes; station de la ligne de Paris à Saumur par Chartres; à 24 kilomètres Sud-est de Baugé.

Vernantes a sur son territoire les belles ruines de la grande Abbaye cistercienne du Loroux, fondée en 1121 par Eremburge, comtesse d'Anjou et du Maine. Ce Monastère avait été fortifié au xvi° siècle. Au centre de l'Église s'élevait une Tour remarquable par sa construction et sa grande élévation. Ce Donjon avait cinq étages, dans l'un desquels était la salle des gardes, où logeait une garnison de 200 hommes, qui servaient à garder l'Abbaye en temps de guerre. Sa masse était si imposante, qu'en 1815 les Prussiens le prirent pour un fort et n'osèrent en approcher. Mais, depuis, le Donjon s'est écroulé, et sa chute entraîna celle de l'Église. Aujourd'hui, il ne reste de cette ancienne Abbaye qu'une Porte fortifiée flanquée de Tourelles, quelques arcades et des faisceaux de colonnes, indiquant la place des piliers de l'Église.

Noyant. — Bourg de 1,551 habitants; chef-lieu de canton; justice de paix, perception des finances, bureau des postes et télégraphes; gare où se croisent les lignes de Chartres, de Saumur, d'Angers; à 17 kilomètres Est de Baugé.

Ce Bourg et son canton sont exclusivement agricoles.

Notons : à *Breil*, le Château de Lathan; à *Broc*, une Église du x° siècle; à *Chavaignes*, une Église du xi° siècle; à *Denezé-sous-le-Lude*, les ruines de l'Abbaye cistercienne de La Boissière; à *Genneteil*, une Église du xi° siècle; à *Lasse*, deux Manoirs et un Château des xv° et xvi° siècles; à *Meigné*, un Château du xvi° siècle.

Seiches. — Bourg de 1,430 habitants; chef-lieu de canton; justice de paix, perception des finances, bureau des postes et télégraphes; station de la ligne d'Angers à La Flèche; sur la rive gauche du Loir; à 20 kilomètres Ouest de Baugé.

A 3 kilomètres Nord de Seiches, sur la rive gauche du Loir, se trouve le beau Château du Verger, qui appartint à la famille de Du Guesclin et aux Rohan. C'est dans le parc du Verger que le duc de Mercœur vint se jeter aux pieds de Henri IV, et que ce prince se réconcilia avec lui, réconciliation qui contribua tant à la pacification du royaume. Le parc du Verger, entièrement entouré de murs, est encore un des plus beaux de France; à l'une de ses extrémités on visite les ruines du Prieuré de Sainte-Croix, et plus loin, les bâtiments de l'ancienne Commanderie de Marolles.

Seiches a une tannerie et des huileries.

C'est une commune agricole ainsi que son canton. Ses marchés sont fréquentés.

On remarque : à *Bauné*, le Château de Briançon, du XVIe siècle; à *Chaumont*, les ruines de l'Abbaye de Chalocé; à *Corzé*, des Dolmens, le Château d'Ardenne, du XVe siècle; à *Jarzé*, le Dolmen de La Roche-Thibault; à *Marcé*, les Pierres druidiques de Rocherieux.

ARRONDISSEMENT DE CHOLET

Cholet — (lat. N. 47° 5′ 14″; — long. O. 3°; — alt. 54 m.; — à 362 kilom. S.-O. de Paris par la route, à 367 par la voie ferrée; à 59 kilom. S.-O. d'Angers par la route et par la voie ferrée). — Ville de 16,894 habitants; — chef-lieu d'arrondissement et de canton; sous-préfecture; conseil d'arrondissement; deux circonscriptions électorales; — 8e bureau de recrutement, de mobilisation et de réquisition de la 9e région de corps d'armée; 77e régiment actif, 277e régiment de réserve, 72e régiment territorial d'infanterie; hôpital mixte; — collège communal; inspection primaire; — sociétés des lettres, des sciences, des arts, de tir et de gymnastique; — sociétés colombophiles; — chambre consultative des arts et manufactures; conseil de prud'hommes; bureau des postes et télégraphes; — recette des finances; — conservation des hypothèques; — bureau auxiliaire de la Banque de France; — établissement hospitalier; — tribunal de première instance; justice de paix; prison; — gare où se croisent les lignes d'Angers, des Sables-d'Olonne, de Poitiers; — sur le Moine.

Cholet n'était qu'une baronnie insignifiante au Moyen-Age; elle doit son importance moderne à Colbert, qui y appela des tisserands et en fit un centre d'industrie.

La ville prospéra jusqu'à la Révolution.

L'insurrection vendéenne lui porta un coup terrible. Dès les premiers jours de l'insurrection, elle fut prise par Cathelineau qui en fit le centre des opérations de l'armée royaliste. Quelques mois plus tard, elle devint, pendant deux jours, le théâtre d'un combat acharné, où les Républicains furent victorieux; ce n'était plus qu'une ruine, et bien du temps se passa avant que la ville industrielle pût réparer tant de désastres.

Aujourd'hui Cholet a repris son ancienne importance; on y fabrique de la batiste, des siamoises, des flanelles, des grisettes, des futaines, des droguets, des calicots, des toiles dites choletles et surtout des mouchoirs; il s'y trouve des blanchisseries de tissus et de fil, des brasseries, des filatures de laine, des imprimeries avec trois journaux, une tannerie.

Cholet possède une belle Église du XIIIe siècle, inachevée, et un vieux Pont sur le Moine.

Le canton de Cholet renferme plusieurs établissements industriels du même genre que ceux de cette ville pour la fabrique des tissus.

Notons : à *Maulévrier*, un beau Château du XVIIe siècle; à *La Tessoualle*, le Château de La Cour-du-Coudray, du XVe siècle; à *Trémentines*, des Menhirs et un Galgal.

_{Les armes de Cholet sont : *d'azur, à la croix d'argent frettée de gueules.*}

Beaupréau. — Ville de 3,857 habitants; chef-lieu de canton; justice de paix, perception des finances, bureau des postes et télégraphes, établissement hospitalier; sur l'Èvre; à 19 kilomètres Nord de Cholet.

Cette petite ville, jadis assez importante comme sous-préfecture, est située dans la partie de l'Anjou que l'on appelle Les Mauges.

Il en est fait mention au XIe siècle. Longtemps baronnie, elle devint marquisat au XVe siècle, en faveur du prince de La Roche-sur-Yon, qui y reçut Charles IX et Catherine de Médicis, lors de leur voyage en Anjou, en 1565. Ce marquisat appartint depuis aux Gondi et aux Brissac. L'abbé Paul de Gondi, depuis cardinal de Retz, y entama une de ses premières intrigues d'amour avec sa cousine, Catherine de Gondi, « laquelle avoit, nous dit-il dans ses *Mémoires*, les plus beaux yeux du monde, qui n'étoient jamais si beaux que quand ils mouroient. »

En 1793, les Vendéens livrèrent, sous Beaupréau, un combat furieux à l'armée républicaine; ils y furent vainqueurs.

Elle possède un joli Château moderne, un petit Séminaire et deux anciennes Églises, dont l'une, celle de Notre-Dame, a été reconstruite de nos jours.

Il s'y trouve des teintureries pour coton et laine, des fabriques de toiles blanches, de flanelles et de siamoises, des minoteries, une tannerie.

Mentionnons : à *Andrezé*, une fabrique de toiles et mouchoirs; à *Bégrolles*, une autre fabrique, l'Église de Bellefontaine, du XIe siècle, la Chapelle de Bellefontaine avec la Vierge vénérée et sa Fontaine miraculeuse; à *Jallais*, le Château de La Chaperonnière, du XVe siècle; au *May-sur-Èvre*, une fabrique de chaussures; à *Villedieu*, le moulin de La Haute-Borne, monument historique, des fabriques de mouchoirs.

Champtoceaux. — Bourg de 1,516 habitants; chef-lieu de canton; justice de paix, perception des finances, bureau des postes et télégraphes; sur la rive gauche de la Loire; à 48 kilomètres Nord-ouest de Cholet.

Ce bourg, situé dans une charmante position, fabrique du vinaigre et des tonneaux.

A proximité, se trouvent les vastes ruines d'un Château-Fort, qui fut plusieurs fois pris dans les guerres féodales, par saint Louis, par les Bretons, par les Anglais. Les imposants débris de la Forteresse offrent un aspect vraiment pittoresque.

Notons : à *Bouzillé*, le Château de La Mauvoisinière, du XVIIe siècle, le Château moderne de La Bourgonnière, des fours à chaux; à *Landemont*, des minoteries, une scierie, des tonnelleries; à *Liré*, des minoteries, une vinaigrerie; à *Saint-Laurent-des-Autels*, une belle Église moderne, une teinture et une fabrique de tissus de laine.

Chemillé — (*Camilliacum*). — Ville de 4,467 habitants; chef-lieu de canton; justice de paix, perception des finances, bureau des postes et télégraphes, établissement hospitalier; station de la ligne d'Angers à Cholet; sur l'Hyronne; à 23 kilomètres Nord de Cholet.

Cette petite ville, fort ancienne, possède des minoteries, des tanneries, des fabriques de toiles de toute espèce, de broderies et de dentelles, de couvre-pieds de laine piquée, de mouchoirs, de linge de table, des filatures de coton, des blanchisseries, des teintureries.

Son Église Notre-Dame est surmontée d'un beau Clocher roman.

Dans ses environs on exploite des carrières de pierre, et, à La Verdonnière, il y a une Source d'eau ferrugineuse.

C'est près de Chemillé, au Château de Souchereau, qu'a été pris le général vendéen Stofflet, ainsi que ses deux aides de camp. Ils furent conduits à Angers et fusillés.

Mentionnons : aux *Gardes*, un couvent de Trappistines, du xviiie siècle; à *La Jumellière*, un beau Château moderne; à *Saint-Georges-du-Puy-de-la-Garde*, une belle Église moderne.

Montfaucon. — Bourg de 667 habitants; chef-lieu de canton; justice de paix, perception des finances, bureau des postes et télégraphes; sur le Moine; à 20 kilomètres Ouest de Cholet.

Il y a, dans le canton, plusieurs fabriques de tissus et toiles.

On remarque, à Montfaucon, une Motte féodale.

Signalons : à *La Renaudière*, le Menhir de La Bretaudière, l'ancien Château de La Machefolière; à *Saint-Germain*, les Pierres druidiques branlantes de La Davière; à *Saint-Macaire*, le Menhir de la Bretellière; à *Torfou*, le Mégalithe de La Pierre-Tournisse.

Montrevault. — Bourg de 830 habitants; chef-lieu de canton; justice de paix, perception des finances, bureau des postes et télégraphes; sur l'Èvre; à 27 kilomètres Nord-ouest de Cholet.

Le canton a quelques établissements industriels, minoteries, distilleries, vinaigreries, briqueteries, tuileries, fabriques de toiles et mouchoirs.

On voit, à Montrevault, les ruines d'un Château du xve siècle.

On peut encore citer : à *La Boissière-sur-Èvre*, une Église du xie siècle, à *Chaudron*, le Château moderne du Plessis-Villoutreys; au *Fief-Sauvin*, le Menhir de Brault, les Retranchements gaulois de *Segora*; à *Saint-Pierre-Montlimart*, la Motte féodale du Petit-Montrevault, le Château moderne de La Bellière.

Saint-Florent-le-Vieil — (*Fanum sancti Florentii Indiciatus, Mons Planus Arvernorum*). — Ville de 2,136 habitants; chef-lieu de canton; justice de paix, perception des finances, bureau des postes et télégraphes; sur la rive gauche de la Loire; à 39 kilomètres Nord de Cholet.

Cette ville, bâtie sur une colline escarpée voisine de la rive gauche du fleuve, que l'on traverse sur un Pont suspendu, fait remonter son origine au ive siècle et prétend être la première cité du pays qui ait adopté le Christianisme.

Un soldat chrétien, qui servait dans les légions romaines, vint, vers l'an 300, s'établir dans ces parages, pour fuir les persécutions de Dioclétien. Un ange, qui, raconte la légende, l'avait conduit jusqu'au bord de la Loire, lui ordonna de s'y arrêter. Florent, ainsi s'appelait le fugitif, ne trouva d'asile que dans une Grotte infestée de serpents, qui le respectèrent. Ses autres miracles, ses ferventes prédications, gagnèrent à sa religion les cœurs de tous ceux qui l'approchèrent. Il mourut à l'âge de 123 ans, entouré de quelques-uns de ceux qu'il avait convertis et qui s'étaient bâti des cabanes dans les environs de son Ermitage.

Telle fut l'origine de la ville de Saint-Florent.

Charlemagne y fit élever un Monastère et une Église et favorisa les moines, dont l'apostolat avait encore fort à faire dans ce pays sauvage et très attaché aux vieilles superstitions.

Mais les Bretons et les Normands pillèrent l'Abbaye de Saint-Florent; les reliques du saint furent portées en Bourgogne, puis rapportées à Saumur, où elles restèrent, malgré les réclamations des anciens possesseurs.

Foulques-Nerra fit élever à Saint-Florent un Château.

C'est là que l'insurrection vendéenne commença : ce pays, jadis si rebelle aux prédications chrétiennes, était devenu avec le temps un vrai centre religieux, où rien n'avait pénétré des idées nouvelles, mises en circulation par la Réforme et la philosophie.

C'est là que Bonchamp blessé vint mourir après la défaite des Vendéens. Nous avons dit comment il honora ses derniers moments, en faisant mettre en liberté 4,000 prisonniers Républicains que les Vendéens allaient égorger.

Un Monument, élevé dans l'Église de Saint-Florent, rappelle le souvenir de cette belle action; c'est une des premières œuvres de David d'Angers. Au-dessous de la Statue de Bonchamp, qui se relève mourant sur son brancard pour demander la grâce des Républicains, on lit ces mots historiques : « Grâce aux prisonniers ! Bonchamp l'ordonne. » L'ensemble du Monument présente un caractère saisissant d'antique simplicité.

L'Église de Saint-Florent est un monument historique.

Notons : à *Botz*, un Cromlech ; à *La Chapelle-Saint-Florent*, le Château de La Guérinière, du xve siècle, le Château moderne de La Baronnière.

Montjean — (*Mons Johannis*). — Ville de 3,094 habitants; perception des finances, bureau des postes; sur la rive gauche de la Loire; à 44 kilomètres Nord de Cholet.

Cette petite ville est située au sommet d'un coteau escarpé, sur la rive gauche du fleuve, qu'un Pont suspendu relie à la rive droite.

Elle possède des houillères considérables, des carrières, des forges, des fours à chaux.

C'est un Port fluvial important qui communique avec Angers par des bateaux à vapeur.

Dans le voisinage, on peut visiter les belles ruines de l'ancien Prieuré de Châteaupanne, dont la Chapelle conserve quelques traces de peintures murales.

ARRONDISSEMENT DE SAUMUR

Saumur — (lat. N. 47° 15′ 34″; — long. O. 2° 24′ 40″; — alt. 77 m.; — à 335 kilom. S.-O. de Paris par la route, à 293 par la voie ferrée; à 48 kilom. S.-E. d'Angers par la route, à 44 par la voie ferrée) — (*Salmurium*). — Ville de 14,867 habitants; — chef-lieu d'un arrondissement et de trois cantons; sous-préfecture, conseil d'arrondissement; circonscription électorale; — école d'application de cavalerie, 5e compagnie de cavalerie de remonte; — collège communal; collège de jeunes filles; inspection primaire; bibliothèque; musée; théâtre; — école de viticulture, société de courses; — tribunal de commerce; — chambre consultative des arts et manufactures; école industrielle; — bureau des postes et télégraphes; — recette des finances; — conservation des hypothèques; — établissement hospitalier; — tribunal de première instance; trois justices de paix; prison; — gare où se croisent les lignes de Paris par Chartres ou par Tours, de Niort, d'Angers, de La Flèche; — sur la rive gauche de la Loire.

Selon la tradition, deux villes gauloises auraient existé dans les environs de Saumur. Mais l'existence de Saumur même ne paraît dater que du ive siècle.

A cette époque, quelques paysans se creusèrent des habitations dans le plateau à pic qui s'étend à l'Est de la ville actuelle; c'est là l'origine de cette cité.

Au viiie siècle, une Église y ayant été bâtie par Pépin, qui passa par là à cette époque, des maisons s'élevèrent à l'entour, et la ville prit le nom de Sous-le-Mur, sous l'escarpement où les premiers habitants avaient pratiqué des Grottes; telle est du moins l'étymologie, plus ou moins certaine, du nom de la ville actuelle.

Ravagée par les Normands, la ville se rétablit promptement.

Au xe siècle, elle appartenait aux comtes de Blois.

Elle fut enlevée au xie par Foulques Nerra, comte d'Anjou. La ville surprise ne se défendit pas; mais les habitants, réfugiés dans le Château, avaient envie d'y résister, quand les

1. Segré. — 2. Château d'Angers. — 3. Cholet.

moines, qui se trouvaient avec eux, proposèrent de confier la garde du Château aux reliques de saint Doucelin, fort en vogue alors dans le pays. L'avis est adopté et la châsse entourée de cierges est placée derrière une Porte. Foulques, après avoir fait enfoncer cette Porte, fut un peu étonné, mais il passa outre et s'empara du Château.

Depuis ce moment, Saumur dépendit de l'Anjou et suivit les destinées de la province.

Sa bourgeoisie, enrichie par le commerce et l'industrie, acquit bientôt une certaine puissance, qui la mit souvent aux prises avec un pouvoir rival, celui du clergé.

Ainsi, sous Henri II Plantagenet, nous voyons les bourgeois en querelle avec les moines de Saint-Florent, qui, ayant droit de péage sur la rivière, soutenaient qu'à eux seuls appartenait le droit de passer les voyageurs d'une rive à l'autre sur un bac qu'ils entretenaient à

LIVR. 5.

cet effet. Comme les bourgeois avaient construit un Pont en bois sur la Loire, les moines y voyaient un attentat à leurs privilèges. L'affaire portée devant le roi d'Angleterrre, celui-ci décida que les moines deviendraient propriétaires du Pont, à la charge de payer aux bourgeois les frais de construction, de l'entretenir, et, chaque année, de substituer une arche en pierre à une arche en bois, jusqu'à ce que le Pont fût entièrement en pierre d'une rive à l'autre. En outre, les bourgeois de Saumur furent affranchis de tout droit de passage.

Si les moines furent peu satisfaits de cette décision, le commerce de la ville y gagna.

Saumur était une cité considérable au XIII° siècle, quand saint Louis y vint et y donna une fête, qui fut, selon Joinville, une « nonpareille » chose.

Le passage du dévot Louis XI y fut marqué par un singulier procès et une plus singulière décision. Saumur prétendait posséder les vraies reliques de saint Florent ; mais Roye, en Picardie, se disait également dépositaire de ces mêmes reliques. Louis XI se préoccupa de ce conflit. Roye produisit des documents prouvant l'authenticité des reliques, lesquelles, enlevées de Saumur au XI° siècle, auraient été à cette époque portées en Picardie. Louis XI parut convaincu ; mais fallait-il restituer les restes du saint à ses anciens possesseurs ? Il s'avisa de s'en rapporter au saint lui-même, et voici comment. Il fit mettre le feu aux quatre coins de la ville de Roye, en priant le saint de sauver la ville s'il lui était agréable d'y rester. Tout brûla ; en conséquence, les reliques furent transportées à Saumur, et, comme la population de cette ville persistait à croire à l'authenticité des restes qu'elle possédait déjà, on imagina de mêler les ossements nouveaux avec les anciens. Après la mort de Louis XI, la ville de Roye, sortie de ses cendres et privée de son saint, réclama ; le parlement de Paris rendit en sa faveur plusieurs arrêts, qui vinrent se briser contre l'obstination des moines de Saumur. Enfin, on proposa de partager par moitié le mélange de reliques qu'on possédait à Saumur ; la querelle se termina par cette équitable répartition.

Quand vint la Réforme, la bourgeoisie de Saumur se trouvait toute préparée aux idées nouvelles par son esprit d'indépendance, et surtout par ses longs démêlés avec les deux Abbayes de Saint-Florent et de Fontevrault. Aussi le Protestantisme y fit-il de nombreux prosélytes ; les Églises furent dévastées, les images brisées ; l'Abbaye de Saint-Florent eut surtout à souffrir des colères religieuses.

Occupée par le prince de Condé, la ville fut reprise par le duc de Montpensier.

M. de Montsoreau en était gouverneur, quand il reçut du capitaine Puy-Gaillard une lettre conservée dans les registres de l'hôtel de ville d'Angers, où le capitaine, lui apprenant la « bien grande exécution » que, le 24 août 1572, le roi avait faite à Paris « à l'encontre des huguenots », ajoutait : « La volonté de Sa Majesté est que l'on en fasse de même partout où l'on en trouvera, et pour ce, si vous désirez jamais faire service qui soit agréable à Sa Majesté et à Monsieur (duc d'Anjou), il faut que vous en alliez à Saumur avec le plus de vos amis, et tout ce que vous y trouverez desdits huguenots, des principaux, les faire mourir... Je suis bien marri que je ne puis pas être par delà pour vous aider à exécuter cela. »

L'ordre fut impitoyablement exécuté. Montsoreau poignarda de sa main le lieutenant général ; ce fut le signal du massacre qui inonda de sang les rues de Saumur. Ces égorgements n'étouffèrent pas plus le Protestantisme à Saumur qu'ailleurs.

Après s'être enfui de Paris, Henri de Navarre s'y réfugia et abjura la religion qu'on lui avait imposée le poignard sur la gorge. Plus tard, la ville lui fut cédée comme place de sûreté par Henri III ; il en fit gouverneur Duplessis-Mornay, le redoutable capitaine, le savant théologien, que les Catholiques appelaient « le pape des huguenots ». Saumur lui dut une académie protestante, longtemps célèbre, et où professa le savant Tanneguy-Lefèvre, le père de Mme Dacier, qui naquit au xviie siècle. Pendant longtemps, Catherine de Navarre, sœur de Henri IV, séjourna dans cette métropole du Protestantisme. Un synode national s'y réunit en 1596; puis une assemblée générale en 1611, après la mort de Henri IV. Ce furent comme les États généraux du Protestantisme français; toutes les provinces y envoyèrent des députés, parmi lesquels figuraient les ducs de Sully, de Rohan, de Bouillon; Duplessis en fut le président. Mais l'assemblée se sépara sans avoir pris aucune importante détermination.

Nous avons dit comment Duplessis-Mornay fut frappé de disgrâce par Louis XIII.

Au temps de la Fronde, Saumur resta fidèle au roi; la révocation de l'Édit de Nantes dispersa sa population, qui, sous le gouvernement de Duplessis-Mornay, s'était élevée à 25,000 âmes, et tomba à 6,000, tous les Protestants ayant émigré.

En 1763 s'établit à Saumur l'École de cavalerie, qui a rendu à la ville le mouvement.

En 1793, la ville fut prise, après un combat acharné, par les Vendéens, qui ne la gardèrent que huit jours.

Après s'être rendu maître de Thouars, le 23 février 1822, le général Berton, avec sa petite troupe, s'était porté sur Saumur.

« A la première nouvelle de l'insurrection, lit-on dans l'*Histoire de la Révolution française* par Ferrand et Lamarque, le maire avait essayé de rassembler les habitants afin de la repousser; mais quarante hommes seulement avaient répondu à ce cri: *Aux armes!* Quand le général Berton approcha, le maire, à la tête de vingt-quatre élèves de l'école, occupait le pont Fouchard; tout à coup, le jeune Delon, qui était au nombre des insurgés, s'avance vers ses anciens camarades; il les conjure de se joindre au général; ils vont peut-être céder à ses pressantes sollicitations lorsque le maire, dans la crainte d'une défection, leur ordonne de rentrer dans la ville.

« Au lieu de se porter en avant par une course rapide, Berton se contente de passer le pont Fouchard; bientôt il voit arriver de son côté un nombre plus considérable d'élèves de l'école; le maire est encore à leur tête. A leur attitude, le général devine qu'il ne doit point compter sur leur appui.

« Après avoir parlementé avec le maire, il consent à repasser le pont Fouchard; il s'établit aux portes de la ville, attendant le jour pour commencer l'attaque. Mais déjà ses compagnons désespèrent de l'entreprise. A la faveur de l'obscurité, ils abandonnent le général. Quinze des plus intrépides et le jeune Delon, voilà tout ce qui reste de cette troupe. Un coup de main est devenu impossible, et il n'y a plus d'autre parti à prendre que celui de se retirer. Chacun se disperse de son côté; Berton trouve dans les campagnes un asile où la trahison la plus infâme viendra le surprendre; Delon, plus heureux, gagne les côtes et met à la voile pour l'Espagne. »

Tombés, en effet, dans un guet-apens, Berton et cinq de ses compagnons furent traduits devant la cour d'assises de Poitiers et condamnés à mort. La fin de Berton fut héroïque.

Située sur la rive gauche de la Loire, que l'on traverse sur deux jolis Ponts de construction récente, Saumur possède plusieurs monuments anciens et modernes, entre autres deux Églises: l'une, celle de Nantilly, dont la nef date des premiers siècles de notre histoire; l'autre, celle de Saint-Pierre, élégant édifice, qu'on fait remonter au xiie siècle, mais défiguré par un portail moderne, construit au xviie siècle.

L'École de cavalerie est un monument plus vaste qu'intéressant.

L'ancien Château, dont il reste deux Tours entières, paraît avoir été terminé vers le

XIIIᵉ siècle. L'Hôtel-de-Ville date du Moyen-Age. Citons encore l'hospice de la Providence, le Temple protestant, le Théâtre et le Jardin public.

Les seigneurs de Pacé, terre voisine de Saumur, jouissaient, même au XVIIIᵉ siècle, de droits assez singuliers, que décrit ainsi l'abbé de Laporte dans son *Voyageur français* :

« Tous les chaudronniers qui passent devant le château sont obligés d'entrer pour offrir de raccommoder la batterie de cuisine et reçoivent en payement une miche de pain et une demi-bouteille de vin du cru. La marchandise des chaudronniers peut être confisquée s'ils ne s'acquittent pas de ce devoir. Les marchands de verre sont également tenus, et sous la même peine, de laisser au seigneur le plus beau de leurs verres ; en revanche, celui-ci leur fait donner, dans un autre verre, un coup de vin à boire. Mais le droit le plus singulier dont jouit ce seigneur est celui-ci : le jour de la Trinité, les *femmes jolies* de Saumur sont obligées de venir danser à Pacé et de donner quatre deniers et un chapeau de roses aux officiers du seigneur qui les conduisent à la danse. Celles qui ne sont pas jolies ou qui ne veulent pas danser payent cinq sols d'amende, ou reçoivent un traitement assez désagréable pour donner lieu de croire que l'on entendait autrefois à Saumur par femmes *jolies* les femmes honnêtes et sages, fussent-elles laides, et que les autres ne pouvaient pas se qualifier de jolies femmes, quelque agréable que fût leur figure. »

Les établissements industriels de Saumur sont des distilleries et fabriques de liqueurs, des usines à électricité et à gaz, des huileries, des imprimeries avec quatre journaux, des tanneries, des fabriques d'agrafes, de bouchons, de boutons de nacre, de chapelets, de cordages, de ferblanterie, de gants, de vinaigre, de vins mousseux.

Son commerce consiste en vins et liqueurs, chanvre et lin.

Notons : à *La Breille*, une vieille Enceinte, un Orphelinat agricole ; à *Villebernier*, le Château de Launay, du XVᵉ siècle ; à *Vivy*, le Manoir de la Prézaye, de même époque ; aux *Rosiers*, un Pont suspendu sur la Loire ; à *Artannes*, un Peulven ; à *Bagneux*, trois monuments mégalithiques classés comme historiques, le Dolmen ou Allée-Couverte remarquable de Bagneux, le Dolmen de la Petite-Pierre-Couverte, le Peulven de Pierre-Longue ; à *Chacé*, des carrières de pierre ; à *Dampierre*, les restes du Château de Morains ; à *Distré*, deux Églises du XIᵉ siècle, le Château de Pacé, du XVᵉ siècle, monument historique ; à *Montsoreau*, un Château de même époque, également monument historique, des carrières de pierres ; à *Parnay*, une Église du XIIᵉ siècle ; à *Saint-Hilaire-Saint-Florent*, un Dolmen, la Grotte et la Source inconstante de Puy-Giraud ; à *Souzay*, des carrières de granit.

Le capitaine du Petit-Thouars est né dans une commune voisine de la ville. On sait que c'est lui qui, en 1798, commandant le vaisseau le *Tonnant* à la bataille d'Aboukir, une cuisse emportée par un boulet, reste à son poste, et, sentant la mort venir, se relève pour crier à ses marins : « Équipage du *Tonnant*, n'amène jamais ton pavillon ! » Bodin, auteur des *Recherches curieuses sur l'Anjou*, son fils, Félix Bodin, tous deux successivement députés sous la Restauration et connus par leurs publications libérales, étaient de Saumur.

Les armes de Saumur sont : *de gueules, à la lettre capitale S d'or, surmontée de trois traits d'une muraille crénelée d'argent tenant à un chef, qui est d'azur chargé de trois fleurs de lis d'or*. On les trouve encore : *d'azur, à une muraille naissante crénelée de deux créneaux d'argent, soutenue d'une champeigne de gueules, chargée d'une S d'argent et surmontée de trois fleurs de lis de même.*

Fontevrault — (*Fons Ebraldi*). — Ville de 2,698 habitants ; bureau des postes et télégraphes ; siège de la 16ᵉ direction pénitentiaire ; maison centrale de force et de correction ; à 16 kilomètres Sud-est de Saumur.

Fontevrault doit son origine à une Abbaye célèbre au Moyen-Age et unique en son genre, car elle comprenait des Religieux de l'un et de l'autre sexe, et les hommes comme les femmes obéissaient à une femme.

Le fondateur de cette communauté fut un prêtre breton, Robert d'Arbrissel, âme enthousiaste et mystique et d'une singulière éloquence. Ses prédications s'adressaient surtout aux femmes, et, parmi elles, c'étaient les filles de mauvaise vie que Robert d'Arbrissel réussissait le mieux à convertir. Un jour il entra à Rouen dans un lieu de débauche, et toutes les malheureuses créatures qu'il y trouva le suivirent, converties et résolues à passer le reste de leur vie dans la pénitence et les mortifications ; c'était aux pécheresses les plus endurcies que s'adressait son inépuisable charité. Dans la fondation de Fontevrault, il leur réserva un Monastère à part, celui de la Magdeleine.

Au XIIe siècle on jeta les fondements de la grande Église et des principaux bâtiments. Richement doté par les comtes d'Anjou, le Monastère prospéra.

L'Ordre fut souvent gouverné par des femmes d'un haut rang, et, parmi ses supérieures, on compte quatorze princesses. Les filles de Louis XV y furent élevées.

Cette fondation étrange, où l'homme était soumis à la femme, où celle-ci gouvernait souverainement, se maintint jusqu'à la Révolution.

C'est aujourd'hui une Maison de détention.

Des cinq Églises que renfermait l'Abbaye, il ne reste plus que la Basilique, beau monument du XIIe siècle, dont l'extérieur a été respecté, mais dont l'intérieur, comme le reste de l'Abbaye, a été approprié à sa nouvelle destination. On y voit encore les Statues tombales de Henri II, roi d'Angleterre, d'Éléonore de Guyenne, de Richard Cœur-de-Lion et d'Isabeau d'Angoulême. Dans la seconde cour se trouve un monument intéressant, la Tour d'Évrault, qui s'élève sur trois plans, le premier octogonal, le second carré, le troisième octogonal et dont les angles correspondent au milieu des faces du premier.

Fontevrault possède une usine métallurgique, une usine à gaz, une fabrique de boutons de nacre.

Doué — (*Theodoatum Palatium, Doadum*). — Ville de 3,271 habitants; chef-lieu de canton, justice de paix, perception des finances, bureau des postes et télégraphes, établissement hospitalier; station de la ligne d'Angers à Poitiers, à 17 kilomètres Sud-ouest de Saumur.

Doué existait, dit-on, avant la conquête romaine.

Jusqu'au Xe siècle, ce fut la ville principale du pays. Elle servit souvent de résidence aux rois Wisigoths et ensuite aux rois Francs, dont l'un, Dagobert, a laissé son nom à l'emplacement où se trouvait cette résidence, Dagoberdarie ou Goberderie. Le même roi y fonda l'Église de Saint-Denis. Les Carlovingiens y séjournèrent également.

A partir du Xe siècle, Doué perd son importance, dont hérite Saumur.

Ce fut plus tard une des possessions des La Trémouille.

Enfin, sous Louis XVI, la seigneurie de Doué appartenait à Foulon, une des premières victimes de la Révolution.

Doué possède une Fontaine très ancienne.

On y voit un Amphithéâtre très curieux, longtemps attribué aux Romains, mais qui paraît n'avoir été construit qu'au temps des Wisigoths. « Cet amphithéâtre, dit Bodin, est creusé dans le roc tendre formé par un grand banc de pierres coquillières, sur lequel la ville de Doué est placée. L'arène a dans ses plus grandes dimensions environ trente-cinq mètres de longueur, vingt-huit de largeur et sept à huit de profondeur. Le plan est un polygone irrégulier. Du côté de l'orient, il y a treize gradins, et dix-huit du côté du nord... »

Doué a une corroirie, une tannerie, des fours à chaux, des fabriques de chapeaux et de chaussures. Cette petite ville fait un commerce assez important de grains, de toiles, de fers et de bestiaux.

Mentionnons : plusieurs Châteaux dans le canton ; à *Denezé-sous-Doué*, le Dolmen de Saugré, une Église du XIe siècle; aux *Ulmes*, le Dolmen du Mousseau ; à *Martigné-Briande*, les Sources d'eaux minérales de Joannette.

Gennes. — Bourg de 1,694 habitants; chef-lieu de canton ; justice de paix, perception des finances, bureau des postes et télégraphes; port sur la rive gauche de la Loire; à 16 kilomètres Nord-ouest de Saumur.

Il s'y trouve des minoteries, des huileries, des tonnelleries, des fabriques de chaussures.

On voit, à Gennes, les Dolmens de la Fontaine d'Avort, de La Forêt, de la Madeleine, des ruines de constructions romaines, Aqueduc, Théâtre et Thermes, trois Églises du XIe siècle, dont deux sont des monuments historiques.

Notons : à *Chemellier*, un Dolmen; à *Chenehutte-les-Tuffeaux*, le Dolmen du Ruisseau-d'Enfer, le Camp romain du Châtelier, les traces d'une Voie romaine, une Église du XIe siècle ; à *Coutures*, un Dolmen, le Château de Montsabert; à *Grésillé*, une Église du XIe siècle ; à *Saint-Georges-des-sept-Voies*, un Dolmen, deux Menhirs, une Chapelle creusée dans le roc; au *Thoureil*, un Dolmen, des Menhirs, une Église du XIe siècle, un Donjon du XIIe; à *Trèves-Cunault*, plusieurs monuments historiques, restes du Prieuré de Saint-Macé du XIe siècle, Église prieuriale de Cunault du XIIIe siècle, Tour du XVe siècle.

Montreuil-Bellay. — Ville de 2,104 habitants ; chef-lieu de canton ; justice de paix, perception des finances, bureau des postes et télégraphes, établissement hospitalier; gare où se croisent les lignes de Saumur, d'Angers, de Niort, de Poitiers ; sur le Thouet ; à 16 kilomètres Sud de Saumur.

Le Château de Montreuil-Bellay a été construit par Foulques-Nerra et reconstruit au XVe siècle, puis fort bien restauré récemment ; c'est un monument historique.

On remarque encore, dans cette petite ville bâtie sur un coteau escarpé, les restes de l'Enceinte, une Porte, classée parmi les monuments historiques, une Église du XVe siècle, également monument historique, un beau Pont.

Signalons : à *Antoigné*, un Dolmen, une Église du XIe siècle ; à *Brezé*, un Château du XVe siècle, monument historique; à *Brossay*, une Église du XIe siècle ; à *Cizay-la-Madeleine*, une Église du Xe siècle, les ruines de l'Abbaye d'Asnières, les Châteaux de Fosse-Bellay et de Chozé; au *Coudray-Macouard*, une Église du XIIe siècle, un Château du XVIe; au *Puy-Notre-Dame*, une Église du XIIIe siècle, monument historique.

Vihiers. — Ville de 1,664 habitants; chef-lieu de canton; justice de paix, perception des finances, bureau des postes et télégraphes, établissement hospitalier ; à 38 kilomètres Sud-est de Saumur.

Vihiers fabrique des flanelles, des étoffes et des chapeaux.

On y remarque les restes d'un Château.

Notons : à *Coron*, le Peulven du Château-des-Hommes, monument historique, celui du Champ-de-Gerbeau, les ruines d'un Château ; à *Montilliers*, le Château de Tirepoil ; à *Nueil*, une Église du XIe siècle, ainsi qu'à *Passavant*; à *Saint-Hilaire-du-Bois*, le Château du Coudray-Montbault; à *Tigné*, deux Châteaux du XVe siècle.

Aubigné. — Village de 378 habitants; sur la rive gauche du Layon ; à 35 kilomètres Sud-ouest de Saumur.

C'était une seigneurie qui donna son nom à une famille diversement caractérisée. Parmi ceux dont l'histoire a gardé le souvenir, c'est d'abord un rude compagnon, Agrippa d'Aubigné, Huguenot fervent, intrépide capitaine, théologien et orateur renommé dans son parti, et prophète, du moins le croyait-il, pour avoir adressé à Henri IV une prédiction que Ravaillac se chargea de réaliser. Lorsque Jean Châtel eut d'un coup de couteau frappé Henri IV à la lèvre : « Sire, lui dit d'Aubigné, vous n'avez encore renoncé Dieu que des lèvres, et il a frappé vos lèvres; quand vous l'aurez renoncé du cœur, c'est le cœur qu'il frappera. »

Sa petite-fille, Françoise d'Aubigné, pauvre orpheline, qu'épousa par charité le poète cul-de-jatte Scarron, devenue veuve, finit par épouser le plus orgueilleux des hommes, le roi Louis XIV. Mme de Maintenon avait un frère, qui, étranger à son ambition et à sa pruderie, la désespérait par ses incartades. Quand Mme de Maintenon, après une scène de reproches à ce frère incorrigible, s'écriait un jour : « Ah! je voudrais être morte. — Ma sœur, reprenait le frère, qui connaissait à fond cette âme ambitieuse, vous avez donc promesse d'épouser Dieu le père? » Il finit, d'ailleurs, par se régler et mourut dans de grands sentiments de pénitence.

Aubigné possède une ancienne Église et les ruines d'un vieux Château.

ARRONDISSEMENT DE SEGRÉ

Segré — (lat. N. 47°41′14″; — long. O. 3°12′35″; — alt. 45 m.; — à 297 kilom. S.-O. de Paris par la route, à 314 par la voie ferrée; à 36 kilom. N.-O. d'Angers par la route, à 38 par la voie ferrée). — Ville de 3,551 habitants; — chef-lieu d'arrondissement et de canton; sous-préfecture; conseil d'arrondissement; circonscription électorale; — inspection primaire; — chambre consultative d'agriculture; — bureau des postes et télégraphes; — recette des finances; — conservation des hypothèques; — établissement hospitalier; — tribunal de première instance; justice de paix; prison; — gare de chemin de fer où se croisent les lignes d'Angers, de Laval, de Rennes, de Nantes; — au confluent de l'Oudon et de la Verzée.

Segré, dont l'origine est obscure, fit partie du douaire de Bérengère, femme de Richard Cœur-de-Lion, puis de la seigneurie de Craon, située dans le département de la Mayenne.

Cette place joua un certain rôle dans la guerre de Cent-Ans et pendant les guerres de Religion. A cette dernière époque, les Ligueurs, s'en étant emparés, restaurèrent son Château, que Henri IV fit démolir, et dont il ne reste plus que des ruines.

Segré possède des minoteries, des huileries, une tannerie, une fabrique d'outils.

Notons : à *Aviré*, le Dolmen de Pierre-Debout, monument historique; au *Bourg-d'Iré*, les Châteaux modernes de La Maboulière et de La Douve; à *La Chapelle-sur-Oudon*, le Château de La Lorie du XVIe siècle, le Château moderne de La Gemmeraye; à *Châtelais*, des vestiges de constructions gallo-romaines; à *La Ferrière*, les Dolmens de la Pierre-Couverte et de La Putifais; à *Montguillon*, le Cromlech des Forges; à *Noyant-la-Gravoyère*, le Château de La Roche, du XVIIIe siècle; à *Nyoiseau*, un Menhir; à *Saint-Gemmes-d'Andigné*, des Menhirs, le Château de La Blanchaie; à *Saint-Martin-du-Bois*, un Manoir du XVe siècle.

Candé — (*Condate Turonum*). — Ville de 2,218 habitants; chef-lieu de canton; justice de paix, perception des finances, bureau des postes et télégraphes, bibliothèque, établissement hospitalier; station de la ligne de Segré à Nantes; sur l'Erdre; à 25 kilomètres Sud-ouest de Segré.

Il s'y trouve une minoterie, des huileries, une tannerie, des fabriques de sièges, de briques et de carreaux. On y voit une Maison, dite de Rabelais, monument historique.

Signalons : à *Angrie*, un Château moderne; à *Chazé-sur-Argos*, l'ancien Pèlerinage de la Chapelle de la Croix, le Château de Baguin; à *Freigné*, deux Menhirs, le Château de Bourmont, du xv° siècle; à *La Potherie*, un Menhir.

Châteauneuf-sur-Sarthe. — Ville de 1,500 habitants; chef-lieu de canton; justice de paix, perception des finances, bureau des postes et télégraphes; sur la rive droite de la Sarthe; à 31 kilomètres Est de Segré.

Cette petite ville possède une minoterie, des huileries, des fours à chaux.

L'Église, romano-ogivale, est remarquable par ses voûtes hardies.

Mentionnons : à *Champigné*, le Pèlerinage de la Chapelle-Saint-Julien; à *Juvardeil*, des chantiers de construction de bateaux; à *Miré*, le Dolmen de la *Maison-des-Fées;* dans tout le canton, de nombreux Châteaux et Manoirs.

Brissarthe. — Bourg de 849 habitants; sur la Sarthe; à 32 kilomètres Est de Segré.

C'est près de l'Église de ce bourg qu'en 866 Robert-le-Fort fut tué par les Normands, que commandait le fameux Hastings. Celui-ci avait été obligé de se renfermer dans l'Église, et les Angevins, se contentant de l'y tenir bloqué, remirent l'attaque au lendemain. Mais une sortie impétueuse des Normands jette le trouble au milieu des assiégeants, qui ne songeaient plus qu'à se reposer de leurs fatigues; Robert est tué un des premiers, ses troupes se dispersent. Depuis cette époque, l'Église a été rebâtie en partie, mais la nef est bien celle où s'enfermèrent les Normands. Elle paraît dater du viii° siècle.

Le Lion-d'Angers. — Ville de 2,512 habitants; chef-lieu de canton; justice de paix, perception des finances, bureau des postes et télégraphes; station de la ligne d'Angers à Segré; sur l'Oudon, près de son confluent dans la Mayenne; à 14 kilomètres Sud-est de Segré.

L'Église du Lion-d'Angers, de style roman, est un monument historique.

Cette ville était autrefois le siège d'une baronnie qui a été possédée par les maisons de Thouars, de Châteaubriant, de Dinan, de Laval, de Montmorency et de Bourdon-Condé.

Les principaux articles de son commerce sont les bestiaux, le vin, le cidre, la mercerie; elle possède des tanneries et des fours à chaux.

L'ancien Manoir de l'Ile-Briand a été converti en Ferme-École.

Sur son territoire on voit les ruines du Château du Mas et un Dolmen.

Notons : à *Chambellay*, le Château de Bois-Montboucher, du xv° siècle; à *La Jaille-Yvon*, une Motte féodale; à *La Pouèze*, des ardoisières; dans le canton, plusieurs Châteaux et Manoirs.

Pouancé. — Ville de 3,508 habitants; chef-lieu de canton; justice de paix, perception des finances, bureau des postes et télégraphes, établissement hospitalier; station de la ligne de Segré à Rennes; sur la Verzée, à 23 kilomètres Nord-ouest de Segré.

Située sur la frontière de l'Anjou, la ville de Pouancé fut souvent, au Moyen-Age, exposée aux attaques des Bretons, qui s'en emparèrent deux fois. Elle résista avec succès, en 1443, aux Anglais, commandés par le duc de Sommerset.

Depuis le milieu du xvi° siècle, Pouancé appartint aux Cossé-Brissac. L'un d'eux, en 1652, y fit élever un haut fourneau, innovation dans la contrée. Aujourd'hui, Pouancé en possède plusieurs. L'industrie du fer occupe la plupart de ses habitants. Il s'y trouve aussi des minoteries, une tannerie et une corroirie.

Citons : à *Armaillé*, un Menhir, le Château du Bois-Geslin, du xvi° siècle; à *Combrée*, un Petit Séminaire, des ardoisières.

I. — STATISTIQUE COMMUNALE DU DÉPARTEMENT DE MAINE-ET-LOIRE

NOM de LA COMMUNE.	POPULATION.	NOM de LA COMMUNE.	POPULATION.	NOM de LA COMMUNE.	POPULATION.
ARRONDISSEMENT D'ANGERS					
154,585 hectares. — 170,416 habitants. — 9 cantons. — 89 communes.					
CANTONS D'ANGERS		Cornuaille (La)	1.588	Saint-Léger-des-Bois	668
3 cant., 23 comm., 93,538 hab.		Saint-Augustin-des-Bois	909	Saint-Martin-du-Fouilloux	790
		Saint-Clément-de-la-Place	1.186	Savennières	1.298
Angers (Nord-Est)	32.652	Saint-Sigismond	586		
Ecouflant	943	Villemoisan	866		
Pellouailles	416			**CANTON DE THOUARCÉ**	
Plessis-Grammoire (Le)	889			20 comm., 17,010 hab.	
Saint-Barthélemy	1.165	**CANTON DES PONTS-DE-CÉ**			
Saint-Sylvain	1.455	18 comm., 19,058 hab.			
Sarrigné	263			Thouarcé	1.559
Villévêque	1.671			Alleuds (Les)	528
Angers (Nord-Ouest)	17.933	Ponts-de-Cé (Les)	3.568	Beaulieu	1.029
Avrillé	911	Blaison	928	Brissac	949
Beaucouzé	760	Bohalle (La)	789	Champ (Le)	872
Bouchemaine	1.216	Daguenière (La)	900	Chanzeaux	1.394
Cantenay-Epinard	709	Gohier	202	Charcé	491
Juigné-Béné	503	Juigné-sur-Loire	812	Chavagnes	917
Meignanne (La)	920	Ménitré (La)	1.861	Faveraye	783
Membrolle (La)	560	Mozé	1.335	Faye	1.216
Montreuil-Belfroy	199	Mûrs	1.308	Gonnord	1.517
Plessis-Macé (Le)	361	Saint-Gemmes-sur-Loire	1.941	Joué-Etian	964
Saint-Lambert-la-Potherie	469	Saint-Jean-de-la-Croix	255	Luigné	255
Angers (Sud-Est)	22.084	Saint-Jean-des-Mauvrets	921	Notre-Dame-d'Allençon	461
Andard	968	Saint-Mathurin	2.184	Quincé	728
Brain-sur-l'Authion	1.394	Saint-Melaine	417	Rablay	532
Trélazé	5.147	Saint-Remy-la-Varenne	927	Saint-Ellier	226
		Saint-Saturnin	764	Saint-Lambert-du-Lattay	1.304
CANTON DE CHALONNES-SUR-LOIRE		Saint-Sulpice	213	Saulgé-l'Hôpital	421
5 comm., 9,979 hab		Soulaines	608	Vauchrétien	867
Chalonnes-sur-Loire	4.594				
Chaudefonds	1.083	**CANTON DE SAINT-GEORGES-SUR-LOIRE**		**CANTON DE TIERCÉ**	
Denée	1.164	10 comm., 11,463 hab.		8 comm., 8,137 hab.	
Rochefort-sur-Loire	2.046				
Saint-Aubin-de-Luigné	1.092			Tiercé	2.070
		Saint-Georges-sur-Loire	2.344	Briollay	790
CANTON DU LOUROUX-BÉCONNAIS		Béhuard	195	Cheffes	1.141
7 comm., 10,334 hab.		Champtocé	1.942	Ecuillé	510
		Ingrandes	1.444	Feneu	1.363
Louroux-Béconnais (Le)	2.909	Possonnière (La)	1.447	Montreuil-sur-Loir	345
Bécon	2.187	Saint-Germain-des-Prés	1.289	Soucelles	845
		Saint-Jean-de-Linières	346	Soulaire-et-Bourg	1.073

LIVR. 6.

ARRONDISSEMENT DE BAUGÉ

140,629 hectares. — 72,444 habitants. — 6 cantons. — 67 communes.

CANTON DE BAUGÉ
15 comm., 11,104 hab.

Baugé	3.623
Bocé	769
Chartrené	177
Cheviré-le-Rouge	1.590
Clefs	1.206
Cuon	725
Echemiré	737
Fougeré	1.326
Guédéniau (Le)	713
Montpollin	201
Pontigné	543
Saint-Martin-d'Arcé	338
St-Quentin-lès-Beaurepaire	339
Vieil-Baugé (Le)	1.435
Volandry	682

CANTON DE BEAUFORT
7 comm., 12,956 hab.

Beaufort	4.492
Brion	1.507
Corné	1.815
Fontaine-Guérin	1.127
Gée	360
Mazé	3.147
Saint-Georges-du-Bois	508

CANTON DE DURTAL
8 comm., 11,008 hab.

Durtal	3.177
Baracé	672
Daumeray	1.577
Etriché	1.160
Huillé	578
Montigné	531
Morannes	2.279
Rairies (Les)	1.034

CANTON DE LONGUÉ
9 comm., 13,849 hab.

Longué	4.362
Blou	1.089
Courléon	394
Jumelles	1.514
Lande-Chasles (La)	224
Mouliherne	1.777
Saint-Philbert-du-Peuple	880
Vernantes	1.958
Vernoil	1.651

CANTON DE NOYANT
15 comm., 10,334 hab.

Noyant	1.551

Auverse	952
Breil	588
Broc	756
Chalonnes-sous-le-Lude	332
Chavaignes	250
Clignè	663
Denezé-sous-le-Lude	543
Genneteil	794
Lasse	744
Linières-Bouton	247
Meigné	787
Méon	506
Parçay	1.447
Pellerine (La)	237

CANTON DE SEICHES
13 comm., 9,830 hab.

Seiches	1.430
Bauné	932
Beauvau	343
Chapelle-Saint-Laud (La)	544
Chaumont	382
Cornillé	472
Corzé	1.368
Fontaine-Milon	476
Jarzé	1.745
Lézigné	555
Lué	320
Marcé	896
Sermaise	867

ARRONDISSEMENT DE CHOLET

161,786 hectares. — 123,128 habitants. — 7 cantons. — 80 communes.

CANTON DE CHOLET
13 comm., 34,009 hab.

Cholet	16.891
Cerqueux-de-Maulévrier (Les)	646
Chantcloup	908
Maulévrier	1.867
Mazières	477
Nuaillé	420
Saint-Christophe-du-Bois	954
Séguinière (La)	1.690

Tessoualle (La)	1.424
Toulemonde	582
Trémentines	1.966
Vezins	1.510
Yzernay	1.674

CANTON DE BEAUPRÉAU
13 comm., 19,754 hab.

Beaupréau	3.857

Andrezé	1.263
Bégrolles	1.049
Chapelle-du-Genêt (La)	923
Gesté	2.505
Jallais	2.928
Jubaudière (La)	684
May-sur-Èvre (Le)	1.972
Pin-en-Mauges (Le)	890
Poitevinière (La)	1.337
Saint-Léger-sous-Cholet	646
Saint-Philbert-en-Mauges	379
Villedieu	1.318

DÉPARTEMENT DE MAINE-ET-LOIRE

ARRONDISSEMENT DE CHOLET (suite)

NOM de LA COMMUNE.	POPULATION.	NOM de LA COMMUNE.	POPULATION.	NOM de LA COMMUNE.	POPULATION.
CANTON DE CHAMPTOCEAUX 9 comm., 11,864 hab.		Saint-Lezin	886	Chaudron	1.631
		Touriandry (La)	1.491	Chaussaire (La)	842
				Fief-Sauvin (Le)	1.792
Champtoceaux	1.516	**CANTON DE MONTFAUCON** 12 comm., 16,388 hab.		Fuilet (Le)	1.974
Bouzillé	1.534			Puiset-Doré (Le)	1.374
Drain	1.316			Saint-Pierre-Montlimart	1.634
Landemont	1.304			Saint-Quentin-en-Mauges	1.176
Liré	2.173	Montfaucon	667	Saint-Rémy-en-Mauges	1.381
St-Christophe-la-Couperie	572	Longeron (Le)	1.684	Salle-et-Chapelle-Aubry (La)	950
Saint-Laurent-des-Autels	1.445	Montigné	1.100		
St-Sauveur-de-Landemont	838	Renaudière (La)	868		
Varenne (La)	1.116	Romagne (La)	1.314	**CANTON DE SAINT-FLORENT-LE-VIEIL** 11 comm., 15,024 hab.	
		Roussay	1.010		
		Saint-André-de-la-Marche	1.006		
CANTON DE CHEMILLÉ 11 comm., 14,036 hab.		Saint-Crespin	1.150		
		Saint-Germain	1.486	Saint-Florent-le-Vieil	2.136
		Saint-Macaire	2.088	Beausse	453
Chemillé	4.467	Tilliers	1.766	Botz	974
Chapelle-Rousselin (La)	712	Torfou	2.250	Bourgneuf	584
Cossé	431			Chapelle-Saint-Florent (La)	1.311
Gardes (Les)	734	**CANTON DE MONTREVAULT** 11 comm., 14,156 hab.		Marillais (Le)	723
Jumellière (La)	1.409			Mesnil (Le)	1.508
Melay	1.494			Montjean	3.094
Neuvy	1.036			Pommeraye (La)	3.080
Sainte-Christine	742	Montrevault	830	Saint-Laurent-de-la-Plaine	1.035
St-Georges-du-Puits-de-la-Garde	934	Boissière-sur-Èvre (La)	572	Saint-Laurent-du-Mottay	1.026

ARRONDISSEMENT DE SAUMUR

138,855 hectares. — 90,083 habitants. — 7 cantons. — 84 communes.

NOM de LA COMMUNE.	POPULATION.	NOM de LA COMMUNE.	POPULATION.	NOM de LA COMMUNE.	POPULATION.
CANTONS DE SAUMUR 3 cant., 28 comm., 41,968 hab.		Chacé	553	Concourson	666
		Dampierre	484	Denezé-sous-Doué	639
		Distré	685	Douces	1.088
		Fontevrault	2.698	Forges	176
Saumur (Nord-Est)	304	Montsoreau	619	Louresse-Rochemenier	703
Allonnes	2.200	Parnay	407	Martigné-Briand	1.727
Brain-sur-Allonnes	1.362	Rou-Marson	410	Meigné	267
Breille (La)	538	Saint-Hilaire-Saint-Florent	1.802	Montfort	134
Neuillé	765	Souzay	574	Saint-Georges-Châtelaison	875
Varennes-sous-Montsoreau	1.734	Turquant	644	Soulanger	680
Villebernier	978	Varrains	888	Ulmes (Les)	515
Vivy	1.326	Verrie	315	Verchers (Les)	1.259
Saumur (Nord-Ouest)	2.073				
Rosiers (Les)	2.178				
Saint-Clément-des-Levées	1.106	**CANTON DE DOUÉ** 14 comm., 12,462 hab.		**CANTON DE GENNES** 14 comm., 7,947 hab.	
Saint-Lambert-des-Levées	2.147				
Saint-Martin-de-la-Place	966				
Saumur (Sud)	12.490				
Artannes	180	Doué	3.271	Gennes	1.694
Bagneux	1.302	Brigné	462	Ambillou	850

ARRONDISSEMENT DE SAUMUR (suite)

NOM de LA COMMUNE	POPULATION	NOM de LA COMMUNE	POPULATION	NOM de LA COMMUNE	POPULATION
Chemellier	543	Brossay	240	Aubigné	378
Chenehutte-les-Tuffeaux	857	Cizay-la-Madeleine	508	Cernusson	362
Coutures	511	Goudray-Macouard (Le)	711	Cerqueux-sous-Passavant (Les)	694
Grézillé	623	Courchamps	400	Cléré	604
Louerre	570	Epieds	687	Coron	1.735
Noyant-la-Plaine	209	Méron	701	Fosse-de-Tigné (La)	278
St-Georges-des-Sept-Voies	822	Puy-Notre-Dame (Le)	1.540	Montilliers	954
Thoureil (Le)	566	Saint-Cyr-en-Bourg	749	Nueil	1.923
Trèves-Cunault	702	Saint-Just-sur-Dive	356	Passavant	268
		Saint-Macaire-du-Bois	572	Plaine (La)	1.049
CANTON DE MONTREUIL-BELLAY		Vaudelenay-Rillé (Le)	1.214	Saint-Hilaire-du-Bois	1.274
				Saint-Paul-du-Bois	1.213
14 comm., 11,264 hab.		**CANTON DE VIHIERS**		Salle-de-Vihiers (La)	1.011
				Somloire	1.179
Montreuil-Bellay	2.104	19 comm., 17,312 hab.		Tancoigné	403
Antoigné	587			Tigné	1.044
Brezé	895	Vihiers	1.664	Trémont	535
				Voide (Le)	777

ARRONDISSEMENT DE SEGRÉ

116,238 hectares. — 61,921 habitants. — 5 cantons. — 61 communes.

NOM de LA COMMUNE	POPULATION	NOM de LA COMMUNE	POPULATION	NOM de LA COMMUNE	POPULATION
CANTON DE SEGRÉ		Loiré	1.635	Andigné	465
		Potherie (La)	2.070	Braix-sur-Longuenée	978
15 comm., 14,397 hab.				Chambellay	720
		CANTON DE CHATEAUNEUF-SUR-SARTHE		Gené	502
Segré	3.551			Grez-Neuville	1.223
Aviré	693	15 comm., 11,239 hab.		Jaillé-Yvon (La)	603
Bourg-d'Iré (Le)	1.265			Montreuil-sur-Maine	766
Chapelle-sur-Oudon (La)	654	Châteauneuf-sur-Sarthe	1.500	Pouëze (La)	1.407
Châtelais	1.024	Brissarthe	849	Pruillé	533
Ferrière (La)	504	Champigné	1.327	Vern	1.844
Hôtellerie-de-Fléé (L')	604	Champteussé	451		
Louvaines	760	Chemiré-sur-Sarthe	374	**CANTON DE POUANCÉ**	
Marans	582	Chenillé-Changé	224		
Montguillon	348	Cherré	642	14 comm., 13,312 hab.	
Noyant-la-Gravoyère	823	Contigné	1.026		
Nyoiseau	718	Juvardeil	905	Pouancé	3.508
Sainte-Gemmes-d'Andigné	1.304	Marigné	989	Armaillé	650
Saint-Martin-du-Bois	1.046	Miré	849	Bouillé-Ménard	998
Saint-Sauveur-de-Fléé	521	Querré	396	Bourg-l'Evêque	354
		Sceaux	683	Carbay	314
		Sœurdres	498	Chapelle-Hullin (La)	361
CANTON DE CANDÉ		Thorigné	523	Chazé-Henry	1.064
				Combrée	1.935
6 comm., 11,415 hab.		**CANTON DU LION-D'ANGERS**		Grugé-l'Hôpital	589
				Noëllet	995
Candé	2.218	11 comm., 11,558 hab.		Prévière (La)	367
Angrie	1.899			Saint-Michel-et-Chanveaux	819
Chazé-sur-Argos	1.485	Lion-d'Angers (Le)	2.512	Tremblay (Le)	884
Freigné	2.108			Vergonnes	474

II. — STATISTIQUE GÉNÉRALE DU DÉPARTEMENT DE MAINE-ET-LOIRE

Les numéros marqués en gros chiffres dans la première colonne indiquent le rang du département.
Sauf pour les données annuelles, les nombres des tableaux suivants correspondent aux quantités moyennes des dix dernières années.

Superficie : 16°.

712,100 hectares ou 7,121 kilomètres carrés;
1,466,837 parcelles de terre;
151,929 propriétés non bâties, avec une superficie de 674,734 hectares et un revenu annuel de 31,000,000 de francs;
149,037 propriétés bâties, dont : 1,192 bâtiments publics, 145,752 habitations, 2,093 bâtiments industriels : revenu annuel de 24,655,000 francs.

Population : 20°.

518,589 habitants, dont 941 étrangers;
257,231 du sexe masculin;
261,358 du sexe féminin;
3,588 mariages par an;
49 divorces par an;
132 émigrants par an.

Densité de la population : 22°.

73 habitants par kilomètre carré.

Naissances : 30°.

9,575 naissances annuelles, non compris 757 mort-nés :
4,938 du sexe masculin;
4,637 du sexe féminin;
19 pour 1,000 habitants.

Décès : 16°.

13,038 décès annuels, dont 168 par accident et 125 par suicide :
6,680 du sexe masculin;
6,358 du sexe féminin;
25 pour 1,000 habitants.

Durée moyenne de la vie : 13°.

Hommes : 43 ans 10 mois.
Femmes : 45 ans 11 mois.

Représentation législative.

156,000 électeurs, 7 circonscriptions électorales;
4 sénateurs;
7 députés.

Organisation administrative.

1 préfecture, 4 sous-préfectures;
5 arrondissements, 34 cantons, 381 communes;
1 conseil de préfecture;
1 conseil général, 5 conseils d'arrondissement, 381 conseils municipaux.

Armée.

Subdivisions régionales :

7ᵉ et 8ᵉ subdivisions régionales du 9ᵉ corps d'armée;
7ᵉ et 8ᵉ bureaux de recrutement, de mobilisation et de réquisition de la 9ᵉ région de corps d'armée.

Recrutement :

3,890 jeunes gens inscrits chaque année sur les listes cantonales du département, dont :
2,915 incorporations du contingent annuel dans l'armée, et 200 provenant de la catégorie des ajournés des deux classes précédentes;
315 ajournés pour faiblesse de constitution, et 85 pour défaut de taille, à une nouvelle décision du conseil de revision;
285 classés dans les services auxiliaires comme inaptes au service armé;
290 exemptés comme inaptes à tout service.

Taille des inscrits :

105 de taille inférieure à 1 m. 54;
1,100 de la taille de 1 m. 54 à 1 m. 62;
230 de la taille de 1 m. 63;
245 de 1 m. 64;
250 de 1 m. 65;
280 de 1 m. 66;
735 de 1 m. 67 à 1 m. 69;
515 de 1 m. 70 à 1 m. 72;
430 de taille supérieure à 1 m. 72.

Troupes :

Quartier général de la 18ᵉ division d'infanterie;
État-major de la 36ᵉ brigade d'infanterie; 77ᵉ et 135ᵉ régiments actifs; 277ᵉ et 335ᵉ régiments de réserve, 71ᵉ et 72ᵉ régiments territoriaux d'infanterie;
25ᵉ régiment actif de dragons, escadrons de réserve et escadrons territoriaux de dragons de la 9ᵉ région de corps d'armée;
École d'application de cavalerie;
5ᵉ compagnie de cavaliers de remonte;
6ᵉ régiment du génie; 9ᵉ 10ᵉ et 11ᵉ bataillons actifs; bataillons de réserve et bataillons territoriaux des 9ᵉ, 10ᵉ et 11ᵉ régions de corps d'armée;
1 sous-intendance, 1 magasin de vivres, 1 magasin d'habillement;
2 hôpitaux mixtes;
1 dépôt de remonte.

Gendarmerie :

1 compagnie, 62 brigades, 312 gendarmes.

Forestiers :

9 gardes des forêts.

Gardes divers :

1,131 gardes des champs, des chasses et des pêches, dont 813 particuliers.

Sapeurs-pompiers :

Compagnies et subdivisions cantonales et communales.

Instruction publique.
Enseignement primaire.

6 inspections primaires;
1 école normale d'instituteurs, 35 élèves; 1 école normale d'institutrices, 30 élèves;
109 écoles maternelles : 4,845 garçons et 4,865 filles;
929 écoles primaires : 31,555 garçons et 32,430 filles;
2 écoles primaires supérieures : 85 garçons et 35 filles;
3 cours complémentaires, 70 garçons.

Enseignement secondaire :

1 inspection académique ;
1 lycée national, 390 élèves ;
3 collèges communaux, 330 élèves ;
8 établissements libres, 1,210 élèves ;
1 collège de filles, 60 élèves.

Titres universitaires annuels :

935 certificats d'études primaires élémentaires de garçons, 815 de filles ;
10 certificats d'études primaires supérieures de garçons, 10 de filles ;
20 brevets de capacité élémentaire de garçons, 65 de filles ;
10 brevets de capacité supérieure de garçons, 20 de filles ;
60 diplômes des baccalauréats.

Sans instruction :

220 illettrés sur une classe annuelle de recrutement de 3,890 inscrits.

Enseignement supérieur :

1 école préparatoire de médecine et de pharmacie ;
1 faculté libre des lettres ;
1 faculté libre des sciences ;
1 faculté libre de droit.

Institutions diverses :

Bibliothèques, musées, théâtres ;
Sociétés des lettres, des sciences, des arts, de chant, de musique, de tir et de gymnastique ;
43 journaux et publications périodiques.

Religion.

Culte catholique :

1 évêché, 37 cures, 377 succursales ; 2 séminaires, 156 élèves.

Culte protestant :

550 protestants.

Culte israélite :

50 israélites.

Service sanitaire.

156 médecins, 72 pharmaciens.

Professions.

Sur une classe annuelle de recrutement de 3,890 jeunes gens, on compte :
25 sans profession ;
430 de toutes autres professions que les suivantes :
45 employés de bureau ;
3,390 ouvriers, dont : 2,370 ouvriers de l'agriculture, 110 meuniers et boulangers, 60 bouchers, 30 tailleurs d'habits, 90 ouvriers du cuir, 160 ouvriers de la pierre, 180 ouvriers du bois, 195 ouvriers des métaux, 35 palefreniers et voituriers, 20 bateliers, 140 ouvriers des manufactures.

Agriculture.

67,829 exploitations agricoles, dont : 36,510 directes, 24,215 par fermes, 7,104 par métairies, exploitant ensemble 674,734 hectares ;
1 chaire départementale ;
5 chambres consultatives ;
25 comices agricoles ;
20 syndicats agricoles, 6,200 membres ;
1 dépôt des haras ;
1 société hippique, 2 champs de courses ;
29 vétérinaires.

Céréales :

Froment : 130,602 hectares, 4,894,000 hectolitres de grains, 38,481,000 francs par an ;
Orge, seigle, sarrasin, méteil, maïs et millet : 30,432 hectares, 341,000 hectolitres, 4,742,000 francs par an ;
Avoine : 42,000 hectares, 630,000 hectolitres de grains, 5,854,000 francs par an ;
Total : 203,034 hectares, 2,865,000 hectolitres de grains et 3,700,000 quintaux de paille, 52,000,000 de francs par an.

Farineux :

Haricots, fèves, pois, lentilles : 2,624 hectares, 56,000 hectolitres, 1,280,000 francs par an.

Pommes de terre :

30,370 hectares, 1,215,000 quintaux, 6,074,000 francs par an.

Autres racines :

Carottes, navets, panais : 3,250 hectares, 645,000 quintaux, 2,800,000 francs par an.

Légumes :

Jardins potagers et maraîchers, vergers : 12,800 hectares.

Fruits

Production annuelle :
Châtaignes : 1,600 quintaux, 34,000 francs ;
Noix : 16,000 quintaux, 344,000 francs ;
Prunes : 5,000 quintaux, 50,000 francs.

Vins :

Vignes : 47,000 hectares, 774,000 hectolitres de vin, 26,634,000 francs par an.

Cidre :

Pommes à cidre : 180,000 quintaux, 1,350,000 francs, 101,000 hectolitres de cidre par an.

Alcool :

4,225 bouilleurs de cru et 14 distillateurs, produisant ensemble 840 hectolitres par an.

Plantes oléagineuses :

Colza et navette : 500 hectares, 6,000 hectolitres de grains, 96,000 francs par an.

Plantes textiles :

Chanvre et lin : 7,597 hectares, 79,000 quintaux de filasse, 4,017,000 francs par an.

Bois et forêts :

Bois et forêts : 57,314 hectares, dont : 1,807 à l'État, 937 au département et aux communes, 54,570 aux particuliers ;
Principales essences : chêne, hêtre, cormier, alisier, poirier, genévrier, houx, genêt, ajonc ;
Nature des plantations : 52,519 hectares en taillis ; 4,795 hectares en futaie ;
Production annuelle de l'exploitation : 235,000 mètres cubes.

Fourrages :

76,000 hectares de prés naturels et 26,604 hectares de prairies artificielles ; ensemble : 102,404 hectares, 3,403,000 quintaux, 19,340,000 francs par an ;
9,498 hectares de betteraves fourragères, 1,313,000 quintaux, 4,594,000 francs par an.

DÉPARTEMENT DE MAINE-ET-LOIRE

Animaux de ferme :

Effectif de :
Espèce chevaline : 60,686 têtes, 17,000,000 de francs ;
Espèce mulassière : 166 têtes, 24,000 francs ;
Espèce asine : 1,252 têtes, 110,000 francs ;
Espèce bovine : 349,984 têtes, 87,000,000 de francs ;
Espèce ovine : 57,076 têtes, 1,150,000 francs ;
Espèce porcine : 113,047 têtes, 9,000,000 de francs ;
Espèce caprine : 3,366 têtes, 45,000 francs.

Production annuelle de :
14,000,000 de kilogrammes de viande, 20,000,000 de francs ;
1,192,000 hectolitres de lait, 23,840,000 francs ;
715,000 kilogrammes de beurre, 1,552,000 francs ;
16,000 kilogrammes de fromage, 9,000 francs ;
2,000 kilogrammes de laine, 574,000 francs.

Animaux de basse-cour :

Effectif de 660,000 poules, 34,000 oies, 62,000 canards, 8,000 dindons, 3,000 pintades, 48,000 pigeons, 177,000 lapins ; ensemble : 2,000,000 de francs.

Apiculture :

11,600 ruches d'abeilles, 58,000 kilogrammes de miel et 16,000 kilogrammes de cire, 131,000 francs par an.

Industrie.

1 sous-arrondissement des mines ;
13e inspection du travail des enfants dans l'industrie ;
1 inspection départementale de l'enseignement industriel ;
1 école nationale des arts et métiers ;
2 chambres consultatives des arts et manufactures ;
449 établissements industriels, avec 555 machines à vapeur qui développent une force de 6,311 chevaux-vapeur, dont :
2,025 aux tissus et vêtements ;
1,585 aux mines et carrières ;
818 à l'agriculture ;
647 aux travaux de bâtiments et autres ;
602 à l'alimentation ;
226 à la métallurgie ;
190 aux instruments divers, meubles, papeteries ;
119 aux produits chimiques et tanneries ;
99 aux services publics ;
Utilisation de la force motrice des cours d'eau, de l'air, de l'électricité.

Principales entreprises industrielles :

Minoteries, huileries, distilleries ;
Fabriques de cidre, de vin mousseux ;
Elevage de chevaux et de bœufs ;
Filatures de laine, de coton, de chanvre ;
Fabriques de toiles, de sinmoises, de flanelles, de mouchoirs, de tissus ;
Blanchisseries et teintureries ;
Corderies ;
Fabriques de chapeaux ;
Tanneries, corroiries, mégisseries, fabriques de chaussures ;
Scieries, tonnelleries, fabriques de bouchons ;
Carrières de pierres, de marbre, de grès, de granit, de tuffeaux ;
Fours à chaux ;
Tuileries, briqueteries, poteries ;
Ardoisières ;
Mines de houille ;
Minerai de fer ;
Fabriques de chapelets ;
Fabriques de papiers ;
Imprimeries ;
Usines à gaz et à électricité ;
Sources d'eaux minérales.

Commerce.

1 bourse de commerce ;
2 tribunaux de commerce ; 18 juges ; 1,620 affaires annuelles, dont 1,290 devant ces tribunaux et 720 devant les tribunaux de première instance ;
2 conseils de prud'hommes, 13 affaires annuelles ;
1 chambre de commerce ;
2 magasins généraux ;
5 vérifications des poids et mesures ;
17 syndicats patronaux, 540 membres ;
28 syndicats ouvriers, 4,720 membres ;
21 syndicats mixtes, 980 membres ;
26,866 patentes ;
338 foires, durant 376 jours, se tenant dans 90 communes ;
34 sociétés constituées et 14 dissoutes par an ;
42 liquidations judiciaires et 84 faillites ;
Exportation des céréales, du vin, des fourrages, des chevaux, des bœufs, des tissus, des toiles, des mouchoirs, des flanelles, des tuffeaux, des ardoises ;
Importation des denrées, de matières premières pour les filatures, d'ardoises, d'articles et d'objets nécessaires à l'alimentation, à l'habillement et à l'habitation.

Routes et chemins.

1 direction du service ordinaire des ponts et chaussées ;
1 direction du service vicinal ;
7,361 kilomètres de voies de terre, dont 564 de routes nationales.

Voies ferrées.

610 kilomètres de ligne, dont : 243 du réseau de l'État ; 178 à la Compagnie d'Orléans ; 125 à la Compagnie de l'Ouest ; 64 à 1 compagnie particulière ;
108 gares, stations et haltes.

Navigation fluviale.

380 kilomètres donnés par 9 rivières navigables.

Postes et télégraphes.

1 direction, 49 bureaux des postes et télégraphes, 29 bureaux des postes, 5 bureaux des télégraphes ;
12,869,000 envois annuels par la poste, 174,000 par le télégraphe.

Service des finances.

1 trésorerie générale, 4 recettes particulières, 72 perceptions des finances ;
1 direction des contributions directes ;
1 direction des impôts indirects ;
1 direction des droits de l'enregistrement, des domaines et du timbre ; 5 conservations des hypothèques ;
1 succursale de la Banque de France, avec bureau auxiliaire, faisant pour 68,500,000 francs d'opérations annuelles.

Contributions annuelles.

39,251,000 francs au total, dont :
- 30,829,000 à l'État;
- 3,241,000 au département;
- 5,181,000 aux communes.

La répartition donne au budget de l'État :
5,618,000 francs de contributions directes et de taxes assimilées;
5,343,000 francs de ressources spéciales;
19,868,000 francs d'impôts indirects.

Parmi les contributions directes et ressources spéciales de l'État, on compte : 4,135,000 francs de contributions foncières sur les propriétés non bâties et 1,306,000 sur les propriétés bâties; 1,468,000 francs de contribution personnelle-mobilière; 976,000 francs de contributions sur les portes et fenêtres; 1,609,000 fr. sur les patentes.

Dans les impôts indirects, on relève : 5,694,000 francs de droits d'enregistrement; 966,000 francs du timbre; 4,702,000 francs sur les boissons; 6,410,000 francs du produit des monopoles de l'État, lettres, télégrammes, allumettes, poudres, tabacs, cartes à jouer.

Situation financière.

8,286,000 francs, dettes du département.
11,489,000 francs, dettes des communes.

Prévoyance.

Sociétés de secours mutuels :

167 sociétés, 19,485 membres, 1,297,000 francs de recettes annuelles.

Caisses d'épargne :

96,000 livrets, 43,000,000 de francs.

Caisse de retraite :

1,935 parties prenantes, 509,000 francs de pensions annuelles.

Assistance.

Établissements hospitaliers :

33 hôpitaux et hospices; 3,355 lits; population moyenne de 790 hospitalisés; 6,400 entrées et autant de sorties annuelles;
2 asiles d'aliénés; population de 790 pensionnaires; 205 entrées et autant de sorties annuelles;
25 enfants assistés dans les hospices, 320 à la campagne, 555 à domicile.

Bureaux de bienfaisance :

204 bureaux secourant 20,500 personnes avec 386,000 francs de ressources annuelles.

Mont-de-piété :

1 établissement de prêt : 17,670 articles annuellement déposés pour 171,000 francs; 2,950 renouvelés; 13,750 retirés; 1,140 vendus, par an.

Justice.

Tribunaux :

1 cour d'appel; 1 chambre;
1 cour d'assises;
5 tribunaux de première instance comprenant 6 chambres;
34 justices de paix.

Personnel :

12 présidents, présidents de chambre et conseillers de la cour d'appel; 2 avocats et procureurs généraux;
30 présidents et juges des tribunaux; 8 procureurs et substituts;
34 juges de paix;
71 avocats, 29 avoués, 47 huissiers, 133 notaires;
10 commissaires et 56 agents de police.

Crimes :

38 condamnations annuelles, pour 8 crimes commis contre les personnes et 30 contre les propriétés; 22 à des peines afflictives et infamantes; 16 à des peines correctionnelles d'emprisonnement.

Délits :

3,835 condamnations annuelles : 15 à plus d'un an de prison; 1,355 à moins d'un an; 2,465 à l'amende.

Contraventions :

4,120 condamnations annuelles : 710 à la prison, 3,410 à l'amende.

Procès :

1,230 affaires civiles terminées par année.

Justices de paix :

2,195 affaires annuelles portées à l'audience pour y recevoir jugement;
3,965 affaires suivies de jugements de simple police;
260 affaires conciliées à l'audience;
13,725 affaires conciliées en dehors de l'audience.

Appels :

433 affaires annuelles.

Répression.

16e direction pénitentiaire;
49 chambres de sûreté; 835 entrées et autant de sorties annuelles d'hommes, 45 de femmes;
5 maisons d'arrêt, de justice et de correction : population moyenne de 200 hommes et 30 femmes; 1,800 entrées et autant de sorties annuelles d'hommes, 525 de femmes;
65 garçons et 16 filles originaires du département dans les établissements d'éducation correctionnelle;
125 hommes et 15 femmes originaires du département dans les pénitenciers agricoles et les maisons centrales;
17 hommes au dépôt des condamnés aux travaux forcés de Saint-Martin-de-Ré.
1 maison centrale de force et de correction : population de 1,050 condamnés; 610 entrées et autant de sorties annuelles.

LA FRANCE ILLUSTRÉE, PAR V.-A. MALTE-BRUN

BEAUVAIS

65e fascicule.

Département de l'Oise.

DÉPARTEMENT DE L'OISE

Chef-lieu : BEAUVAIS

Superficie : 585,036 hectares. — Population : 401,835 habitants.
4 Arrondissements. — 35 Cantons. — 701 Communes.

DESCRIPTION PHYSIQUE ET GÉOGRAPHIQUE

Situation. — Le département de l'Oise est compris dans la région Nord-ouest de la France; il appartient au Bassin de la Seine et tire son nom de la rivière d'Oise qui le traverse dans la direction du Nord-est au Sud-ouest.

Ce département a été formé, en 1790, du Valois, du Noyonnais et du Soissonnais, qui appartenaient à l'Ile-de-France, et de quelques parties de la Picardie.

Il a pour limites, le département de la Somme, au Nord; celui de l'Aisne, à l'Est; ceux de Seine-et-Marne et de Seine-et-Oise, au Sud; ceux de l'Eure et de la Seine-Inférieure, à l'Ouest.

Nature du sol. — La surface du département de l'Oise est généralement plane, à l'exception de la partie Nord-est qui est ondulée.

Elle se compose de trois plateaux principaux : l'un, incliné vers l'Est et le Sud-est, conduit ses eaux à l'Oise; le second, penché vers le Sud-ouest, les dirige sur l'Epte, qui lui sert un instant de limite à l'Ouest; le troisième est compris entre la rive gauche de l'Oise et la rive droite de l'Aisne.

Le département ne renferme aucune hauteur assez considérable pour être qualifiée du nom de montagne, quoique les cours d'eau y aient pratiqué des vallées dont la profondeur varie entre 60 et 90 mètres.

Les collines les plus élevées sont celles qui séparent le Bassin de l'Oise de celui de l'Epte. Elles atteignent de 200 à 232 mètres, et courent du Sud-est au Nord-ouest, de Neuilly-en-Thelle à Cuigy. Sur la Route de Rouen à Beauvais, elles forment, près de La Houssoye, la Côte du Point-du-Jour, qui atteint 198 mètres. Au Nord du Vauroux, l'élévation est de 235 mètres. Parmi les autres collines, le Mont Javoult atteint 205 mètres; la Molière de Sérans, 211 mètres; le Mont Pagnotte, au Sud de Pont-Sainte-Maxence, 220 mètres; le Mont Gannelon, 152 mètres, en face du confluent de l'Oise et de l'Aisne.

La plus importante de toutes ces collines, pour les savants, est celle de Neuvillebosc, moins élevée que les précédentes; c'est un coteau, long de 5 kilomètres, formé par un amas de coquillages, et qui présente du côté du Sud de nombreux angles saillants et rentrants, comme ceux qu'offrent les rivages de la mer. Cette hauteur, si curieuse au point de vue de l'histoire naturelle et de la géologie, sépare les ouragans qui l'attaquent au Sud-ouest: elle rejette une partie des nuages sur la rivière d'Oise et l'autre sur la ville de Beauvais.

Le gisement coquillier de Guise-Lamotte, dans le canton d'Attichy, est un but d'exploration pour les naturalistes parisiens.

Cours d'eau. — Le département de l'Oise est arrosé par un grand nombre de cours d'eau ou de ruisseaux, dont quelques-uns, tels que l'Arve, l'Ingon et la Bresle, appartiennent au Bassin de la Somme, mais dont le plus grand nombre dépendent du Bassin de la Seine ; les plus importants sont l'Oise, l'Aisne, le Thérain, l'Epte et l'Ourcq.

L'Oise naît près de Seloignes, en Belgique, à peu de distance de la frontière de France ; la rivière traverse le département de l'Aisne, pénètre dans le département auquel elle donne son nom entre Apilly et Brétigny, passe près de Noyon, à Compiègne, Pont-Sainte-Maxence, Creil, Saint-Leu, et en sort près de Boran pour entrer dans celui de Seine-et-Oise, où elle vient se jeter dans la Seine après un parcours total de 220 kilomètres, dont 90, entièrement navigables, appartiennent au département de l'Oise.

L'Oise reçoit dans le département : sur sa rive droite, l'Aronde, le Thérain, la Bresche, grossie de l'Arre ; sur sa rive gauche, l'Aisne, la Nonette.

Le Thérain prend sa source au village de Gruménil, dans le département de la Seine-Inférieure, entre dans celui de l'Oise près de Cussant, passe à Songeons, reçoit le Petit-Thérain, arrose Beauvais, où il reçoit l'Avelon, et se déverse dans l'Oise, au-dessous de Creil, près de Montataire, après un parcours d'environ 80 kilomètres.

L'Aisne, qui a son origine dans le département de la Meuse, n'appartient à celui de l'Oise que par la partie inférieure de son cours ; cette rivière entre dans le département près de Bitry et afflue dans l'Oise, en amont de Compiègne, après un parcours total de 234 kilomètres, dont 24, entièrement navigables, appartiennent au département.

L'Epte sépare le département de l'Oise de celui de la Seine-Inférieure ; c'est une petite rivière d'environ 80 kilomètres de cours, qui a sa source près de Forges-les-Eaux, dans le département de la Seine-Inférieure, et se jette dans la Seine, au-dessus de Vernon, dans le département de l'Eure ; elle reçoit, dans le département de l'Oise, la Troesne, grossie de l'Aunette, et le Réveillon.

La rivière d'Ourcq, qui est canalisée, ne traverse le département de l'Oise que dans son angle Sud-est, et sur une longueur de 10 kilomètres seulement ; elle passe à Mareuil, puis près de Neuféchelle et de Varinfroy.

Le Canal latéral de l'Oise commence dans le département à Janville, en amont de Compiègne, et parcourt 34 kilomètres avant de passer dans celui de l'Aisne.

La plupart des Étangs du département sont des créations de l'industrie humaine.

Les Marais qui bordent quelques rivières, surtout la Bresche et la rive gauche de l'Epte, renferment des Tourbières dont le produit est de quelque importance. Du reste, la nature sablonneuse et perméable des vallées rend le sol peu propre à la stagnation des eaux.

Climat. — Le département de l'Oise jouit d'un climat généralement sain, tempéré, à température uniforme dans ses différentes régions.

L'hiver dure longtemps, mais il n'est pas trop rigoureux, car rarement le thermomètre descend à 10° au-dessous de 0 ; les grands froids ne règnent pas au delà de quinze jours ; le reste de la mauvaise saison se compose de pluies alternant avec des froids modérés.

Les plus grandes chaleurs se produisent du 15 juillet au 25 août, et ne dépassent pas 25°.

Les vents les plus habituels sont ceux du Sud et du Sud-ouest, qui amènent la pluie, puis celui du Nord, qui produit la sécheresse. Comme dans le climat séquanien, ce sont les vents du Nord-est qui occasionnent les froids les plus vifs. La neige persiste peu, et les grêles dévastatrices sont rares.

Voies de communication. — Le département de l'Oise possède 8,456 kilomètres de voies de terre, dont 602 de routes nationales.

Les voies ferrées qui le sillonnent font partie du réseau de la Compagnie du Nord.

Une première grande ligne part de Paris vers Maubeuge, Namur et Cologne. Elle entre dans le département à 38 kilomètres de Paris, dessert Chantilly (41), Creil (51), Pont-Sainte-Maxence, Longueil-Sainte-Marie, Compiègne (84), Ribécourt, Noyon, Appilly, et sort du département à 116 kilomètres de Paris.

Une autre grande ligne allant de Paris à Hirson entre dans le département à 40 kilomètres de Paris, dessert Le Plessis-Belleville, Nanteuil-le-Haudouin, Ormoy, Crépy-en-Valois, Vaumoise, et sort du département à 72 kilomètres de Paris.

Une troisième grande ligne, qui va de Paris au Tréport, entre dans le département à 39 kilomètres de Paris, dessert Chambly, Méru, Beauvais (79), Milly, Saint-Omer-en-Chaussée, Marseille-le-Petit, Grandvilliers, Abancourt, Quincampoix et sort du département à 135 kilomètres de Paris.

Une quatrième ligne, venant de Paris et allant à Dieppe, traverse encore le département, mais ne fait partie du réseau de la Compagnie du Nord que jusqu'à Pontoise, et appartient ensuite à celui de la Compagnie de l'Ouest. Entrée dans le département à 47 kilomètres de Paris, elle dessert Liancourt-Saint-Pierre, Chaumont-en-Vexin, Trie-Château, Gisors, Amécourt-Talmontier, et sort du département à 81 kilomètres de Paris.

Enfin, une cinquième grande ligne, qui se confond avec la première jusqu'à Creil, conduit à Lille par Amiens en desservant Liancourt-Bantigny, Clermont (66), Saint-Just-en-Chaussée, Breteuil; elle sort du département à 100 kilomètres de Paris.

Ces lignes sont réunies par une ligne transversale, qui, de Gournay à Soissons, franchit 114 kilomètres dans le département par Saint-Germer, Beauvais, Rochy-Condé, La Rue-Saint-Pierre-Neuville-en-Hez, Estrier-Saint-Denis, Compiègne, Rethondes, Attichy, Jaulzy.

Les autres voies ferrées du département sont les suivantes :

De Pontoise à Creil : 25 kilomètres dans le département, par Boran, Saint-Leu-d'Esserent ;

De Creil à Beauvais : 37 kilomètres ; par Montataire, Cramoisy, Cires-les-Mello, Mony-Bury, Heilles-Mouchy, Hermes, Rochy-Condé ;

De Persan-Beaumont à Hermes : 32 kilomètres appartenant à une compagnie particulière ; par Le Mesnil-Daint-Denis, Neuilly-en-Thelle, Noailles ;

De Beauvais vers Gisors : 35 kilomètres ; par Auneuil, Chaumont-Trie-la-Ville, Trie-Château ;

De Milly à Formerie : 32 kilomètres appartenant à une société particulière ; par Songeons ;

De Saint-Omer-en-Chaussée vers Amiens : 25 kilomètres ; par Crèvecœur-le-Grand, Croissy ;

D'Abancourt vers Amiens : 8 kilomètres ; par Romescamps, Fouilloy ;

D'Abancourt vers Rouen : 8 kilomètres ; par Formerie ;

De La Rue-Saint-Pierre à Saint-Just-en-Chaussée : 17 kilomètres ; par Litz, Fournival ;

De Saint-Just-en-Chaussée vers Montdidier : 16 kilomètres ; par Maignelay-Montigny, Domfront-Domelieu ;

Embranchement de Breteuil : 7 kilomètres ;

De Montdidier à Estrées-Saint-Denis : 17 kilomètres ; par Domfront-la-Compassion, Moyenneville ;

D'Estrées-Saint-Denis à Froissy : 43 kilomètres appartenant à une compagnie particulière ; par Saint-Just-en-Chaussée ;

De Noyon à Guiscard : 14 kilomètres appartenant à une société particulière ;

De Noyon à Lassigny : 16 kilomètres appartenant à la même compagnie ; par Compiègne vers Roye : 27 kilomètres ; par Ressons-sur-Matz, Roye-sur-Matz ;

De Compiègne vers Villers-Cotterets : 29 kilomètres ; par Rethondes, Pierrefonds, Enneville ;
De Verberie à Estrées-Saint-Denis : 17 kilomètres ; par Longueil-Sainte-Marie, Arsy ;
De Verberie à Crépy-en-Valois : 19 kilomètres ;
De Chantilly à Crépy-en-Valois : 36 kilomètres ; par Saint-Firmin, Senlis, Le Luat ;
De Crépy-en-Valois à Marœuil-sur-Ourcq : 22 kilomètres ; par Ormoy, Betz ;

Enfin la ligne directe de Paris à Reims, qui appartient à la Compagnie de l'Est, traverse le Sud-est du département de l'Oise sur une longueur de 8 kilomètres en desservant Marœuil-sur-Ourcq.

Les lignes ferrées en exploitation dans ce département ont un développement total de 883 kilomètres, dont : 704 à la Compagnie du Nord ; 34 à la Compagnie de l'Ouest ; 8 à la Compagnie de l'Est ; 137 à des compagnies diverses.

On compte 231 gares, stations et haltes.

Les voies navigables ont une étendue de 138 kilomètres, dont 34 pour 1 canal et 104 pour 3 rivières canalisées.

Agriculture, Industrie, Commerce. — Le sol du département de l'Oise repose sur des terrains tertiaires qui offrent des formations calcaires et gypseuses.

C'est un pays d'agriculture et d'industrie.

L'agriculture y est fort avancée, les cultivateurs adoptant volontiers les instruments nouveaux et du meilleur usage.

La récolte des céréales y est très productive et dépasse les besoins de la consommation.

La culture des légumes et des fruits y a fait aussi de grands progrès et trouve un débouché certain dans les marchés de Paris ; les meilleurs artichauts viennent de Senlis ; les meilleures cerises, de Liancourt et de Clermont.

Le chanvre, le lin, le chardon des bonnetiers, la navette et les plantes oléagineuses sont, avec la betterave, l'objet d'une culture entendue.

Ce département est situé sur la limite de culture de la vigne, qui tapisse le penchant oriental de quelques coteaux des environs de Clermont, du territoire de Beauvais, de Senlis, de Compiègne ; ses produits sont généralement médiocres ; Villiers-Saint-Sépulcre et Mouchy-Saint-Éloi donnent cependant un petit vin blanc assez estimé.

L'usage des prairies artificielles est maintenant très répandu, et son introduction a donné le signal d'une grande amélioration de l'agriculture. Des terres considérées comme stériles ont été rendues à la culture, et l'adoption des meilleurs systèmes d'assolement a procuré une augmentation considérable dans le nombre des bestiaux ; la race ovine s'est particulièrement améliorée.

Les espèces des animaux domestiques sont, du reste, toutes excellentes.

On élève beaucoup d'abeilles, surtout dans le canton de Songeons.

Les forêts couvrent un peu plus de la sixième partie du département ; cette contenance est répartie fort inégalement entre les cantons, mais elles étaient autrefois réunies entre elles et en formaient une seule d'immense étendue. La plus considérable aujourd'hui est celle de Compiègne, qui couvre une superficie d'environ 14,000 hectares ; puis viennent celles d'Ermenonville, 5,152 hectares ; de Chantilly, 2,449 hectares, et de Hallate, 4,260 hectares ; les espèces dominantes sont le charme, le bouleau et le hêtre.

Les rivières, très poissonneuses, fournissent des truites, des aloses, des écrevisses.

Un pays aussi boisé que le département de l'Oise est favorable à la propagation des bêtes fauves et du gibier de grande et petite espèce. On y trouve le sanglier, le cerf, le daim, le chevreuil, le renard et le blaireau; le loup y est plus rare et de passage seulement. On rencontre quelquefois dans la forêt de Compiègne la martre et l'hermine, la huppe, le pluvier, le butor, le grèbe, le chevalier aux pieds rouges, en compagnie d'oiseaux plus communs, tels que le canard-morillon, le courlis, le vanneau, la perdrix et la bécasse qui abondent.

La principale richesse minérale du département consiste dans ses carrières de pierre de taille; celles de Creil et de Saint-Leu jouissent d'une réputation méritée.

On y trouve aussi des carrières de moellon, de grès à paver, de pierre meulière, de craie, de marne, d'argile pour les fabriques de faïence, de porcelaine et de poterie.

On y compte près de 200 tourbières qui donnent lieu à une exploitation importante.

On extrait du sulfate de fer et de l'alun des terres sulfureuses qui se présentent en couches épaisses dans certains cantons.

Il existe dans le département des sources d'eaux ferrugineuses et sulfureuses froides. Les seules fréquentées sont celles de Pierrefonds, qui conviennent aux affections rhumatismales. On en a reconnu d'autres à Trie-Château, Verberie, Attichy, Sérans et Chantilly.

L'industrie de fabrication est très importante et très variée dans le département de l'Oise.

Parmi ses produits les plus considérables et les plus renommés, nous devons citer en première ligne les tapisseries et les tapis de haute lice de la Manufacture nationale de Beauvais, les draps, les couvertures, les lainages divers, la tabletterie et les poteries fines de grès ou de faïence; puis viennent les étoffes, la passementerie, la bonneterie, les toiles estimées dites demi-Hollande, les blondes, les dentelles, la verrerie d'optique et la cordonnerie.

La fabrication du sucre indigène y est très considérable et fort bien entendue.

Le commerce embrasse les nombreux produits agricoles ou industriels dont nous venons de parler. On vend dans les foires des grains, des chevaux et du bétail, et, en outre, des lainages aux foires de Cuts, du chanvre à celles de Mouchy-le-Châtel et de Noailles, des toiles à la plupart des foires de l'arrondissement de Senlis.

Organisation et divisions générales. — Le département de l'Oise a, pour chef-lieu, Beauvais, siège de la préfecture.

Ses sous-préfectures sont Clermont, Compiègne, Senlis.

Il forme 4 arrondissements, 35 cantons, 701 communes, 5 circonscriptions électorales, et possède 1 conseil de préfecture, 1 conseil général, 4 conseils d'arrondissement, 701 conseils municipaux.

Sa représentation législative comporte 3 sénateurs, 5 députés.

Le département constitue les 3e et 5e subdivisions de la 2e région de corps d'armée.

Le 3e bureau de recrutement, de mobilisation et de réquisition est à Beauvais; le 5e, à Compiègne.

La répartition des troupes est la suivante:

A Beauvais: état-major de la 6e brigade d'infanterie; 51e régiment actif, 251e régiment de réserve, 11e régiment territorial d'infanterie; hôpital mixte; compagnie de gendarmerie;

A Compiègne: quartier général de la 4e division d'infanterie; état-major de la 7e brigade d'infanterie; 54e régiment actif, 254e régiment de réserve, 13e régiment territorial d'infanterie; quartier général de la 1re inspection permanente de cavalerie, qui s'étend sur les 1re, 2e et 3e brigades; état-major de la 2e brigade de cavalerie; 5e régiment actif de dragons, 45e régiment de réserve; escadrons territoriaux de dragons de la 2e région de corps d'armée; sous-intendance; hôpital mixte;

A Senlis: 2e régiment de hussards, escadrons de réserve de ce régiment; hôpital mixte;

A Noyon : état-major de la 4e brigade de cuirassiers; 9e régiment de cuirassiers, escadrons de réserve de ce régiment; hôpital mixte.

Le département de l'Oise dépend de l'Académie de Paris, forme le diocèse de l'évêché de Beauvais, suffragant de l'archevêché de Reims, ressortit à la cour d'appel d'Amiens.

Ce département est compris dans : la 2e région agricole, région du Nord; la 1re inspection générale des mines, inspection du Nord-ouest, arrondissement d'Arras, sous-arrondissement d'Amiens; la 2e inspection générale des ponts et chaussées; la 1re conservation des forêts, siège à Paris; la 6e inspection des haras, siège à Châlons-sur-Marne, dépôt de Compiègne; la 10e inspection du travail des enfants, siège à Rouen; la 2e inspection de l'enseignement industriel; la 6e inspection de l'enseignement commercial; la 1re circonscription de vérification des poids et mesures, siège à Paris; la 5e direction pénitentiaire, siège à Clermont.

Le département de l'Oise possède : des directions : des postes et télégraphes; des contributions directes; des contributions indirectes; de l'enregistrement, des domaines et du timbre; une trésorerie générale des finances; une succursale de la Banque de France.

HISTOIRE DU DÉPARTEMENT

Le territoire du département de l'Oise fut primitivement habité par les *Bellovakes*, les *Silvanectes* et les *Veromandues*.

Ces peuples prirent deux fois part au soulèvement de la Gaule contre César, qui, dans ses *Commentaires*, vante leur courage et leur habileté. Vaincus sur le territoire des Rèmes, en 57, ils perdirent leur capitale, *Bratuspantium*, Beauvais ou Breteuil.

Cinq ans plus tard, ils se donnèrent pour chef le Bellovake Corrée, dont la mort héroïque rendit les Romains maîtres du pays, qui, subjugué, mais non soumis, résista encore à leur domination, en l'an 29, avec les Trévires, et, plus tard, avec les Belges.

Rome introduisit dans le pays définitivement conquis son administration, et, si les sauvages habitants de cette partie de la Gaule-Belgique perdirent quelque chose du courage farouche de leurs ancêtres, ils reçurent en échange les bienfaits de la civilisation.

De vastes terrains furent défrichés, les forêts s'éclaircirent, les villes s'élevèrent.

Il reste aujourd'hui des traces des immenses travaux entrepris par les Romains dans cette contrée : c'est une Voie qui traverse le département et qui porte le nom de Chaussée Brunehaut, parce que, dans la suite, elle fut réparée par cette reine d'Austrasie.

Dioclétien comprit le territoire des Bellovakes dans la Belgique Seconde.

Leur principale ville, qui longtemps avait porté le nom de *Cæsaromagus*, et qui était une des plus importantes stations de la Voie romaine unissant *Rothomagus*, Rouen, *Ambiani*, Amiens, et *Parisii*, Paris, eut le nom de *Civitas Bellovacorum*, avec le droit de cité.

Dans la suite, on la désigna sous le nom de *Bellovacum*, Beauvais.

Le Christianisme y fut porté dans le 1er siècle de l'Ère chrétienne par saint Lucien, fils, disait-on, d'un sénateur romain du nom de Lucius, que saint Pierre avait converti. Ce premier apôtre du Beauvaisis avait deux compagnons, saint Maxien et saint Julien, qui souffrirent avec lui le martyre. Il paraît que la foi chrétienne s'établit difficilement dans cette contrée, car, pendant les trois premiers siècles, un grand nombre de ceux qui s'étaient convertis y subirent de fréquentes persécutions.

Le pays des Bellovakes eut beaucoup à souffrir des premières invasions des Barbares en Gaule.

Clermont.

Les Francs et les Alamans firent des invasions si fréquentes que toute l'ancienne Belgique fut en grande partie dépeuplée (292-305).

Dioclétien avait donné à cette partie de l'empire, pour la gouverner, Constance-Chlore, avec le titre de César. Il fallut que ce César, pour repeupler la contrée, autorisât, à l'exemple de l'empereur Probus, des colons germains à s'y établir.

Lorsque survinrent en Gaule les grandes invasions des Francs, cette partie septentrionale fut la première conquise. Elle vit, vers 430, le chef de la tribu Salienne, Clodion-le-Chevelu, franchir la Somme et promener ses bandes dévastatrices au Sud de cette rivière; mais Clodion fut chassé par le patrice Aétius.

C'est à Clovis qu'il était réservé de s'y établir définitivement. Le patrice Syagrius, faible représentant des empereurs en Gaule, fut vaincu à Soissons en 486. Sa défaite entraîna la soumission du pays d'entre Rhin et Seine, et par conséquent de la contrée du Beauvaisis.

Cette partie des États de Clovis échut à son fils Clotaire, roi de Soissons en 511.

Celui-ci la laissa à Chilpéric Ier, époux de Frédégonde (561 à 584).

Au temps de Clotaire II, la fille de l'un des principaux seigneurs du royaume fonda aux environs de Beauvais, à Oroër, *Oratorium*, une Abbaye qui est devenue célèbre; Angadresme,

LIVR. 2.

fille de Robert, chancelier du roi, était recherchée en mariage par un seigneur du Vexin, Ansbert; mais elle préféra, à une position brillante, la retraite obscure et pieuse d'Oroër. Ansbert, de son côté, touché de la grâce divine, se consacra au service du Seigneur et devint par la suite archevêque de Rouen. Angadresme, mise au nombre des saintes, pour sa vie pieuse, est devenue la patronne de Beauvais.

Le Beauvaisis, qui se trouvait sur les frontières de la Neustrie et de l'Austrasie, fut souvent le théâtre de la lutte des deux États, sous les maires Ebroïn et Pépin d'Héristal.

Sous les règnes de Pépin-le-Bref et de Charlemagne, plusieurs années de paix et de prospérité vinrent réparer les maux occasionnés par les guerres désastreuses qui avaient, sans interruption, désolé le pays sous la Première Race ; des gouverneurs, placés sous la surveillance des *legati* et des *missi dominici*, furent donnés aux diverses parties de l'empire ; le territoire du département de l'Oise fut partagé en différents *pagi*, qui portèrent les noms de leurs principales villes, et qui étaient administrés par des comtes et des barons.

D'abord simples gouverneurs et représentants de l'autorité impériale, ces comtes et ces barons se rendirent indépendants sous les faibles successeurs de Charlemagne; ils reçurent de l'un d'entre eux, Charles-le-Chauve, en 877, la confirmation de leur usurpation et possédèrent alors ces fiefs à titre héréditaire.

En même temps que la Féodalité, commencent les ravages exercés par les Normands dans toute la Gaule et en particulier dans le pays des anciens Bellovakes; au milieu du ixe siècle, Hastings, qui, bien que né en Gaule, s'était joint aux Normands et était devenu un de leurs chefs les plus célèbres, pénétra dans le Beauvaisis après avoir brûlé, près de Paris, l'Abbaye de Saint-Denis, et détruisit les Monastères de Saint-Oroër et de Saint-Germer.

A cette période du Moyen-Age, l'histoire du département se divise forcément en trois parties : la première, qui concerne le Beauvaisis, sera suffisamment traitée à l'article consacré spécialement à la ville évêché-comté de Beauvais ; la deuxième comprend le Valois, dont les villes principales étaient Senlis et Crépy; la troisième s'applique à la ville de Clermont, qui eut des comtes particuliers.

Le Valois, *Pagus Vadensis*, s'étendit, sous les deux Premières Races, aux territoires de Senlis, Soissons, Crépy, Meaux et Reims; sa capitale était Crépy, et il en prit souvent le nom de *Comitatus Crispeius, Crispciensis, Crispeicus;* une partie de ce pays appartient aux départements qui avoisinent l'Oise. Cependant nous donnerons ici le nom de ses principaux comtes, en considération de Crépy, sa capitale.

Un comte du nom de Pépin, frère du puissant comte de Vermandois, Herbert, en reçut l'investiture sous le règne du roi Eudes, successeur du faible Charles-le-Gros, qui avait été déposé en 887, à la diète de Tribur. Après lui, le Valois passa à une famille étrangère.

Le comte Raoul II partagea, vers 1040, ses États entre ses deux fils, Raoul III le Grand et Thibaut III, qui fut comte de Blois. Le vaste Château de Crépy fut séparé en deux parties : Raoul reçut l'habitation avec ses dépendances, et Thibaut le Donjon.

Après la mort du roi Henri Ier, Anne de Russie, veuve de ce prince, se retira dans le Monastère de Senlis; Raoul l'y vit et résolut de l'épouser; Anne y consentit. Raoul, qui était marié, fit accuser d'infidélité sa femme Éléonore, divorça et célébra publiquement son nouveau mariage en 1052. Mais l'épouse répudiée recourut au pape, qui fit faire, par les archevêques de Reims et de Rouen, une enquête dont le résultat fut favorable à Éléonore. Sommé de répudier Anne, le comte Raoul s'y refusa; il fut excommunié et n'en persista pas moins dans sa faute. Une version généralement accréditée fait retourner Anne de Russie auprès de son père, après la mort du roi, son mari. Celle que nous reproduisons a été adoptée par les Bénédictins de Saint-Maur et le P. Ménétrier.

Le fils de Raoul, Simon (1074), fut assez puissant pour combattre le roi de France et lui reprendre quelques places que celui-ci lui avait enlevées.

Deux années après avoir succédé à son père, le comte Simon fit transporter la dépouille du grand Raoul de la ville de Montdidier au Monastère de Saint-Arnould de Crépy. Présent à l'exhumation du cadavre, il fut si vivement frappé de ce spectacle, qu'il résolut de quitter toutes les pompes de la vie et de se consacrer à Dieu. Vainement ses amis, pour lui faire oublier cette résolution et resserrer les liens qui l'attachaient au monde, lui firent prendre une femme; il consentit à épouser Judith, fille d'un comte d'Auvergne. Mais, la nuit même de leurs noces, les deux époux convinrent de se séparer et d'aller vivre tous deux dans la retraite. Simon partit avec trois compagnons, les plus vaillants chevaliers de sa cour, qu'il avait convertis, et se rendit au Monastère de Saint-Claude, dans les Gorges du Jura, défrichant et fertilisant des terres jusque-là incultes.

Le Valois passa alors dans la maison de Vermandois, et y demeura jusqu'à l'époque de sa réunion à la Couronne, par Philippe-Auguste, en 1214.

Le roi saint Louis accorda, en 1224, le Valois à la reine Blanche, sa mère.

Cette princesse étant morte en 1252, à l'Abbaye de Maubuisson, près de Pontoise, le Valois fut réuni de nouveau à la Couronne.

Mais, deux ans avant sa mort, saint Louis l'aliéna encore en faveur de son quatrième fils, Jean Tristan, comte de Nevers, qui, né à Damiette pendant la première Croisade du saint roi son père, mourut, ainsi que celui-ci, en 1270, pendant la seconde.

Le Valois rentra dans le domaine royal à l'avènement de Philippe-le-Hardi.

Celui-ci le donna en 1285 à Charles, son deuxième fils, qui fut la tige des rois de France de la branche des Valois.

Le Valois ne fut pas réuni à la Couronne en 1328, à l'avènement de Philippe VI. Ce prince le donna en apanage à son cinquième fils Philippe, qui s'était distingué à la bataille de Poitiers, et qui fut l'un des otages envoyés en Angleterre pour la délivrance du roi Jean.

A sa mort, en 1375, le Valois rentra au domaine royal.

Mais le roi Charles VI l'en détacha pour le donner, en 1392, à son jeune frère Louis d'Orléans, en faveur duquel il l'érigea, en 1406, en duché-pairie.

Les contrées qui composent le département de l'Oise eurent grandement à souffrir des désordres du malheureux règne de Charles VI.

Déjà, sous les rois Philippe VI et Jean-le-Bon, elles avaient été ravagées par les bandes de paysans soulevés qui prenaient le nom de Jacques. La Jacquerie était sortie, selon une tradition locale, du village de Frocourt-en-Beauvaisis. Les Jacques avaient pillé un grand nombre de villages et la ville de Senlis, lorsqu'ils furent atteints et défaits par le dauphin Charles, depuis Charles V, alors régent pour son père, prisonnier en Angleterre.

Les dévastations de la guerre étrangère jointes à la guerre civile dépeuplèrent ce malheureux pays, comme au temps des premières invasions des Barbares.

Le duc de Bourgogne entra dans les campagnes de l'Oise et les dévasta encore, pendant la sanglante rivalité des Armagnacs et des Bourguignons.

Après la victoire d'Azincourt (1415), les Anglais s'emparèrent du Beauvaisis et du Valois. Cette partie de la France fut reconquise par Charles VII vers 1430.

Jeanne d'Arc, après avoir fait le siège d'Orléans et remporté la victoire de Patay, poursuivit les Anglais jusqu'au delà de l'Oise, les atteignit à Gerberoy et les battit de nouveau en 1430. Les Anglais ne renoncèrent cependant pas à leurs tentatives sur le Beauvaisis. Vers 1436, ils se saisirent, dans Beauvais même, par un coup de main habile, du fameux capitaine La Hire, pendant que celui-ci jouait à la paume, et Charles VII fut obligé de leur donner Clermont pour la rançon de son général.

Le premier des comtes de Clermont, qui soit connu, portait le nom de Renaud; il fut un des chefs de l'armée conduite en 1054 par Eudes, frère du roi Henri Ier, contre Guillaume-le-Bâtard, duc de Normandie. Les Français furent battus, et le comte Renaud ne trouva son salut, dit Orderic Vital, que dans la vitesse de ses pieds.

Hugues Ier et Renaud II lui succédèrent.

Le fils de ce dernier, Raoul Ier, reçut du roi Louis VII la dignité de connétable de France. Il eut plusieurs démêlés avec le chapitre de Beauvais et fut excommunié deux fois; mais il racheta ses fautes en accompagnant en Terre-Sainte, à la troisième Croisade, en 1189, les rois Philippe-Auguste et Richard Cœur-de-Lion.

Son petit-fils, Thibaut-le-Jeune, mourut sans enfants, et Philippe-Auguste, toujours prêt à mettre à profit les occasions d'agrandissement, réunit le comté de Clermont à la Couronne.

Le roi de France disposa de cette acquisition, vers 1218, en faveur d'un fils, Philippe Hurepel, comte de Boulogne, qu'il avait eu d'Agnès de Méranie, et qui le laissa à une de ses filles.

À la mort de celle-ci, saint Louis réunit de nouveau Clermont au domaine royal (1258).

Mais en 1269, il s'en défit en faveur de son sixième fils Robert, et le comté de Clermont passa à la maison de Bourbon (1318).

Robert de France eut pour bailli dans son comté le célèbre Beaumanoir, qui, en 1283, recueillit et rédigea les *Coutumes de Beauvaisis*, « le premier, dit Loysel, le plus grand et plus hardy œuvre qui ait été composé sur les coutumes de France. »

Pendant les guerres de Louis XI avec les derniers grands vassaux, le Valois et le Beauvaisis furent envahis par le duc de Bourgogne, Charles-le-Téméraire, qui eut à lutter contre l'héroïsme des femmes de Beauvais (1472).

Les rois Louis XI et Charles VIII témoignèrent leur reconnaissance aux fidèles sujets du Beauvaisis en leur accordant, à plusieurs reprises, d'importants privilèges. En 1474, Louis XI donna une somme de 972 livres pour faire construire une Chapelle à Notre-Dame. L'année suivante, le chapitre de cette ville reçut 3,000 livres pour acheter la seigneurie de Rotangis; puis, en 1477, en récompense d'un prêt de 600 écus d'or, les habitants furent investis du droit, qui leur avait été enlevé depuis peu, de nommer leur maire.

La peste sévit dans la contrée qui nous occupe vers cette époque.

En 1586, pendant les guerres de Religion, une disette cruelle s'était jointe aux oppressions du pouvoir aux et brigandages des gens de guerre; la population, sans ressource et affamée, se formait par bandes, qui s'en allaient la nuit dans les villages et s'emparaient du peu de blé que possédaient les malheureux paysans.

Vinrent ensuite les guerres de la Ligue, puis les troubles de la minorité de Louis XIII.

La peste, en 1629 et 1635, ravagea toute la contrée d'Amiens à Beauvais.

La Fronde causa de nouvelles agitations.

Le xviiie siècle revit les épidémies, les disettes et les troubles intérieurs.

La Révolution de 1789 survint, et ses premières réformes furent accueillies sans scènes de violence. La classe bourgeoise se montra dévouée à la Constituante, et ce parti modéré exerça dans les villes une grande influence. La condamnation de Louis XVI jeta la consternation dans Beauvais. Deux commissaires de la Convention, Mauduit et Isoré, furent envoyés dans cette ville et, au moment de l'insurrection de la Vendée, levèrent, dans l'Oise, un bataillon de 800 hommes, qu'ils firent marcher contre le département royaliste. Collot d'Herbois vint à son tour à Beauvais; de cette ville il se rendit à Senlis, où il promulgua un arrêté contre les parents de nobles et d'émigrés. Cependant la Terreur révolutionnaire ne fit pas, dans le département, beaucoup de victimes.

Pendant l'invasion de 1814, les habitants, animés d'un noble sentiment de patriotisme, prirent les armes et se portèrent à la rencontre de l'ennemi.

La Restauration et les dix-huit années du gouvernement du roi Louis-Philippe rendirent à l'Oise le calme et la prospérité qui semblaient avoir fui ses laborieux habitants.

Mais, pendant la guerre de 1870-1871, le département fut un des premiers envahis, et eut beaucoup à souffrir de la présence des Allemands.

HISTOIRE ET DESCRIPTION
DES VILLES, BOURGS ET CHATEAUX LES PLUS REMARQUABLES

ARRONDISSEMENT DE BEAUVAIS

BEAUVAIS — (lat. N. 49° 26′; — long. O. 0° 15′ 19″; — alt. 71 m.; — à 70 kilom. N.-O. de Paris par la route; à 79 par la voie ferrée) — (*Cæsaromagus, Bellovaci, Bellovacum*). — Ville de 19,382 habitants; — chef-lieu du département, d'un arrondissement et de deux cantons; préfecture; conseil de préfecture, conseil général, conseil d'arrondissement; deux circonscriptions électorales; — 3e bureau de recrutement, de mobilisation et de réquisition du 2e corps d'armée; état-major de la 4e brigade d'infanterie; 51e régiment actif, 251e régiment de réserve, 11e régiment territorial d'infanterie; hôpital mixte; compagnie de gendarmerie; — inspection académique, collège communal, collège de jeunes filles; deux inspections primaires; école normale d'instituteurs, école normale d'institutrices; bibliothèque, musée, théâtre, sociétés de tir, de gymnastique; — évêché; séminaire; — inspection des forêts; société d'horticulture; — manufacture nationale de tapisseries; — chambre de commerce; tribunal de commerce; — direction des ponts et chaussées; — direction des postes et télégraphes; — directions: des contributions directes; des contributions indirectes; de l'enregistrement, des domaines et du timbre; — trésorerie générale des finances; — succursale de la Banque de France; — deux établissements hospitaliers; — tribunal de première instance; deux justices de paix; prison; — gare où se croisent les lignes de Paris, de Creil, du Tréport, de Gournay, de Gisors; — au confluent du Thérain et de l'Avelon.

César nous apprend que la ville principale des Bellovakes était *Bratuspantium*.

Scaliger, Hadrien de Valois, Loysel, ont voulu que cette ville gauloise ait occupé l'emplacement actuel de Beauvais. Cette opinion est aujourd'hui à peu près complètement abandonnée, et des découvertes archéologiques nombreuses donnent à penser que l'*Oppidum* gaulois mentionné par César n'est autre que la petite ville de Breteuil, située à 24 kilomètres Nord-est de Beauvais; c'est l'avis de Mabillon; d'Anville s'y est à peu près rangé.

Ptolémée appelle du nom de *Cæsaromagus* la cité des Bellovakes; la *Table* de Peutinger mentionne cette ville, et elle est désignée dans l'*Itinéraire* d'Antonin comme point de départ d'un chemin allant à *Lutetia* par *Petromantalum* et *Briva Isara*. La *Notice des Gaules*, rédigée sous Honorius, dit *Civitas Bellovacorum*, d'où est venu, après de nombreuses variantes, *Bellovacum*, qu'on a traduit par *Beauvais*.

Nous passons rapidement sur les fables qui se rattachent à la fondation de cette ville.

On peut supposer que César et Auguste ne permirent pas aux compagnons du Bellovake Corrée de demeurer dans la ville qu'avait illustrée leur valeur et qui rappelait les souvenirs de la nationalité et de l'indépendance. Les habitants durent abandonner *Bratuspantium*; ils se fixèrent dans le lieu qui, du conquérant, prit le nom de *Cæsaromagus*. Le premier fait constant qui se rattache à l'histoire de cette cité remonte au règne de Néron. Les actes de saint Lucien nous apprennent que, sous cet empereur, la ville reçut des Fortifications.

Les Bellovakes s'étaient pliés à la domination romaine après la conquête de César et avaient formé, au service de ce nouveau maître, une légion dite de l'*Alouette*, *Alauda*, à cause de l'oiseau, symbole de vigilance, qu'ils portaient sur leur casque gaulois. Ils restèrent fidèles à Rome aussi longtemps que l'empire résista aux attaques réitérées des Barbares.

La misère produite par les incursions et les ravages des Francs et des Allemands fut telle, sous Constantin, qu'elle paraît avoir exigé la présence de cet empereur à Beauvais, où il rendit, en 320, une loi relative aux immunités des vétérans.

Au v⁰ siècle, la cité des Bellovakes fut une des quarante-neuf qui participèrent en Gaule au grand soulèvement des Bagaudes.

Peu après, le chef des Francs, Clodion s'empara de cette ville (434).

Attila survint ensuite et la brûla en 450.

Les Francs restèrent maîtres de Beauvais après la victoire de Clovis sur Syagrius.

Dans les derniers temps de la domination romaine, les évêques avaient remplacé les officiers impériaux pour l'administration des affaires temporelles, et avaient acquis le titre de *Defensores Civitatis*; leur autorité ne fit que s'étendre sous les Francs, qui s'appuyaient sur le clergé catholique.

Mais toute cette époque est très obscure. Il faut aller jusqu'à la Seconde Race pour trouver des faits particuliers concernant l'histoire de Beauvais.

Hildemances, moine de Corbie, devint évêque de Beauvais en 821. Ce prélat prit parti pour les fils de Louis-le-Débonnaire dans leur rébellion contre leur père.

L'année même de la mort de cet empereur (840), les Normands brûlèrent la ville.

En 845, Charles-le-Chauve y réunit un concile de tous les évêques du royaume, et le sage Hincmar fut élu archevêque de Reims.

Une bande de Normands pilla et brûla de nouveau Beauvais en 860.

Attaquée pour la troisième fois par eux en 877, la ville les repoussa.

Cependant, en 883, elle tomba en leur pouvoir, au moment même où elle commençait à former un comté appartenant à la riche maison de Vermandois.

Eudes II transmit en 1013 le titre de comte à son frère Roger, évêque de Beauvais. Cette dignité fut dès lors conservée aux prélats de la ville et mit le comble à leur puissance temporelle. Bientôt ils y ajoutèrent les titres de pair de France et de vidame de Gerberoy et furent comptés parmi les premiers dignitaires du royaume.

Mais un élément nouveau, appuyé sur les rois de France et profondément hostile à la Féodalité, ne tarda pas à intervenir et à entrer en guerre avec ces puissants seigneurs. Les bourgeois se formèrent en conjuration communale. Il est probable qu'à Beauvais, comme dans un grand nombre de villes gauloises qui avaient longtemps vécu sous l'administration romaine, la tradition des libertés municipales n'avait jamais été complètement interrompue.

Les désordres éclatèrent de 1099 à 1101, dans les dernières années de l'épiscopat d'Ansel. L'association des bourgeois fut dirigée primitivement contre le catelain ou capitaine de la cité, qui occupait une des principales Portes de la ville.

Après la mort de l'évêque Ansel, le chapitre prit part à la querelle ; les bourgeois en appelèrent au roi Louis-le-Gros, qui intervint en 1115.

Deux seigneurs puissants, Lancelin, comte de Dammartin, et Thomas de Marle, de la puissante maison de Coucy, mirent à profit les discordes qui agitaient Beauvais pour s'emparer momentanément de cette ville et ravager son territoire.

En 1144, Louis-le-Jeune confirma la charte communale de Beauvais.

Les habitants acquirent le droit de se prêter un secours mutuel et d'élire annuellement treize pairs, entre lesquels un ou deux devaient être nommés majeurs. Les officiers municipaux étaient chargés d'administrer la justice.

Cette concession ne mit pas fin aux troubles qui agitaient Beauvais.

D'autres malheurs fondirent en même temps sur la ville, qu'un terrible incendie consuma presque entièrement en l'année 1180.

A la bataille de Bouvines (1214), Philippe de Dreux, évêque de Beauvais, « plus attaché au service de Mars qu'à celui de Jésus-Christ », s'était distingué entre tous les combattants. Armé d'une massue pour ne pas verser le sang, selon les prescriptions de l'Église, il avait porté le désordre et la mort dans les rangs de l'armée ennemie.

Un de ses successeurs, le fameux évêque Simon, servit Philippe-le-Bel avec zèle pendant sa guerre contre les Flamands. De retour dans son évêché, il prétendit ravir aux bourgeois les privilèges accordés par les chartes antérieures ; une contestation s'éleva, à la suite de laquelle l'évêque fit enlever, par son bailli, le maire et deux pairs et les fit jeter en prison.

Le différend fut porté devant le parlement, qui donna gain de cause à la commune.

En 1305, de nouveaux désordres plus graves s'élevèrent; la tyrannie de l'évêque Simon fut si insupportable au peuple qu'il y eut un soulèvement universel dans la ville : l'Évêché fut pris et dévasté, et Simon, chassé de son siège, reçut en dérision le nom de « Simon le Dévêtu ». Il se retira au village de Saint-Just, près de Clermont, et excommunia les habitants.

Mais le roi de France intervint. Philippe-le-Bel fit en même temps arrêter le maire et saisir le temporel de l'évêque, examina le différend et donna gain de cause à Simon, qui appartenait à l'importante maison des comtes de Clermont et de Nesle, et dont les deux frères étaient l'un connétable et l'autre maréchal de France. Les magistrats municipaux furent condamnés à lui demander pardon à genoux et à réparer les dévastations commises. C'est alors que furent construites les Tours de l'Évêché, aujourd'hui Palais de Justice.

Les successeurs de Simon, mort en 1312, furent moins hostiles à la commune.

D'ailleurs les événements de l'invasion anglaise mirent fin aux discordes civiles.

En 1346, Beauvais se défendit avec courage contre l'armée du roi Édouard III, quelques jours avant la funeste bataille de Crécy.

Nous avons vu dans l'histoire du département que Beauvais avait eu à souffrir des désordres causés par l'insurrection des Jacques.

Pendant la lutte des Armagnacs contre les Bourguignons, le trop fameux Pierre Cauchon, partisan de ces derniers, fut nommé, en 1420, évêque de Beauvais et fit reconnaître dans cette ville l'autorité de Henri V, après la conclusion du Traité de Troyes, en 1420.

Jeanne d'Arc reprit Beauvais, après sa victoire de Gerberoy.

Trois ans plus tard, les Anglais faillirent de nouveau s'emparer de cette place, qui ne fut sauvée que par le dévouement de plusieurs de ses habitants.

Quand la guerre cessa, la misère était à son comble dans cette malheureuse cité.

L'illustre Juvénal des Ursins, qui en occupait alors le siège épiscopal, s'efforça de réparer les désastres causés par un siècle de ravages, et, vers la fin du règne de Charles VII, Beauvais commençait à voir renaître sa prospérité, quand la guerre que fit Louis XI, son successeur, aux derniers grands vassaux de France, ramena l'ennemi.

En 1472, le duc de Bourgogne, Charles-le-Téméraire, reprit les armes contre Louis XI, qu'il accusait d'avoir fait périr par le poison son frère Charles de Guyenne, et s'avança avec 80,000 hommes vers Beauvais.

La place n'avait qu'une très faible garnison, mais les habitants résolurent tous, d'un commun accord, de se défendre.

Le duc de Bourgogne fait donner deux assauts dans la première journée. Déjà la Porte de Bresle et le faubourg de Saint-Quentin sont en feu, les Remparts battus en brèche.

Les hommes n'étant pas assez nombreux, dans la ville assiégée, pour la défendre, les femmes se portent à leur secours, versent sur les ennemis de l'huile bouillante, font écrouler sur eux des monceaux de pierres, combattent même les armes à la main.

Une d'entre elles, Jeanne Laisné, se distingua plus que toutes les autres. Un soldat bourguignon, parvenu à l'extrémité d'une échelle, plantait son étendard sur la Muraille. Jeanne l'abat d'un coup de hache, et se saisit de l'étendard, glorieux trophée que Beauvais conserve encore aujourd'hui dans son Hôtel-de-Ville.

Les Bourguignons cédèrent devant tant de courage.

La procession de Sainte-Angadresme fut instituée en souvenir de ce glorieux fait d'armes; cette procession a lieu encore chaque année; les femmes y ont le pas sur les hommes et marchent immédiatement après le clergé; les jeunes filles tirent le canon.

L'héroïne du siège retint le nom de Jeanne Hachette. Louis XI la maria et, en récompense de sa valeur, l'exempta à jamais, elle, son mari et ses enfants, de toute taille et de toute charge publique.

L'histoire de Beauvais cesse, à ce moment, d'offrir aucun intérêt jusqu'à la Réforme.

En 1560, l'évêque Odet de Châtillon abjura le Catholicisme; des désordres éclatèrent dans la ville, et Odet fut forcé de se sauver en Angleterre, mais Beauvais eut le bonheur d'être une des villes où la Saint-Barthélemy ne fit pas de victimes.

Cependant les désordres continuèrent; les pauvres se soulevèrent en 1577.

Trois ans plus tard, la peste exerça dans la ville ses terribles ravages.

En 1589, les habitants de Beauvais adhérèrent à la Ligue, la guerre civile recommença et quelques massacres eurent lieu; mais, après l'abjuration de Henri IV, cette ville se soumit à lui en même temps que Paris (1594), et le calme put renaître.

Beauvais se rattache à l'histoire du xviie siècle par plus d'un souvenir : Racine y fit ses études, et Colbert y fonda, en 1664, une succursale de la Manufacture des Gobelins, à Paris. Il y avait, près de Beauvais, une Abbaye très ancienne et très importante, celle de Saint-Lucien, dont Bossuet fut abbé.

Nous avons dit plus haut la part que prit cette ville à la Révolution de 1789.

En 1814, elle subit l'occupation étrangère.

En 1870, un corps de 2,000 Saxons en prit possession.

Située au confluent de l'Avelon et du Thérain, la ville de Beauvais n'est pas, en général, bien bâtie, et son aspect est peu agréable.

L'archéologie y a fait des découvertes intéressantes, et l'on a trouvé à plusieurs reprises

Hôtel-de-Ville de Compiègne.

des débris de Statues, des fragments de Colonnes et des pierres chargées d'Inscriptions romaines qui avaient servi aux fondations de la ville.

Au XVIIe siècle, en creusant le sol pour construire l'Hôtel de la châtellenie, on découvrit une pierre sur laquelle était inscrit le nom de *Quintus Cicéron*, l'un des lieutenants de César. En 1752, on trouva plusieurs médailles en bronze; l'une d'elles portait les noms de Trajan et d'Adrien.

Le Moyen-Age a légué à Beauvais un de ses plus somptueux édifices, la Cathédrale dédiée à saint Pierre, malheureusement inachevée. Cette Église occupe une partie de l'emplacement d'un Temple païen, connu aujourd'hui sous le nom de la Basse-Œuvre, élevé vers le IIIe siècle et converti ensuite en Église chrétienne. Il servit d'abord de Cathédrale jusqu'au Xe siècle. A cette époque, Hervé, quatrième évêque de Beauvais, l'abandonna et fit élever une nouvelle

LIVR. 3.

Cathédrale sur une partie de son emplacement; mais celle-ci fut deux fois incendiée, en 1180 et 1225. L'évêque Miles de Nanteuil entreprit de la faire reconstruire sur un plan beaucoup plus vaste. La voûte, à peine élevée, s'écroula à deux reprises, en 1225 et 1284. Cinquante ans plus tard, un des plus habiles architectes du xive siècle, Enguerrand Le Riche, reçut la mission d'achever le chœur. Ses travaux furent interrompus par les invasions anglaises, et on ne les reprit qu'en 1500. Jean Wast et Martin Cambiche furent chargés de leur direction. Ils travaillèrent avec ardeur, mais ils ne purent terminer que les transepts, et le premier pilier de la grande nef. Leur œuvre eût été complétée si les sommes destinées à cette immense construction n'eussent été insuffisantes. Telle qu'elle se trouve, avec son beau chœur et ses deux transepts latéraux, la Cathédrale de Beauvais est un des plus beaux monuments gothiques du xive et du xve siècle. Le portail du transept méridional, qui s'ouvre sur la Rue Saint-Pierre, est immense et offre tous les détails gracieux et riches de l'architecture du xive et du xve siècle. Des frises élégantes, des rosaces, des colonnes déliées ornent les deux piliers angulaires qui s'élèvent de chaque côté de ce portail. On monte au perron par un escalier de onze marches; les deux vantaux de la porte sont ornés de sculptures délicates, qui appartiennent au style de la Renaissance, au règne de François Ier; plusieurs des figures ont été attribuées au Primatice et à Jean Goujon. Le portail septentrional est beaucoup moins orné. A l'intérieur, on est frappé surtout de la grandeur majestueuse des proportions. Pour désigner une église parfaite, on disait au xviie et au xviiie siècle : « Chœur de Beauvais et nef d'Amiens. » Les arcades du chœur sont fermées par des grilles en fer. Les vitraux des rosaces ont été peints, dit-on, par Jean et Nicolas Lepot; dans la rose du Sud se trouve, au milieu des saints et des prophètes, le portrait du médecin de Henri II, François Fernel. Dans l'un des bas côtés de gauche, on voit le Tombeau de l'évêque de Beauvais, Forbin Janson, dû au ciseau de Nicolas Coustou. Citons encore, dans la Cathédrale de Beauvais : une Horloge à carillon, du xve siècle; une Horloge astronomique, chef-d'œuvre de mécanisme, récemment construite; d'anciennes tapisseries représentant des sujets religieux ou historiques.

Après la Cathédrale, on doit visiter l'Église Saint-Étienne, la plus ancienne de la ville; elle est en tout point digne de l'attention et de l'étude de l'archéologue par les curieuses inscriptions de ses pierres tombales et par les mille détails de son architecture, en partie romane et en partie ogivale. Commencée à la fin du xe siècle, cette Église a été reconstruite en partie au xiiie. Le chœur et le Clocher sont de beaucoup postérieurs.

Non loin de la Cathédrale s'élève le Palais-de-Justice, ancien Palais épiscopal. C'est un vieil édifice, dont l'entrée est flanquée de deux grosses Tours. Il a été rebâti au xve siècle, sous l'épiscopat de Louis de Villers, et restauré depuis peu.

Le seul édifice moderne remarquable est l'Hôtel-de-Ville, qui renferme l'étendard pris sur les Bourguignons par Jeanne Hachette.

Au milieu de la Grande Place s'élève la Statue en bronze de cette héroïne, par Dubray.

Signalons aussi le Musée, la Bibliothèque, qui contient près de 17,000 volumes, plusieurs Maisons qui datent du Moyen-Age et de la Renaissance.

La Manufacture de tapisseries fut établie en 1664, dans les premières années de l'administration de Colbert, par Louis Hinard. Depuis 1792, le gouvernement la fait gérer pour son propre compte, et ses produits égalent presque ceux des Gobelins; elle excelle surtout dans la fabrication des meubles et des tapis.

Les principaux établissements industriels de Beauvais et de ses deux cantons sont des moulins, des brasseries, des briqueteries, tuileries et poteries, des fours à chaux, des tanneries, corroiries et mégisseries, des scieries, des corderies, une usine à gaz, des filatures de laine, des imprimeries avec six journaux, des fabriques de chocolat, de tapis, de couvertures de laine, de gants, de passementerie, de boutons, de chaussures, de brosserie fine, d'horlogerie, de tabletterie, de balances, de carrelages céramiques, de cartonnages, de grès et de terre cuite émaillée, d'instruments agricoles.

Notons, à *Allonne*, deux monuments historiques, la Léproserie de Saint-Lazare et le Clocher de l'Église.

Beauvais a vu naître Jeanne Laisné, dite Jeanne Hachette ; Jean et Philippe de Villiers de l'Isle-Adam, Claude de La Sangle, Alphonse et Adrien, grands maîtres de l'ordre de Saint-Jean de Jérusalem ; le jurisconsulte Antoine Loysel, le savant Dubos et Lenglet-Dufresnoy, qui fut plusieurs fois emprisonné à la Bastille pour la liberté de ses opinions.

Cette ville porte : *d'azur, à un pal au pied fiché d'or, quelquefois d'argent ; avec la devise :* PALUS UT HIC FIXUS CONSTANS ET FIRMA MANEBO.

Marissel. — Ville de 1,406 habitants ; à 1,000 mètres Est de Beauvais.

Cette commune possède une des plus belles Églises rurales du département ; son portail qui est délicatement orné, et la nef, sont de l'époque de la Renaissance ; le chœur est ogival et date du XIII° siècle ; la Tour du Clocher est romane. A l'intérieur, on remarque un magnifique retable ogival et une belle verrière du XVI° siècle.

On a découvert trois Chaussées et des antiquités romaines à Marissel.

Auneuil. — Bourg de 1,402 habitants ; chef-lieu de canton ; justice de paix, perception des finances, bureau des postes et télégraphes ; station de la ligne de Beauvais à Gisors ; à 12 kilomètres Sud-ouest de Beauvais.

On trouve à Auneuil et dans son canton des moulins, des fromageries, des briqueteries, poteries et tuileries, des fabriques de carreaux céramiques, de boutons de nacre, de mesures linéaires.

Chaumont — (*Calvus Mons*). — Ville de 1,431 habitants ; chef-lieu de canton ; justice de paix, perception des finances, bureau des postes et télégraphes ; station de la ligne de Paris à Dieppe ; sur la Troesne ; à 27 kilomètres Sud-ouest de Beauvais.

Cette petite ville est agréablement située sur la rive gauche de la Troesne, au penchant du grand plateau qui sépare la Vallée de l'Oise de celle de l'Epte.

Chaumont a joué un rôle important dans les guerres que soutinrent les rois de France contre les ducs de Normandie et les rois d'Angleterre.

La ville doit son origine, selon les uns, à un Château que Robert-le-Chauve, fils d'Amaury de Pontoise, y aurait élevé ; de là, *Mons Calvi*. Selon d'autres, *Calvus Mons* désignerait la montagne alors dépourvue de bois et entièrement nue, où s'éleva le Château.

En tout cas, elle existait au temps de Philippe Ier, vers 1060 ; dans un acte de cette époque, le lieu qu'elle occupe est désigné sous le nom de *Calidus Mons*.

Elle était défendue par un Château d'une grande importance, qui dominait tout le pays, et d'où l'on pouvait surveiller Gisors et la frontière normande.

Le Château était bâti sur un plan elliptique et composé de dix Tours séparées par des intervalles égaux ; il renfermait, dans son Enceinte, le Prieuré de Saint-Pierre et le Donjon nommé Tour-au-Bègue, dont l'emplacement est occupé par la petite Chapelle sépulcrale qui domine aujourd'hui Chaumont.

Chaumont eut d'abord le titre de vicomté et de comté, et paraît avoir eu, jusqu'au XIII° siècle, des seigneurs particuliers, qui descendaient d'une branche cadette de la maison de Vermandois et des comtes du Vexin.

Le duché de Normandie ayant été définitivement réuni à la France en 1200, sous le règne de saint Louis, le Château de Chaumont devint inutile, ainsi que ceux qui défendaient cette frontière. Dégradé par le temps, il tomba bientôt en ruine. A la Révolution de 1789 à peine en restait-il quelques traces reconnaissables.

Quant à la ville, après l'incendie de 1167, elle fut rebâtie au pied du coteau, et elle s'étendit plus favorablement sur les bords de la Troesne; on y pénétrait par trois Portes.

Plus d'une fois dévastée par les Anglais pendant la guerre de Cent-Ans, elle reçut en 1543, sous le règne de François Ier, un bailliage royal qui s'étendait jusqu'à Magny.

En 1574, Henri III donna le comté de Chaumont en apanage au duc d'Anjou, son frère; celui-ci le vendit à la maison de Longueville, d'où il passa, en 1747, à celle de Conti, qui le conserva jusqu'en 1789.

L'Église paroissiale de Saint-Jean-Baptiste est digne d'intéresser le voyageur; bâtie, en 1417, à mi-côte, dans une position des plus pittoresques, pour remplacer les Églises Saint-Pierre et Notre-Dame, qui, sur la montagne, étaient trop éloignées de la nouvelle ville, elle est d'une architecture gothique très légère et a été réparée au temps de Henri II, ainsi que l'attestent quelques-unes de ses parties, qui sont de la Renaissance. Sa Tour est plus moderne; les débris de ses vitraux font regretter que le temps et les fureurs révolutionnaires ne nous les aient point conservés.

Au Faubourg de l'Aillerie, on remarque une petite Chapelle du XVe siècle, dans laquelle se trouve la Sépulture de Guillaume de Chaumont, mort en 1543.

Chaumont et son canton possèdent des moulins, des fromageries, des distilleries, des tourneries, des fours à chaux, des carrières de pierre, des tourbières, des briqueteries, des fabriques de brosserie fine, de chaussures, de lacets, de feutres, de ressorts d'horlogerie, de boutons de nacre.

Signalons : à *Boubiers*, un Menhir; à *Boury*, les Pierres-Tournantes, les Menhirs de la Pierre-de-la-Charte et de la Haute-Borne, des Souterrains; à *Chambors*, un Dolmen; à *Lavilletertre*, une Église du XIIe siècle, monument historique; à *Montagny*, également; à *Montjavoult*, une Église du XVe siècle, qui domine tout le pays.

Les armes de la ville sont : *de gueules, au bras armé d'or, tenant une bannière de France à bâton d'argent.*

Trie-Château — (*Castrum de Tria*). — Bourg de 840 habitants; perception des finances, bureau des postes et télégraphes; gare où se croisent les lignes de Paris, de Beauvais, de Dieppe, de Gisors; au confluent de la Troesne et de l'Aunette; à 28 kilomètres Sud-est de Beauvais.

Le Château qui donna naissance à ce bourg fut fondé, au temps du roi Philippe Ier, par Dreux de Chaumont, frère de Hugues Pille-Avoine, et d'Enguerrand, comte de Chaumont, qui, vers la fin de sa vie, se fit moine à Saint-Germer.

Les seigneurs de Trie tiennent un rang distingué dans l'histoire de France.

Jean II, de Trie, combattait, à la bataille de Bouvines, près de Philippe-Auguste.

Jean III, de Trie-Dammartin, fut en guerre avec Simon de Nesle, le Dévêtu, évêque de Beauvais, et mourut en 1304, à la bataille de Mons-en-Pévèle.

Parmi les autres sires de Trie, on compte un archevêque de Reims, un amiral, un grand maître des arbalétriers, plusieurs chambellans et maréchaux de France.

La châtellenie de Trie comprenait les seigneuries de Sérifontaine, du Vaumain, de Flavacourt, de Chambors. Elle passa dans les maisons de Dammartin, de Chabannes, de Montmorency, de Bourbon-Estouteville, de Bourbon-Longueville et de Bourbon-Conti.

Le Château se composait principalement d'une double Enceinte.

La première Enceinte, qui comprenait le bourg, et que traversait le grand Chemin de France en Normandie, avait la forme d'un arc de cercle dont la rivière de la Troesne formait la corde; elle était défendue par un gros Mur qui s'appuyait, aux deux extrémités, sur cette rivière et était percé de deux Portes, la Porte de Gisors et la Porte de Chaumont. La première de ces Portes existe encore et présente une ouverture ogivale dans un massif de maçonnerie carré, avec chambre au-dessus, rainures pour la herse et pour les bras du Pont-levis. La seconde Enceinte formait le Château proprement dit, appuyé au milieu de la première Enceinte.

La forme du Château était pentagonale, et trois Tours, reliées entre elles par des Courtines à mâchicoulis, en constituaient la principale défense; au milieu, et sur une Motte ou hauteur faite de terres rapportées, s'élevait le Donjon.

Lorsque la Normandie fut française, ce Château subit de nombreuses modifications.

Adrienne d'Estouteville, femme de François de Bourbon, comte de Saint-Pol, qui y séjournait, la transforma, selon l'usage d'alors, en une résidence de plaisance; elle y mourut en 1560 et fut inhumée dans l'Église paroissiale de Sainte-Madeleine. C'est à cette princesse que l'on doit les trois Tours et les deux bâtiments qui les réunissaient, appelés le Château-Vieux.

Les princes de Conti firent élever en retour d'équerre un Château-Neuf dont on vantait au loin la magnificence. Trie était un de leurs séjours de prédilection au temps de la chasse.

Louis II, de Bourbon-Conti, offrit, en juin 1769, au Château de Trie, un asile à Jean-Jacques-Rousseau qui y résida une année, dans une chambre située au second étage de la Tour; c'est dans cette chambre, qui seule subsiste encore de l'ancien Château, que Jean-Jacques Rousseau termina, dit-on, ou revit son *Émile*, vivant dans la solitude et la retraite, et ne visitant seulement qu'à de rares intervalles l'abbesse de Gomerfontaine, Mme de Nadaillac.

Le Château de Trie avait été cédé, par la maison de Conti, à Monsieur, frère de Louis XVI.

Il fut vendu et détruit à la Révolution de 1789, à l'exception de la Tour du milieu et de quelques chambres, qui, heureusement réparées et embellies dans ces derniers temps, forment aujourd'hui une habitation particulière très agréable.

L'Église de Trie a été reconstruite plusieurs fois; mais son portail, qui paraît dater du VIIIe ou du IXe siècle, est extrêmement curieux; c'est un monument historique, ainsi que l'ancien Auditoire du bailliage, qui date de la même époque, et dont on a fait la Mairie.

Il y avait, avant la Révolution de 1789, à Gomerfontaine, entre Trie et Chaumont, une Abbaye de religieuses de l'ordre de Cîteaux; elle a été convertie en ferme.

Dans les bois voisins, les antiquaires admirent le Dolmen bien conservé des Trois-Pierres.

La Ferme de la Fortelle était jadis, ainsi que l'indique son nom, une Maison fortifiée

Trie-Château possède une fabrique de brosserie fine, une distillerie, un moulin, une fabrique de chaussures.

C'est la patrie du conventionnel Dupuis, auteur de l'*Origine de tous les cultes*.

Le Coudray-Saint-Germer. — Village de 423 habitants; chef-lieu de canton; justice de paix, bureau des postes et télégraphes; à 20 kilomètres Ouest de Beauvais.

Le canton est surtout agricole, mais possède une usine à cuivre, un laminoir à zinc, des briqueteries, tuileries, poteries et fabriques de carrelages.

Saint-Germer. — Bourg de 1,037 habitants; bureau des postes et télégraphes; station de la ligne de Beauvais à Gournay; à 24 kilomètres Ouest de Beauvais.

Ce bourg, que l'on appelait Saint-Germer-de-Fly, *Flaviacum*, doit son importance à une Abbaye de Bénédictins, fondée en 650 par saint Germer, un des patrons du Beauvaisis.

Brûlée en 851 par les Normands, rebâtie en 1331 par Donon, évêque de Beauvais, cette

Abbaye devint bientôt une des principales de la Picardie. Elle fut complètement dévastée au temps des guerres de Religion et abandonnée à la Révolution de 1789.

Son Église, qui sert aujourd'hui de paroisse au bourg, présente un superbe vaisseau de l'architecture du xie siècle. Le portail et le clocher ont été détruits. A l'intérieur, elle offre plusieurs Pierres tumulaires dignes d'intérêt. Derrière le Chœur s'élève une belle Chapelle gothique, bâtie en 1260, et qui a beaucoup de rapport avec la Sainte-Chapelle de Paris. On la considère comme un des chefs-d'œuvre de l'époque. Elle a été très habilement restaurée. C'est un de nos monuments historiques.

L'Abbaye était jadis protégée par un Château-Fort, situé au Coudray-Saint-Germer, et qui appartenait aux moines; il fut brûlé et dévasté, en 1414, par les Bourguignons.

Il y a, à Saint-Germer, une verrerie et des fabriques de voitures.

Formerie. — Ville de 1,345 habitants; chef-lieu de canton; justice de paix, perception des finances, bureau des postes et télégraphes; gare où se croisent les lignes d'Amiens, de Milly, de Serqueux; à 38 kilomètres Nord-ouest de Beauvais.

Cette petite ville et son canton possèdent des moulins, des fromageries, une tannerie, des tourneries, des gisements de terre réfractaire, des briqueteries, des poteries, des fabriques de bonneterie, de chaussures, de lunetterie, d'instruments d'optique.

Grandvilliers. — Ville de 1,645 habitants; chef-lieu de canton; justice de paix, perception des finances, bureau des postes et télégraphes, établissement hospitalier; station de la ligne de Paris au Tréport; à 30 kilomètres Nord de Beauvais.

On trouve, à Grandvilliers et dans le canton, des tuileries et briqueteries, des tourneries, des fabriques de bonneterie, de chaussures, de tissus, d'instruments agricoles.

Cempuis. — Village de 556 habitants; à 28 kilomètres Nord de Beauvais.

Il y a, dans ce village, un Orphelinat appartenant au département de la Seine : 200 garçons et filles de 4 à 16 ans y recevaient un enseignement intégral, à la fois classique, industriel et agricole. Cet établissement a été l'objet, en 1893, de critiques qui ont provoqué une grande émotion dans le pays, et qui en ont fait changer le régime.

Marseille. — Bourg de 704 habitants; chef-lieu de canton; justice de paix, perception des finances, bureau des postes et télégraphes, établissement hospitalier; station de la ligne de Paris au Tréport; sur le Thérinet; à 19 kilomètres Nord-ouest de Beauvais.

Les établissements industriels de ce bourg et de son canton sont des moulins, des tanneries, des tonnelleries, des fabriques de bonneterie, de couleurs, d'artifices.

Méru. — Ville de 4,694 habitants; chef-lieu de canton; justice de paix, perception des finances, bureau des postes et télégraphes, établissement hospitalier; station de la ligne de Paris au Tréport; sur l'Esches; à 26 kilomètres Sud-est de Beauvais.

Méru et son canton fabriquent de nombreux objets de tabletterie, éventails en nacre, en ivoire et en bois, boutons en or et en nacre, brosserie fine, dominos, dés, dièzes de pianos, fiches et jetons en os, couverts en buffle et en ivoire, manches de couteau en nacre.

Il s'y trouve, en outre, des moulins, une fabrique de sucre, des distilleries, des briqueteries, des imprimeries avec un journal, une usine à gaz, une fonderie de cuivre, une usine de fonderie artistique, une fabrique de blanc d'Espagne, des boissellerie, des tonnelleries, une fabrique de produits chimiques, des ateliers de construction.

Notons : à *Fresneaux-Montchevreuil*, un Château qu'habita la duchesse de Maintenon; à *Ivry-le-Temple*, une Fontaine intermittente.

Nivillers. — Village de 166 habitants; chef-lieu de canton; justice de paix, perception des finances, bureau des postes et télégraphes; à 8 kilomètres Nord-est de Beauvais.

Le Château de Nivillers était la propriété du baron de Reinach, qui, compromis dans les affaires scandaleuses du Canal de Panama, se suicida en 1892; il y fut enterré; mais son corps fut exhumé par autorité de justice et ses viscères remis aux médecins légistes qui constatèrent qu'il s'était empoisonné.

Il y a, dans le canton de Nivillers, des moulins, une fabrique et une raffinerie de sucre, une scierie, des ateliers de construction de machines, des tuileries et briqueteries, des tourbières, des fabriques de brosserie fine, de boutons, de chaussures.

Noailles. — Ville de 1,500 habitants; chef-lieu de canton; justice de paix, perception des finances, bureau des postes et télégraphes; station de la ligne d'Hermes à Beaumont; sur le Sillé; à 15 kilomètres Sud-est de Beauvais.

La ville de Noailles est le berceau de la famille qui a illustré ce nom.

Noailles et son canton possèdent des moulins, des usines à gaz, des briqueteries, des faïenceries, des scieries, des tourneries, une usine de produits antiseptiques, des fabriques de tabletterie, de brosserie fine, de mesures linéaires, de tire-bouchons, d'éventails, de boutons, d'articles de bureau, de matériel d'école, de soufflets, de jouets, de peignes, de verges, de fouets, de patiences, de coutellerie en nacre, de queues de billard.

Mentionnons: à *Villers-Saint-Sépulcre*, le Dolmen de La Roche-aux-Fées, monument historique.

Mouchy-le-Châtel. — Village de 155 habitants; station de la ligne de Creil à Beauvais; à 19 kilomètres Sud-est de Beauvais.

Le Château de Mouchy a été longtemps le siège de la plus ancienne baronnie du Beauvaisis; il soutint plusieurs sièges, et il n'en reste plus qu'une grosse Tour.

Le Château moderne date du temps de François Ier; il s'élève sur une colline escarpée du côté de l'Est, qui domine le cours du Thérain et d'où la vue s'étend au loin. Il a été restauré avec magnificence par le duc de Mouchy qui y a réuni une riche Bibliothèque et de belles collections. Le Parc, qui a 35 hectares, renferme deux belles pièces d'eau.

L'Église de Mouchy, rangée parmi les monuments historiques, a été récemment restaurée; elle possède un Caveau destiné à la sépulture de la famille de Noailles.

Les armes de la famille de Mouchy sont : *de gueules, à trois maillets d'or.*

Songeons. — Bourg de 1,056 habitants; chef-lieu de canton; justice de paix, perception des finances, bureau des postes et télégraphes; station de la ligne de Milly à Fromerie; sur le Thérain; à 24 kilomètres Nord-ouest de Beauvais.

Ce bourg, où l'on voit un Château du XVIIIe siècle, est entouré de sources abondantes.

On y trouve, ainsi que dans son canton, des moulins, des filatures de laine, des carrières de grès, des briqueteries, des poteries, des fabriques de bonneterie, de tabletterie, de lunettes en acier, d'instruments d'optique, de carrelages céramiques.

Mentionnons, à *Wambez*, le Dolmen du Camp-de-la-Pierre.

ARRONDISSEMENT DE CLERMONT

Clermont — (lat. N. 49° 22' 49"; — long. E. 0° 4' 52"; — alt. 119 m.; — à 66 kilom. N.-E. de Paris par la route et par la voie ferrée; à 66 kilom. S.-E. de Beauvais) — (*Claromontium*). — Ville de 5,617 habitants; — chef-lieu d'arrondissement et de canton; sous-préfecture; conseil d'arrondissement; circonscription électorale; — collège communal; inspection primaire; bibliothèque; société de gymnastique; — sociétés d'agriculture et d'horticulture; — bureau des postes et télégraphes; — recette particulière des finances; — conservation des hypothèques; — établissement hospitalier; — asile d'aliénés; — tribunal de première instance, justice de paix; — 5ᵉ direction pénitentiaire; maison centrale de détention pour les femmes; — gare où se croisent les lignes de Paris, de Beauvais, d'Amiens; — sur la Bresche.

Nous avons retracé, à l'histoire générale du département, les faits qui concernent le comté de Clermont, jusqu'à sa réunion au duché de Bourbon.

Les comtes de Clermont, descendants de Robert de France, firent alliance avec la famille de Nesle, en Picardie, et furent la tige d'une maison dite de Nesle, qui s'éteignit en 1524.

A la défection du fameux connétable, le comté fut réuni par François Iᵉʳ à la Couronne.

Sous Louis XIII, il rentra dans la maison de Bourbon-Soissons et fut possédé par la maison de Condé jusqu'à la Révolution.

La ville de Clermont était jadis fortifiée et possédait un Château remarquable, bâti, sous le règne de Charles-le-Chauve, pour arrêter les incursions des Normands.

En 1356, les Anglais, commandés par le captal de Buch, s'en emparèrent et levèrent dans la ville d'énormes contributions. En 1415, l'année de la bataille d'Azincourt, ils furent moins heureux, car ils durent se retirer après s'être contentés d'incendier le Faubourg Saint-André. En 1430, le maréchal de Boussac, qui venait de délivrer Compiègne, s'en empara. Mais les Anglais surprirent la ville de nouveau. La Hire vint la leur reprendre; ayant été enlevé par ceux-ci à Beauvais tandis qu'il jouait à la paume, il dut la leur rendre pour sa rançon.

Ce n'est qu'en 1451 qu'elle redevint française.

Clermont, après avoir pris parti pour la Ligue, reçut Henri IV, en 1595.

Cette même année, une épidémie cruelle y fit périr un grand nombre d'habitants.

Le Château fut vendu à l'État en 1808; il sert aujourd'hui de Maison centrale de détention pour les femmes condamnées dans les départements de l'Oise, de la Seine, de Seine-et-Marne, de Seine-et-Oise et de l'Aisne. Il ne reste de l'ancien Château, où naquit, dit-on, Charles-le-Bel, qu'un Donjon et une Porte fortifiée.

L'Église paroissiale de Clermont date du XIIIᵉ siècle.

C'est à Charles-le-Bel que serait due en partie la construction de l'Hôtel-de-Ville.

Clermont et son canton possèdent des moulins, des brasseries, des distilleries, des huileries, des tanneries et corroiries, des tonnelleries, des vanneries, des imprimeries avec deux journaux, une usine à gaz, des fours à chaux, des briqueteries, tuileries et poteries, des tourbières, des fabriques de sucre, de passementerie, de papier et de carton, de boutons de nacre, d'articles de ménage, d'attelles et d'arçons.

Signalons : à *Agnetz*, une Église du XIIIᵉ siècle, monument historique; à *Erquery* et à *Fitz-James*, des Maisons de santé pour les aliénés.

Cette ville est la patrie du roi Charles-le-Bel, de Jean-François Fernel, médecin de Henri II, de Valentin Haüy, fondateur de l'Institution des jeunes aveugles.

Ses armes sont : *de gueules au château d'or hersé, couvert en croupe et accompagné de deux tours, couvertes en pointes et girouettées de même, au chef d'azur, semé de fleurs de lis d'or.* Quelquefois elles sont représentées : *de gueules à une montagne d'argent, accompagnée en chef d'un soleil d'or.*

Breteuil. — Ville de 3,108 habitants; chef-lieu de canton; justice de paix, perception des finances, bureau des postes et télégraphes, établissement hospitalier; gare où aboutit un embranchement de la ligne de Paris à Amiens; sur la Noye; à 33 kilomètres Nord de Clermont.

Les Anglais essayèrent vainement, en 1355, de prendre Breteuil qui était le siège d'une châtellenie de la famille de Montmorency, ensuite vendue par le prince de Condé à Sully.

Château de Pierrefonds.

On y remarque une Chapelle, monument historique, débris de l'Abbaye de Sainte-Marie.

Les établissements industriels de Breteuil et de son canton sont des moulins, des distilleries, des tanneries, corroiries et mégisseries, des scieries, des tonnelleries, des carrières de pierre, des briqueteries, poteries et tuileries, des plâtrières, des forges, des fabriques de bas, de bonneterie, de chaussures, de voitures, de brosses.

Crèvecœur-le-Grand. — Ville de 2,293 habitants; chef-lieu de canton; justice de paix, perception des finances, bureau des postes et télégraphes; station de la ligne de Paris à Amiens; à 36 kilomètres Nord-ouest de Clermont.

Il y a, dans cette ville et dans son canton, des moulins, une fabrique de sucre, des briqueteries, tuileries et poteries, des scieries, des tissages mécaniques, des fabriques de cachemires mérinos, de mousseline de laine, de souricières et de ratières.

Signalons, à *Fontaine-Bonneleau*, une source d'eaux minérales.

Froissy. — Bourg de 610 habitants; chef-lieu de canton, justice de paix, perception des finances, bureau des postes et télégraphes; gare où aboutit une ligne venant d'Estrées-Saint-Denis; à 29 kilomètres Nord-ouest de Clermont.

On trouve, dans le canton de Froissy, des moulins, une fabrique de sucre, des forges, des phosphatières, des briqueteries, des tissages, des fabriques de boutons, de chaussures.

LIVR. 4.

Liancourt. — Ville de 4,033 habitants; chef-lieu de canton; justice de paix, perception des finances, bureau des postes et télégraphes, établissement hospitalier; station de la ligne de Paris à Amiens; près de la Bresche; à 7 kilomètres Sud-est de Clermont.

Cette petite ville est située sur la pente d'une colline qui domine la Vallée-Dorée, ainsi appelée à cause de la richesse de sa végétation et de la fécondité de son sol.

Le Château, reconstruit sur l'emplacement d'un autre plus ancien par Jeanne de Schomberg, en 1640, appartient depuis 1611 à l'illustre famille de La Rochefoucauld; il n'en reste qu'un corps de bâtiment à l'entrée de la ville.

Le duc de La Rochefoucauld-Liancourt y avait établi, au xviiie siècle, une Ferme-Modèle, où il propageait la culture des prairies artificielles; il avait aussi fondé dans la ville trois manufactures importantes, de laine, de coton et de faïence. Cet homme de bien, proscrit et exilé pendant la Révolution de 1789, rapporta de son exil la vaccine qu'il propagea en France, et institua les caisses d'épargne. Il mourut en 1827. On voit, au milieu du Parc, le lieu où il repose et qu'il avait désigné lui-même pour recevoir ses restes. Sa Statue s'élève sur la Place de la ville.

L'Église paroissiale renferme plusieurs Tombeaux de la famille de Liancourt.

Les principaux établissements industriels de cette ville sont des fabriques de chaussures et des fabriques de matériel pour tous les genres de culture.

On trouve dans le canton des moulins, des féculeries, des distilleries, des huileries, des ateliers de construction de machines, des tourbières, des carrières de pierre, des briqueteries, des fabriques de flanelle, de chaussures.

Mentionnons : à *Angicourt*, une Église du xiie siècle, monument historique; à *Catenoy*, le Camp de César; à *Sacy-le-Grand*, une Tombelle, une Motte féodale.

Maignelay. — Bourg de 708 habitants; chef-lieu de canton; justice de paix, perception des finances, bureau des postes et télégraphes; station de la ligne de Saint-Just à Montdidier; à 24 kilomètres Nord de Clermont.

L'Église de Maignelay, achevée au xvie siècle, est un monument historique.

Ce bourg et son canton possèdent une fabrique de sucre, une distillerie, des tanneries, des fabriques de bonneterie, de gants, de lampes, d'horloges, d'instruments agricoles.

Mouy. — Ville de 3,347 habitants; chef-lieu de canton; justice de paix, perception des finances, bureau des postes et télégraphes, établissement hospitalier; station de la ligne de Creil à Beauvais; sur le Thérain; à 10 kilomètres Sud-ouest de Clermont.

On y remarque le Buste du maréchal de Mouchy.

Les établissements industriels de cette ville et de son canton sont des moulins, une mégisserie, une usine à gaz, une imprimerie avec un journal, des fabriques de drap, de chaussures, de bonneterie en laine, de tissus, d'équipements militaires, de papier peint.

Notons : à *Angy*, une Église du xie siècle, monument historique; à *Bury*, une autre du xiie siècle, également monument historique; à *Heilles*, le Mégalithe de La Pierre-aux-Fées.

Saint-Just-en-Chaussée. — Ville de 2,405 habitants; chef-lieu de canton; justice de paix, perception des finances, bureau des postes et télégraphes; gare où se croisent les lignes de Paris, de Verberie, de Montdidier, d'Amiens, de Froissy, de Beauvais; sur l'Arrest; à 15 kilomètres Nord de Clermont.

Il y a, dans cette ville et dans son canton, des moulins, des fabriques de sucre, des distilleries, des tanneries et corroiries, des briqueteries, une usine à gaz, des fabriques de bonneterie, de gants, de tablètterie.

ARRONDISSEMENT DE COMPIÈGNE

COMPIÈGNE — (lat. N. 49° 29′ 3″; — long. E. 0° 29′ 27″; — alt. 48 m.; — à 75 kilom. N.-E. de Paris par la route; à 84 par la voie ferrée; à 60 kilom. E. de Beauvais) — (*Compendium*). — Ville de 14,498 habitants; — chef-lieu d'arrondissement et de canton; sous-préfecture; conseil d'arrondissement; circonscription électorale; — 5° bureau de recrutement, de mobilisation et de réquisition du 2° corps d'armée; quartier général de la 4° division d'infanterie; 54° régiment actif, 254° régiment de réserve, 13° régiment territorial d'infanterie; quartier général de la 1re inspection permanente de cavalerie; état-major de la 2° brigade de cavalerie; 5° régiment actif et 45° régiment de réserve de dragons, escadrons territoriaux de dragons de la 2° région du corps d'armée; sous-intendance; hôpital mixte; — collège communal; inspection primaire; bibliothèque, musée; société de gymnastique; — chambre consultative d'agriculture; inspection des forêts; dépôt des haras; — tribunal de commerce; — direction du service de la navigation; — bureau des postes et télégraphes; — recette particulière des finances; — conservation des hypothèques; — bureau auxiliaire de la Banque de France; — deux établissements hospitaliers; — tribunal de première instance; justice de paix; prison; — gare où se croisent les lignes de Paris, de Crépy-en-Valois, de Soissons, de Tergnier, de Roye, de Beauvais; — port sur l'Oise, à 1,000 mètres en aval du confluent de l'Aisne.

On n'a que des données incertaines sur la fondation de cette ville. Cependant il paraît hors de doute qu'elle est de fondation romaine. Son nom, *Compendium*, n'indique-t-il pas d'ailleurs un de ces lieux où les légions romaines déposaient une partie de leurs approvisionnements?

Le nom de Compiègne apparaît pour la première fois dans l'histoire au temps de Clovis; Grégoire de Tours dit que c'était alors une des résidences royales.

Les rois des deux Premières Races, attirés par sa vaste Forêt, firent de Compiègne leur séjour de prédilection; nous avons un grand nombre de diplômes datés de ce lieu.

Clotaire Ier y chassait, lorsqu'il fut pris de la fièvre dont il mourut, en 561.

En 611, Clotaire II conclut à Compiègne un Traité avec Théodebert, roi d'Austrasie.

Le fameux saint Éloi, conseiller et ministre du roi Dagobert, était orfèvre dans cette ville et y reçut de son maître la direction d'un Hôtel des monnaies.

En 756, Pépin habitait Compiègne lorsqu'il reçut de l'empereur Constantin Copronyme le premier jeu d'orgues qui ait été vu en France.

Sous Louis-le-Débonnaire, plusieurs conciles furent tenus à Compiègne, notamment celui de 833, où Lothaire, son fils, le força à abdiquer.

Charles-le-Chauve fit rebâtir, en 876, le Château de Compiègne et fonda dans cette ville l'Abbaye et l'Église de Saint-Corneille, dont le pape Jean VIII vint faire la dédicace en 877.

En 900, Compiègne subit les ravages d'une bande de Normands.

Après le Traité de Saint-Clair-sur-Epte (912), les mêmes pirates y vinrent avec leur chef, Rollon, faire hommage à la province de Neustrie au roi Charles-le-Simple.

C'est là qu'en 987 s'éteignit la dynastie de Charlemagne, par la mort de Louis V.

Compiègne partagea, avec Melun et Fontainebleau, l'affection des rois de la Troisième Race.

Entraînée avec la plupart des villes de la Picardie dans le mouvement communal, cette cité obtint du roi Louis-le-Gros, en 1116, une charte de commune, qui depuis fut confirmée par les rois Louis-le-Jeune et Philippe-Auguste. La juridiction municipale fut substituée, sous ce dernier roi, pour tous les cas, à la juridiction royale. En reconnaissance de cette faveur insigne, les Bourgeois de Compiègne fournirent à Philippe-Auguste des milices qui se distinguèrent entre toutes à la bataille de Bouvines, en 1214.

Saint Louis jeta à Compiègne les fondements d'un Château qui, depuis, a été remplacé par celui que nous voyons aujourd'hui.

Attaquée par les Jacques en 1388, la ville de Compiègne parvint à les repousser.

Pendant la sanglante rivalité des Armagnacs et des Bourguignons, en 1413, ces derniers s'en emparèrent momentanément sous Charles VII.

Le duc de Bedford, régent de France au nom du roi d'Angleterre Henri VI, la reprit en 1423.

Mais les habitants expulsèrent la garnison anglaise et rentrèrent sous l'obéissance de leur roi légitime en 1429, l'année même où Jeanne d'Arc délivrait Orléans.

L'année suivante, les Anglais et les Bourguignons assiégèrent de nouveau cette ville.

L'héroïque jeune fille, qui venait de sauver la France, croyant que sa mission était accomplie, voulait regagner son village et vivre dans la retraite; ses compagnons d'armes lui firent de si vives instances, qu'elle consentit encore à défendre Compiègne.

Les ennemis avaient assis leur Camp devant la place et la bloquaient de toutes parts; depuis un mois les vivres commençaient à manquer dans Compiègne. Jeanne, qui était parvenue à y entrer avec quelques troupes, résolut de tenter une sortie.

Le 24 mai 1430, accompagnée de La Hire et de 500 soldats, elle tombe à l'improviste sur les Bourguignons, qui fuient épouvantés; mais les Anglais accourent et les troupes françaises sont forcées de regagner la ville.

C'est alors que, soit crainte, soit plutôt trahison, le gouverneur de la ville, Guillaume de Flavy, fait baisser précipitamment la Herse de la Porte du Pont.

Jeanne, qui était restée la dernière pour protéger la retraite des siens, fut assaillie par tous les ennemis à la fois; elle parvint cependant à se dégager et à se sauver du côté de la campagne; mais, vers le soir, accablée de lassitude et de faim, sans force pour se défendre, elle fut prise par Lyonnel, bâtard de Wandonne, qui la livra à Jean de Luxembourg, son seigneur suzerain, et celui-ci aux Anglais pour 10,000 livres, 61,125 fr. de notre monnaie.

On lisait sur une Plaque de marbre appliquée à la Porte-du-Pont, détruite en 1811, l'inscription suivante destinée à perpétuer le souvenir de la Pucelle d'Orléans :

> Cy fut Jehanne d'Arc près de cestuy passage,
> Par le nombre accablée et vendue à l'Anglais,
> Qui brûla, le félon, elle tant douce et sage.
> Tous ceux-là d'Albion n'ont fait le bien jamais!

Compiègne demeura fidèle au roi Henri IV. En 1589, son gouverneur, le comte d'Humières, délivra Senlis, qu'assiégeaient les Ligueurs. Henri IV affectionna cette ville et y fit de fréquents voyages; le Traité de Vervins, conclu en 1598 avec l'Espagne, y fut ratifié l'année suivante.

En 1770, le dauphin Louis, qui fut, quatre ans plus tard, Louis XVI, célébra au Château de Compiègne la venue de la reine Marie-Antoinette, son épouse.

A son tour, Napoléon y reçut, en 1810, l'archiduchesse Marie-Louise.

Quatre ans plus tard, les armées coalisées, maîtresses de Soissons et de Noyon, envoyèrent un détachement pour prendre Compiègne; le brave major Othenin, qui commandait dans la place, repoussa le corps prussien, fort de 18,000 hommes.

Les Camps militaires, que Compiègne a si fréquemment vus pendant le règne de Louis-

Philippe, ont leur origine dans une réunion de ce genre faite en 1698 sous Louis XIV et renouvelée à plusieurs reprises par Louis XV.

Compiègne n'est pas en général une ville bien bâtie, mais elle a de beaux monuments et attire les visiteurs, surtout par la beauté de sa Forêt.

L'Église Saint-Antoine est un monument du XIIe siècle. Le chœur, dont on admire la hardiesse, et le chevet couronné d'arceaux élégants, ont été reconstruits par Pierre d'Ailly.

L'Église Saint-Jacques présente les caractères du gothique primitif. Le chœur, les transepts, les piliers qui supportent la nef et les bas côtés sont du XIIIe siècle. Le chevet n'a dû être élevé qu'au XVe siècle; plusieurs pilastres datent de la Renaissance. Cette Église renferme de beaux vitraux modernes et des tableaux de Philippe de Champaigne.

L'Hôtel-de-Ville remonte à Louis XII. La façade de cet édifice supporte une terrasse entourée d'une balustrade de pierre, ayant aux angles deux Tourelles hexagones terminées en flèche. Du milieu du comble s'élève une belle Tour octogone, flanquée de quatre Tourelles rondes et terminée par une flèche très élevée. Au-dessus du portail se dresse la Statue équestre en bronze de Louis XII. A la façade se lit la devise accordée à Compiègne par Philippe-Auguste après la victoire de Bouvines : *Regno et Regi fidelissima.*

Compiègne possède, en outre, un Musée; une Bibliothèque de 7,000 volumes; un Hôtel-Dieu avec une salle gothique; une belle Porte, dite porte Chapelle, œuvre du XVIe siècle; une Tour ruinée, dite la Tour de la Pucelle, où fut, dit-on, enfermée Jeanne d'Arc.

Le monument le plus célèbre de Compiègne est le Château, construit par Louis XV sur l'emplacement d'un Palais élevé par saint Louis. Ce Château, réparé en grande partie par Napoléon Ier, qui en fit décorer l'intérieur de sculptures, de fleurs et de peintures par Beauvalet, Redouté et Girodet, renferme au rez-de-chaussée une curieuse collection artistique, rapportée du Cambodge; et dans les salles du premier étage, conservées telles qu'elles étaient sous Napoléon III, tous les objets d'art, tapisseries des Gobelins, tableaux de grands maîtres, présents de Napoléon Ier. Dans le parc sont des Statues de Jouffroy et de Debay.

La Forêt de Compiègne porta longtemps le nom de Forêt de Cuise, qui est encore aujourd'hui celui d'un village voisin de la Route de Compiègne à Soissons, et n'a pris la dénomination actuelle que sous Louis XIV. Elle a environ 15,000 hectares et est traversée, dans sa partie orientale, par l'antique Voie romaine qui porte le nom de Chaussée de Brunehaut.

François Ier, Louis XIV, Louis XV, Louis XVI, Napoléon Ier ont fait percer des Routes nombreuses à travers cette Forêt qu'arrosent un grand nombre de petits cours d'eau.

Au milieu de la Forêt s'élève le vieux Prieuré de Saint-Corneille.

Il faut y visiter aussi la Chapelle de Saint-Pierre; la petite Église de Saint-Jean-aux-Bois construite par Philippe Ier en 1060; la Faisanderie; le hameau pittoresque de La Brevière-Sainte-Périne; les carrefours du Puits-du-Roi et de la Michelette; les ruines romaines de Champlieu, Temple, Cirque et Thermes; d'autres sites encore; des arbres énormes.

Les principaux établissements industriels de Compiègne sont des brasseries, des distilleries, une fabrique de sucre, une féculerie, des scieries, des tanneries et corroiries, une fonderie, une usine à gaz, des imprimeries avec dix journaux, des vanneries, des chantiers de construction de bateaux, des ateliers de chaudronnerie, des fabriques de bonneterie, de sacs et bâches, de bouchons, de bougie, d'outils.

Il y a, dans le canton, des moulins, des fabriques de sucre et de chocolat, une fonderie, des plâtrières, des vanneries, des scieries, des chantiers de bateaux, des fabriques de boîtes, de chaises, de bouchons, d'outils, de brosserie, de cadres, de jouets d'enfants.

Notons : à *Vieux-Moulin*, le Dolmen de la Pierre-Torniche sur le Mont Saint-Marc, les Retranchements antiques du Mont Saint-Pierre.

Compiègne est la patrie du docteur Pierre d'Ailly, du bénédictin Pierre Coutant, du savant Hersant et de François Mercier, auteur de quelques romans. Elle vient d'élever une statue à Jeanne d'Arc.

Ses armes sont : *d'argent, au lion d'azur, semées de fleurs de lis d'or et couronnées de même*, avec la devise *Regno et Regi fidelissima*.

Attichy. — Bourg de 811 habitants; chef-lieu de canton; justice de paix, perception des finances, bureau des postes et télégraphes; station de la ligne de Compiègne à Soissons; sur l'Aisne ; à 18 kilomètres Est de Compiègne.

Attichy et son canton possèdent des moulins, des fabriques de sucre, des huileries, des carrières de pierre, des fabriques de brosses, d'instruments d'optique, de cartonnages.

Signalons : à *Chelles*, une Église, monument historique; à *Cuise-la-Motte*, le Cromlech du Parc-aux-Loups, des Grottes; à *Trosly-Breuil*, le Menhir de la Pierre-qui-tourne.

Pierrefonds — (*Petrafons*). — Ville de 1,745 habitants; bureau des postes et télégraphes; station de la ligne de Compiègne à Villers-Cotterets; sur le Ru-de-Berne; à 14 kilomètres Sud-est de Compiègne.

Située sur la lisière orientale de la Forêt de Compiègne, cette petite ville, qui n'était qu'un pauvre village au commencement du XIXe siècle, doit son importance et sa célébrité à ses deux Châteaux, séjour de seigneurs puissants au Moyen-Age. Le second de ces deux monuments féodaux, qui subsiste encore, est l'un des plus complets qu'on puisse voir en France.

Le premier Château de Pierrefonds fut construit sur l'emplacement actuel de la Ferme du Rocher. Il paraît avoir existé dès le commencement du XIe siècle, avant la naissance de Nivelon Ier, qui fut le premier seigneur de Pierrefonds.

Le petit-fils de ce Nivelon agrandit son Château et étendit au loin son autorité.

Cette première maison s'éteignit en 1185.

Philippe-Auguste acheta la châtellenie, dont les seigneurs portaient depuis fort longtemps le titre de pairs du royaume. Elle fut, avec le Valois, comprise dans la cession faite à Louis d'Orléans, frère de Charles VI, qui jeta les fondements du Château actuel.

C'était, au dire de Monstrelet, « un château moult bel, puissamment édifié et fort défensable. » Il avait quatre faces irrégulières et sept Tours élevées de 35 mètres. Dans le roc qui servait en partie de base à la forteresse, on avait fait creuser de vastes caves et des cachots.

Un fidèle serviteur des Armagnacs, Nicolas Bosquieux, fut investi par Louis d'Orléans du commandement du Château; forcé, en 1408, après l'assassinat de son maître, d'abandonner Pierrefonds, Bosquieux y rentra dix ans après; mais le comte de Saint-Pol, partisan des Bourguignons, avait détruit par le feu plusieurs Tours et la charpente des combles; la solidité de l'édifice avait seule préservé le reste de l'incendie.

L'année de la mort du roi Henri III, 1589, Pierrefonds acquiert une nouvelle célébrité. Un partisan, le célèbre Rieux, réunit une troupe de pillards et de brigands, s'enferme dans le Château et ravage tout le pays voisin. En 1591, Henri IV envoie contre Rieux une petite armée sous les ordres du duc d'Épernon; mais celui-ci assiège inutilement la Forteresse, il est blessé et se retire. A la fin de la même année, le maréchal de Biron fait sur Pierrefonds une autre tentative également infructueuse. Alors l'insolence de Rieux ne connaît plus de bornes; il médite, en 1593, d'enlever Henri IV, qui devait traverser la Forêt de Compiègne, et il aurait réussi sans un paysan qui eut, par hasard, connaissance de ce projet et en avertit le roi. Cette même année, l'imprudence de ce chef de brigands causa sa perte; il fut surpris presque seul dans une de ses excursions par le gouverneur de Compiègne, arrêté et pendu dans cette ville. Son lieutenant, le sieur Chamant, livra, l'année suivante, Pierrefonds à Henri IV.

Sous le règne de Louis XIII, Villeneuve, lieutenant du marquis de Cœuvres, vicomte titulaire de Pierrefonds, prétendit marcher sur les traces de Rieux; Charles de Valois, comte d'Auvergne, attaqua Pierrefonds avec 15,000 hommes et s'empara du Château après un siège de quelques jours. Richelieu, pour prévenir le retour d'un fait semblable, fit démolir les ouvrages avancés du Château, enlever les toitures et pratiquer des entailles dans les Murs.

La solidité des murailles de cette construction a préservé les débris curieux que nous voyons aujourd'hui du marteau de la bande noire pendant la Révolution. Racheté, en 1813, par Napoléon Ier, le Château de Pierrefonds a été, sous Napoléon III, complètement restauré et rétabli par Viollet-le-Duc, tel qu'il devait être au temps de sa splendeur.

Pittoresquement située au pied de la colline qui porte son Château, la petite ville de Pierrefonds possède une Église dont la Crypte date du XIe siècle, les restes d'un ancien Prieuré et un bel Établissement de Bains d'eaux minérales hydrosulfatées.

On a découvert, sur le Mont-Berny, des Substructions antiques, ainsi que des médailles gauloises et romaines.

Estrées-Saint-Denis.—Ville de 1,496 habitants; chef-lieu de canton; justice de paix, perception des finances, bureau des postes et télégraphes; gare où se croisent les lignes de Compiègne, de Montdidier, de Saint-Just, de Clermont, de Verberie; à 15 kilomètres Ouest de Compiègne.

On trouve, dans cette ville et dans son canton, des fabriques de sucre, des moulins, des distilleries, des féculeries, des fours à chaux, des scieries, des corderies, des tuileries et briqueteries, des fabriques de tapisserie, d'instruments agricoles.

Guiscard. — Bourg de 1,449 habitants; chef-lieu de canton; justice de paix, perception des finances, bureau des postes et télégraphes; gare où aboutit une ligne venant de Noyon; sur la Verse; à 34 kilomètres Nord-est de Compiègne.

Les établissements industriels de Guiscard et de son canton sont des fabriques de sucre, des moulins, des distilleries, une fonderie de cloches, des fours à chaux, des briqueteries.

Notons : à *Crisolles* et à *Maucourt*, des Tombelles.

Lassigny. — Bourg de 902 habitants; chef-lieu de canton; justice de paix, perception des finances, bureau des postes et télégraphes; gare où aboutit une ligne venant de Noyon; sur la Divette; à 24 kilomètres Nord de Compiègne.

Ce bourg offre les ruines de la Tour-Roland et le Dolmen de La Pierre-du-Parrois.

Son canton a des moulins, des carrières de pierre, une huilerie, une tannerie.

Citons, à *Thiescourt*, la Chapelle de Saint-Albin, but de Pèlerinage.

Beaulieu-les-Fontaines. — Bourg de 673 habitants; bureau des postes et télégraphes; à 38 kilomètres Nord de Compiègne.

Ce bourg, situé près de la Forêt de Bouvresse, n'offre plus que les ruines du Château où fut enfermée Jeanne d'Arc. Après avoir été faite prisonnière par le bâtard de Wandonne, elle fut d'abord conduite au Camp anglais, à Margny, puis enfermée au Château de Beaulieu, où elle resta environ trois mois, de mai à août 1430. Elle faillit même s'échapper, et déjà elle était sortie de la Tour où on la détenait, lorsqu'elle fut aperçue du portier qui la réintégra dans sa prison. De là, elle fut conduite au Château de Beaurevoir, entre Saint-Quentin et Cambrai, à Arras, puis au Crotoy, d'où elle partit pour Rouen.

Noyon — (*Noviodunum, Noviomagus*). — Ville de 6,144 habitants; — chef-lieu de canton; — état-major de la 4e brigade de cuirassiers; 9e régiment de cuirassiers avec dépôt et escadrons de réserve; hôpital mixte; — petit séminaire; — bureau des postes et télégraphes; —

perception des finances; — établissement hospitalier; — justice de paix; — gare où se croisent les lignes de Paris, de Maubeuge, de Guiscard, de Lassigny; — port sur l'Oise; au confluent de la Verse; — à 30 kilomètres Nord-est de Compiègne.

Cette ville était l'une des principales cités des *Veromandui*. César s'en empara. Elle est mentionnée dans l'*Itinéraire* d'Antonin, mais n'est pas marquée sur la *carte* de Peutinger. *Noviomagus* devint la résidence de l'un des préfets de la Gaule.

Dans le premier siècle de la domination des Francs, vers 530, saint Médard, évêque de Vermand, chassé de cette ville, que les Barbares avaient incendiée, vint s'établir à Noyon. Le pieux évêque était né près de Noyon, au village de *Salency*, qu'il rendit fameux par une fête annuelle, l'institution de la rosière, célébrée encore aujourd'hui.

Saint Éloi fut à son tour évêque de Noyon, et c'est à la même époque que sainte Godeberte prit le voile religieux dans cette ville, dont elle est devenue patronne.

Sous le règne de Louis-le-Débonnaire, deux conciles s'y sont réunis en 814 et 831.

La belle Cathédrale de Noyon, agrandie par Charlemagne et enrichie par la piété de cet empereur et de son successeur, ne put échapper aux incursions des Normands; la ville fut entièrement saccagée en 860. Dans le siècle suivant, les pirates reparurent.

A la faveur du désordre que cette nouvelle apparition produisit, un seigneur du nom d'Adelin s'empara par surprise du Château Corbault et s'efforça de renverser à son profit l'autorité de l'évêque. A ce moment commença entre le pouvoir féodal et les évêques une lutte qui se termina à l'avantage de ces derniers.

Hugues Capet se fit proclamer roi à Noyon en 987, et, en récompense de l'assistance que l'évêque de cette ville lui avait prêtée, il lui donna le titre de pair ecclésiastique.

A l'époque du mouvement communal, Noyon avait pour évêque Baudri de Sarchainville; ce prélat prit la généreuse initiative d'établir une commune à Noyon.

Les habitants de la ville furent convoqués en assemblée et reçurent la proposition de se constituer en association perpétuelle; d'élire, comme à Cambrai, des magistrats avec le titre de jurés; et, au cas où la commune serait violée, d'armer tous les citoyens pour tirer vengeance de l'injure faite à la corporation. De plus, la justice municipale devait prévaloir sur toute autre. Baudri jura le premier d'observer cette charte, et les habitants de tout état prêtèrent avec lui ce serment. Louis-le-Gros donna son approbation à cet acte.

Le noble désintéressement de Baudri fut profitable à lui-même et à ses successeurs, autant qu'à la ville de Noyon. Tandis que partout ailleurs des luttes violentes ensanglantaient les cités de la Flandre et de la Picardie, où l'insurrection communale avait éclaté, le peuple et les évêques de Noyon vécurent en bonne intelligence, et on eut le spectacle rare d'une corporation de bourgeois se développant à côté et sous la protection du pouvoir épiscopal.

Par malheur, quelques autres calamités, fréquentes au Moyen-Age, désolèrent la ville de Noyon. Un incendie terrible la consuma presque entièrement dans le cours du XIIe siècle. Ses maisons et ses édifices s'étaient relevés, lorsqu'en 1298 le même fléau consuma encore plusieurs Quartiers, deux Églises et la Maison des Templiers.

Les milices communales de Noyon se levèrent à la voix de Philippe-Auguste contre les étrangers et se distinguèrent, en 1214, à la bataille de Bouvines.

Pendant les guerres anglaises, Noyon fut au pouvoir des Bourguignons, et cette cité vit Jeanne d'Arc, non plus victorieuse, mais captive et près d'être livrée à ses ennemis.

La Ligue fut maîtresse de Noyon jusqu'en 1595; à cette date, la ville reçut Henri IV.

En 1636, une armée espagnole s'avança jusqu'à Noyon et saccagea ses Faubourgs.

Noyon.

Noyon est une ville assez bien bâtie, assez bien percée, traversée par la Verse.

L'Église cathédrale, primitivement élevée par Pépin-le-Bref et par Charlemagne, a été reconstruite en 1180; c'est un vaste vaisseau de plus de 100 mètres de longueur, orné de deux Tours qui ont 65 mètres d'élévation; la nef est imposante et spacieuse; les deux transepts sont circulaires à leur extrémité, et le chœur est remarquable par la beauté de sa voûte, de ses galeries et la hardiesse des colonnes qui le soutiennent.

Le Palais épiscopal, aujourd'hui presque entièrement détruit, et l'Hôtel-de-Ville sont des monuments de la Renaissance. On y a récemment construit un fort beau Quartier de cavalerie d'après les principes qui prévalent dans l'architecture militaire moderne.

Noyon possède des moulins, une brasserie, des confiseries, une usine à gaz, des scieries, des briqueteries, des tanneries et corroiries, des imprimeries avec deux journaux, des fabriques de sucre, de chaussures, de produits chimiques, d'eau de javelle.

Signalons : à *Appilly*, le Dolmen de Saint-Urbain, le Mégalithe de Saint-Hubert; à *Babœuf*, un Camp romain ; à *Cuts*, à *Grandin* et à *Salency*, des Tombelles ; à *Ville*, le Menhir de la Pierre-Levée.

Jean Calvin naquit à Noyon en 1509. L'illustre sculpteur du xiv° siècle, Sarrasin, est aussi un des enfants de cette cité; on lui a élevé une statue sur le cours.

Les armes de Noyon sont : *d'argent à la fasce de gueules.*

LIVR. 5.

Ressons-sur-Matz. — Bourg de 864 habitants; chef-lieu de canton; justice de paix, perception des finances, bureau des postes et télégraphes; station de la ligne de Compiègne à Roye; à 16 kilomètres Nord de Compiègne.

Ce bourg et son canton ont, comme établissements industriels, des moulins, des féculeries, des fabriques de sucre, des distilleries, des scieries, des briqueteries, des carrières de pierre.

Mentionnons : à *Vignemont*, une Motte féodale; à *Villers-sur-Coudun*, le Dolmen de la Pierre-Lanfroy, une Église, monument historique.

Ribécourt. — Bourg de 854 habitants; chef-lieu de canton; justice de paix, perception des finances, bureau des postes et télégraphes; station de la ligne de Paris à Maubeuge; port sur l'Oise canalisée; à 14 kilomètres Nord-Est de Compiègne.

Les établissements industriels de ce bourg et de son canton sont des fabriques de sucre, des moulins, des filatures de chanvre et de coton.

On voit : à *Chiry-Ourscamps*, les restes de l'ancienne Abbaye d'Ourscamps, monument historique; à *Tracy-le-Val*, une Église, aussi monument historique.

ARRONDISSEMENT DE SENLIS

Senlis — (lat. N. 49° 12′ 27″; — long. E. 0° 14′ 57″; — alt. 75 m.; — à 43 kilom. N.-E. de Paris par la route; à 54 par la voie ferrée; à 52 kilom. S.-E. de Beauvais) — (*Augustomagus, Sylvanectum*). — Ville de 7,116 habitants; — chef-lieu d'arrondissement et de canton; sous-préfecture; conseil d'arrondissement; circonscription électorale; — 2ᵉ régiment actif de hussards, dépôt et escadrons de réserve; hôpital mixte; — inspection primaire; bibliothèque, musée, théâtre; sociétés d'archéologie, de musique, de tir; — société d'agriculture; — bureau des postes et télégraphes; — recette particulière des finances; — conservation des hypothèques; — station de la ligne de Chantilly à Crépy-en-Valois; — sur la Nonette.

Les restes de la cité gallo-romaine des *Sylvanectes* sont encore reconnaissables; ils se composent de seize Tours et de Courtines qui occupent le Quartier le plus élevé de la ville actuelle, sur la droite de la Nonette. Le Mur consistait en une ligne brisée, dont les angles étaient couverts de vingt-huit Tours espacées de 25 mètres. Les seize Tours, qui subsistent encore, sont saillantes en demi-cercle au dehors du Mur et avancent carrément au dedans de l'Enceinte. Les baies des fenêtres s'ouvrent en plein cintre, et les claveaux sont séparés par des tuiles interposées. Les Tours les mieux conservées ont, dans le massif de leur maçonnerie, jusqu'à neuf lits successifs de tuiles, distants entre eux de quatre à cinq pieds.

Saint Rieul prêcha l'Évangile aux habitants de Senlis dans le iiiᵉ siècle.

Les rois francs élevèrent dans cette ville un Palais, dont il reste des ruines.

Pépin II d'Aquitaine, petit-fils de Louis-le-Débonnaire, allié de Lothaire à la bataille de Fontenay, fut enfermé à Senlis par Charles-le-Chauve en 865. Cinq années plus tard, ce même roi y fit emprisonner son fils Carloman, coupable de rébellion.

A la même époque, un seigneur, du nom de Bernard, fut la tige des comtes de Senlis.

Vers 1077, le comté de Senlis passa dans la maison de Vermandois.

En 1214, l'évêque de Senlis, Guérin, conduisit les milices communales à Bouvines.

Un bailliage royal remplaça, en 1319, la juridiction municipale qui datait de 1173.

Les bourgeois de Senlis chassèrent, en 1358, les Jacques qui ravageaient le territoire de leur ville; ils eurent cependant, la même année, à repousser une attaque des seigneurs, qui venaient de triompher à Meaux de cette même insurrection des gens de la campagne.

Senlis tomba, en 1408, au pouvoir du duc de Bourgogne. Le duc Charles d'Orléans reprit la ville en 1412. Jean de Luxembourg, capitaine de Jean-sans-Peur, s'en empara de nouveau. Le roi Charles VII n'y rentra qu'en 1429.

A l'époque des guerres de Religion, Senlis sut s'abstenir des excès qui ensanglantèrent tant d'autres villes; la Saint-Barthélemy n'y vit pas de massacres.

Plus tard, cette ville refusa de s'associer à la Ligue. Mayenne s'en empara de force. Mais elle s'empressa d'accueillir, peu après, le roi Henri IV.

Cette ville est bien bâtie. Sa Cathédrale appartient au style gothique. Citons encore les deux Églises de Saint-Pierre et de Saint-Friambourg, monuments historiques; l'Hôtel-de-Ville, le Collège ecclésiastique de Saint-Vincent et plusieurs Maisons anciennes.

Senlis possède des distilleries, une imprimerie, une usine à gaz, des scieries, des ateliers de construction, une fabrique d'instruments linéaires. Il y a dans son canton des moulins, une blanchisserie de toile, des fabriques de sucre, de mesures.

Notons : à *Orry-la-Ville*, le Château de la Reine-Blanche, le Viaduc du Chemin de fer sur la Vallée de la Thève; à *Thiers*, les ruines d'un Château, monument historique.

Les armes de Senlis sont : *de gueules, au pal d'argent.*

Mont-l'Évêque. — Village de 460 habitants; à 3 kilomètres Sud-est de Senlis.

C'est sur le territoire de la petite commune de Mont-l'Évêque, sur les bords de la Nonette, que sont situées les ruines de l'Abbaye de la Victoire, fondée en 1222 par Philippe-Auguste, à l'endroit où son courrier, qui allait annoncer à son fils Louis de France le gain de la bataille de Bouvines (1214), fut rencontré par le courrier de ce fils venant faire connaître à son père la victoire que, de son côté, il venait de remporter sur le roi Jean-sans-Terre en Poitou.

C'était une Abbaye d'Augustins; l'architecte fut un religieux nommé Menard; rebâtie au xive siècle, elle subsista jusqu'en 1783. Louis XI y résida plusieurs fois; il y signa, en 1475, un Traité de paix avec François II, duc de Bretagne.

Les ruines de cette Abbaye offrent un aspect imposant. Du sommet de la Tourelle d'un des bras du transept, restée debout, on jouit d'une belle vue sur les environs. Au Nord, c'est le Mont Saint-Christophe et le Prieuré que possédait près de Senlis le brillant abbé de Bernis; au Nord-est, Montepilloy et sa Tour; puis à l'Est, au Sud, à l'Ouest, des prairies, des collines boisées, la Forêt d'Ermenonville, et des villages entourés de belles cultures.

Le Château de Mont-l'Évêque est entouré d'un beau Parc.

Les carrières de Mont-l'Évêque donnent une pierre très estimée.

Mortefontaine. — Village de 378 habitants; à 13 kilomètres Sud de Senlis.

Mortefontaine est célèbre par son Château, dont le Parc, les eaux et les points de vue composent l'un des plus beaux sites des environs de Paris.

Possédé successivement, en 1770 par Le Pelletier, président au parlement de Paris, en 1790 par un banquier de la cour de France, plus tard par Joseph Bonaparte qui l'embellit et y reçut, en 1800, les envoyés des États-Unis, il devint, en 1827, la propriété du dernier prince de Condé, puis de la baronne de Feuchères, qui l'a laissé en mourant à l'une de ses nièces.

Le Parc est divisé en deux parties. Le petit Parc, où se trouve le Château, est réservé par le propriétaire. Le grand Parc, séparé du premier par la route, est accessible aux visiteurs. Quelques-uns des sites rappellent par leur sauvage beauté les plus renommés de la Forêt de Fontainebleau. On visite successivement les Pièces-d'Eau, le Pavillon de Vallière, le Lac de l'Épine, au milieu duquel est l'Ile Molton, la Butte des Gendarmes.

Le Parc de Mortefontaine est surtout renommé pour ses beaux ombrages et le développement qu'y ont pris les arbres exotiques que l'on y a plantés.

Betz. — Bourg de 638 habitants; chef-lieu de canton; justice de paix, perception des finances, bureau des postes et télégraphes; à 31 kilomètres Sud-est de Senlis.

Des distilleries, une fabrique de sucre, des fromageries, des tourbières, des briqueteries et tuileries, forment l'industrie de ce bourg et de son canton.

Notons, à *Cuvergnon*, une Église, monument historique.

Creil. — Ville de 8,183 habitants; chef-lieu de canton; justice de paix, perception des finances, bureau des postes et télégraphes, établissement hospitalier; gare où se croisent les lignes de Paris, de Pontoise, de Beauvais, d'Amiens, de Maubeuge; port sur l'Oise; à 11 kilomètres Nord-ouest de Senlis.

Charles VI résida souvent pendant sa triste maladie au Château dont il reste quelques débris, à côté de l'Église de Saint-Évremont, monument historique.

Creil n'était, au commencement du xixe siècle, qu'une pauvre petite commune, anciennement fortifiée, dont la seule industrie comprenait l'extraction et le transport des pierres.

C'est aujourd'hui une ville florissante, qui doit son importance à une belle manufacture de faïence, à ses usines, à ses fonderies, à ses forges, à ses ateliers de grosse chaudronnerie, à d'autres établissements industriels encore, à ses clouteries, à sa fabrique de couleurs d'aniline, à ses verreries, à ses scieries et à l'exploitation de ses belles carrières.

C'est aussi un nœud important de lignes de Chemins de fer.

La navigation de l'Oise contribue encore à sa prospérité.

Le canton de Creil possède, en outre, des moulins, des filatures de laine, des carrières de marne, de pierre et de sable, des scieries, des fabriques de papier, de passementerie, de boutons, de chaussures, d'étuis de lunette, d'objets en acier poli, de limes, de crics.

Mentionnons : à *Mello*, une Église du xie siècle, monument historique, un Château du xviiie siècle; de même à *Nogent-les-Vierges;* une Église du xiie siècle, monument historique, à *Saint-Leu-d'Esserent*, ainsi qu'à *Villers-Saint-Paul*.

Chantilly. — Ville de 4,231 habitants; perception des finances, bureau des postes et télégraphes, établissement hospitalier, champ de courses; gare où se croisent les lignes de Paris, de Maubeuge, de Crépy-en-Valois; sur la Nonnette; à 8 kilomètres Ouest de Senlis.

Chantilly doit son origine et son importance à un Château qui, reconstruit au xive siècle, passait encore deux siècles après, suivant l'expression de Du Cerceau, « pour l'un des plus excellents bâtiments de France ». Après avoir appartenu aux comtes de Senlis, la terre de Chantilly passa aux Montmorency. L'un d'eux, Anne, le connétable, la fit ériger en châtellenie en 1522. C'est à lui qu'on doit la construction du Château. Au xviie siècle, par suite du mariage de Charlotte, sœur du dernier maréchal de Montmorency, avec Henri II, prince de Condé, Chantilly échut en partage aux Condé qui en firent leur séjour de prédilection.

Après la Fronde, le grand Condé s'y retira et l'embellit de jardins dessinés par Le Nôtre.

Compris dans les biens nationaux vendus par la Révolution, le Château fit retour au domaine de la Couronne sous l'Empire. Possédé par la reine Hortense, il fut rendu au prince de Condé sous la Restauration, et, après la fin tragique de ce prince, passa par testament au duc d'Aumale, qui en fut dépossédé en 1852, par décret de Napoléon III.

Vingt ans après, en 1872, un décret de l'Assemblée nationale le restituait au duc d'Aumale, qui l'a fait reconstruire sur les anciennes fondations, d'après le plan du vieux Manoir féodal, dessiné par Du Cerceau, et lui a rendu son antique splendeur. Le Château de Chantilly renferme d'admirables collections. Le duc d'Aumale en a fait don à l'Institut par un acte public où il s'en réservait l'usufruit jusqu'à sa mort.

La Forêt de Chantilly mesure 2,449 hectares. Du Rond-Point de la Table-Ronde, douze Routes la traversent dans toutes les directions de l'horizon; la belle Route du Connétable, percée par Anne de Montmorency, traverse la Forêt en ligne droite, dans la direction de Coye. Dans le voisinage sont les Étangs de Commelle, et sur les bords de l'un d'eux le Château de la Reine-Blanche, ou les Loges, joli rendez-vous de chasse.

Chaque année, au printemps et à l'automne, des courses attirent à Chantilly un grand nombre de curieux; à celle de mai se dispute le grand prix du Jockey-Club.

De nombreux éleveurs de chevaux pur-sang ont leurs établissements d'entraînement à Chantilly ou dans la région environnante jusqu'à Compiègne.

Montataire. — Ville de 5,296 habitants; bureau des postes et télégraphes, établissement hospitalier; station de la ligne de Creil à Beauvais; sur le Thérain; à 14 kilomètres Nord-ouest de Senlis.

Montataire doit sa prospérité, toute moderne, à son activité et à son industrie.

Cette ville possède des papeteries, des forges, des fonderies, des lamineries.

Son Église, du XIIe et du XIIIe siècle, a été rangée parmi les monuments historiques.

Pierre l'Ermite y aurait commencé, dit-on, la prédication de la première Croisade.

Crépy-en-Valois. — Ville de 4,124 habitants; chef-lieu de canton; justice de paix, perception des finances, bureau des postes et télégraphes, établissement hospitalier; gare où se croisent les lignes de Paris, de Chantilly, de Verberie, de Laon; sur le Rû-des-Taillandiers; à 22 kilomètres Est de Senlis.

Cette ville forma, avec Pierrefonds, La Ferté-Milon, Béthizy, les quatre châtellenies de l'apanage du Valois donné par Philippe-le-Hardi à son second fils, Charles de France.

On y remarque deux monuments historiques, l'Église Saint-Denis et les ruines de l'Église Saint-Thomas, ainsi qu'une Porte sculptée et les débris du Château, habité par la reine Blanche, mère de saint Louis, ensuite souvent pris et repris, puis abandonné.

Crépy-en-Valois et son canton possèdent des moulins, des féculeries, des fabriques de sucre, des distilleries, des fromageries, des carrières de pierre, des corderies, une usine à gaz, des tuileries, des scieries, des vanneries, des filatures de chanvre, des fabriques de chapeaux, de meubles, de roulettes pour meubles, de brosserie, de fouets et de cravaches.

Notons : à *Morienval*, une Église, monument historique; à *Orrouy*, la Caverne à ossements de la Vallée d'Authonne, la Pierre-Marie-Colette, les remarquables constructions romaines de Champlieu; à *Trumilly*, le Menhir de Pierre-Frite sur le Cormont.

Vez — (*Vadum*). — Village de 332 habitants, à 32 kilomètres Est de Senlis.

Vez, autrefois capitale du Valois, possède une belle Église, et, dans un grand Parc, les ruines d'un important Château-Fort, construit au IXe siècle, agrandi au XIIIe, dont le Donjon pentagonal a 24 mètres de hauteur. Du haut de ce Donjon, on jouit d'une vue admirable.

Nanteuil-le-Haudouin. — Ville de 1,526 habitants; chef-lieu de canton; justice de paix, perception des finances, bureau des postes et télégraphes; station de la ligne de Paris à Laon; aux sources de la Nonette; à 19 kilomètres Sud-est de Senlis.

Les établissements industriels de cette petite ville et de son canton sont des moulins, des fabriques de sucre, des fromageries, des distilleries, des fabriques de cidre, des briqueteries, des tourneries, des fabriques de boutons, de chaussures.

Ermenonville. — Village de 487 habitants; bureau des postes et télégraphes; sur la Nonette d'Ermenonville; à 13 kilomètres Sud-est de Senlis.

Ermenonville, dépendance de la seigneurie de Chantilly à la fin du Xe siècle, appartint plus tard aux Montmorency. Henri IV l'érigea en baronnie en faveur du capitaine Vic, qui avait défendu Saint-Denis contre les Ligueurs.

En 1763, la terre d'Ermenonville devint la propriété du marquis de Girardin, qui en transforma le sol ingrat, le désert de sable et les marais, en un Parc délicieux.

Ce qui a contribué surtout à la célébrité d'Ermenonville, c'est le séjour qu'y fit, en 1778, Jean-Jacques Rousseau. Il y fut enterré après sa mort, dans l'Ile-des-Peupliers. C'est là, dans un tombeau de style antique, que l'auteur de *la Nouvelle Héloïse* reposa jusqu'au jour où ses restes furent transportés au Panthéon, en 1791.

Dans la partie du Parc dite le Désert, on voit encore, sur un Monticule, la Chaumière en ruine où le grand philosophe aimait à venir se reposer, après avoir herborisé.

Fontaine-les-Corps-Nuds. — Village de 355 habitants; sur la Nonnette; à 9 kilomètres Sud-est de Senlis.

On y visite les belles ruines de l'antique Abbaye de Chaalis, fondée sur l'emplacement d'un ancien Prieuré par Louis-le-Gros, en 1136, en souvenir de son cousin, Charles-le-Bon, comte de Flandre, tombé sous le poignard des assassins. Ce Monastère, l'un des plus considérables de France, appartenait à l'Ordre de Cîteaux, et avait reçu des chartes de protection des rois Louis VII et Philippe de Valois, en 1138 et en 1348. L'Église datait de 1202; elle fut détruite à la Révolution. Il n'en reste plus que le transept septentrional, terminé par une abside pentagonale, disposition rare dans les églises gothiques. L'élégance et le luxe des bâtiments qui faisaient partie du Cloître, les ont fait conserver. Le Tasse aurait, dit-on, composé une partie de son poème de *la Jérusalem délivrée* pendant un séjour qu'il fit à Chaalis.

Neuilly-en-Thelle. — Ville de 1,640 habitants; chef-lieu de canton; justice de paix, perception des finances, bureau des postes et télégraphes, établissement hospitalier; station de la ligne d'Hermes à Beaumont; à 27 kilomètres Ouest de Senlis.

Il y a, dans cette petite ville et dans son canton, des moulins, une fabrique de sucre, des filatures de laine, des tissages, des tonnelleries, des tourneries, une usine à gaz, des fours à chaux, des briqueteries et tuileries, des carrières de pierre, des fabriques de soie, de cordons de soie, de papier peint, de gants, de blanc d'Espagne, de tabletterie fine, de brosses, d'éventails, de boutons de nacre.

Notons : à *Chambly*, une Église, monument historique; de même, à *Cires-lès-Mello*.

Pont-Sainte-Maxence. — Ville de 2,636 habitants; chef-lieu de canton; justice de paix, perception des finances, bureau des postes et télégraphes, établissement hospitalier; station de la ligne de Paris à Maubeuge; port sur l'Oise; à 12 kilomètres Nord de Senlis.

Cette ville tire son nom du Pont, qui, de temps immémorial, a toujours existé, bien que souvent détruit et reconstruit, et du nom de sa patronne Maxence, qui y fut martyrisée au IIIe siècle. Le Pont actuel date de 1785.

La ville et son canton possèdent des moulins, des fabriques de sucre, une féculerie, des distilleries, des chamoiseries, des carrières de pierre et de sable, des tuileries et briqueteries, des fabriques de passementerie, de chapeaux, de carrelages céramiques, de voitures.

Notons : à *Pontpoint*, le Dolmen de la Pierre-Huitaine, les restes de l'Abbaye de Moncel, l'Église Saint-Gervais et les ruines de l'Église Saint-Pierre, monuments historiques; à *Saint-Waast-de-Longmont*, une Église, monument historique; à *Verneuil*, un Tumulus.

I. — STATISTIQUE COMMUNALE DU DÉPARTEMENT DE L'OISE

ARRONDISSEMENT DE BEAUVAIS

193,898 hectares. — 125,767 habitants. — 12 cantons. — 242 communes.

NOM de LA COMMUNE.	POPULATION.	NOM de LA COMMUNE.	POPULATION.	NOM de LA COMMUNE.	POPULATION.
CANTONS DE BEAUVAIS		**CANTON DE CHAUMONT**		**CANTON DU COUDRAY-SAINT-GERMER**	
2 cant., 12 comm., 28,437 hab.		37 comm., 11,085 hab.		18 comm., 9,395 hab.	
Beauvais (Nord-est)	9.021	Chaumont	1.431	Le Coudray-Saint-Germer	423
Fouquenies	151	Bachvillers	236	Blacourt	422
Herchies	514	Boissy-le-Bois	188	Coigy-en-Bray	463
Marissel	1.406	Boubiers	292	Espaubourg	226
Notre-Dame-du-Thil	1.701	Bouconvillers	219	Fluvacourt	645
Pierrefitte	242	Boury	406	Hodenc-en-Bray	476
Saint-Just-des-Marais	1.214	Boutencourt	246	Labosse	606
Savignies	477	Chambors	276	Lachapelle-aux-Pots	945
Beauvais (sud-ouest)	10.361	Courcelles-lès-Gisors	626	Lalande-en-Son	172
Allonne	2.303	Deliucourt	464	Lalandelle	402
Goincourt	590	Énencourt-Léage	175	Puiseux-en-Bray	330
Saint-Martin-le-Nœud	727	Énincourt-le-Sec	156	Saint-Aubin-en-Bray	466
		Eragny	492	Saint-Germer	1.037
CANTON D'AUNEUIL		Fay	245	Saint-Pierre-ès-Champs	427
20 comm., 9,002 hab.		Fleury	302	Sérifontaine	1.252
		Fresne-Léguillon	385	Talmontiers	425
Auneuil	1.402	Hadancourt-le-Haut-Clocher	275	Vaumain (Le)	373
Auteuil	341	Hardivillers-en-Vexin	116	Vauroux (Le)	296
Beaumont-les-Nonains	337	Jaméricourt	104		
Berneuil	530	Lattainville	94		
Frocourt	217	Lavilletertre	336	**CANTON DE FORMERIE**	
Houssoye (La)	355	Liancourt-Saint-Pierre	545	23 comm., 8,308 hab.	
Jouy-sous-Thelle	648	Lierville	216		
Mesnil-Théribus (Le)	448	Loconville	166	Formerie	1.365
Mont-Saint-Adrien (Le)	177	Monneville	399	Abancourt	555
Neuville-Garnier (La)	256	Montagny	481	Blargies	492
Onsembray	917	Montjavoult	456	Boutavent	96
Porcheux	140	Parnes	332	Bouvresse	140
Rainvillers	431	Reilly	127	Broquiers	214
Saint-Germain-la-Poterie	303	Senots	230	Campeaux	576
Saint-Léger-en-Bray	245	Serans	315	Canny-sur-Thérain	221
Saint-Paul	647	Thibivillers	219	Escles	217
Troussures	164	Tourly	161	Fouilloy	263
Valdampierre	848	Trie-Château	840	Gourchelles	184
Villers-Saint-Barthélemy	444	Trie-la-Ville	300	Héricourt-Saint-Samson	147
Villotran	172	Vaudancourt	200		
		Villers-sur-Trie	234		

ARRONDISSEMENT DE BEAUVAIS (suite)

NOM de LA COMMUNE.	POPULATION.	NOM de LA COMMUNE.	POPULATION.	NOM de LA COMMUNE.	POPULATION.
Lannoy-Cuillère	373	Pisseleu	244	**CANTON DE NOAILLES**	
Moliens	879	Prévillers	202		
Monceaux-l'Abbaye	228	Rothois	205	22 comm., 12,325 hab.	
Murcaumont	224	Roy-Boissy	235		
Omécourt	179	Saint-Omer-en-Chaussée	481	Noailles	1.500
Quincampoix	268	Villers-sur-Bonnières	161	Abbecourt	418
Romescamps	546			Berthecourt	646
Saint-Arnoult	334			Cauvigny	892
Saint-Samson	418	**CANTON DE MÉRU**		Coudray-Belle-Gueule (Le)	152
Saint-Valery	112			Déluge (Le)	363
Villers-Vermont	277	20 comm., 13,173 hab.		Hermes	1.351
				Hodenc-l'Évêque	135
		Méru	4.694	Laboissière	807
CANTON DE GRANDVILLIERS		Amblainville	870	Lachapelle-Saint-Pierre	298
		Andeville	1.351	Montreuil-sur-Thérain	105
23 comm., 8,914 hab.		Auserville	290	Mortefontaine	326
		Bornel	836	Monchy-le-Châtel	155
Grandvilliers	1.645	Chavençon	144	Neuville-d'Aumont (La)	143
Beaudéduit	326	Corbeil-Cerf	303	Novillers	462
Briot	325	Esches	301	Ponchon	770
Brombos	211	Fosseuse	490	Ressons	410
Cempuis	556	Fresneaux-Montchevreuil	763	Sainte-Geneviève	1.716
Daméraucourt	266	Hénonville	550	Saint-Sulpice	561
Dargies	410	Ivry-le-Temple	460	Silly	455
Elencourt	95	Lardières	280	Villers-Saint-Sépulcre	507
Feuquières	1.236	Lavilleneuve-le-Roy	507	Warluis	663
Grez	208	Lormaison	393		
Halloy	389	Montherlant	225		
Hamel (Le)	199	Monts	492	**CANTON DE SONGEONS**	
Hautbos	138	Neuville-Bosc	268		
Lavacquerie	277	Pouilly	481	28 comm., 8,318 hab.	
Laverrière	56	Saint-Crépin-Ibouvillers	702		
Mesnil-Conteville (Le)	172			Songeons	1.056
Offoy	127			Bazancourt	168
Saint-Maur	363			Buicourt	170
Saint-Thibault	427	**CANTON DE NIVILLERS**		Crillon	379
Sarcus	509			Ernemont-Boutavent	310
Sarnois	333	21 comm., 9,116 hab.		Escames	329
Sommereux	432			Fontenay-Torcy	258
Thieuloy-Saint-Antoine	154	Nivillers	166	Gerberoy	248
		Bailleul-sur-Thérain	732	Glatigny	195
		Bonlier	155	Grémévillers	427
CANTON DE MARSEILLE		Bresles	2.199	Hannaches	231
		Fay-Saint-Quentin (Le)	468	Hanvoile	601
19 comm., 6,124 hab.		Fontaine-Saint-Lucien	163	Haucourt	89
		Fouquerolles	200	Hécourt	258
Marseille	704	Guignecourt	168	Lachapelle-sous-Gerberoy	210
Achy	390	Haudivillers	566	Lhéraule	177
Blicourt	312	Juvignies	277	Loueuse	271
Bonnières	220	Lafraye	187	Martincourt	114
Fontaine-Lavaganne	350	Laversines	573	Morvillers	447
Gaudechart	387	Maisoncelle-Saint-Pierre	198	Saint-Deniscourt	425
Haute-Épine	317	Oroër	302	Saint-Quentin-des-Prés	337
Hétomesnil	338	Rochy-Condé	497	Senantes	637
Lihus	605	Sauqueuse-Saint-Lucien	133	Sully	263
Milly	734	Therdonne	524	Thérines	200
Neuville-sur-Oudeuil (La)	299	Tillé	647	Villembray	212
Neuville-Vault (La)	86	Troissereux	557	Villers-sur-Auchy	363
Oudeuil	164	Velennes	164	Vrocourt	90
		Verderel	240	Wambez	183

DÉPARTEMENT DE L'OISE

ARRONDISSEMENT DE CLERMONT

129,091 hectares. — 83,769 habitants. — 8 cantons. — 169 communes.

CANTON DE CLERMONT
24 comm., 15,344 hab.

Commune	Population
Clermont	5.617
Agnetz	1.172
Airion	223
Avrechy	425
Avrigny	258
Baileul-le-Soc	647
Blincourt	110
Breuil-le-Sec	425
Breuil-le-Vert	786
Bulles	812
Choisy-la-Victoire	238
Epineuse	236
Erquery	318
Etouy	674
Fitz-James	1.072
Fouilleuse	70
Lamécourt	427
Litz	266
Maimbeville	257
Neuville-en-Hez (La)	617
Rémécourt	57
Rémérangles	240
Rue-Saint-Pierre (La)	472
Saint-Aubin-sous-Erquery	207

CANTON DE BRETEUIL
23 comm., 11,539 hab.

Commune	Population
Breteuil	3.108
Ansauvillers	902
Bacouel	417
Beauvoir	322
Bonneuil	819
Bonvillers	226
Broyes	249
Chepoix	409
Esquennoy	1.151
Flechy	205
Gouy-les-Groseillers	48
Hérelle (La)	263
Mesnil-Saint-Firmin (Le)	330
Mory-Montcrux	135
Paillart	700
Plainville	224
Roquencourt	346
Rouvroy-les-Merles	144
Sérévillers	163
Tartigny	232
Troussencourt	449
Vendeuil-Caply	434
Villers-Vicomte	296

CANTON DE CRÉVECŒUR-LE-GRAND
20 comm., 7,938 hab.

Commune	Population
Crèvecœur-le-Grand	2.293
Auchy-la-Montagne	408
Blancfossé	325
Catheux	195
Choqueuse-les-Bénards	152
Conteville	163
Cormeilles	481
Croissy	405
Crocq (Le)	254
Domeliers	475
Fontaine-Bonneleau	356
Francastel	510
Gallet (Le)	171
Lachaussée-du-Bois-d'Ecu	244
Luchy	358
Mauiers	267
Muidorge	148
Rotangy	272
Saulchoy (Le)	211
Viefvillers	250

CANTON DE FROISSY
17 comm., 6,140 hab.

Commune	Population
Froissy	610
Abbeville-Saint-Lucien	259
Bucamps	264
Campremy	264
Hardivillers	871
Maisoncelle-Tuilerie	462
Montreuil-sur-Brèche	586
Neuville-Saint-Pierre (La)	160
Noirémont	167
Noyers-Saint-Martin	574
Oureel-Maison	231
Puits-la-Vallée	201
Quesnel-Aubry (Le)	172
Reuil-sur-Brèche	267
Saint-André-Farivillers	484
Sainte-Eusoye	224
Thieux	344

CANTON DE LIANCOURT
23 comm., 13,250 hab.

Commune	Population
Liancourt	4.033
Ageux (Les)	261
Angicourt	197
Baileval	604
Bazicourt	144
Brenouille	211
Catenoy	552
Cauffry	464
Cinqueux	530
Labruyère	224
Laigneville	914
Mogneville	411
Monceaux	269
Monchy-Saint-Eloy	434
Nointel	506
Rantigny	1.036
Rieux	199
Rosoy	185
Sacy-le-Grand	792
Sacy-le-Petit	280
Saint-Martin-Longueau	367
Sarron	416
Verderonne	290

CANTON DE MAIGNELAY
21 comm., 7,659 hab.

Commune	Population
Maignelay	708
Coivrel	342
Courcelles-Epayelles	210
Crèvecœur-le-Petit	104
Domfront	271
Dompierre	312
Ferrières	382
Frétoy (Le)	290
Godenvillers	158
Léglantiers	401
Ménévillers	152
Méry	543
Montgérain	240
Montigny	838
Ployron (Le)	158
Royaucourt	267
Sains-Morainvillers	379
Saint-Martin-aux-Bois	314
Tricot	910
Wacquemoulin	304
Welles-Pérennes	346

CANTON DE MOUY
11 comm., 9,034 hab.

Commune	Population
Mouy	3.347
Angy	833
Ansacq	205
Bury	2.370
Cambronne-lès-Clermont	510
Heilles	437

LIVR. 6.

ARRONDISSEMENT DE CLERMONT (suite)

NOM de LA COMMUNE	POPULATION	NOM de LA COMMUNE	POPULATION	NOM de LA COMMUNE	POPULATION
Hondainville	292	Brunvillers-la-Motte	349	Montiers	404
Neuilly-sous-Clermont	358	Catillon	410	Moyenneville	401
Rousseloy	119	Cernoy	202	Noroy	190
Saint-Félix	281	Cressonsacq	341	Nourard-le-Franc	367
Thury-sous-Clermont	252	Coignières	181	Plainval	356
		Erquinvillers	101	Plessier-sur-Bulles (Le)	193
CANTON		Essuiles	396	Plessier-sur-Saint-Just (Le)	466
DE SAINT-JUST-EN-CHAUSSÉE		Fournival	414	Pronleroy	314
		Fumechon	116	Quinquempoix	250
30 comm., 12,856 hab.		Gannes	412	Ravenel	1.016
		Grandvillers-aux-Bois	281	Rouvillers	203
Saint-Just-en-Chaussée	2.405	Laneuvilleroy	859	Saint-Remy-en-l'Eau	325
Angivillers	223	Lieuvillers	404	Valescourt	215
		Mesnil-sur-Bulles (Le)	242	Wavignies	730

ARRONDISSEMENT DE COMPIÈGNE

128,884 hectares. — 93,089 habitants. — 8 cantons. — 157 communes.

NOM de LA COMMUNE	POPULATION	NOM de LA COMMUNE	POPULATION	NOM de LA COMMUNE	POPULATION
CANTON DE COMPIÈGNE		Moulin-sous-Touvent	358	**CANTON DE GUISCARD**	
12 comm., 22,978 hab.		Nampcel	532	20 comm., 6,495 hab.	
		Pierrefonds	1.745		
Compiègne	14.498	Rethondes	370	Guiscard	1.449
Rieuville	217	Saint-Crépin-aux-Bois	326	Beaugies	165
Choisy-au-Bac	844	Saint-Étienne	311	Berlancourt	233
Clairoix	668	Saint-Pierre-lès-Bitry	132	Bussy	192
Janville	229	Tracy-le-Mont	1.751	Campagne	111
Jaux	719	Trosly-Breuil	700	Catigny	211
Lacroix-Saint-Ouen	1.526			Crisolles	516
Margny-lès-Compiègne	1.570	**CANTON**		Flavy-le-Meldeux	250
Saint-Jean-aux-Bois	400	**D'ESTRÉES-SAINT-DENIS**		Freniches	407
Saint-Sauveur	877			Frétoy-le-Château	260
Venette	1.061	18 comm., 10,253 hab.		Golancourt	375
Vieux-Moulin	374			Libermont	337
		Estrées-Saint-Denis	1.496	Maucourt	104
		Armancourt	185	Muirancourt	350
CANTON D'ATTICHY		Arsy	543	Ognolles	345
20 comm., 11,280 hab.		Canly	506	Plessis-Patte-d'Oie (Le)	138
		Chevrières	815	Quesmy	138
Attichy	811	Fayel (Le)	431	Sermaize	180
Autrêches	753	Francières	520	Solente	198
Berneuil-sur-Aisne	599	Grandfresnoy	965	Villeselve	466
Bitry	337	Hémévillers	463		
Chelles	335	Houdancourt	244	**CANTON DE LASSIGNY**	
Couloisy	157	Jonquières	444	22 comm., 8,814 hab.	
Courtieux	123	Lachelle	308		
Croutoy	192	Longueil-Sainte-Marie	966	Lassigny	902
Cuise-la-Motte	1.097	Meux (Le)	688	Amy	491
Hautefontaine	284	Montmartin	135	Avricourt	280
Jaulzy	367	Moyvillers	489	Beaulieu-les-Fontaines	673
		Remy	1.072		
		Rivecourt	283		

DÉPARTEMENT DE L'OISE

ARRONDISSEMENT DE COMPIÈGNE (suite)

NOM de LA COMMUNE	POPULATION
Candor	426
Cannectancourt	318
Canny-sur-Matz	304
Crapeaumesnil	156
Cuy	187
Dives	330
Ecuvilly	274
Elincourt-Ste-Marguerite	633
Evricourt	146
Fresnières	178
Gury	229
Laberlière	192
Lagny	608
Mareuil-la-Motte	587
Margny-aux-Cerises	242
Plessis-de-Roye	280
Roye-sur-Matz	508
Thiescourt	810

CANTON DE NOYON
23 comm., 13,855 hab.

Noyon	6.144
Appilly	297
Babœuf	586
Beaurains	164
Béhéricourt	267
Brétigny	260
Caisnes	393
Cuts	794
Genvry	166
Grandru	344

Larbroye	174
Mondescourt	259
Morlincourt	243
Passel	194
Pont-l'Évêque	426
Pontoise	322
Porquéricourt	240
Salency	716
Sempigny	445
Suzoy	326
Varesnes	348
Vauchelles	201
Ville	546

CANTON DE RESSONS-SUR-MATZ
24 comm., 8,700 hab.

Ressons-sur-Matz	864
Antheuil	282
Baugy	275
Belloy	90
Biermont	193
Boulogne-la-Grasse	476
Braisne	89
Conchy-les-Pots	717
Coudun	640
Cuvilly	540
Giraumont	354
Gournay-sur-Aronde	813
Hainvilliers	81
Lataule	220

Margny-sur-Matz	280
Marquéglise	285
Monchy-Humières	708
Mortemer	294
Neufvy-sur-Aronde	185
Neuville-sur-Ressons (La)	137
Orvillers-Sorel	504
Ricquebourg	230
Vignemont	187
Villers-sur-Coudun	310

CANTON DE RIBÉCOURT
18 comm., 10,005 hab.

Ribécourt	854
Bailly	323
Cambronne	504
Cariepont	1.180
Chevincourt	605
Chiry-Ourscamps	2.144
Dreslincourt	495
Longueil-sous-Thourotte	503
Machemont	472
Marest	411
Mélicocq	285
Montmacq	325
Plessis-Brion (Le)	422
Pimprez	356
Saint-Léger-aux-Bois	588
Thourotte	457
Tracy-le-Val	491
Vandélicourt	160

ARRONDISSEMENT DE SENLIS

132,773 hectares. — 99,260 habitants. — 7 cantons. — 133 communes.

CANTON DE SENLIS
17 comm., 14,758 hab.

Senlis	7.116
Aumont	204
Barberie	615
Chamant	593
Chapelle-en-Serval (La)	241
Courteuil	461
Montépilloy	207
Mont-l'Évêque	460
Mortefontaine	378
Ognon	120

Orry-la-Ville	820
Plailly	806
Pontarmé	391
Saint-Firmin	1.095
Saint-Léonard	549
Thiers	248
Villers-Saint-Frambourg	484

CANTON DE BETZ
25 comm., 8,400 hab.

Betz	638
Acy-en-Multien	727

Antilly	258
Antheuil-en-Valois	378
Bargny	219
Bouillancy	351
Boullarre	195
Boursonne	300
Brégy	548
Cuvergnon	279
Étavigny	200
Gondreville	136
Ivors	313
Lévignen	344
Mareuil-sur-Ourcq	740
Marolles	607

NOM de LA COMMUNE.	POPULATION.	NOM de LA COMMUNE.	POPULATION.	NOM de LA COMMUNE.	POPULATION.

ARRONDISSEMENT DE SENLIS (suite)

Commune	Pop.
Neufchelles	188
Ormoy-le-Davien	154
Réez-Fosse-Martin	146
Rosoy-en-Multien	278
Rouvres	238
Thury-en-Valois	475
Varinfroy	132
Villers-Saint-Genest	163
Villeneuve-sous-Thury (La)	93

CANTON DE CREIL
19 comm., 32,379 hab.

Commune	Pop.
Creil	8.183
Apremont	627
Blaincourt	326
Chantilly	4.231
Coye	1.271
Cramoisy	516
Gouvieux	2.117
Lamorlaye	862
Maysel	141
Mello	441
Montataire	5.296
Nogent-les-Vierges	2.637
Précy-sur-Oise	888
Saint-Leu-d'Esserent	1.608
Saint-Maximin	1.354
Saint-Vaast-lès-Mello	817
Thiverny	270
Villers-Saint-Paul	609
Villers-sous-Saint-Leu	225

CANTON DE CRÉPY-EN-VALOIS
25 comm., 15,696 hab.

Commune	Pop.
Crépy-en-Valois	4.124
Auger-Saint-Vincent	390
Béthancourt	190
Béthisy-Saint-Martin	905
Béthisy-Saint-Pierre	1.692
Bonneuil-en-Valois	716
Duvy	460
Éméville	195
Feigneux	318
Fresnoy-la-Rivière	503
Gilocourt	507
Glaignes	295
Morienval	888
Néry	573
Ormoy-Villers	307
Orrouy	522
Rocquemont	128
Rouville	170
Russy-Bémont	265
Saintines	620
Séry-Magneval	186
Trumilly	314
Vauciennes	615
Vaumoise	301
Vez	332

CANTON DE NANTEUIL-LE-HAUDOUIN
19 comm., 8,376 hab.

Commune	Pop.
Nanteuil-le-Haudouin	1.526
Baron	769
Boissy-Fresnoy	403
Borest	316
Chèvreville	366
Ermenonville	487
Ève	278
Fontaine-les-Corps-Nuds	355
Fresnoy-le-Luat	347
Lagny-le-Sec	350
Montagny-Sainte-Félicité	422
Montlognon	192
Ognes	221
Péroy-les-Gombries	310
Plessis-Belleville (Le)	337
Rosières	156
Silly-le-Long	608
Ver	556
Versigny	377

CANTON DE NEUILLY-EN-THELLE
15 comm., 10,895 hab.

Commune	Pop.
Neuilly-en-Thelle	1.640
Balagny-sur-Thérain	1.253
Belle-Église	357
Boran	748
Chambly	1.636
Cire-lès-Mello	1.518
Crouy-en-Thelle	422
Dieudonne	301
Ercuis	735
Foulangues	122
Fresnoy-en-Thelle	240
Mesnil-Saint-Denis (Le)	390
Morangles	219
Puiseux-le-Hauberger	394
Ully-Saint-Georges	921

CANTON DE PONT-SAINTE-MAXENCE
13 comm., 9,145 hab.

Commune	Pop.
Pont-Sainte-Maxence	2.636
Beaurepaire	71
Brasseuse	143
Fleurines	672
Pontpoint	796
Raray	208
Rhuis	117
Roberval	285
Rully	682
Saint-Vaast-de-Longmont	203
Verberie	1.694
Verneuil	1.141
Villeneuve-sur-Verberie	497

II. — STATISTIQUE GÉNÉRALE DU DÉPARTEMENT DE L'OISE

Les numéros marqués en gros chiffres dans la première colonne indiquent le rang du département.
Sauf pour les données annuelles, les nombres des tableaux suivants correspondent aux quantités moyennes des dix dernières années.

Superficie : 52ᵉ.

585,036 hectares ou 58,500 kilomètres carrés.
1,914,763 parcelles de terre; 211,108 propriétés non bâties, avec une superficie de 532,872 hectares et un revenu annuel de 41,301.000 francs.
114,375 propriétés bâties, dont: 1,636 bâtiments publics, 111,363 habitations, 1,376 établissements industriels : revenu annuel de 22,000,000 de francs.

Population : 35ᵉ.

401,835 habitants, dont 16,582 étrangers :
198,097 du sexe masculin;
203,738 du sexe féminin;
3,186 mariages par an;
79 divorces par an;
125 émigrants par an.

Densité de la population : 31ᵉ.

68 habitants par kilomètre carré.

Naissances : 33ᵉ.

8,699 naissances annuelles, non compris 380 mort-nés :
4,410 du sexe masculin;
4,289 du sexe féminin;
21 pour 1,000 habitants.

Décès : 32ᵉ.

9,672 décès annuels, dont 156 par accident et 211 par suicide :
5,105 du sexe masculin;
4,567 du sexe féminin;
23 pour 1,000 habitants.

Durée moyenne de la vie : 22ᵉ.

Hommes : 42 ans 5 mois,
Femmes : 44 ans 11 mois.

Représentation législative.

101,000 électeurs; 5 circonscriptions électorales;
3 sénateurs;
5 députés.

Organisation administrative.

1 préfecture, 3 sous-préfectures;
4 arrondissements, 35 cantons, 701 communes;
1 conseil de préfecture;
1 conseil général, 4 conseils d'arrondissement, 701 conseils municipaux.

Armée.

Subdivisions régionales :

3ᵉ et 5ᵉ subdivisions de la 2ᵉ région de corps d'armée;
3ᵉ et 5ᵉ bureaux de recrutement, de mobilisation et de réquisition du 2ᵉ corps d'armée.

Recrutement :

2,930 jeunes gens inscrits chaque année sur les listes cantonales du département, dont :
2,090 incorporations du contingent annuel dans l'armée, et 160 provenant de la catégorie des ajournés des deux classes précédentes;
290 ajournés pour faiblesse de constitution, et 30 pour défaut de taille, à une nouvelle décision du conseil de revision;
225 classés dans les services auxiliaires comme inaptes au service armé;
295 exempts comme inaptes à tout service.

Taille des inscrits :

35 de taille inférieure à 1 m. 54;
610 de la taille de 1 m. 54 à 1 m. 62;
160 de la taille de 1 m. 63;
170 de 1 m. 64;
200 de 1 m. 65;
180 de 1 m. 66;
505 de 1 m. 67 à 1 m. 69;
510 de 1 m. 70 à 1 m. 72;
560 de taille supérieure à 1 m. 72.

Troupes :

Quartier général de la 4ᵉ division d'infanterie; état-major de la 6ᵉ brigade d'infanterie; 51ᵉ et 54ᵉ régiments actifs, 251ᵉ et 254ᵉ régiments de réserve, 11ᵉ et 13ᵉ régiments territoriaux d'infanterie;
Quartier général de la 1ʳᵉ inspection permanente de cavalerie; état-major de la 2ᵉ brigade de cuirassiers et de la 4ᵉ brigade de cavalerie; 5ᵉ régiment actif et 45ᵉ régiment de réserve de dragons, escadrons territoriaux de dragons de la 2ᵉ région de corps d'armée; 9ᵉ régiment de cuirassiers, 2ᵉ régiment de hussards, dépôt et escadrons de réserve de ces régiments;
1 sous-intendance;
3 hôpitaux mixtes;
Annexe du service des remontes.

Gendarmerie :

1 compagnie, 53 brigades, 270 gendarmes.

Forestiers :

120 gardes des forêts.

Gardes divers :

1,860 gardes des champs, des chasses et des pêches, dont 995 particuliers.

Sapeurs-pompiers :
Compagnies et subdivisions cantonales et communales.

Instruction publique.

Enseignement primaire :
5 inspections primaires;
1 école normale d'instituteurs, 55 élèves; 1 école normale d'institutrices, 40 élèves;
54 écoles maternelles : 3,110 garçons et 3,080 filles;
1,118 écoles et 4 pensionnats primaires : 29,405 garçons et 29,760 filles;
5 cours complémentaires · 115 garçons, 45 filles.

Enseignement secondaire :
1 inspection académique;
3 collèges communaux, 610 élèves;
5 établissements libres, 675 élèves.
1 collège de filles, 50 élèves.

Titres universitaires annuels :
3,005 certificats d'études primaires élémentaires de garçons, 1,225 de filles;
5 certificats d'études primaires supérieures de garçons;
25 brevets de capacité élémentaire de garçons, 50 de filles;
15 brevets de capacité supérieure de garçons, 15 de filles;
137 diplômes des baccalauréats.

Sans instruction :
41 illettrés sur une classe annuelle de recrutement de 2,930 inscrits.

Institutions diverses :
Bibliothèques, musées, théâtres;
Sociétés des lettres, des sciences, des arts, de chant, de musique, de tir et de gymnastique;
34 journaux et publications périodiques.

Religion.

Culte catholique :
1 évêché, 39 cures, 591 succursales, 3 séminaires, 90 élèves.

Culte protestant :
1,500 protestants.

Culte israélite :
100 israélites.

Service sanitaire.

148 médecins, 69 pharmaciens.

Professions.

Sur une classe annuelle de recrutement de 2,930 jeunes gens, on compte :
180 sans profession;
990 de toutes autres professions que les suivantes :
90 employés de bureau;
1,670 ouvriers, dont : 465 ouvriers de l'agriculture, 70 meuniers et boulangers, 83 bouchers, 15 tailleurs d'habits, 105 ouvriers du cuir, 120 ouvriers de la pierre, 150 ouvriers du bois, 180 ouvriers des métaux, 260 palefreniers et voituriers, 10 bateliers, 210 ouvriers des manufactures.

Agriculture.

48,211 exploitations agricoles, dont 40,142 directes, 7,725 par fermes, 344 par métairies, exploitant ensemble 532,872 hectares;
1 station agronomique;
1 chaire départementale;
1 école pratique;
4 chambres consultatives;
3 comices agricoles;
2 syndicats agricoles : 1,695 membres;
2 sociétés hippiques, 2 champs de courses;
44 vétérinaires;
1 dépôt de haras.

Céréales :
Froment : 44,732 hectares, 804,000 hectolitres de grains, 16,317,000 francs par an;
Orge, seigle, méteil, sarrasin, maïs : 29,788 hectares, 614,000 hectolitres, 8,037,000 fr. par an;
Avoine : 137,167 hectares, 4,671,000 hectolitres de grains, 39,700,000 francs par an;
Total : 211,687 hectares, 6,119,000 hectolitres de grains et 7,000,000 de quintaux de paille, 72,000,000 de francs par an.

Farineux :
Haricots, pois, lentilles, fèves : 3,938 hectares, 49,000 hectolitres, 1,480,000 francs par an.

Pommes de terre :
12,023 hectares, 1,166,000 quintaux, 6,688,000 francs par an.

Autres racines :
Carottes, navets : 2,150 hectares, 608,000 quintaux, 2,280,000 francs par an.

Légumes :
Jardins potagers et maraîchers, vergers : 15,700 hectares.

Fruits :
Production annuelle :
Châtaignes : 50 quintaux, 500 francs;
Noix : 400 quintaux, 7,000 francs.
Prunes : 2,000 quintaux, 24,000 francs.

Sucre :
Betteraves : 17,942 hectares, 7,125,000 quintaux, 16,744,000 francs par an.

Vins :
Vignes : 117 hectares, 1,200 hectolitres de vin, 45,000 francs par an.

Cidre :
Pommes à cidre, 75,000 quintaux, 80,000 hectolitres de cidre, 950,000 francs par an.

Alcool :
26 distillateurs, produisant ensemble 33,000 hectolitres par an.

Plantes oléagineuses :
Œillette, colza : 90 hectares, 1,600 hectolitres de grains, 45,000 francs par an.

Plantes textiles :
Chanvre et lin : 230 hectares, 2,000 quintaux de filasse; 198,000 francs par an.

Bois :
1 inspection des forêts;
Bois et forêts : 101,280 hectares, dont : 31,700 à l'État, 3,408 au département et aux communes, 66,172 aux particuliers;
Principales essences : charme, chêne, bouleau, hêtre.
Nature des plantations : 82,282 hectares en taillis; 18,998 hectares en futaie;
Production annuelle de l'exploitation : 393,000 mètres cubes.

DÉPARTEMENT DE L'OISE

Fourrages :
29,896 hectares de prés naturels et 56,277 hectares de prairies artificielles; ensemble : 86,173 hectares, 3,726,000 quintaux, 19,744,000 francs par an ;
8,185 hectares de betteraves fourragères, 2,709,000 quintaux, 4,824,000 francs par an.

Animaux de ferme :
Effectif de :
Espèce chevaline : 51,803 têtes, 20,000,000 de francs;
Espèce mulassière : 298 têtes, 45,000 francs;
Espèce asine : 2,377 têtes, 200,000 francs;
Espèce bovine : 129,610 têtes, 25,000,000 de francs;
Espèce ovine : 387,457 têtes, 10,000,000 de francs ;
Espèce porcine : 38,226 têtes, 3,000,000 de francs;
Espèce caprine : 5,562 têtes, 46,000 francs.
Production annuelle de :
15,000,000 de kilogrammes de viande, 25,635,000 francs;
1,831,000 hectolitres de lait, 27,471,000 francs ;
880,000 kilogr. de beurre, 2,508,000 francs;
1,400,000 kilogrammes de fromage, 1,357,000 francs;
1,280,000 kilogr. de laine, 1,843,000 francs.

Animaux de basse-cour :
Effectif de 857,000 poules, 21,000 oies, 48,000 canards, 16,000 dindons, 4,000 pintades, 215,000 pigeons, 493,000 lapins; ensemble 3,510,000 francs.

Apiculture :
15,600 ruches d'abeilles, 104,000 kilogrammes de miel et 20,000 kilogrammes de cire, 200,000 francs par an.

Industrie.

1 inspection départementale de l'enseignement industriel ;
Manufacture nationale de tapisseries ;
1,032 établissements industriels, avec 1,542 machines à vapeur qui développent une force de 17,967 chevaux-vapeur, dont :
5,390 à l'alimentation ;
4,653 à la métallurgie ;
2,368 à l'agriculture ;
1,901 aux tissus et vêtements ;
1,556 aux instruments divers, meubles, papeteries ;
1,123 aux travaux de bâtiments et autres ;
558 aux mines et carrières ;
378 aux produits chimiques et tanneries ;
40 aux services publics ;
Utilisation de la force motrice des cours d'eau, de l'air, de l'électricité.

Principales entreprises industrielles :

Moulins, brasseries, distilleries, fromageries, fabriques et raffineries de sucre, féculeries, amidonneries, huileries ;
Manufacture nationale de tapisseries ;
Filatures et tissages de coton et de laine ;
Fabriques de tapis, de couvertures, de draps, de toile, de flanelle, de passementerie, de lacets, de châles, de cachemires, de mérinos, de dentelles ;
Fabrique de tabletterie, brosses de tous genres, éventails en nacre et en bois, boutons en nacre et en os, dominos, dés, touches de pianos, fiches, jetons, jouets, couverts en buffle, en ivoire et en bois, coutellerie en nacre, mesures linéaires, cannes, fouets, cravaches, lunetterie et appareils d'optique, ressorts d'horlogerie ;
Tanneries, corroieries, mégisseries ;
Scieries, boisselleries, tonnelleries, chantiers de construction de bateaux ;
Carrières de pierre et de sable ;
Tourbières ;
Briqueteries, tuileries, poteries, fours à chaux ;
Faïenceries, porcelaineries ;
Verreries ;
Hauts-fourneaux, fonderies, forges, laminoirs, tréfileries ;
Ateliers de construction de machines et d'outils ;
Fabriques de produits chimiques, de savon ;
Imprimeries ;
Usines à gaz et à électricité ;
Sources d'eaux minérales.

Commerce.

2 tribunaux de commerce; 15 juges; 1,421 affaires annuelles, dont : 967 devant ces tribunaux et 454 devant 2 tribunaux de première instance;
1 conseil de prud'hommes, 16 membres, 35 affaires annuelles;
1 chambre de commerce;
4 vérifications des poids et mesures ;
5 syndicats patronaux, 225 membres;
9 syndicats ouvriers, 605 membres;
1 syndicat mixte, 15 membres;
19,911 patentes ;
200 foires, durant 232 jours, se tenant dans 57 communes;
13 communes à octroi ;
25 sociétés constituées et 10 dissoutes par an;
27 liquidations judiciaires et 70 faillites annuelles ;
Exportation de lait, de fromage, de bestiaux, de sucre, de bois, d'étoffes, de tabletterie, de machines, d'outils, de pierres;
Importation du sel, du vin, de la houille, du coton, de la laine, de la nacre, des denrées, articles et objets divers nécessaires à l'alimentation, à l'habillement et à l'habitation.

Routes et chemins.

1 direction du service ordinaire des ponts et chaussées ;
8,456 kilomètres de voies de terre, dont 602 de routes nationales.

Voies ferrées.

883 kilomètres de ligne dont :
704 à la Compagnie du Nord;
34 à la Compagnie de l'Ouest;
8 à la Compagnie de l'Est; 137 à 3 compagnies particulières.
231 gares, stations et haltes.

Navigation fluviale.

138 kilomètres de voies navigables, dont 34 pour 1 canal et 104 pour 3 rivières canalisées.

Postes et télégraphes.

1 direction : 83 bureaux des postes et télégraphes, 15 bureaux des postes, 26 bureaux des télégraphes ;
11,053,000 envois annuels par la poste, 213,000 par le télégraphe.

Service des finances.

1 trésorerie générale, 3 recettes particulières, 97 perceptions des finances;
1 direction des contributions directes;
1 direction des impôts indirects;
1 direction des droits de l'enregistrement, des domaines et du timbre; 4 conservations des hypothèques;
1 succursale de la Banque de France, avec bureau auxiliaire, faisant pour 10,000,000 de francs d'opérations annuelles.

Contributions annuelles.

49,139,000 francs au total, dont :
39,629,000 à l'État ;
3,274,000 au département ;
6,236,000 aux communes.
La répartition donne au budget de l'État :
5,643,000 francs de contributions directes et de taxes assimilées ;
7,638,000 francs de ressources spéciales ;
26,348,000 francs d'impôts indirects.
Parmi les contributions directes et ressources spéciales de l'État, on compte : 5,490,000 francs de contributions foncières sur les propriétés non bâties, et 1,226,000 sur les propriétés bâties; 1,725,000 francs de contribution personnelle-mobilière; 1,253,000 francs de contributions sur les portes et fenêtres; 1,504,000 francs sur les patentes.
Dans les impôts indirects, on relève : 5,591,000 francs de droits d'enregistrement; 1,237,000 fr. du timbre; 6,543,000 francs sur les boissons; 3,759,000 francs sur les sucres; 6,085,000 francs du produit des monopoles de l'État, lettres, télégrammes, allumettes, poudres, tabacs, cartes à jouer.

Situation financière.

10,139,000 francs, dettes du département;
7,538,000 francs, dettes des communes.

Prévoyance.

Sociétés de secours mutuels :
87 sociétés, 11,000 membres, 201,000 francs de recettes annuelles.

Sociétés coopératives :
3 sociétés, 800 membres.

Caisses d'épargne :
139,000 livrets, 67,000,000 de francs.

Caisse de retraite :
3,225 parties prenantes, 587,000 francs de pensions annuelles.

Assistance.

Établissements hospitaliers :
20 hôpitaux et hospices ; 1,716 lits; population moyenne de 574 hospitalisés ; 2,305 entrées et autant de sorties annuelles ;
1 asile d'aliénés ; population de 1,330 pensionnaires; 320 entrées et autant de sorties annuelles; 95 enfants assistés dans les hospices, 900 à la campagne, 150 à domicile.

Bureaux de bienfaisance :
572 bureaux secourant 11,675 personnes avec 431,000 francs de ressources annuelles.

Justice.

Tribunaux :
1 cour d'assises;
4 tribunaux de première instance comprenant 4 chambres ; 35 justices de paix.

Personnel :
22 présidents et juges des tribunaux; 8 procureurs et substituts;
35 juges de paix;
42 avocats, 30 avoués, 63 huissiers; 101 notaires;
7 commissaires et 25 agents de police.

Crimes :
30 condamnations annuelles, pour 17 crimes commis contre les personnes et 13 contre les propriétés ; 19 à des peines afflictives et infamantes, 11 à des peines correctionnelles d'emprisonnement.

Délits :
2,260 condamnations annuelles: 40 à plus d'un an de prison, 1,080 à moins d'un an, 1,140 à l'amende.

Contraventions :
2,750 condamnations annuelles; 85 à la prison, 2,665 à l'amende.

Procès :
1,720 affaires civiles terminées par année.

Justices de paix :
5,086 affaires annuelles portées à l'audience pour y recevoir jugement;
3,557 affaires suivies de jugements de simple police;
479 affaires conciliées à l'audience;
29,183 affaires conciliées en dehors de l'audience.

Répression.

5ᵉ direction pénitentiaire;
45 chambres de sûreté; 775 entrées et autant de sorties annuelles d'hommes, 95 de femmes;
4 maisons d'arrêt, de justice et de correction : population moyenne de 350 hommes et 40 femmes; 2,625 entrées et autant de sorties annuelles d'hommes, 400 de femmes;
50 garçons et 10 filles originaires du département dans les établissements d'éducation correctionnelle;
90 hommes et 40 femmes originaires du département dans les pénitenciers agricoles et les maisons centrales;
10 hommes au dépôt des condamnés aux travaux forcés de Saint-Martin-de-Ré.
1 maison centrale de force et de correction : population moyenne de 510 femmes; 360 entrées et autant de sorties annuelles;
1 maison d'éducation correctionnelle : population moyenne de 65 garçons; 25 entrées et autant de sorties annuelles;

LA FRANCE ILLUSTRÉE,

PAR V.-A. MALTE-BRUN

ALENÇON

66ᵉ fascicule.

Cathédrale de Sées.

Département de l'Orne.

DÉPARTEMENT DE L'ORNE

Chef-lieu : ALENÇON

Superficie : 609,729 hectares. —. Population : 354,387 habitants
4 Arrondissements. — 36 Cantons. — 512 Communes.

DESCRIPTION PHYSIQUE ET GÉOGRAPHIQUE

Situation. — Le département de l'Orne est situé dans la partie occidentale de la France.

Il appartient au Bassin de la Manche par l'Orne, la Dives et la Touques, et au Bassin de la Loire, dans sa partie méridionale, par la Sarthe et la Mayenne.

Son nom est celui de la rivière de l'Orne, qui y prend sa source.

Ce département a été formé, en 1790, de la partie méridionale de la Normandie, c'est-à-dire du Perche septentrional et du duché d'Alençon.

Ses limites sont : les départements du Calvados et de l'Eure, au Nord ; de l'Eure et de l'Eure-et-Loir, à l'Est ; de la Sarthe et de la Mayenne, au Sud ; de la Manche, à l'Ouest.

Nature du sol. — Le sol du département de l'Orne, composé de terres de nature très diverse, présente l'aspect le plus varié ; c'est le plus accidenté de toute la Normandie : vastes plaines, gras pâturages, riches et fertiles vallées, coteaux boisés, forêts, sites agrestes même, rien n'y manque.

Il est traversé de l'Est à l'Ouest par les Collines du Perche et par les Collines de Normandie, qui dépendent de la ligne de faîte entre les deux versants de la Manche et de l'Océan et séparent le Bassin de l'Orne de celui de la Sarthe.

De ces collines, dont l'élévation varie de 200 à 300 mètres au-dessus du niveau de la mer, se détachent des contreforts qui se terminent par des coteaux.

Parmi les points les plus élevés, nous citerons la Butte-de-Chaumont, près d'Alençon, 170 mètres ; le Mont Margantin, près de Domfront, 210 ; le Massif de la Forêt d'Écouves, 413. Le point culminant du département se trouve au Nord-ouest d'Alençon, dans la Forêt de Multonne ; c'est le Signal des Avaloirs, qui atteint 417 mètres. A La Coulonche, la Butte-de-Charlemagne compte 346 mètres ; les Monts d'Amain, qui dominent les sources de la Rille, non loin de Saint-Vandrille-des-Bois, en ont 308.

Si le département de l'Orne ne possède pas à proprement parler de montagnes, il n'en est pas de même des vallées.

Ce pays, coupé par des chaînes de petits coteaux, présente le long du cours de toutes ses rivières et de leurs affluents des vallées que tapisse une verdure pour ainsi dire perpétuelle.

Les principales de ces Vallées sont celles d'Orville, de Laigle, du Merlerault, de Nonant, du Pin, de Godisson, de Médavy, de Tanville. L'Orne présente les Vallées de Sées, d'Argentan, de Ménil-Glaise ; la Sarthe, la Vallée du Mêle-sur-Sarthe.

La Plaine d'Alençon est formée par les Vallées du Merlerault, de Nonant et de la Sarthe.

LIVR. 1.

Cours d'eau. — Le département de l'Orne, que traversent à l'Est et à l'Ouest les Collines du Perche et de la Normandie, affecte deux pentes différentes; l'une, vers le Nord, verse les eaux de l'Orne, de la Dive, de la Touques, directement dans la Manche, et celles de l'Eure et de la Rille dans la Seine; l'autre, vers le Sud, dirige les eaux de la Sarthe et de la Mayenne vers la Loire.

Outre ces 7 cours d'eau principaux, dont aucun cependant n'est navigable, le département possède encore 20 rivières secondaires et 834 ruisseaux.

L'Orne prend sa source à 200 mètres d'altitude, presque au centre du département, dans la commune d'Aunou, à 3 kilomètres de Sées. La rivière passe à Sées, à Argentan, à Écouché, à Putanges, à Saint-Aubert, près du Mesnil-Hubert, et entre dans le département du Calvados à quelque distance de cette dernière commune, pour aller se jeter dans la Manche après un parcours total de 170 kilomètres dont 79 appartiennent au département de l'Orne. Elle reçoit plusieurs petites rivières, la Thouane, la Baise, l'Ure, la Cance, l'Udon, la Maire, la Rouvre, la Vère; mais la plus importante est le Noireau, affluent de sa rive gauche, qui sert un instant de limite au département de l'Orne et à celui du Calvados.

La Dive, qui traverse les plantureux herbages de la vallée d'Auge, célèbre par son cidre, vient de Malnoyer, près d'Exmes, passe à Chambois, à Saint-Lambert, à Trun, entre, près d'Ommoy, dans le département du Calvados, et atteint la Manche après un cours d'environ 100 kilomètres dont 30 appartiennent au département. Cette jolie rivière reçoit la Vie, qui passe à Vimoutiers.

La Touques naît à Champ-Haut, canton du Merlerault, passe à Gacé, à Neuville, à Orville, à Canapville et quitte le département de l'Orne, près du Bourg, pour entrer dans celui du Calvados, qu'elle traverse avant d'affluer dans la Manche; son cours total est d'environ 120 kilomètres dont 35 appartiennent au département.

La Rille et l'Iton, deux rivières, qui ont aussi leur source dans le département de l'Orne, la première à Saint-Vandrille-des-Bois, la seconde près de la Trappe, offrent ce phénomène particulier qu'elles se perdent toutes deux à peu de distance de leur source, la Rille après environ 6 kilomètres de cours, et l'Iton après 16.

L'Eure sort des Étangs situés entre Neuilly et Lalande et passe dans le département d'Eure-et-Loir, après 10 kilomètres de parcours seulement dans celui de l'Orne.

La Sarthe a sa source dans le département et coule d'une Fontaine voisine de l'ancienne Abbaye de la Trappe, au hameau de Somme-Sarthe; elle passe au Mêle, à Alençon, près de Saint-Cénéri-le-Gérei, pénètre dans le département de la Sarthe, puis dans celui de Maine-et-Loire, où elle atteint la Loire à côté d'Angers, après un parcours total de 286 kilomètres dont 60 environ appartiennent au département de l'Orne. L'Huisne, un de ses affluents, descend des collines de Pervenchères, au Nord-ouest de Bellême, et arrose la partie Sud-est du département de l'Orne sur une longueur de 60 kilomètres, en passant à Saint-Denis, Maison-Maugis, Rémalard, Dorceau, Condé-sur-Huisne et Le Theil.

La Mayenne naît entre Lalacelle et La Roche-Mabile, et sert un instant de limite aux départements de l'Orne et de la Mayenne, en coulant de l'Est à l'Ouest. Elle reçoit la Varenne et la Vée.

L'étendue du terrain parcouru sur le département de l'Orne par ces diverses rivières et leurs affluents présente un total de 2,600 kilomètres.

Le département ne possède point de canal de navigation.

Il a été question de réunir l'Orne à la Mayenne aux environs de Domfront, et la Sarthe à l'Eure au moyen de l'Iton ; mais la crainte des énormes dépenses que nécessiteraient ces canaux en a fait jusqu'à présent différer l'exécution.

On compte dans le département environ 270 petits Étangs, qui, généralement, portent le nom des communes sur lesquelles ils sont situés.

Il existe environ 500 hectares de Marais, dont les principaux sont ceux de Briouze, de Bellou-en-Houlme, de Domfront, de Saint-Gilles et de Rouellé, dans l'arrondissement de Domfront. La plupart de ces Marais contiennent des tourbières.

Climat. — Le département de l'Orne est compris dans la région climatérique dite du Nord-ouest ou climat séquanien.

Le climat est généralement tempéré, mais extrêmement vif et sec dans les environs de Mortagne, d'Argentan et de Domfront. On a vu, dans les hivers rigoureux, le thermomètre descendre à 16 degrés au-dessous de 0, alors que la température moyenne de l'hiver est seulement de — 6°. La température moyenne de l'été atteint 23°; le thermomètre monte quelquefois, mais exceptionnellement, jusqu'à 32°.

Le nombre des jours pluvieux est d'environ 90 à 100 ; ce nombre assez considérable est dû au voisinage de la mer dont le département n'est séparé que par les vastes plaines du Calvados; il tombe annuellement 900 millimètres d'eau.

Les vents dominants sont ceux du Nord-ouest et de l'Ouest, qui soufflent d'octobre en janvier, et les vents du Nord et du Nord-est, qui règnent pendant les autres mois de l'année. Au mois de mai, les vents alisés de l'Est se font quelquefois sentir, au grand préjudice de la floraison des arbres fruitiers.

Voies de communication. — Le département de l'Orne possède 6,735 kilomètres de voies de terre, dont 459 de routes nationales.

Les voies ferrées qui sillonnent le département appartiennent toutes au réseau de la Compagnie de l'Ouest.

Deux grandes lignes qui viennent de Paris le traversent de l'Est à l'Ouest.

La première passe par Dreux et se dirige sur Granville. Elle entre dans le département à 140 kilomètres de Paris, dessert Laigle, Sainte-Gauburge, Le Merlerault, Nonant-le-Pin, Surdon, Almenèches, Argentan (197), Écouché, Briouze, Messei, Flers, Montsecret-Vassy, et pénètre dans le département de la Manche à 256 kilomètres de Paris.

La seconde passe par Chartres et se dirige sur Avranches. Elle entre dans le département à 130 kilomètres de Paris, dessert Bretoncelles, Condé-sur-Huisne, Rémalard, Mortagne, Le Mêle-sur-Sarthe, Alençon (208), Lalacelle, Pré-en-Pail, Couterne, Juvigny-sous-Andaine, Domfront (254), Saint-Roch, et sort du département à 262 kilomètres de Paris.

Ces deux lignes sont réunies par six lignes transversales dont trois se prolongent au Nord ou au Sud, savoir :

Ligne du Mans vers Conches : 43 kilomètres dans le département ; par Bellême-Saint-Martin, Mortagne, Tourouvre, Laigle.

Ligne de Mortagne vers Bernay et Lisieux : 56 kilomètres ; par Soligny-la-Trappe, Moulins-la-Marche, Sainte-Gauburge, Échauffour, La Ferté-Frénel.

Ligne d'Alençon à Surdon : 29 kilomètres ; par Sées.

Ligne de Couterne à Briouze : 30 kilomètres ; par Bagnoles, la Ferté-Macé.

Ligne de Mayenne vers Caen : 59 kilomètres ; par Céancé, Domfront, Messei, Flers, Condé-sur-Noireau, Berjou-Cahan.

Ligne de Montsecret à Tinchebray : 8 kilomètres appartenant à une Compagnie particulière.

De Condé-sur-Huisne, la grande ligne de Paris à Brest traverse le Sud-est du département sur une longueur de 20 kilomètres par Nogent-le-Rotrou et Le Theil.

D'Échauffour, une ligne qui conduit à Mesnil-Mauger, franchit 34 kilomètres dans le département par Gacé et Vimoutiers.

Une ligne qui a un trajet de 45 kilomètres dans le département, va de Berjou-Cahan à Falaise par Mesnil.

Une ligne qui mène d'Argentan à Mézidon parcourt 14 kilomètres dans le département par Montabart.

Enfin une ligne conduit d'Alençon au Mans, mais elle sort aussitôt du département.

Les voies ferrées en exploitation dans le département ont une longueur de 566 kilomètres, dont 544 à la Compagnie de l'Ouest et 8 à une Compagnie particulière.

On compte 107 gares, stations et haltes.

Agriculture, Industrie, Commerce. — Le département de l'Orne appartient à la région géologique neustrienne ou du Bassin de Paris.

Ce département est à la fois agricole, industriel et commerçant.

Il ne produit guère, année commune, que les deux tiers des céréales nécessaires à la consommation de ses habitants.

L'agriculture n'y a pas encore atteint son entier perfectionnement. Le sol, d'ailleurs très fertile, n'y produit pas à beaucoup près ce qu'il devrait rapporter : cela provient de ce que les herbages y sont nombreux, et de ce que les herbagers sont plus commerçants qu'agronomes.

La culture maraîchère et le jardinage potager y sont plus avancés que la grande culture.

Le châtaignier, le noyer, le pommier, le poirier et tous les arbres fruitiers prospèrent dans le pays; ces derniers bordent les champs, les routes, ou sont disposés en quinconces dans de enclos; ils produisent le cidre, qui forme, comme dans toute la Normandie, la principale boisson des habitants : les cidres les plus estimés sont ceux d'Argentan et d'Écouché.

On fabrique aussi dans le département du poiré et de l'alcool.

Le chêne, le bouleau, le hêtre, le sapin, le frêne et l'orme dominent dans les forêts, dont les principales sont celles de Laigle, de Bellême, de Sées, de Domfront, de Gouffern, près d'Argentan, d'Écouves, au nord d'Alençon, et de Saint-Évroult.

Le fond des bassins des vallées et les bords de la plupart des rivières du département offrent de riches pâturages, où l'on élève un grand nombre de bestiaux fort estimés pour la consommation de Paris et de Rouen. Les meilleurs de ces pâturages sont ceux de Nonant, du Mêle-sur-Sarthe et du Merlerault.

Le département de l'Orne est très riche en diverses espèces d'animaux.

Ses magnifiques chevaux, de la plus belle race normande, forment deux catégories : l'une, connue sous le nom de chevaux carrossiers, est composée de tous les chevaux élevés dans les herbages du Merlerault et de Nonant; l'autre est désignée sous le nom de chevaux de selle de la Plaine d'Alençon. Ces derniers, qui s'élèvent dans les environs de cette ville, sont les plus remarquables de la race normande, les plus vigoureux et les plus recherchés.

Ces chevaux se vendent en grande quantité aux foires du pays. Le Haras du Pin, à l'Ouest d'Argentan, donne des chevaux très estimés des connaisseurs.

On engraisse aussi d'immenses troupeaux de bœufs et de vaches, qui, achetés maigres dans la Mayenne et la Vendée, sont vendus engraissés aux marchés qui approvisionnent Paris.

Les vaches donnent un beurre excellent qui jouit d'une grande réputation.

On connaît sur nos tables les fromages de Camembert et d'Argentan.

Les oies d'Alençon et les poulardes d'Argentan sont particulièrement recherchées sur le marché de Paris, et la plume d'oie forme un objet assez considérable de commerce.

Les rivières sont très poissonneuses : on y pêche des brochets, des carpes, des perches, des truites, des ablettes; on trouve quelquefois des truites saumonées dans l'Orne, et, dans les ruisseaux, de belles écrevisses.

Le gibier ailé est très abondant, et l'on estime surtout les perdrix rouges et grises de l'arrondissement de Domfront. Le pays nourrit un grand nombre d'oiseaux des espèces connues dans le Nord de la France.

Les lièvres et les lapins sont très communs.

Le loup et le renard se montrent fréquemment dans certains cantons; le sanglier, le cerf et le chevreuil y sont rares.

Le département a une constitution géologique et minéralogique très variée.

Les montagnes ou plutôt les collines, bien que peu élevées, offrent un abrégé complet des Alpes et des Pyrénées.

En quelques heures de marche il est possible d'y observer tous les systèmes divers de stratification, depuis le granit, le porphyre, le calcaire primitif, jusqu'au trapp, à l'amphibole, jusqu'aux couches de schiste, d'argile, de calcaire secondaire et coquillier, enfin jusqu'aux grès modernes et aux derniers terrains de transport.

Selon que le terrain s'élève ou s'abaisse, on trouve : dans le terrain primitif, les métaux, le béryl, le quartz enfumé, émeraudes de Limoges et diamants d'Alençon; dans les terrains de formation postérieure, les marbres, les pétrifications, les impressions de végétaux et d'animaux sur argile, le calcaire, la magnésie ou la silice.

Le fer se montre partout et sous des formes très variées. On l'y exploite ainsi que la magnésie, le kaolin, la terre à crayon noir, les pyrites sulfureuses, le granit.

Les pierres calcaires et les marnes y sont très communes et servent aux amendements.

Outre les eaux thermales de Bagnoles, qui sont fréquentées, le département possède plusieurs sources d'eaux minérales, presque toutes ferrugineuses : à Saint-Barthélemy, près d'Alençon; à La Herse, dans la Forêt de Bellême, source autrefois en grande réputation; à l'Épine, près de Mortagne. Les eaux de Saint-Marc-de-Coulonges, d'Écublay et d'Irai, aux environs de Laigle, sont sulfureuses, mais peu actives.

Les mines de fer sont seules exploitées, mais le nombre des hauts-fourneaux diminue.

Les autres établissements métallurgiques importants sont des fonderies, des tréfileries de cuivre et de laiton, des fabriques d'épingles et d'aiguilles, dont celles de Laigle sont les plus renommées, et les fabriques de quincaillerie et de clouterie de Glos et de Tinchebray.

On exploite encore le marbre, le granit, la pierre de taille, le kaolin.

Le département compte quelques verreries, une vingtaine de papeteries, des fabriques de poteries fines et une de faïence, plusieurs briqueteries; mais la cherté du combustible nuit à toutes ces industries.

La fabrication des toiles est une branche importante de l'industrie manufacturière.

Parmi les grandes filatures, on remarque celles de Flers, d'Alençon, de Vimoutiers, de La Ferté-Macé, de Mortagne.

Les toiles dites d'Alençon, les cretonnes de Vimoutiers, les toiles de Mortagne, les coutils dont Flers et les environs sont le point central de fabrication, la passementerie et les lacets qui se fabriquent dans le canton de La Ferté-Macé, sont justement réputés.

La fabrique de dentelles, dites point d'Alençon, était célèbre autrefois; aujourd'hui, cette industrie n'occupe que peu d'ouvrières; mais beaucoup se sont adonnées à la broderie, et surtout à la couture des gants.

Enfin, on trouve encore dans l'Orne des blanchisseries, des brasseries, des fabriques de sucre de betterave, des tanneries et des corroiries.

Le commerce, qui embrasse tous les produits agricoles et manufacturés, est entretenu par un grand nombre de marchés importants et de foires. La foire de la Chandeleur, à Alençon, est le centre d'un grand commerce de bestiaux; puis viennent celles de Briouze, de Laigle, de Domfront et de Bellême.

Le département est un de ceux dont certains habitants émigrent pendant une partie de l'année pour parcourir les départements voisins comme colporteurs, tailleurs de pierre, rémouleurs.

L'arrondissement de Mortagne fournit à la capitale un grand nombre de nourrices.

Organisation et divisions générales. — Le département de l'Orne a, pour chef-lieu, Alençon, siège de la préfecture.

Il forme 4 arrondissements, 36 cantons, 512 communes, 5 circonscriptions électorales, et possède 1 conseil de préfecture, 1 conseil général, 4 conseils d'arrondissement, 512 conseils municipaux.

Ses sous-préfectures sont Argentan, Domfront, Mortagne.

Sa représentation législative comporte 3 sénateurs, 5 députés.

Le département constitue les 7e et 8e subdivisions de la 4e région de corps d'armée.

Le 7e bureau de recrutement, de mobilisation et de réquisition du 4e corps d'armée, est à Alençon; le 8e, à Argentan.

En raison du roulement bisannuel des deux divisions et des quatre brigades d'infanterie du 4e corps d'armée, 7e division avec les 13e et 14e brigades, 8e division avec les 15e et 16e brigades, pour concourir à la garnison de Paris, la garnison d'Alençon comporte la portion centrale et le dépôt du 103e ou du 115e régiment actif avec le 303e ou le 315e régiments de réserve; la garnison d'Argentan, la portion centrale et le dépôt du 104e ou du 117e régiment actif avec le 304e ou le 317e régiment de réserve. Le 31e régiment territorial d'infanterie se mobiliserait à Alençon; le 32e, à Argentan.

La 4e brigade de cavalerie a son état-major à Alençon; le 14e régiment de hussards a ses quartiers dans cette ville; ses escadrons de réserve s'y formeraient, ainsi que les escadrons territoriaux de dragons de la 4e région de corps d'armée.

Mentionnons encore : à Alençon, la compagnie de gendarmerie départementale, une sous-intendance, un hôpital mixte, un dépôt de remonte; à Argentan, un hôpital mixte.

Argentan.

Le département relève de l'Académie universitaire de Caen, forme le diocèse de l'évêché de Sées, suffragant de l'archevêché de Rouen, ressortit à la cour d'appel de Rouen.

Il est compris dans : la 1re région agricole, région du Nord-ouest; la 1re inspection générale des Mines, inspection du Nord-ouest, arrondissement d'Arras, sous-arrondissement de Caen; la 14e inspection générale des ponts et chaussées; la 15e conservation des forêts, siège à Alençon; la 1re inspection générale des haras, siège à Rouen, dépôt au Pin; la 11e inspection du travail des enfants dans l'industrie, siège à Caen; la 2e inspection de l'enseignement industriel; la 6e inspection de l'enseignement commercial; la 2e circonscription de vérification des poids et mesures, siège à Tours; la 12e direction pénitentiaire, siège à Beaulieu.

Ce département possède des directions : des postes et télégraphes; des contributions directes; des contributions indirectes; de l'enregistrement, des domaines et du timbre; une trésorerie générale des finances; une succursale de la Banque de France.

LIVR. 2.

HISTOIRE DU DÉPARTEMENT

Le territoire du département de l'Orne faisait partie de la Gaule celtique.
Les peuples qui l'habitaient portaient le nom générique d'*Aulerci*.
C'est, semble-t-il, à Alençon que se réunissaient les députés des trois tribus dont se composaient leur fédération, et qui étaient les Aulerces Éburons, capitale, *Ebroïcum*, Evreux; les Aulerces Cénomans, capitale, *Subdinum*, Le Mans; les Aulerces Diablintes; ceux-ci occupaient la plus grande partie du territoire qui a formé le département de l'Orne.

A l'époque où César vint asservir les Gaules, Crassus, son lieutenant, pénétra dans le pays avec la 7ᵉ légion, et le soumit facilement.

Mais, plus tard, sous la conduite de Viridovix, ces peuples et leurs voisins se soulevèrent et mirent en péril le lieutenant de César, Titurius Sabinus, qui était entré dans leur pays à la première nouvelle de l'insurrection.

César raconte, dans ses *Commentaires*, que l'armée de Viridovix s'était grossie d'une foule de brigands, venus de tous les points de la Gaule : c'est l'insulte ordinaire des oppresseurs, qui ne se contentent pas d'écraser les opprimés, mais veulent encore les déshonorer.

Sabinus, se trouvant dans une position critique, fut obligé de se retrancher dans un lieu fortifié. Entouré par l'armée de Viridovix, qui lui offrit vainement la bataille, il encouragea à dessein l'audace des assaillants, leur envoya même un des Gaulois qui servaient dans ses troupes pour leur dépeindre le découragement des Romains et les engager à en profiter.

Les confédérés se décident à attaquer Sabinus dans ses retranchements.

« Les Romains, dit César, étaient campés sur une hauteur, d'une pente douce et aisée, d'environ mille pas. Ces barbares la montent en courant de toutes leurs forces, pour ne point leur laisser le temps de se réunir et de s'armer, et arrivent hors d'haleine au pied des retranchements. Sabinus, après avoir par ses discours excité l'ardeur de ses soldats, donne le signal. Pendant que les ennemis étaient embarrassés des fascines qu'ils portaient pour combler les fossés, il ordonne une double sortie par deux portes du camp. L'avantage de la position, l'inexpérience et l'épuisement des barbares, la bravoure de nos soldats et leur habitude de la guerre, furent cause que l'ennemi ne soutint pas même le premier choc, et prit aussitôt la fuite. »

Le carnage fut effroyable.

A l'époque de l'insurrection générale des Gaulois excitée par Vercingétorix, nous retrouvons encore dans les *Commentaires* de César les Aulerces payant bravement leur dette à la patrie commune. Sous la conduite de Camulogène, réunis aux *Parisii*, ils viennent offrir la bataille à Sabinus, près de Lutèce. L'aile gauche des Gaulois plia; mais la droite, où se trouvait Camulogène, résista intrépidement et succomba jusqu'au dernier homme.

Les *Essui* ou *Sessui*, habitants des environs de Sées, étaient seuls restés tranquilles pendant ces insurrections. César les favorisa aux dépens des populations moins patientes et plus patriotiques des environs. Leur puissance grandit rapidement sous la domination romaine.

Mais, pendant le ɪvᵉ siècle de l'Ère chrétienne, les Saxons, après avoir formé divers établissements sur la côte, remontent l'Orne, ravagent et détruisent tout sur le territoire des

Essuins, et bâtissent, à deux lieues d'Essoi, une nouvelle ville, *Saxia* ou Sées, qui acquit bientôt une grande importance.

Les Saxons ne tardèrent pas à se convertir au Christianisme, et, parmi les évêques de Sées, on trouve les noms de Sigisbold, de Saxobod, qui révèlent une origine saxonne.

Pendant l'effroyable désordre auquel les invasions des Barbares livrèrent la Gaule, l'Armorique et les cités voisines de la Manche formèrent, sous le nom de République des cités armoricaines, une vaste confédération qui maintint quelque temps son indépendance.

Ravagé par les Alains et par une nouvelle invasion des Saxons, le pays se soumit à Clovis.

Pendant la période suivante, l'histoire de cette contrée reste fort obscure.

Nous trouvons que la plus grande partie de la région dépend alors d'un archidiaconat nommé *Hiesmois* ou *Oximisum*, dont le chef-lieu était *Oximum* ou *Hiesmo*, maintenant Exmes, bourg voisin d'Argentan.

Pendant cette période, nous voyons grandir la puissance de Sées, à laquelle succédera, vers le xe siècle, celle d'Alençon.

Mais les Normands ont envahi le pays.

Le faible Charles-le-Simple a été obligé de le céder à Rollon, leur duc.

En 943, Richard Ier donne à Yves de Creil ou de Bellême, dont il veut récompenser les services, l'Alençonnais, le Passais normand et les territoires de Sées et d'Argentan.

Yves de Creil possédait déjà le Bellêmois, le Corbonnais, et la puissance de sa famille se fonde définitivement sous son fils Guillaume Ier de Bellême, qui, le premier, prit le nom de Talvas, d'une sorte de bouclier qu'il avait adopté.

C'est Guillaume 1er de Bellême qui éleva les Châteaux de Sées, d'Alençon, de Domfront.

Robert Ier, duc de Normandie, voulant le punir de s'être déclaré contre lui dans la guerre qu'il avait entreprise contre son frère et son prédécesseur, Richard III, vint l'assiéger dans Alençon.

Le vieux Talvas fut obligé de capituler, et, une selle mise sur le dos, de demander grâce au duc irrité.

Le *Roman de Rou* dit à ce sujet:

> Son dos offrit à chevaucher,
> Ne se peut plus humilier.

Au prix de cette humiliation, le vieillard garda ses possessions.

Ses quatre fils jurèrent de le venger, mais furent défaits dans la Forêt de Blavon.

Guillaume perdit deux de ses fils dans cette guerre; déjà malade, il mourut en recevant la nouvelle de leur mort.

L'aîné des deux fils de Guillaume Ier, Robert, lui succéda; mais, fait prisonnier par le comte du Maine, il fut tué à coups de hache dans sa prison.

Son frère, Guillaume II Talvas, le remplaça.

Celui-ci reçut le surnom de Talvas-le-Cruel, et le justifia.

Il fait étrangler sa femme Hildeburge, se remarie et invite à son banquet de noces Guillaume Giroie, chevalier loyal, qui avait eu jadis des différends avec la famille de Talvas.

Malgré les représentations de son frère Raoul, Giroie se confie à Talvas-le-Cruel et se rend à ses noces. Au milieu du festin, Talvas le fait saisir et part pour la chasse, pendant que ses bourreaux ont, par son ordre, crevé les yeux, coupé le nez et les oreilles du malheureux Giroie, qui est jeté en prison.

La Tour où il fut renfermé, et qui se voyait encore un peu avant la Révolution de 1789, à l'entrée du Château d'Alençon, avait gardé le nom de Tour de Giroie.

Mais la vengeance s'appesantit bientôt sur cette horrible famille des Talvas.

Le fils de Guillaume II, Arnould, chasse son père de ses domaines.

Il est lui-même étranglé dans son lit.

Talvas-le-Cruel meurt à Domfront, en 1052.

Quatre années auparavant, profitant de l'horreur qu'inspirait cet homme, le comte d'Anjou s'était emparé d'Alençon.

Guillaume-le-Conquérant, duc de Normandie, vint lui-même pour reprendre la ville.

Quand il s'approcha des Murs, les Angevins, qui les défendaient, se mirent à railler le jeune duc, criant à la manière des pelletiers : « A la pel! à la pel! » allusion au métier que faisait le grand-père de Guillaume, un pelletier de Falaise dont Robert de Normandie avait séduit la fille. Guillaume le Bâtard jura « par la resplendeur de Dieu » qu'il se vengerait, et il tint parole. Les trentre premiers Angevins qu'il put saisir eurent les mains et les pieds coupés : la ville, effrayée, se rendit.

Mabille de Bellème, fille de Talvas-le-Cruel et héritière de son duché, avait épousé Robert de Montgomery.

Robert étant parti pour l'Angleterre, sa femme, atroce comme toute sa famille, régna par le fer et le poison. Elle tenta d'empoisonner Ernauld, le chef de la maison rivale de Giroie. Celui-ci ayant refusé le verre de vin qu'on lui présentait, un de ses compagnons, le frère de Montgomery, Gilbert, le prit sans défiance et mourut, trois jours après, du poison qui ne lui était pas destiné. Mabille réussit pourtant à faire empoisonner Ernauld par son chambellan.

Mabille périt au Château de Barre-sur-Dive, propriété de l'un de ses fils. Elle s'était endormie après avoir pris un bain. On la trouva la tête coupée.

On soumit un gentilhomme que l'on soupçonnait, Pantol, à l'épreuve du feu : il la subit victorieusement.

On sut depuis que l'auteur du meurtre était Hugues de Sangey, que Mabille avait dépossédé ; celui-ci s'était introduit furtivement dans le Château de Barre pendant son sommeil, s'était vengé et était parti aussitôt pour l'Italie, refuge ordinaire, à cette époque, de tous les aventuriers et de tous ceux qu'un meurtre éloignait de leur pays.

Les Montgomery, en héritant de la seigneurie des Talvas, semblaient avoir hérité de leur cruauté.

Leur histoire est aussi monotone que sanglante, et ce que nous en avons dit plus haut suffit pour donner une idée des misères et des crimes de cette époque.

Quelques-uns des Montgomery prirent part aux Croisades; leur absence laissa un peu de répit aux malheureux habitants de leur contrée.

Le dernier des comtes d'Alençon de la maison de Montgomery, Robert III, qui avait accompagné Philippe-Auguste en Palestine, mourut sans enfants.

Philippe-Auguste, qui s'était emparé à cette époque de la Normandie, acheta le comté d'Alençon des héritiers de Robert.

Le comté fit alors partie du domaine de la Couronne.

Saint Louis le donna à son fils Pierre avec quelques villes et territoires voisins.

Après la mort de Pierre, le comté revint au roi de France, Philippe-le-Hardi, qui en disposa en faveur de Charles, son troisième fils.

Le fils et le successeur de ce dernier fut ce duc d'Alençon qui, en compromettant l'avant-garde française qu'il commandait à la bataille de Crécy, entraîna une défaite complète dans laquelle il se fit tuer.

Son fils Charles III, dégoûté du monde, entra dans l'Ordre des Dominicains.

Jean Ier, sous lequel le comté d'Alençon fut érigé en duché-pairie, périt à la bataille d'Azincourt, expiation bien due par lui à la France dont il avait fomenté les troubles et envenimé les blessures.

Son fils, Jean II, fut pris au combat de Verneuil par les Anglais, qui s'étaient emparés de son duché et avaient donné à Bedford le titre de duc d'Alençon. Le duc légitime honora sa captivité par sa constance, par son refus de se soumettre aux conquérants de sa patrie, et ne fut rendu à la liberté qu'après avoir payé une rançon considérable, 300,000 écus d'or (1429).

Il combattit vaillamment pour la délivrance du pays et commanda l'armée française à la bataille de Patay. Toutefois, il ne rentra en possession de son duché qu'en 1449.

Ce prince brillant et chevaleresque, ami du faste, de la musique et de la chasse, fut accusé plus tard, par Charles VII, de connivence avec les Anglais. Condamné à mort en 1458 par la cour des pairs pour crime de haute trahison, il vit sa peine commuée.

Délivré par le dauphin, devenu roi sous le nom de Louis XI, dont l'amitié avait contribué à éveiller les défiances de Charles VII, il se jeta néanmoins dans la Ligue du Bien public et se lia avec les ennemis du royaume.

Condamné à mort une seconde fois, il eut encore sa peine commuée, mais mourut en prison, en 1476.

Son fils René ne reçut du roi, indisposé contre sa race, qu'une partie des domaines de son père; il fut bientôt, à tort ou à raison, soupçonné d'intrigues contre Louis XI, condamné à une prison perpétuelle et enfermé dans une cage de fer d'où il ne sortit qu'à l'avènement de Charles VIII, qui lui rendit les biens de son père.

Son fils Charles devint l'époux de Marguerite de Valois, sœur du roi François Ier, « la Marguerite des Marguerites », comme l'appelait son frère. Il fut une des causes de la défection du connétable de Bourbon, que François Ier avait privé du commandement de l'avant-garde française pour le donner à son beau-frère.

Plus tard, la lâche conduite du duc d'Alençon à la bataille de Pavie le couvrit de honte, et il vint mourir à Lyon en 1524.

Sa veuve, Marguerite, séjourna souvent dans ses domaines, puis épousa en secondes noces Henri II, roi de Navarre, et c'est sous le nom de Reine de Navarre qu'elle est demeurée célèbre par sa protection aux poètes, aux savants et aux Protestants.

« Ce fut, dit Brantôme, une princesse de très grand esprit et fort habile, tant de son naturel que de son acquisitif : car elle s'adonna fort aux lettres en son jeune âge, et les continua, tant qu'elle véquit, aimant et conversant, du temps de sa grandeur, ordinairement à la cour avec des gens les plus savants du royaume de son frère : aussi tous l'honoroient tellement qu'ils l'appeloient leur Mécénas, et la plupart de leurs livres qui se composoient alors s'adressoient au roi son frère, qui estoit bien savant, ou à elle... On la soupçonnoit de la religion de Luther ; mais, pour le respect et l'amour qu'elle portoit au roi son frère, qui l'aimoit uniquement et l'appeloit toujours sa mignonne, elle n'en fit jamais aucune profession ni semblant, et, si elle la croyoit, elle la tenoit toujours dans son âme fort secrète, d'autant que le roi la haïssoit fort, disant qu'elle et toute autre nouvelle secte tendoient plus à la destruction des royaumes, des monarchies et dominations qu'à l'édification des âmes. »

Marguerite, devenue mère de Jeanne d'Albret, mourut au Château d'Odos, en Bigorre, en 1549.

Après sa mort, le duché d'Alençon retourna à la Couronne.

Charles IX le donna à son frère François, alors âgé de douze ans.

Un des seigneurs du pays, Montgomery, qui avait eu le malheur de tuer dans un tournoi le père de Charles IX, Henri II, fut poursuivi avec une haine aveugle par la veuve du roi, Catherine de Médicis. Protestant et soldat intrépide, Montgomery propagea avec ardeur la religion nouvelle dans le pays et devint la terreur des Catholiques. Il s'empara d'Alençon, qu'il fut plus tard obligé d'abandonner pour aller rejoindre à La Rochelle le prince de Condé.

A l'époque de la Saint-Barthélemy, les Catholiques voulurent prendre leur revanche : mais Matignon, lieutenant du roi en Basse-Normandie, interdit ces représailles et maintint l'ordre dans son gouvernement.

Le duc d'Alençon était mal vu de la cour, à cause de sa modération et de son goût pour les opinions nouvelles ; il s'échappa et se réfugia à Alençon, où le roi de Navarre, depuis Henri IV, vint le trouver.

Pendant les guerres de la Ligue, le duché devint le théâtre de la lutte.

A la mort de Henri III, Henri IV s'empara d'Alençon. Mais, pour acquitter les dettes qu'il avait contractées, il vendit le duché au duc de Wurtemberg, en 1605.

Marie de Médicis, devenue régente, le racheta en 1613 ; c'est là qu'elle se réfugia après s'être brouillée avec son fils Louis XIII, en 1620, et qu'elle chercha à rallier ses partisans. Mais le duc de Créqui, à la tête de dix compagnies des gardes, occupa la ville pour le roi, qui établit une généralité ou intendance à Alençon.

En 1646, Gaston, duc d'Orléans, obtint le duché d'Alençon, qui passa après lui successivement entre les mains de sa femme et de sa fille, Mme de Guise. Celle-ci en fit le centre d'une petite cour, assez brillante, qui contribua à la prospérité de la ville.

Après sa mort, le duché retourna au domaine de la Couronne.

Quand il en fut distrait plus tard, pour entrer dans l'apanage d'un des petits-fils de Louis XIV, le duc de Berry, et enfin dans celui du comte de Provence, depuis Louis XVIII, ces princes n'en tirèrent qu'un simple revenu et un titre honorifique ; le duché continua à être administré par les gens du roi.

Pendant la Révolution de 1789, le pays, après avoir incliné vers les idées nouvelles et s'être attaché un moment au parti girondin, auquel il avait donné un de ses plus énergiques représentants, Valazé, fut dévasté à plusieurs reprises par la Chouannerie.

Le chef des Chouans, de Frotté, eut une destinée malheureuse. Après avoir énergiquement soutenu, avec Georges Cadoudal, une cause désespérée, il fut, en janvier 1800, battu par le général Gardanne, près de La Motte-Fouquet.

« Enfin le général Chambarlhac enveloppa dans les environs de Saint-Christophe, non loin d'Alençon, quelques compagnies de Chouans, dit Thiers, et les fit passer par les armes.

« Cependant voyant, comme les autres, mais malheureusement trop tard, que toute résistance était impossible devant ces nombreuses colonnes qui avaient assailli le pays, M. de Frotté pensa qu'il était temps de se rendre. Il écrivit, pour demander la paix, au général Hédouville, qui, dans le moment, était à Angers, et, en attendant la réponse, il proposa une suspension d'armes au général Chambarlhac. Celui-ci répondit que, n'ayant pas de pouvoirs pour traiter, il allait s'adresser au gouvernement pour en obtenir, mais que, dans l'intervalle, il ne pouvait prendre sur lui de suspendre les hostilités, à moins que M. de Frotté ne consentît à livrer immédiatement les armes de ses soldats.

« C'était justement ce que M. de Frotté redoutait le plus.

« Il consentait bien à se soumettre et à signer une pacification momentanée, mais à condition de rester armé, afin de saisir plus tard la première occasion favorable de recommencer la guerre. Il écrivit même à ses lieutenants des lettres dans lesquelles, en leur prescrivant de se rendre, il leur recommandait de garder leurs fusils.

« Pendant ce temps, le premier consul, irrité contre l'obstination de M. de Frotté, avait ordonné de ne lui point accorder de quartier, et de faire sur sa personne un exemple.

« M. de Frotté, inquiet de ne pas recevoir de réponse à ses propositions, voulut se mettre en communication avec le général Guidal, commandant le département de l'Orne, et fut arrêté avec six des siens, tandis qu'il cherchait à le voir. Les lettres qu'on trouva sur lui, lesquelles contenaient l'ordre à ses gens de se rendre, mais en gardant leurs armes, passèrent pour une trahison. Il fut conduit à Verneuil et livré à une commission militaire.

« La nouvelle de son arrestation étant venue à Paris, une foule de solliciteurs entourèrent le premier consul et obtinrent une suspension de procédure, qui équivalait à une grâce. Mais le courrier qui apportait l'ordre du gouvernement arriva trop tard.

« La Constitution étant suspendue dans les départements insurgés, M. de Frotté avait été jugé sommairement, et, quand le sursis arriva, ce jeune et vaillant chef avait déjà subi la peine de son obstination.

« La duplicité de sa conduite, bien que démontrée, n'était cependant point assez condamnable pour qu'on ne dût pas regretter beaucoup une telle exécution, la seule, au reste, qui ensanglanta cette heureuse fin de la guerre civile.

« Dès ce jour, les départements de l'Ouest furent entièrement pacifiés. »

Pendant la période qui s'écoula de 1815 à 1870, le département de l'Orne puisa dans la sage tranquillité de la paix les précieux aliments d'une prospérité qui fut consacrée aux progrès de son agriculture, de son industrie et de son commerce.

La désastreuse guerre de 1870-1871 vint l'arrêter dans son essor. S'il n'en supporta pas le poids sanglant, il dut cependant satisfaire à de nombreuses réquisitions.

HISTOIRE ET DESCRIPTION
DES VILLES, BOURGS ET CHATEAUX LES PLUS REMARQUABLES

ARRONDISSEMENT D'ALENÇON

ALENÇON — (lat. N. 48°25′49″; — long. O. 2°14′52″; — alt. 136 m ; — à 191 kilom. S.-O. de Paris par la route; à 208 par la voie ferrée). — (*Alercium, Alenconium*). — Ville de 18,309 habitants; — chef-lieu du département, d'un arrondissement et de deux cantons; préfecture; conseil de préfecture; conseil général; conseil d'arrondissement ; circonscription électorale ; — 7ᵉ bureau de recrutement, de mobilisation et de réquisition de la 4ᵉ région de corps d'armée ; 103ᵉ ou 115ᵉ régiment actif, 303ᵉ ou 315ᵉ régiment de réserve, 51ᵉ régiment territorial d'infanterie ; état-major de la 4ᵉ brigade de cavalerie ; 14ᵉ régiment actif de hussards, dépôt, escadrons de réserve ; escadrons territoriaux de dragons de la 4ᵉ région de corps d'armée ; sous-intendance ; hôpital mixte, compagnie de gendarmerie ; dépôt de remonte ; — inspection académique, lycée national ; inspection primaire, école normale d'instituteurs, école normale d'institutrices ; bibliothèque, musée, théâtre ; société de gymnastique ; — chambre consultative d'agriculture ; — 15ᵉ conservation des forêts ; — chambre de commerce ; tribunal de commerce ; conseil de prud'hommes ; — direction des ponts et chaussées ; — direction des postes et télégraphes ; — directions : des contributions directes ; des contributions indirectes ; de l'enregistrement, des domaines et du timbre ; — trésorerie générale des finances ; — établissement hospitalier ; asile d'aliénés ; — tribunal de première instance ; deux justices de paix ; prison ; — gare où se croisent les lignes de Paris, du Mans, d'Avranches, de Surdon ; — sur la Sarthe, au confluent de la Briante ; — autrefois château et duché-pairie en Normandie, siège d'intendance, gouvernement général, bailliage, prévôté et généralité.

C'est une jolie ville, généralement bien bâtie, située dans une grande et fertile plaine qu'entourent de grandes forêts.

Son histoire se confond avec celle du comté, que nous avons esquissée.

Elle se trouvait située entre deux Voies romaines, mais aucune n'y aboutissait, et cela suffirait pour prouver qu'à l'époque impériale Alençon ne possédait pas une grande importance.

En effet, ce n'était encore, au milieu du VIIIᵉ siècle, qu'une centenie ou chef-lieu de cent paroisses.

Néanmoins, quelques antiquités gauloises et romaines, trouvées près de là, prouvent que les Gaulois et les Romains ont occupé son emplacement.

L'évêque du Mans, saint Liboire, y édifia une Église au IVᵉ siècle, et la centenie d'Alençon fut comprise par Charlemagne parmi les possessions de l'évêché du Mans.

La puissance d'Alençon s'accrut rapidement pendant la période normande, et s'affirma par la construction d'un Château.

Après la réunion de la province à la Couronne, Alençon vit souvent ses faubourgs ravagés par l'invasion étrangère.

La paix lui rendit et augmenta sa prospérité.

Vers la fin du XVᵉ siècle s'élevèrent la plupart de ses édifices religieux.

Pendant les guerres de Religion, la ville joua un rôle important.

Préparée à accueillir favorablement la Réforme par le séjour qu'y fit la belle duchesse d'Alençon, Marguerite, sœur de François Iᵉʳ, cette ville compta bientôt parmi ses habitants un assez grand nombre de partisans des idées nouvelles. Une partie du clergé et des magistrats étaient Protestants.

Les excès auxquels les Huguenots se livrèrent, au commencement du règne de Charles IX, le pillage de l'Église Notre-Dame, de Saint-Blaise et du Couvent de l'*Ave-Maria*, amenèrent une véritable anarchie.

Les Catholiques s'armèrent pour se protéger. L'un d'eux, patron du corps des bouchers, les réunit et leur donna l'ordre de se munir de leurs assommoirs, de leurs coutelas, et, suivis de leurs chiens, d'escorter ainsi la procession de la Fête-Dieu.

Donjon de Domfront.

En commémoration de cet événement, une procession annuelle des bouchers ainsi armés et escortés se fit à Alençon jusqu'en 1789.

Les Protestants du Mans, conduits par Georges d'Argenton et par Thibergeau, vinrent appuyer leurs coreligionnaires; ils s'emparèrent de la ville et pillèrent de nouveau les Églises. Thibergeau se fit, dit-on, une bandoulière avec des oreilles de prêtres; mais il est bon de ne pas croire trop facilement à ces horreurs, qu'en tout temps l'histoire écrite par les vainqueurs prête trop généreusement aux vaincus.

L'ordre fut rétabli bientôt dans la ville.

« Il paraît même, disent de La Sicotière et Poulet-Malassis, que les protestants et les catholiques arrivèrent à se partager presque également les fonctions municipales. Sur les douze habitants choisis chaque année pour administrer les revenus de la ville et de l'hôpital, six devaient être de la religion réformée, ainsi que deux des quatre échevins et l'un des présidents laïques de l'hôpital. Enfin le procureur-syndic devait être alternativement un catholique et un protestant. »

Montgomery, chef des Protestants, s'empara d'Alençon.

LIVR. 3.

Mais la ville fut bientôt reprise, et le gouverneur Matignon sauva les Protestants à l'époque de la Saint-Barthélemy, conduite aussi prudente que généreuse, car ils étaient très nombreux dans le pays.

En 1574, les Protestants s'emparèrent encore une fois d'Alençon.

En 1579, le roi de Navarre, Henri IV, s'y réfugia lorsqu'il eut réussi à s'échapper de la cour, ainsi que le duc d'Alençon, un des chefs des mécontents.

C'est à Alençon que Henri rentra publiquement dans le sein de l'Église protestante et renia le Catholicisme qu'on lui avait fait embrasser à l'époque de la Saint-Barthélemy. On raconte qu'au moment où il entra au prêche, le cantique marqué par ce jour, et que chantaient les Fidèles, se trouvait être, par hasard, le psaume XXI ; il commençait ainsi :

<blockquote>
Seigneur, le roi séjouira
D'avoir eu délivrance.
</blockquote>

Henri en fut frappé et se rappela avec émotion que, pendant qu'il fuyait la cour quelque temps auparavant et qu'il passait la Seine à Poissy, un de ceux qui l'accompagnaient lui avait fait chanter le même psaume.

Au temps de la Ligue, Alençon resta fidèle à Henri III ; mais la place fut prise et rançonnée par le duc de Mayenne. Assiégée de nouveau par le maréchal de Biron, un des généraux de Henri IV devenu roi, elle eut beaucoup à souffrir de l'artillerie royale, et la garnison des Ligueurs fut obligée de capituler.

Henri IV avait besoin d'argent ; il se fit payer par la ville 17,000 écus qu'elle devait encore au duc de Mayenne sur le prix de sa capitulation.

Ainsi, Protestants et Catholiques s'unissaient pour épuiser la pauvre cité.

Plus tard, nous voyons Henri IV la vendre, ainsi que le duché, au duc de Wurtemberg. Le rachat ne s'en effectua que sous la régence de sa veuve, Marie de Médicis.

Au XVIIe siècle, l'existence d'Alençon ne fut troublée qu'à l'époque de la révocation de l'Édit de Nantes.

Mme de Guise, alors duchesse d'Alençon, encouragea les persécutions contre les Protestants ; elle alla jusqu'à faire exhumer et jeter à la voirie les restes de ceux qui étaient enterrés, puis réunit leur Cimetière à ses jardins, montrant ainsi que, dans cette basse profanation, son intérêt trouvait aussi bien son compte que son zèle pour la pureté de la foi.

Au commencement du XVIIIe siècle, Alençon eut à subir la famine et les épidémies.

En 1726, le blé se trouva aussi cher que pendant l'affreuse année de 1700. La disette, cette fois, tenait moins aux rigueurs des saisons qu'à l'avidité barbare des accapareurs.

« Des perquisitions sont ordonnées dans les maisons, disent les auteurs de l'ouvrage déjà cité ; les possesseurs de grains sont forcés de les vendre à un prix déterminé ; c'est le *maximum* de 1793! Les moines de Perseigne résistent à l'enlèvement de mille boisseaux cachés dans le clocher et sur la voûte de leur église, et une lutte violente s'engage entre eux et les archers. »

D'autres famines vinrent les années suivantes désoler Alençon.

Mais le commerce des toiles et du point, qui avait eu beaucoup à souffrir de l'expulsion des Protestants, se raffermit : Alençon reprit sa prospérité ; un nouveau Quartier s'éleva ; le Donjon et les Fortifications disparurent.

Cette ville fut, comme toute la France, agitée par l'explosion de 1789.

Quelques désordres y furent provoqués par de Caraman, qui, au mois d'octobre, après le banquet des gardes du corps, à Versailles, avait fait retirer aux soldats qu'il commandait la cocarde nationale, et rétabli la cocarde blanche.

L'évêque refusa, en 1791, le serment constitutionnel et fut remplacé à l'élection.

Après le 31 mai, Alençon sembla d'abord se prononcer pour la Gironde, mais se soumit bientôt à l'autorité de la Convention.

La même année, l'armée vendéenne ayant été battue et mise en déroute au Mans, un grand nombre de Vendéens furent pris, conduits et fusillés à Alençon.

Plus tard les environs de la ville furent désolés et ensanglantés par les Chouans.

Après la mort de leur chef, de Frotté, le calme se rétablit.

Il n'a plus cessé jusqu'à nos jours.

Il ne reste plus de l'ancien Château d'Alençon, qu'une Tour et un Pavillon. Le reste a été démoli en 1783 pour construire l'Hôtel-de-Ville ; ce vaste édifice, dont la façade est semi-circulaire, contient le Musée qui est assez riche.

La Tour de l'ancien Château, qui sert aujourd'hui de Prison, se compose de deux Tours juxtaposées, d'une forme élégante et pittoresque.

Elle fut longtemps l'habitation des gouverneurs du Château.

Une légende locale affirme qu'une dame blanche y revient la nuit ; c'est le spectre de Marie Anton, femme d'un des plus anciens châtelains. Son mari s'étant longtemps absenté, la pauvre femme fut faussement accusée auprès de lui par un chevalier qui prétendit avoir été son amant. Le châtelain furieux saisit l'enfant qu'elle avait mis au monde pendant son absence, lui brise la tête contre la muraille et fait attacher sa femme à la queue d'un cheval. Quand celui-ci s'arrêta épuisé, la malheureuse respirait encore. Le châtelain, déguisé en prêtre, s'approcha de la mourante et reçut sa confession, espérant y trouver l'aveu d'une infidélité, et, pour sa conscience, quelque justification. Marie Anton, reconnue innocente, mourut sous les yeux de son mari, lui accordant le pardon de sa mort, mais sans vouloir lui pardonner celle de son enfant.

La Cathédrale Notre-Dame, qui date du xve siècle, est, après celle de Sées, le monument le plus remarquable du département. Le chœur et le clocher seuls sont modernes ; cette partie avait été détruite par un incendie au xviiie siècle, et a été rebâtie dans un style lourd, sans élégance, qui présente un triste contraste avec le reste du monument. Les belles sculptures du portail ont été achevées seulement en 1617. La chaire, qui, si l'on en croit la tradition, fut construite au xvie siècle, par un condamné à mort, auquel ce travail valut sa grâce, est fort artistique, ainsi que les riches vitraux de l'Église.

L'Église Saint-Léonard, qui date de la fin du xve siècle, a été commencée par René, duc d'Alençon, et terminée par Marguerite, sa veuve.

La Préfecture est l'ancien Château de Mme de Guise, bâti dans la première moitié du xviie siècle et qui fut plus tard occupé par l'intendance.

Les autres monuments sont : le Palais de Justice, l'Asile des aliénés, la Halle aux grains, la Halle aux toiles, le Tribunal de Commerce, l'École Normale, le Théâtre.

La Bibliothèque est établie dans l'ancienne Église des Jésuites.

Alençon est célèbre par ses dentelles en Point d'Alençon ou Point de France.

« Primitivement cette dentelle, dit Odolant-Desnos, se fabriquait à Venise ; mais Colbert, voulant enlever cette industrie à l'étranger, dont le luxe français se trouvait tributaire pour cet objet, fit venir de cette ville une dame Gilbert, native d'Alençon et habile à fabriquer cette dentelle; il lui fit une avance de 150,000 fr. Dès lors, cette dame forma des ouvrières, monta la manufacture de points de France à Alençon, la fit constituer par lettres patentes du 5 août 1676, et obtint un privilège exclusif jusqu'en 1685. Malgré ces mesures, Louis XIV, pour assurer une garantie de durée et de prospérité à cette fabrique, prohiba en outre l'entrée des dentelles de Venise, de Gênes, de Flandre et d'Angleterre, par une ordonnance de 1684. Depuis cette époque jusqu'en 1812, la fabrication du point d'Alençon ne fit que prospérer, et la plupart des familles riches de cette ville doivent leur fortune à cette industrie. La fabrication du point d'Alençon est fort longue; elle employait environ 2,000 ouvrières, qui gagnaient jusqu'à deux francs par jour. Ces ouvrières se servaient de fil du prix de 100 à 1,800 francs la livre, qu'on tirait de Flandre, et leurs produits étaient dirigés sur Paris ou exportés dans toute l'Allemagne. Maintenant cette industrie, qui s'étendait jusqu'aux environs d'Argentan, est totalement tombée. »

Alençon possède, comme principaux établissements industriels, des tanneries et corroiries, des corderies, des imprimeries avec cinq journaux, des blanchisseries de toile et de fil, des tissages, des fabriques de toile, des fours à chaux, des briqueteries et tuileries, des chaudronneries, des vanneries, une usine à gaz. Il s'y trouve encore quelques manufactures de dentelles qui conservent la tradition du Point d'Alençon.

La foire de la Chandeleur, qui dure huit jours, comporte un grand commerce de chevaux.

Dans les deux cantons on exploite des carrières de granit; mais l'élevage des chevaux en est la principale industrie.

Les Châteaux sont très nombreux autour d'Alençon.

Citons : à *Colombiers*, les restes d'un Aqueduc romain; à *Héloup*, le Menhir de Pierre-Longue; à *La Roche-Mabile*, des ruines de Fortifications.

Sont nés à Alençon : le médecin Desgenettes, le naturaliste Labillardière, le girondin Valazé, le pamphlétaire Hébert, l'auteur du *Père Duchesne*, dont on montre encore la maison dans la grande rue, l'historien du pays d'Alençon, Odolant-Desnos.

Les armes d'Alençon sont : *d'azur, avec une aigle éployée d'or*. On y joignait jadis l'écusson royal de France.

Carrouges — (*Cadrugiæ, Caruccia*). — Bourg de 916 habitants; chef-lieu de canton; justice de paix, perception des finances, bureau des postes et télégraphes; près de l'Udon; à 27 kilomètres Nord-ouest d'Alençon.

Les seigneurs de Carrouges jouèrent un rôle important au Moyen-Age.

A la fin du XIVe siècle, l'un d'eux, forcé de s'absenter, laisse sa femme seule dans son Château; elle est, pendant la nuit, surprise par un homme, qu'elle croit reconnaître. Au retour de son mari, elle lui raconte l'attentat dont elle a été la victime, et lui désigne, comme le coupable, un écuyer nommé Le Gris, renommé par sa bravoure et sa loyauté.

Carrouges porte plainte devant le conseil du duc d'Alençon; Le Gris est acquitté tout d'une voix, après avoir prouvé que le jour de l'attentat il soupait à Argentan avec le comte d'Alençon. Carrouges se pourvoit devant le parlement de Paris : celui-ci autorise le duel judiciaire, qui n'était permis qu'en cas de graves présomptions; or, la seule présomption de culpabilité contre Le Gris était qu'il s'était confessé peu après le crime, et que, cette précaution prise, il s'était cru en droit de nier un crime dont la confession l'avait absous.

Le combat a lieu. Le Gris fait un faux pas et tombe : Carrouges se précipite sur lui, et le somme de dire la vérité : « Par Dieu, et la damnation de mon âme, reprend celui-ci, je n'ai oncques commis le cas dont on me charge. » Carrouges lui enfonce son poignard dans le corps.

Le roi, qui assistait au combat, lui donne mille francs en or et le fait son chambellan.

Le corps de Le Gris fut pendu à Montfaucon.

Carrouges partit ensuite pour la Terre-Sainte.

Peu après son départ, un écuyer avoua, au moment de mourir, qu'il était l'auteur du crime.

Carrouges mourut en Palestine, et sa femme entra dans un couvent.

Le Château de Carrouges, dont une partie paraît dater de la fin du xve siècle, a été très augmenté plus tard par la famille Leveneur dont une des galeries conserve les portraits; c'est une masse énorme de bâtiments disposés en carrés, percés d'ouvertures de toutes les formes et de toutes les grandeurs, coiffés de toits pointus, qui se découpent les uns sur les autres en triangles bizarres. Ni élégance ni régularité; peu de détails d'architecture; mais une diversité curieuse et originale, un ensemble imposant et sévère.

Sur le territoire de la commune, une jolie Chapelle ogivale conserve des fragments de fresques représentant des sujets empruntés à l'Ancien et au Nouveau Testament.

Les environs de Carrouges sont charmants.

Des moulins, des fabriques de cidre et de toile, des forges, des exploitations de carrières de granit, sont les principaux établissements industriels du canton.

Signalons, au *Cerceuil*, le Dolmen de La Tremblaie.

Les armes de Carrouges sont : *de gueules, semé de fleurs de lis d'argent.*

Courtomer. — Bourg de 1,048 habitants; chef-lieu de canton; justice de paix, perception des finances, bureau des postes et télégraphes; à 32 kilomètres Nord-est d'Alençon.

Ce bourg est situé sur un affluent de la Sarthe, au pied des Monts d'Amain.

Ses prairies nourrissent un grand nombre de chevaux percherons renommés pour leur bonté et leur force.

Il y a sur son territoire des Eaux ferrugineuses froides.

On y voit un beau Château moderne, construit, avant la Révolution, sur le plan de l'Hôtel des Monnaies de Bruxelles, et, dans le parc, l'emplacement d'un ancien Château, fondé par les seigneurs de Bellême, vers 1135, connu dans le pays sous le nom de Manoir de La Motte.

Dans le voisinage, au milieu du Bois d'Ecuenne, la Fontaine Saint-Jacques mérite l'attention par ses propriétés sédatives.

On trouve dans le canton des moulins, des briqueteries, poteries et tuileries.

Le Mêle-sur-Sarthe. — Bourg de 778 habitants; chef-lieu de canton, justice de paix, perception des finances, bureau des postes et télégraphes; station de la ligne de Paris à Alençon; sur la Sarthe; à 24 kilomètres Nord-est d'Alençon.

On y remarque une jolie Église moderne et les ruines d'un Château.

Le canton possède quelques moulins et quelques fabriques de toile.

Notons : à *Ménil-Erreux*, une Ferme-Modèle; à *Saint-Léger-sur-Sarthe*, un Tumulus; dans plusieurs localités, des Châteaux anciens ou modernes.

Sées — (*Agontum, Suessarum, Sazorum, Sagium*). — Ville de 4,272 habitants; chef-lieu de canton; — collège communal; — évêché; séminaire; — bureau des postes et télégraphes; — établissement hospitalier; — justice de paix; — station de la ligne d'Alençon à Surdon; — sur l'Orne; — à 25 kilomètres Nord d'Alençon.

Séès existait déjà à l'époque de la conquête romaine.

César fait l'éloge de cette contrée, habitée par les Essuins, comme étant restée « plus calme » et « plus pacifique » que toutes les autres.

Mais l'importance de Séès ne date que des incursions des Saxons.

D'une bourgade, ils firent une ville importante, bientôt conquise au Christianisme.

Saint Latrin, au IV° siècle, fut, croit-on, le premier évêque de Séès.

La place fut prise et brûlée par les Normands au commencement du VIII° siècle, et c'est avec les débris de ses Remparts que l'on construisit la Cathédrale, deux fois détruite dans le siècle suivant.

Pendant le Moyen-Age, la ville fut plusieurs saccagée, notamment par Henri, roi d'Angleterre, par Louis-le-Jeune, roi de France.

A la fin de la guerre de Cent-Ans, elle fut reprise sur les Anglais par Dunois.

Pendant les guerres de la Réforme, Coligny s'en empara et pilla la Cathédrale.

Cinq ans plus tard, Montgomery, autre chef protestant, lui fit subir un sort plus funeste encore; la ville fut mise à feu et à sang, et ces fureurs ne contribuèrent pas peu sans doute à déterminer plus tard les habitants à prendre parti pour la Ligue.

Ils se soumirent néanmoins sans combat à l'autorité de Henri IV.

Séès n'a guère conservé de ses monuments antiques que sa Cathédrale, une des plus précieuses constructions du Moyen-Age. Il ne paraît pas que sa construction ait été achevée avant le XIII° siècle. C'est un édifice élégant, qui marque une période intéressante dans l'histoire de l'art, le passage de l'ogive de son premier à son second âge. Le fronton présente deux rangs d'arcades, construction très rare dans les monument du temps, et qui a excité la curiosité savante des archéologues. Deux Flèches à jours s'élèvent de chaque côté à la hauteur de 70 mètres. Le dessus du portail n'offre plus que les traces des sculptures et des riches ornementations que les ravages du temps et des hommes ont fait disparaître. L'intérieur de l'Église, orné de riches vitraux, produit un admirable effet.

Parmi les évêques de Séès, on cite Bertaud, poète célèbre de la fin du XVI° siècle, qui contribua à la conversion de Henri IV, et en reçut cet évêché.

Ses vers galants furent fort à la mode de son temps.

Sa prose est singulière. Dans l'oraison funèbre de Henri IV qu'il prononça à Saint-Denis, il commençait ainsi : « Donc la misérable pointe d'un vil et méchant couteau remué par la main d'une charogne enragée, etc. »

Ses vers valent mieux que sa prose, et le couplet suivant, souvent cité depuis par des gens qui en ignorent l'auteur, est de Bertaud :

> Félicité passée,
> Qui ne peut revenir,
> Tourment de ma pensée,
> Que n'ai-je en te perdant perdu le souvenir?

Séès a quelques établissements industriels, un atelier de construction de machines, une usine à gaz, des boisselleries et tonnelleries.

Conté, l'un des savants les plus distingués de l'Institut d'Égypte, qui rendit, pendant l'expédition, des services si essentiels, et qui pourtant est plus connu par les crayons qui portent son nom, est né au village de Saint-Céneri-le-Gérei. On lui a élevé une Statue.

Les armes de Séès sont : *d'azur, à trois lis d'argent, tigés et feuillés d'or*; ou bien encore : *d'azur, à une bonne foi en fasce sur laquelle repose un cœur en flammes, le tout surmonté d'une fleur de lis d'or en chef*; — alias : *de gueules, aux figures de saint Gervais et de saint Protais d'or, vêtus de tuniques, tenant chacun une palme d'or, au chef d'azur chargé de trois fleurs de lis d'or.*

ARRONDISSEMENT D'ARGENTAN

ARGENTAN — (lat. N. 48°44′43″; — long. O. 2°21′24″; — alt. 166 m.; — à 192 kilom. O. de Paris par la route; à 197 par la voie ferrée; à 44 kilomètres N. d'Alençon) — (*Argenuœ, Argentonium Castrum*). — Ville de 6,247 habitants; — chef-lieu d'arrondissement et de canton; sous-préfecture; conseil d'arrondissement; circonscription électorale; — 8° bureau de recrutement, de mobilisation et de réquisition de la 4° région de corps d'armée; portion centrale et dépôt du 104° ou 117° régiment actif, 304° ou 317° régiment de réserve, 32° régiment territorial d'infanterie; hôpital mixte; — collège communal; inspection primaire; bibliothèque, musée; — comice agricole; — tribunal de commerce; — bureau des postes et télégraphes; — recette particulière des finances; — conservation des hypothèques; — tribunal de première instance; justice de paix; prison; — gare où se croisent les lignes de Paris, de Granville, de Mézidon; — sur l'Orne, près du confluent de l'Ure; — anciennement marquisat et vicomté, gouvernement particulier.

Cette ville est située sur une hauteur qui domine une vaste et fertile plaine voisine de la Forêt de Gouffern.

Argentan était une bourgade du territoire des Essuins.

Le premier évêque de Sées, saint Latrin, vint y prêcher l'Évangile.

Au XI° siècle, Argentan était une vicomté.

Son histoire au Moyen-Age ressemble à toutes les autres; elle fut plusieurs fois prise et détruite, et cette inévitable et monotone répétition, qui se retrouve si souvent sous notre plume, atteste du moins l'état douloureux du pays pendant cette sanglante anarchie.

Comme Sées, Argentan resta fidèle au Catholicisme à l'époque des guerres de Religion; et, comme Sées, cette ville fut successivement ravagée par Coligny et Montgomery.

Placée au milieu d'une plaine fertile, elle mérite encore l'éloge qu'en faisait, il y a trois siècles, le poète Des Miroirs, l'un de ses enfants :

> Vous qui voulez d'Argentan faire conte,
> A sa grandeur arrêter ne vous faut :
> Petite elle est, mais en beauté surmonte
> Mainte cité, — car rien ne lui deffaut;
> Elle est assise en lieu plaisant et haut.
> De tous côtés la prairie, la campaigne,
> Le fleuve aussi où le poisson se baigne,
> Ces bois épais, suffisants pour nourrir
> Biches et cerfs qui sont prompts à courir;
> Puis y trouvez, tant elle est bien garnie,
> Pour au besoin nature secourir,
> Bon air, bon vin, et bonne compaignie.

On a conservé une portion de l'ancien Château, qui est devenu le Tribunal de première instance et qui renferme la Prison. L'Église Saint-Germain, monument de la Renaissance, présente d'assez curieux détails. On remarque les vitraux de l'Église Saint-Martin. L'Hôtel-de-Ville est une construction moderne sans caractère; le Collège occupe l'ancien Couvent des Capucins.

Argentan ne possède que de petits établissements d'industrie locale; il s'y fait un important commerce de bestiaux, de volailles et de fromages.

Notons : à *Moulins-sur-Orne*, le Tumulus des Hogues; à *Sarceaux*, le Tumulus de la Butte-du-Hou, dans lequel on a trouvé des haches en pierre.

Dans la liste des personnages nés à Argentan, on remarque le poète tragique Chrétien Des Croix, qui vivait vers 1608, et dont nous ne citerons qu'un vers qu'il adressait au Soleil : « Souverain roi des célestes chandelles! »; le poète des Yveteaux, précepteur de Louis XIII, qui se singularisa par les extravagances de sa vieillesse; François-Eudes de Mézeray, né à Rye, près d'Argentan, le premier de nos historiens qui ait essayé de donner à notre histoire quelque sincérité, ce dont Louis XIV le punit par la suppression de la pension que lui avait donnée Mazarin, et chez lequel, après sa mort, on trouva dans une de ses armoires un sac d'écus avec cette étiquette : « Ceci est le dernier argent que j'ai reçu du Roy pour en dire du bien. » Le style de Mézeray, d'une franchise et d'une familiarité viriles, fait encore lire son histoire. Son buste orne un Square de la ville.

Les armes d'Argentan sont : *d'argent, à l'aigle au vol abaissé de sable.*

Briouze. — Bourg de 1,669 habitants; chef-lieu de canton; justice de paix, perception des finances, bureau des postes et télégraphes; gare où se croisent les lignes de Paris, de Granville, de Couterne; sur un affluent de la Rouvre; à 27 kilomètres Ouest d'Argentan.

Ce bourg a plusieurs édifices religieux intéressants.

Sur son territoire se trouve le Menhir appelé Affiloire-de-Gargantua.

Écouché. — Ville de 1,448 habitants; chef-lieu de canton; justice de paix, perception des finances, bureau des postes et télégraphes, établissement hospitalier; station de la ligne de Paris à Granville; sur l'Orne, entre les confluents de la Cance et de l'Udon; à 9 kilomètres Ouest d'Argentan.

On remarque, à Écouché, une belle Église de la Renaissance, et, dans les environs, le Pèlerinage du Mesnil-Glaise, situé dans un milieu très pittoresque.

Des moulins, une filature de laine, des fours à chaux, une briqueterie, une scierie, un haut-fourneau et des forges, sont les établissements industriels d'Écouché et de son canton.

Signalons, à *Rânes*, un très ancien Château gothique.

Exmes — (*Oximium, Ossimium*). — Village de 552 habitants; chef-lieu de canton; justice de paix, perception des finances, bureau des postes et télégraphes; sur la rive droite de l'Orne; à 18 kilomètres Est d'Argentan.

Les Romains ont eu un établissement assez important auprès de ce village. On y a découvert d'anciens vestiges d'habitations, des médailles romaines, des armes, des fragments de vases. Toutes ces découvertes ont exercé la sagacité des antiquaires : mais leurs conjectures n'ont abouti à aucune conclusion véritablement certaine.

Exmes avait autrefois rang de ville : c'était le chef-lieu de l'Hyémois ou Hiesmois, dont le territoire, assez étendu, fut érigé en comté.

Elle soutint plusieurs sièges : en 1060, elle résista au roi de France, fut prise quatre siècles plus tard par les Anglais, et reconquise par Dunois après quatorze jours de siège.

Ses Fortifications furent détruites par ordre de Henri IV, en 1591.

En 1762, Exmes n'était plus qu'une châtellenie qui fut donnée au comte d'Eu, fils du duc du Maine, en échange de la principauté de Dombes.

Cette ville, déchue de son ancienne importance, n'est plus qu'un village qui, sauf les ruines de son ancien Château, n'a même conservé aucun monument du passé. L'Église est composée de parties très différentes et construites à diverses époques.

Mortagne.

On élève sur le territoire de cette commune d'excellents chevaux, et l'on fait, dans le canton, des fromages de Camembert.

Notons : à *Silly-en-Gouffern*, le Menhir de la Pierre-Levée.

Le Pin-au-Haras. — Village de 447 habitants; bureau des postes; station de la ligne de Paris à Granville; à 11 kilomètres Est d'Argentan.

Le Haras du Pin, qui jouit d'une grande et légitime réputation, fut d'abord connu sous le nom de Haras d'Exmes.

Il se compose d'un Château, résidence des directeurs, sur les deux côtés duquel s'alignent de belles Écuries.

Le domaine contient 1,130 hectares, dont plus de moitié en prés, herbages et pâtures. C'est là que s'élèvent les plus beaux chevaux de la race percheronne.

Des courses, qui attirent beaucoup de monde, ont lieu chaque année, en juillet et en septembre, dans un Hippodrome dépendant du Haras.

Le Haras du Pin ne fournit pas moins de 52 stations d'étalons dans les départements du Calvados, de l'Eure, de l'Orne, de la Sarthe, de la Seine-Inférieure et de Seine-et-Oise.

Il contribue puissamment à la conservation de la pure race des chevaux percherons.

LIVR. 4.

La Ferté-Frénel. — Village de 484 habitants; chef-lieu de canton; justice de paix, perception des finances, bureau des postes et télégraphes; station de la ligne de Mortagne à Bernay; près de la Charentonne; à 50 kilomètres Nord-est d'Argentan.

On y remarque le Dolmen de la Pierre-Couplée, les ruines du Château de Guillaume-le-Conquérant, un beau Château moderne.

Le canton possède une verrerie, des tréfileries, clouteries, pointeries et quincailleries.

Notons, à *Glos-la-Ferrière*, le Menhir de La Rondinière, des restes d'usines métallurgiques gallo-romaines.

Gacé. — Ville de 1,744 habitants; chef-lieu de canton; justice de paix, perception des finances, bureau des postes et télégraphes; station de la ligne de Sainte-Gauburge à Mesnil-Mauger; sur la Touques; à 27 kilomètres Est d'Argentan.

On y voit les restes d'un Château du XVIe siècle.

Cette ville et son canton font le commerce du beurre et des fromages.

Le Merlerault. — Bourg de 1,269 habitants; chef-lieu de canton; justice de paix, perception des finances, bureau des postes et télégraphes; station de la ligne de Paris à Granville; sur la rivière des Authieux; à 26 kilomètres Sud-est d'Argentan.

Dans ce bourg, qui a un Hôtel-de-Ville monumental, il faut signaler les restes d'un Cirque romain, d'un ancien Haras, de la vieille ville.

Le Merlerault est au milieu d'un riche pays d'élevage dont les produits portent son nom.

Des carrières de pierre de taille et des scieries sont les seuls établissements industriels d'un canton qui renferme surtout des herbages.

Citons, à *Échauffour*, les deux Dolmens des Croûtes.

Mortrée. — Bourg de 1,270 habitants; chef-lieu de canton; justice de paix, perception des finances, bureau des postes et télégraphes; près de la Thouanne; à 25 kilomètres Sud d'Argentan.

C'est sur le territoire de cette commune qu'est situé le Château d'O, l'un des plus remarquables du département, et dont on attribue la construction à Isabeau de Bavière, qui, après l'expulsion des Anglais, y aurait, dit-on, été retenue prisonnière. Il fut, au Moyen-Age, la résidence d'une illustre famille normande, les d'O, qui lui donnèrent leur nom; leur existence nominale remonte à la première Croisade; ils s'éteignirent en 1594, en la personne de Jean d'O, surintendant des finances.

Ce Château a appartenu à divers maîtres, et, en dernier lieu, à un homme de goût qui l'a heureusement fait réparer et embellir.

Quelques moulins, briqueteries et fours à chaux, sont les seuls établissements industriels du canton.

Mentionnons : à *Francheville*, l'Enceinte celtique de La Bruyère; à *Marmouillé*, le Camp gallo-romain de Bonnevent.

Alm-nèches — (*Almanescœ*). — Bourg de 771 habitants; perception des finances, bureau des postes et télégraphes; station de la ligne de Paris à Granville.

Almenèches possédait autrefois un Couvent de Bénédictines qui avait été fondé par saint Évroult.

Ce Couvent comprenait dans ses dépendances un pré que l'on nommait et que l'on nomme encore le Pré Sala, et voici ce que raconte la légende à ce sujet :

Un des serviteurs du Monastère s'était emparé de l'âne conventuel. Sainte Opportune, qui alors était l'abbesse, le réclama. Le voleur, non seulement ne consentit pas à le rendre, mais il s'emporta encore en injures violentes contre sainte Opportune, et, dans son injuste colère, il s'écria que le pré, où l'âne, l'abbesse et lui se trouvaient, serait couvert de sel avant qu'il consentît à le rendre. Quel fut son étonnement, le lendemain matin, de voir son imprécation réalisée. Honteux et confus, il alla trouver l'abbesse, confessa son larcin, et, pour obtenir son pardon, abandonna au Monastère le pré témoin de ce prodige.

Il paraîtrait que les Bénédictines d'Almenêches ne suivaient pas la règle avec toute l'ardeur et le zèle désirables; elles furent longtemps renommées par leur inconduite. En vain Robert de Cornegrue, évêque de Sées, voulut-il, en 1455, par de nouveaux statuts, les tenir enfermées dans leur communauté; en vain Jacques de Silly, autre évêque de Sées, chercha-t-il à réformer leur conduite toujours relâchée; il fallut déposer l'abbesse et y établir la règle sévère de Fontevrault. Cette Abbaye exista jusqu'en 1736.

L'Église abbatiale sert aujourd'hui de paroisse à la commune; elle date de plusieurs époques, principalement de la Renaissance, et offre une ornementation assez remarquable.

Dans les environs d'Almenêches, il y a un beau Tumulus, les ruines du Château des Pautouillères, les Manoirs du Plessis et de La Motté.

Putanges. — Bourg de 593 habitants; chef-lieu de canton; justice de paix, perception des finances, bureau des postes et télégraphes; sur l'Orne; à 19 kilomètres Ouest d'Argentan.

On voit, sur le territoire de ce bourg, le Dolmen de la Pierre-des-Bigues, avec Cromlech et Tumulus.

Le canton de Putanges s'adonne exclusivement à l'agriculture et à l'élevage.

Trun. — Ville de 1,438 habitants; chef-lieu de canton; justice de paix, perception des finances, bureau des postes et télégraphes; établissement hospitalier; sur la Dive; à 13 kilomètres Nord d'Argentan.

La Chapelle de l'Hôpital est du xive siècle; la Tour de l'Église, du xve.

La ville et le canton ont des tanneries et corroiries, des tissages, des moulins, des fromageries.

Mentionnons : à *Bailleul*, les ruines d'un Château où naquirent les deux Bailleul qui régnèrent un instant en Écosse; à *Fontaine-les-Bassets*, un Dolmen; à *Merri*, le Camp de Bières; à *Tournai-sur-Dive*, le Dolmen de la Pierre-au-Bordeu; à *Villedieu-lès-Bailleul*, deux Menhirs, des Ruines importantes.

Chambois — (*Cambaium*). — Village de 539 habitants; perception des finances, bureau des postes et télégraphes; sur la Dive; à 12 kilomètres Nord-est d'Argentan.

L'Église de Chambois, de style roman, est rangée au nombre des monuments historiques.

Mais ce qui mérite surtout l'attention des archéologues, c'est le beau Donjon de Chambois, l'un des mieux conservés de tout le département.

C'est un vaste rectangle, de plus de 33 mètres de hauteur, garni aux quatre angles de quatre Tourelles carrées engagées, formant contrefort et qui devaient se terminer, au-dessus des créneaux et des mâchicoulis, par quatre Guérites ou Échauguettes. Au milieu du grand côté qui regarde le Sud est appliquée une cinquième petite Tour carrée à laquelle on accédait à l'aide d'une échelle de fer par une porte située à 6 mètres du sol. Cette Tour contenait l'escalier qui desservait les différents étages du Donjon, et se terminait par un petit logement avec cheminée.

Le rez-de-chaussée du Donjon servait de magasin. Au premier étage était la grande salle de réception, ornée d'une vaste cheminée, et dont le plafond, formé par des enrayures de charpentes, reposait sur des modillons représentant des têtes grotesques. Au-dessus, il y avait deux autres étages; mais ils n'offraient pas dans leur décoration le même soin que la grande salle du premier étage.

L'intérieur des Tourelles carrées placées aux angles avait été utilisé de différentes manières : un Oratoire se trouvait dans celle du Sud-ouest; celle du Sud-est renfermait à sa base un cachot dans lequel on descendait par une trappe, et sa partie supérieure formait un pigeonnier; celles du Nord-ouest et du Nord-est renfermaient des chambres d'habitation. L'une de ces quatre Tourelles devait contenir un escalier desservant tous les autres étages de la plate-forme.

Il ne reste rien des anciennes constructions qui devaient accompagner ce Donjon; on parle seulement, comme dans bien d'autres Châteaux, de vastes Souterrains s'étendant au loin.

La date de la construction de ce beau spécimen d'architecture militaire n'est pas connue; on a dit qu'il avait été bâti sous Philippe-le-Bel, au commencement du xive siècle; mais il paraît plus ancien de deux siècles. Ce qu'il y a de certain, c'est qu'il y avait déjà à Chambois, dès l'année 1024, un Château que Richard II de Normandie donna au comte du Vexin.

Le Donjon de Chambois est rangé au nombre de nos monuments historiques.

Vimoutiers — (*Album Monasterium*, *Vimonasterium*). — Ville de 3,601 habitants; chef-lieu de canton; collège communal; — chambre consultative des arts et manufactures; — tribunal de commerce; — bureau des postes et télégraphes; — perception des finances; — établissement hospitalier; — justice de paix; — station de la ligne de Sainte-Gauburge à Mesnil-Mauger; — sur la Vie; — à 30 kilomètres Nord-est d'Argentan.

Cette ville est l'entrepôt et le centre du commerce des toiles de cretonne que l'on fabrique dans ses environs, ainsi que des bestiaux qu'on y élève.

Elle a des blanchisseries de toiles, des moulins, des usines à électricité et à gaz, des fours à chaux, des corderies.

On y remarque une belle Halle aux grains et aux toiles et quelques Maisons en bois décorées de sculptures.

Le canton possède des fromageries et un haut-fourneau.

Notons, aux *Champeaux*, la maison du Roncerai, où naquit Charlotte Corday, et le Château de Glatigny, qu'elle habita.

Camembert. — Village de 359 habitants; sur un affluent de la Vie; à 28 kilomètres Nord-est d'Argentan.

Cette petite commune tire un grand revenu de la fabrication des fromages qui portent son nom et dont le principal marché est à Vimoutiers.

Camembert est au milieu de vallons accidentés et de riches pâturages, qui couvrent le penchant des collines, et qui offrent l'aspect d'une Suisse en miniature.

Le village lui-même, composé de l'Église et de quelques rares maisons qui l'entourent, mais avec de nombreux écarts formés par les Fermes, rappelle les plus gracieuses localités des cantons de Vaud et de Lausanne.

ARRONDISSEMENT DE DOMFRONT

DOMFRONT — (lat. N. 48° 35′ 39″; — long. O. 2° 59′ 7″; — alt. 215 m.; — à 254 kilom. O. de Paris par la route; à 254 par la voie ferrée; à 62 kilom. N.-O. d'Alençon) — (*Domefrontium, Domnus Frons*). — Ville de 4,932 habitants; — chef-lieu d'arrondissement et de canton; sous-préfecture; conseil d'arrondissement; deux circonscriptions électorales; — collège communal; inspection primaire; — comice agricole; — bureau des postes et télégraphes; — recette particulière des finances; — conservation des hypothèques; — établissement hospitalier; — tribunal de première instance; justice de paix; prison; — gare où se croisent les lignes de Paris, de Caen, d'Avranches, de Mayenne; — sur la Varenne; — autrefois élection, bailliage et vicomté.

Cette ville est dans une situation pittoresque sur un rocher au bas duquel coule la Varenne.

La tradition rapporte que, vers 540, un solitaire nommé Front vint se fixer à l'endroit où est aujourd'hui Domfront.

C'était un rocher sauvage, escarpé, au milieu de la Forêt du Passais; la petite rivière de la Varenne coulait à plus de 70 mètres au-dessous; le lieu semblait excellent pour s'isoler du monde : l'ermite s'y installa.

En 1011, Guillaume Talvas de Bellême trouva aussi la situation à son gré, mais à un point de vue tout différent. Il fit bâtir sur le sommet un Donjon carré, flanqué de quatre grosses Tours, avec des fossés creusés dans le roc vif, et des Souterrains qui conduisaient à une certaine distance. Deux Portes en fer et une Herse fermaient l'entrée de la Forteresse. Il promit d'importants privilèges aux gens qui voudraient s'établir près de là, leur distribua des terres, à condition de garder le Château en temps de guerre, entoura, en outre, le rocher et les habitations de Murs énormes flanqués de Tours, dont les vestiges peuvent donner encore une haute idée.

Un procès-verbal dressé au XVI° siècle porte que cette ville était entourée d'une Enceinte munie de 24 Tours; on y pénétrait par quatre Portes. Chacun des seigneurs des environs devait plusieurs jours de garde.

Tout, comme on le voit, se réunissait pour faire de Domfront une forte place militaire.

Guillaume de Bellême y fit en outre bâtir des Églises, et fonda à une lieue et demie l'Abbaye de Lonlay, dont les moines furent assurés des privilèges les plus étendus.

Le fondateur de Domfront y fit ordinairement sa résidence, et y mourut en 1031, laissant le Château de Domfront à son fils Geoffroy, comte de Mortagne.

Mais l'un des oncles du jeune comte, le fameux Guillaume-le-Cruel, seigneur d'Alençon, lui enleva son héritage, et de là naquit une longue rivalité entre les seigneurs de Mortagne et d'Alençon.

Les cruautés de Guillaume d'Alençon provoquèrent, comme nous l'avons vu, un soulèvement parmi ses sujets, qui livrèrent Alençon et Domfront à Geoffroy Martel, comte d'Anjou.

Guillaume-le-Bâtard, duc de Normandie, soumit Domfront comme il venait de soumettre Alençon, et replaça le pays sous l'atroce domination de Talvas.

Celui-ci maria sa fille Mabille à Montgomery, et leur laissa ses domaines.

Las du joug cruel de leurs nouveaux maîtres, les habitants de Domfront se soulevèrent encore et se donnèrent à Henri, l'un des fils de Guillaume-le-Bâtard, frère du duc de Normandie.

Le duc voulut, comme son père, réduire encore la ville à subir une domination détestée; mais il fut moins heureux. Henri se défendit vigoureusement dans la ville qui l'avait appelé; l'armée ducale fut obligée de lever le siège, et, pendant sa retraite, mise en déroute.

Devenu roi d'Angleterre, Henri se montra toujours plein de bienveillance pour la ville de Domfront, qui lui resta fort attachée.

Mais après sa mort, le capitaine qui commandait à Domfront livra la place à Étienne, comte de Mortain.

Mathilde, fille et héritière du roi d'Angleterre, et son mari Geoffroy Plantagenet, comte d'Anjou, vinrent assiéger Domfront, qu'ils prirent après plusieurs assauts.

Une famine, résultat trop naturel de la guerre qui avait ravagé les campagnes, désola pendant deux ans cette partie de la Normandie : l'évêque du Mans fit vendre les richesses des Églises pour soulager les pauvres; un grand nombre de laboureurs périrent de faim.

Mathilde, et, après elle, Henri II, roi d'Angleterre, résidèrent souvent à Domfront. C'est là que ce dernier reçut les deux légats du pape chargés de le réconcilier avec Thomas Becket, archevêque de Cantorbéry. Cette réconciliation fut si peu sincère de la part de Henri II qu'il fit assassiner Thomas Becket (1170).

Domfront, comme un grand nombre de villes de Normandie, devint une commune par la volonté de Jean-sans-Terre, en 1200.

Lors de la réunion de la Normandie à la France, Philippe-Auguste confirma les privilèges de la commune de Domfront, qu'il donna avec ses dépendances à Renaud, comte de Boulogne.

S'étant plus tard brouillé avec Renaud, il lui retira la ville et ses dépendances et la donna en apanage à Philippe, le fils qu'il avait eu de l'infortunée Agnès de Méranie, et dont une sentence du pape, en cassant le mariage, avait fait un bâtard.

Ce Philippe, que la dureté de sa barbe avait fait surnommer Hurepel, se montra dans la suite peu reconnaissant envers la race royale dont il était issu; on sait, en effet, que Philippe Hurepel, comte de Boulogne et de Domfront, fut un des plus acharnés à fomenter les troubles qui agitèrent la minorité de saint Louis, son neveu.

Livrée plus tard aux Anglais par Charles-le-Mauvais, roi de Navarre, restituée à la France par le Traité de Brétigny, reprise par le duc de Bourgogne, rendue au duc d'Alençon, enfin prise par les Anglais après une vigoureuse résistance en 1448, la ville fut, comme on le voit, exposée à des désastres perpétuels pendant la guerre de Cent-Ans.

Depuis l'expulsion des Anglais en 1450, elle a suivi les destinées du duché d'Alençon, dont elle dépendait.

Sous le règne de Charles IX, Domfront subit de nouvelles calamités.

Il y avait de ce côté un grand nombre de Protestants : ils prirent la ville, en 1562, brûlèrent l'Église Notre-Dame et se retirèrent.

Montgomery fut très bien accueilli à Domfront, qui, ensuite, rentra au pouvoir des Catholiques.

En 1568, la place fut de nouveau surprise par les Huguenots.

En 1574, elle eut le même sort. Montgomery vint s'y jeter avec un petit nombre de compagnons.

Elle fut investie aussitôt par Matignon, qui y amena des troupes nombreuses. L'artillerie des assiégeants ruina la ville.

L'intrépide Montgomery se retira dans le Château.

Matignon tourna alors ses batteries contre cette forteresse, et y fit une brèche de 85 pieds : deux fois les assiégeants montèrent à l'assaut, deux fois ils furent repoussés.

Mais Montgomery avait reçu deux blessures; ses compagnons étaient réduits au nombre de 15; la poudre, le pain, l'eau, leur manquaient. Cependant ils ne parlaient pas de se rendre.

Matignon, pour éviter un nouvel assaut, envoya proposer à Montgomery de capituler, lui promettant la vie sauve à lui et à ses gens. Montgomery se fia à la parole de son ennemi, qui le fit immédiatement conduire à Paris; il y eut la tête tranchée un mois après par ordre de Catherine de Médicis, qui, prise d'un accès d'amour conjugal posthume, ne pouvait, depuis la mort malheureuse du roi Henri II, pardonner à Montgomery le coup de lance du tournoi de la Bastille.

Pour justifier sa condamnation, on l'accusa d'avoir fait arborer le pavillon anglais sur les navires accourus au secours de La Rochelle, que les Protestants défendaient alors contre les Catholiques ; plus tard, sa mémoire fut réhabilitée.

Ce dernier désastre avait ruiné le Château et les Fortifications de Domfront. La ville y perdit cette importance militaire qui lui avait été si fatale.

Elle fut encore agitée, comme toute la province, à l'époque des guerres de la Ligue.

Depuis, la ville de Domfront a joui du calme ; elle passa au XVII° siècle dans l'apanage de la maison d'Orléans jusqu'en 1774, et fut alors donnée à Monsieur, comte de Provence, depuis Louis XVIII.

Les troubles qui désolèrent l'Ouest de la France, à l'époque de la guerre des Chouans, eurent encore quelques effets à Domfront, mais de peu d'importance.

Les ruines de l'ancien Donjon du Château et les restes de ses formidables Fortifications donnent encore à cette ville un aspect particulier.

De la Tour de Godras, la mieux conservée des quatorze Tours qui restent de son ancienne Enceinte, et dont on a rétabli le couronnement, on jouit d'une vue étendue sur tous les environs.

L'Hôtel-de-Ville, qui date de 1852, la Prison départementale, la vieille Geôle de l'occupation anglaise, quelques anciennes Maisons du Moyen-Age, sont les seuls édifices que l'on peut recommander.

Les rues de la ville sont étroites et escarpées.

L'ensemble présente une physionomie intéressante pour le touriste.

Au bas du rocher se trouve la vieille Église de Notre-Dame-sur-l'Eau, remarquable monument d'architecture romane, construite sur le bord de la Varenne par le fondateur du Château, Guillaume de Bellême, dont on y montre encore le Tombeau ; elle a été malheureusement mutilée pour le redressement de la Route, et il n'en reste plus que le chœur et les transepts.

Domfront et son canton possèdent une usine à électricité, des moulins, des tanneries, des fromageries, des tuileries, des fabriques de toile.

Aux environs de la ville est la Ferme-École de Saint-Gauthier.

Signalons : à *Céancé*, un Dolmen ; à *Lonlay-l'Abbaye*, une Église, monument historique.

Les armes de Domfront sont : *de gueules, à trois tours jointes ensemble, avec la porte ouverte d'or, maçonnées de sable sur une terrasse de sinople.* Elles étaient représentées, en 1382, sur les vitraux de la chapelle du château : *de gueules, à une tour d'argent chargée d'un écu d'azur au chef d'argent orné de trois étoiles d'or et chargé en pointe d'un cœur d'or.*

Athis. — Bourg de 3,272 habitants ; chef-lieu de canton ; justice de paix, perception des finances, bureau des postes et télégraphes ; sur un affluent de la Rouvre ; à 29 kilomètres Nord de Domfront.

Ce bourg est dans une pittoresque région. De la Terrasse du Château ruiné de Ségrie, on a une vue très étendue sur le pays environnant.

Athis et son canton possèdent des blanchisseries, teintureries, filatures et tissages de coton, des fabriques de coutil, des moulins, des tanneries et corroiries, une filature d'amiante, une fabrique de mèches à quinquet.

Notons : à *La Lande-Saint-Simon*, le Dolmen de la Pierre-à-la-Demoiselle.

La Ferté-Macé. — (*Firmitas Macei*). — Ville de 8,421 habitants ; — chef-lieu de canton ; — écoles primaires supérieures de garçons et de filles ; — petit séminaire ; — chambre consultative des arts et manufactures ; conseil de prud'hommes ; — bureau des postes et télégraphes ; — perception des finances ; — établissement hospitalier ; — justice de paix ; — station de la ligne de Couterne à Briouze ; — sur la Mora ; — à 22 kilomètres Est de Domfront.

Cette ville doit son nom à un Château-Fort construit au pied de hautes collines par un de ses seigneurs qui portait le nom de Macé.

Très industrieuse, elle renferme des apprêtages, blanchisseries, teintureries, filatures et tissages de coton, une usine à gaz, des imprimeries avec deux journaux, des fabriques de coutil, des tanneries et des vanneries.

Mentionnons : à *Couterne*, le Pèlerinage de la Chapelle de Lignon.

Flers. — Ville de 13,860 habitants ; — chef-lieu de canton ; — collège communal ; — école industrielle ; — chambre de commerce ; tribunal de commerce, conseil de prud'hommes ; — bureau des postes et télégraphes ; — perception des finances ; — succursale de la Banque de France ; — établissement hospitalier ; — justice de paix ; — gare où se croisent les lignes de Paris, de Caen, de Granville, de Mayenne ; — sur la Vère ; — à 20 kilomètres Nord de Domfront.

Flers est une ville toute moderne qui doit son importance à son active industrie.

La ville se ressent de cette prospérité commerciale ; ses rues sont larges, bien percées et bordées de belles maisons.

Le Collège, le Cercle, le Théâtre et l'Église Saint-Jean-Baptiste, construite en 1864, l'Église paroissiale, l'Hôtel-de-Ville, sont ses principaux monuments publics.

A l'entrée de Flers, du côté de Briouze, s'étend un joli Parc planté d'arbres exotiques et orné de pelouses sur lesquelles s'élève la façade monumentale du Cercle.

En dehors de la ville et sur les bords d'une petite rivière qui alimente ses fossés se dressent les Tours de son ancien Château, qui date du XVe siècle et qui a été restauré au XIXe.

C'était autrefois le siège d'une baronnie érigée en comté en 1598, et en marquisat en 1696.

Église Saint-Martin à Laigle.

Le Château fut longtemps habité par les comtes de Pellevé, et devint, pendant les guerres de Vendée, un des quartiers généraux des Royalistes qui s'y défendirent en 1800 contre les troupes du général Gardanne. Le Château est accompagné d'un fort beau Parc qui malheureusement a été coupé par le Chemin de fer.

Flers fabrique principalement des coutils, des reps, des basins, du linge de table damassé, des satins pour ameublements, des toiles de fil et de coton.

On y trouve encore des blanchisseries et teintureries de fil et de coton, des brasseries de cidre, une usine à gaz, des imprimeries avec trois journaux, des fabriques de chaussures, de colle, d'outillage.

Dans le canton il y a aussi plusieurs usines de l'industrie cotonnière.

LIVR. 5.

Juvigny-sous-Andaine. — Bourg de 1,266 habitants; chef-lieu de canton; justice de paix, perception des finances, bureau des postes et télégraphes; station de la ligne d'Alençon à Domfront; à 11 kilomètres Sud-est de Domfront.

On y remarque la Tour de Bonvouloir.

Le canton possède des moulins, une distillerie, des carrières de pierre et autres petits établissements industriels.

Mentionnons, à *La Chapelle-Moche*, le Dolmen appelé Lit-de-la-Sione.

Tessé-la-Madeleine. — Village de 513 habitants; bureau des postes et télégraphes; station de Bagnoles-les-Bains, sur la ligne de Couterne à Briouze; à 20 kilomètres Sud-est de Domfront.

Le hameau de Bagnoles-les-Bains, qui dépend de la commune de Tessé-la-Madeleine, est situé dans une situation charmante, au fond d'un vallon où la Vée forme un vaste Étang, et doit son importance à ses Sources d'eaux thermales.

Selon la tradition, la découverte des propriétés médicinales de ces Eaux serait due à une circonstance singulière.

Un cheval poussif et galeux fut abandonné par son maître dans ces parages. Deux mois après, celui-ci, passant par là, retrouve son cheval; mais il a peine à le reconnaître, tant son allure est décidée, sa robe nette, ses flancs arrondis. Il le suit et le voit se rouler dans les boues d'un marais voisin. En y plongeant la main, il en trouva la température assez élevée, et il soupçonna alors qu'elles pouvaient être la cause de la guérison de son cheval. On nettoya le marais, on découvrit des sources d'eau limpide, dont on reconnut bientôt la bienfaisante influence, beaucoup mieux constatée, en effet, que l'anecdote que nous venons de raconter, et dont nous laissons à la légende la responsabilité tout entière.

L'Établissement de Bains a été très amélioré dans ces dernières années.

Les Eaux se prennent en bains et en douches; on en boit; on en fait des cataplasmes avec les boues. Elles sont recommandées pour les maladies cutanées, les rhumatismes, la goutte, les plaies d'armes à feu. Elles donnent de la douceur et de la fraîcheur à la peau :

« Toute femme de cinquante ans, s'il en existe, doit faire un voyage à Bagnoles, » dit le docteur Bourdon.

Malgré le bienveillant scepticisme du docteur, on peut croire qu'il en existe bien quelques-unes, car Bagnoles reçoit chaque année un assez grand nombre de visiteuses. Comme nous ne voulons pas nuire à la réputation de Bagnoles auprès des dames et leur faire croire qu'une visite à Bagnoles équivaut à la production d'un acte de naissance, chose souvent désagréable, nous devons ajouter que toutes les visiteuses de Bagnoles ne rentrent pas dans la catégorie signalée par le docteur Bourdon. Ainsi que dans tous les Bains, le plaisir ou le désœuvrement y attire des gens bien portants : la beauté des sites suffirait pour justifier la présence de ceux qui y séjournent.

Au reste, la renommée de ces Eaux est déjà ancienne, et les auteurs de l'*Orne archéologique* citent cette remarquable phrase extraite d'une brochure publiée au xviiie siècle par Hélie de Cerny, lieutenant général du roi au bailliage de Falaise et commissaire ordonnateur des bains de Bagnoles :

« L'on trouve aujourd'hui à Bagnoles tout ce que l'on peut rencontrer dans les plus fameuses auberges et les villes les mieux policées, jusqu'à la messe. »

L'art d'intéresser le sentiment religieux jusque dans une réclame industrielle n'est donc point particulier à notre temps.

Bagnoles a deux Sources : l'une, sulfureuse, accusant 27°,5, s'administre en bains et en boisson, et agit sur le système nerveux ; l'autre, ferrugineuse, dont la température ne dépasse pas 12°, est tonique et reconstituante.

Les environs de Bagnoles-les-Bains offrent de charmantes promenades ; on y remarque notamment le Dolmen appelé Lit-de-la-Girogne.

Messei. — Bourg de 1,235 habitants ; chef-lieu de canton ; justice de paix ; perception des finances, bureau des postes et télégraphes ; gare où se croisent les lignes de Paris, Granville, Caen, Mayenne ; sur la Varenne ; à 18 kilomètres Nord de Domfront.

Le bourg et le canton sont agricoles ; on y fabrique des fromages.

Notons : au *Châtellier*, le remarquable Camp de César ; à *Saint-André-de-Messei*, la Source, la Chapelle et le Pèlerinage de Sainte-Anne.

Passais. — Village de 1,608 habitants ; chef-lieu de canton ; justice de paix, perception des finances, bureau des postes et télégraphes ; à 12 kilomètres Sud-ouest de Domfront.

On y voit des Menhirs et des Dolmens, dont celui de la Table-du-Diable.

Le bourg et le canton sont entièrement agricoles.

Tinchebray. — Ville de 4,533 habitants ; chef-lieu de canton ; justice de paix, perception des finances, bureau des postes et télégraphes, établissement hospitalier, conseil de prud'hommes ; gare où aboutit une ligne venant de Montsecret ; sur le Noireau ; à 25 kilomètres Nord de Domfront.

Tinchebray a donné son nom à une bataille fameuse dans les annales de la Normandie.

Au pied de son Château, bâti, dans la première moitié du xi° siècle, par Guillaume, comte de Mortain, et dont il ne reste que quelques tronçons de Souterrains, Henri, roi d'Angleterre, défit, en 1106, son frère Robert, duc de Normandie.

Robert fut pris, après avoir fait des prodiges de valeur. Son frère lui fit, dit-on, brûler les yeux, et le renferma dans un Château du pays de Galles.

Il y vécut pendant vingt-cinq ans, consolant sa douleur par des poésies dont quelques-unes sont venues jusqu'à nous.

Tinchebray, depuis cette époque, a joué un rôle moins important dans l'histoire.

Au temps de la guerre des Chouans, la ville, qui contenait un assez bon nombre de Républicains, résista avec courage aux attaques de Frotté, qui lui livra vainement quatre assauts furieux. Blessé dans le combat, il se retira après avoir perdu plusieurs de ses meilleurs soldats, mais 80 maisons furent brûlées au courant de cette lutte.

Des fabriques de quincaillerie et de serrurerie, de chandeliers, de peignes, de pièges, de boutons de nacre, une usine à gaz, sont les principaux établissements industriels de cette ville dont le canton renferme, en outre, des moulins, des distilleries, des fabriques d'amidon, de papier, de clous, de meubles, de quincaillerie, des carrières de granit et de pierre de taille.

ARRONDISSEMENT DE MORTAGNE

Mortagne — (lat. N. 48°31′20″ ; — long. O. 1°47′27″ ; — alt. 259 m. ; — à 432 kilom. S.-O. de Paris par la route ; à 177 par la voie ferrée ; à 39 kilom. E. d'Alençon) — (*Moritolium, Moritonia*). — Ville de 4,435 habitants ; — chef-lieu d'arrondissement et de canton ; sous-préfecture ; conseil d'arrondissement ; circonscription électorale ; — inspection primaire ; — inspection des forêts; chambre consultative d'agriculture; — bureau des postes et télégraphes; — recette particulière des finances; — conservation des hypothèques; — établissement hospitalier; — tribunal de première instance; justice de paix; prison; — gare où se croisent les lignes d'Alençon, de Sainte-Gauburge, de Laigle, de Condé-sur-Huisne, de Mamers; — aux sources de la Chippe; — autrefois chef-lieu d'élection, bailliage, vicomté, gouvernement particulier.

Mortagne est une jolie ville située sur le sommet et le penchant d'une colline.

On montrait encore, au XVIIe siècle, une Croix élevée, disait-on, en 654, par saint Éloi, qui, passant par Mortagne, y avait opéré, outre plusieurs autres miracles, la guérison d'un possédé : c'est à la place même où cet événement avait eu lieu que le saint avait planté cette Croix.

Un siècle plus tard, un Ermitage et une Chapelle furent bâtis au même lieu et devinrent le Monastère de Saint-Éloi, le plus ancien Couvent de Mortagne.

La tradition religieuse précède ici, comme dans beaucoup d'autres lieux, les souvenirs des événements politiques.

Ce n'est que beaucoup plus tard que nous voyons Mortagne figurer dans l'histoire.

Les comtes de Mortagne se signalent à l'époque normande par des violences et des déprédations.

L'un d'eux est, pour ses crimes, emporté par le diable, ou plutôt étranglé la nuit par l'ami d'un de ses chevaliers auquel il avait fait couper la tête.

Un autre, Rotrou II, va à la Croisade et s'y distingue par ses exploits. De retour dans ses domaines, il fait la guerre à Robert de Bellême, le bat, mais est lui-même pris par Foulques, comte d'Anjou, qui le vend à ses ennemi.

Robert fit subir à Rotrou une dure captivité dans la Tour du Mans.

On ne sait à quelle occasion il fut rendu à la liberté.

Henri Ier, roi d'Angleterre, lui fit don de Bellême, qu'il avait enlevé à son ennemi.

Rotrou prit, à partir de cette époque, le titre de comte du Perche. Emporté par son humeur aventureuse, il va en Espagne batailler contre les Maures; puis, de retour en France, il prend parti pour Étienne contre Geoffroy Plantagenet, le quitte pour servir la cause de son rival et périt au siège de Rouen, en 1144.

En 1226, le dernier comte du Perche mourut sans laisser d'enfants mâles.

Blanche, comtesse de Champagne, et Jacques de Château-Gontier se disputaient la succession.

Le roi de France, Louis VIII, mit d'accord les plaideurs, en confisquant le comté du Perche au profit de la Couronne.

Dès lors Mortagne suit les destinées du comté d'Alençon.

La guerre de Cent-Ans livre plusieurs fois la ville au pillage des différents partis qui se disputèrent la contrée.

En 1562, Mortagne tombe aux mains des Huguenots.

L'année suivante, la place subit une nouvelle attaque dirigée par Coligny, est emportée d'assaut et les vainqueurs se livrent à tous les excès. Coligny eut même la barbarie de faire pendre Chanoin, le capitaine de la ville qui l'avait vaillamment défendue contre les Protestants; mais, touché des supplications d'un de ses amis, il fit couper la corde à temps : le pendu survécut trente ans à sa pendaison.

Nous ne raconterons pas la triste histoire des désastres de Mortagne à cette époque; qu'il nous suffise de dire que la ville fut prise et reprise par les deux partis jusqu'à vingt-deux fois.

En 1789, après la prise de la Bastille, une émeute pilla l'Hôtel des Aides, et força les échevins à fixer le prix du sel à 6 sous et celui du tabac à 40 sous la livre; mais, peu de temps après, celui qui paraissait avoir dirigé l'émeute, Lamberdière, fut arrêté et pendu.

Pendant la Terreur, le parti dominant emprisonna ses adversaires, mais il borna là ses vengeances.

En 1797, deux personnes, qui appartenaient au parti révolutionnaire, furent tuées dans une émeute.

En 1799, les environs de Mortagne furent agités par les incursions des Chouans.

La ville a joui depuis d'une complète sécurité.

L'Église paroissiale de Mortagne, qui date de la fin du xve siècle, et dont le portail latéral Nord est orné de belles sculptures, possède quelques restes de ses anciens vitraux, qui étaient remarquables.

De la Chapelle Saint-Michel, on jouit d'une belle vue.

Chaque année des courses de chevaux ont lieu à l'Hippodrome de la ville.

Les établissements industriels de Mortagne sont des fonderies, une usine à gaz, des imprimeries avec deux journaux, des tanneries et corroiries, des fabriques de gants.

Il y a, dans le canton, des moulins, des distilleries, des tuileries et briqueteries.

Mortagne est la patrie de Puisaye, qui a laissé de si importants *Mémoires* sur cette guerre des chouans, dont il fut l'un des principaux organisateurs.

Les armes de la ville étaient : *d'or, à trois branches de fougère de sinople.*

Bazoches-sur-Hoëne. — Bourg de 987 habitants; chef-lieu de canton; justice de paix, perception des finances, bureau des postes et télégraphes; sur l'Hoëne; à 8 kilomètres Nord-ouest de Mortagne.

Le bourg et son canton sont entièrement agricoles.

Notons : à *Buré*, des Tombelles; à *Saint-Céronne-lès-Mortagne*, de nombreux vestiges romains.

Soligny-la-Trappe. — Village de 976 habitants; bureau des postes et télégraphes; station de la ligne de Mortagne à Sainte-Gauburge; à 12 kilomètres Nord de Mortagne.

La Grande Abbaye de la Trappe fut fondée en 1140, par Rotrou II, comte du Perche, sous le titre de Maison-Dieu-Notre-Dame-de-la-Trappe, dans une Vallée déserte, pauvre, mauvaise pour le voyageur, surtout par la saison pluvieuse.

La Trappe était comme un nom de malédiction pour exprimer l'inhospitalité du sol.

Au xvie siècle, le Monastère lui-même était devenu un objet de terreur dans les rares villages de la Vallée. Les moines avaient oublié le but de leur institution, et le désordre s'était mis dans la communauté.

« L'abbé de Rancé étoit, dit Saint-Simon, intimement des amis de Mme de Montbazon et ne bougeoit de son hôtel. Mme de Montbazon mourut de la rougeole en fort peu de jours. M. de Rancé étoit auprès d'elle, ne la quitta point, lui vit recevoir les sacrements, et fut présent à sa mort. Déjà touché et tiraillé entre Dieu et le monde, méditant déjà depuis quelque temps une retraite, les réflexions que cette mort si prompte firent faire à son cœur et à son esprit achevèrent de le déterminer, et peu après il s'en alla en sa maison de Véretz en Touraine qui fut le commencement de sa séparation du monde. ».

Il congédia ses domestiques, vendit sa vaisselle et ses meubles, dont il distribua le prix aux pauvres, se démit de tous ses bénéfices, à l'exception du moins important, l'Abbaye de la Trappe, et s'y retira en 1662.

Il rétablit alors dans le Monastère la règle de Cîteaux, par une réforme complète, radicale et d'une austérité presque incroyable ; lui-même paya d'exemple, et, après une reclusion de 33 années, il mourut en 1700, à 74 ans, sur un lit de paille et de cendres.

Cette vie fut admirée, gagna des prosélytes, et l'Ordre fut constitué.

Le travail et la prière se partagèrent la vie des Religieux qui observèrent désormais le silence le plus sévère et le jeûne souvent répété.

A la Révolution de 1789, les Trappistes furent supprimés en France comme les autres Ordres religieux ; mais ils ne rentrèrent pas dans le monde, et errèrent toujours ensemble en Europe.

Ils rentrèrent en France, en 1814, et rachetèrent leur Abbaye.

Des discussions s'étant élevées entre l'abbé de Lestange et l'évêque diocésain, l'abbé alla, en 1817, chercher ailleurs un asile, et les Trappistes s'établirent à La Meilleraye, dans le département de la Loire-Inférieure.

Depuis, la Trappe de Mortagne a été rétablie, et ses Religieux s'y livraient exclusivement à la prière et aux travaux agricoles, lorsque les décrets de 1880 vinrent les disperser de nouveau ; ils avaient converti leur Monastère, dont les bâtiments vastes et bien appropriés n'offrent d'ailleurs aucun intérêt architectural, en une véritable Ferme-modèle, à laquelle était adjointe une Colonie pénitentiaire avec une fabrique de chocolat et une imprimerie.

Bellême. — Ville de 2,563 habitants ; chef-lieu de canton ; justice de paix, perception des finances, bureau des postes et télégraphes ; établissement hospitalier ; station de la ligne de Mamers à Mortagne ; sur la Même ; à 17 kilomètres Nord de Mortagne ; autrefois bailliage, vicomté, justice royale, châtellenie.

L'histoire des seigneurs de Bellême, déjà racontée plus haut, se confond avec celle du comté d'Alençon et du comté de Mortagne.

Il suffit de rappeler ici qu'après s'être signalés, pendant plusieurs générations, par leur intrépidité, leur humeur remuante et leur férocité, ils furent dépouillés par Henri Ier, roi d'Angleterre, au profit de la maison rivale des comtes de Mortagne, qui prirent alors le titre de comtes du Perche, et que jamais, depuis, malgré ses efforts, la famille de Bellême ne réussit à rentrer dans ses anciennes possessions.

Dès lors l'histoire de la ville de Bellême se confond avec celle de Mortagne.

Agitée pendant la Révolution de 1789 par les passions politiques, elle fut témoin de l'assassinat d'un prêtre insermenté : ce fut, du reste, le seul meurtre qui l'ensanglanta à cette époque.

Plus tard, elle fut, comme nous l'avons dit, prise par les Chouans.

Bellême a une tannerie, une fabrique de parquets, des imprimeries avec deux journaux, une corderie. Le canton est entièrement agricole.

A une demi-lieue de la ville, dans la Forêt de Bellême, se trouve une Source d'eau minérale, connue sous le nom de Fontaine de la Herse, l'une des antiquités les plus curieuses du département :

« Dédaignée longtemps, dit Odolant-Desnos, elle fut remise en vogue au commencement du XVIIe siècle et fut réparée et décorée vers 1770 par les soins de M. Geoffroy, grand maître des eaux et forêts d'Alençon ; elle est surtout intéressante par deux inscriptions romaines, dont l'une porte ce seul mot : APHRODISIUM ; l'autre contient ceux-ci : DIS INFERIS, VENERI, MARTI ET MERCURIO SACRUM. La première de ces inscriptions fait présumer que cette partie de la Forêt de Bellême fut consacrée à Vénus, nommée *Aphrodite* par les Grecs. La seconde fait présumer également un local consacré aux dieux inférieurs, *Dis inferis*, à Vénus, à Mars et à Mercure, qui étaient devenus les divinités supérieures des Gaulois. Nous ajouterons, avec M. Peuchet, que le nom de *Erse* ou *Herse*, conservé par cette fontaine, exprimait l'*Amour* en langue gallique. »

Outre cette Fontaine, il y a encore, sur le Territoire de *Saint-Martin-du-Vieux-Bellême*, le Dolmen appelé Table-des-Marchands, et un ancien Retranchement.

Les armes de Bellême sont : *de sable, au château couvert d'or, donjonné de trois tours crénelées de même, dont deux aux côtés et une au milieu plus haute que les deux autres.*

Laigle — (*Aquila, Lesga*). — Ville de 5,078 habitants ; — chef-lieu de canton ; — bibliothèque ; société de gymnastique ; — chambre consultative des arts et manufactures ; — tribunal de commerce ; — bureau des postes et télégraphes ; — perception des finances ; — établissement hospitalier ; — justice de paix ; — gare où se croisent les lignes de Paris, de Mortagne, de Granville, de La Trinité-de-Béville ; — sur la Rille ; — à 35 kilomètres Nord de Mortagne.

Laigle se trouve sur les bords de la Rille, au penchant de deux coteaux, dans le voisinage d'une belle Forêt.

Orderic Vital raconte que Fulbert de Beina, en bâtissant le Château de Laigle, y trouva un nid d'aiglon, ce qui le détermina à donner à la ville celui de L'Aigle.

Ce fut bientôt une baronnie importante.

L'un des seigneurs de Laigle suivit Guillaume-le-Bâtard à la conquête de l'Angleterre.

Le maréchal de Matignon sauva les Protestants de la ville, comme il avait sauvé ceux d'Alençon, lors de la Saint-Barthélemy. Et pourtant, quelques années auparavant, elle avait été saccagée par les Huguenots.

Plus tard, sous Henri IV, l'Édit de Nantes, qui assurait aux Réformés le libre exercice de leur religion, trouva de l'opposition chez les Catholiques de Laigle : ils protestèrent devant la justice ; mais deux arrêts du conseil d'État et du parlement assurèrent l'exécution de l'Édit.

Laigle fut, à l'époque de la Révolution, le théâtre de quelques exécutions.

La ville est, en général, bien bâtie, et contient quelques édifices remarquables.

L'Église de Saint-Martin, dont la nef est du XIIIe siècle, fut considérablement agrandie au XVe et au XVIe siècle. La cloche principale, nommée Pourçainte, du nom de saint Porcien, date de 1498. Les vitraux et les sculptures offrent des détails curieux.

L'Église de Saint-Jean appartient à plusieurs époques. Celle de Saint-Barthélemy est une construction romane du XIIe siècle avec un portail d'une autre époque.

Le Château, belle construction en briques avec triple terrasse, l'Hôtel-de-Ville, l'Hospice et quelques Maisons anciennes méritent l'attention des curieux.

Laigle compte de nombreuses usines élevées sur les rives de la Rille, des fabriques d'aiguilles, d'épingles, de ressorts, de pointes, de quincaillerie, de limes, de râpes, de bimbeloterie, de cartonnages, de chaussures, de cire, des imprimeries, des briqueteries, des fours à chaux, des corderies, des corroiries et tanneries, des tréfileries, une usine à gaz.

Il y a, dans son canton, des moulins, des briqueteries, des scieries, des forges, une tréfilerie, des fabriques d'anneaux, de chaussures, de boîtes d'horloge.

Signalons, à *Saint-Sulpice-sur-Rille*, des ruines d'Établissements romains, le Dolmen du Jarrier, le Menhir de La Chavrolière.

Près de l'Aigle, à Irai, est né l'académicien Le Prévot d'Irai auquel on doit entre autres pièces de théâtre *les Chevilles de maître Adam* et une jolie romance.

Les armes de Laigle sont : *d'or, à une aigle éployée de sable, au chef d'azur, à trois fleurs de lis d'or.*

Longny. — Ville de 2,023 habitants; chef-lieu de canton; justice de paix, perception des finances, bureau des postes et télégraphes; sur la Corbionne; à 12 kilomètres Est de Mortagne.

On y remarque une Église du xv° siècle, une Chapelle, les restes d'un Château.

La ville est agricole ainsi que son canton où se trouve cependant une fabrique de papier.

Notons, à *Neuilly-sur-Eure*, les vestiges d'une Voie romaine.

Moulins-la-Marche. — Bourg de 1,112 habitants; chef-lieu de canton; justice de paix, perception des finances, bureau des postes et télégraphes; station de la ligne de Mortagne à Sainte-Gauburge; à la source de la Sarthe; à 16 kilomètres Nord-ouest de Mortagne.

Des Retranchements du xii° siècle, appelés Fossés-le-Roi, y sont encore visibles.

Le bourg et le canton possèdent des moulins, une tréfilerie, des tanneries, des briqueteries.

Nocé. — Bourg de 1,401 habitants; chef-lieu de canton; justice de paix, perception des finances, bureau des postes et télégraphes; à 20 kilomètres Sud-est de Mortagne.

Des moulins, des exploitations de carrières de pierre, des fabriques de papier et de filets à cheveux sont les établissements industriels de ce bourg et de son canton.

Mentionnons : à *Préaux*, les restes de Camps romains ; à *Saint-Cyr-la-Rosière*, le Dolmen de la Pierre-Procureuse, d'autres Mégalithes, les restes d'un Camp romain, l'ancien Prieuré de Sainte-Gauburge, un Château du xvi° siècle.

Pervenchères. — Bourg de 751 habitants; chef-lieu de canton; justice de paix, perception des finances, bureau des postes et télégraphes; à la source de l'Huisne; à 15 kilomètres Sud-ouest de Mortagne.

Aux environs de Pervenchères, les belles ruines du Château de Vauvineux couvrent le sommet d'une colline du haut de laquelle on jouit d'un horizon très étendu.

Le bourg est agricole ainsi que son canton ; on y fabrique des filets à cheveux.

Rémalard. — Ville de 1,750 habitants; chef-lieu de canton; justice de paix, perception des finances, bureau des postes et télégraphes, établissement hospitalier ; station de la ligne de Mortagne à Condé-sur-Huisne; sur l'Huisne; à 21 kilomètres Sud-est de Mortagne.

Sur le territoire de Rémalard se trouvent les ruines de deux Châteaux-Forts et le Château de Voré, qu'habita longtemps le philosophe Helvétius.

Cette ville et son canton ont des moulins, des tourneries, une fabrique de papier, une distillerie, des fabriques de bondes et de talons de chaussures.

Le Theil. — Bourg de 1,099 habitants; chef-lieu de canton; justice de paix, perception des finances, bureau des postes et télégraphes; station de la ligne de Paris à Brest; sur l'Huisne ; à 38 kilomètres Sud-est de Mortagne.

Des fabriques de papier, des fours à chaux, sont les principaux établissements industriels du canton.

Tourouvre. — Bourg de 1,705 habitants; chef-lieu de canton; justice de paix, perception des finances, bureau des postes et télégraphes; station de la ligne de Mortagne à Mamers; à 12 kilomètres Nord-est de Mortagne.

Aux environs, sur la Butte-Saint-Gilles, sont les ruines d'un Château-Fort.

Tourouvre et son canton possèdent des moulins, des fonderies, une scierie, des tonnelleries, une briqueterie, des fabriques de bondes et de talons de chaussures.

DÉPARTEMENT DE L'ORNE

I. — STATISTIQUE COMMUNALE DU DÉPARTEMENT DE L'ORNE

ARRONDISSEMENT D'ALENÇON
103,325 hectares. — 61,590 habitants. — 6 cantons. — 92 communes.

CANTONS D'ALENÇON
2 cant., 25 comm., 30,337 hab.

Nom de la commune	Population
Alençon (est)	14.472
Cerisé	127
Forges	206
Larré	273
Radon	609
Semallé	458
Valframbert	532
Vingt-Hanaps	431
Alençon (ouest)	3.847
Colombiers	331
Condé-sur-Sarthe	925
Cuissai	290
Damigni	988
Ferrière-Bochard (La)	660
Gandelain	938
Heloup	557
Lalacelle	575
Lonrai	489
Mieuxcé	485
Pacé	327
Roche-Mabile (La)	405
Saint-Cénéri-le-Gérei	202
Saint-Denis-sur-Sarthon	1.065
Saint-Germain-du-Corbéis	671
Saint-Nicolas-des-Bois	403

CANTON DE CARROUGES
21 comm., 11,492 hab.

Nom	Pop.
Carrouges	916
Beauvain	512
Cerceuil (Le)	287
Chahains	173
Champ-de-la-Pierre (Le)	124
Chaux (La)	158
Ciral	1.009
Fontenai-les-Louvets	618
Joué-du-Bois	1.001
Lande-de-Goult (La)	425
Livaie	378
Longuenoë	219
Ménil-Scelleur (Le)	245
Motte-Fouquet (La)	405
Rouperroux	348
St-Didier-sous-Ecouves	405
Saint-Ellier-les-Bois	658
Ste-Marguerite-de-Carrouges	572
Sainte-Marie-la-Robert	216
Saint-Martin-des-Landes	281
Saint-Martin-l'Aiguillon	537
Saint-Ouën-le-Brisoult	428
Saint-Patrice-du-Désert	544
St-Sauveur-de-Carrouges	733

CANTON DE COURTOMER
16 comm., 5,329 hab.

Nom	Pop.
Courtomer	1.018
Brullemail	250
Bures	336
Chalange (Le)	180
Ferrières-la-Verrerie	562
Gâprée	250
Godisson	204
Ménil-Guyon (Le)	167
Montchevrel	421
Planlis (Le)	357
Saint-Agnan-sur-Sarthe	237
Saint-Germain-le-Vieux	416
Saint-Léonard-des-Parcs	160
Ste-Scolasse-sur-Sarthe	760
Tellières-le-Plessis	156
Trémont	175

CANTON DU MÊLE-SUR-SARTHE
15 comm., 6,366 hab.

Nom	Pop.
Le Mêle-sur-Sarthe	778
Aunay-les-Bois	269
Boitron	453
Bursard	312
Coulonges-sur-Sarthe	409
Essai	693
Hauterive	390
Laleu	720
Marchemaisons	305
Ménil-Broût (Le)	200
Ménil-Erreux	336
Neuilly-le-Bisson	277
Saint-Aubin-d'Appenai	452
Saint-Léger-sur-Sarthe	478
Ventes-de-Bourse (Les)	294

CANTON DE SÉES
13 comm., 8,446 hab.

Nom	Pop.
Sées	4.272
Aunou-sur-Orne	398
Belfonds	374
Bouillon (Le)	247
Chailloué	612
Chapelle-près-Sées (La)	244
Ferrière-Béchet (La)	327
Macé	476
Neauphe-sous-Essai	271
Neuville-près-Sées	259
Saint-Gervais-du-Perron	327
Saint-Hilaire-la-Gérard	194
Tanville	450

ARRONDISSEMENT D'ARGENTAN
186,984 hectares. — 80,020 habitants. — 11 cantons. — 174 communes.

CANTON D'ARGENTAN
11 comm., 8,919 hab.

Nom	Pop.
Argentan	6.247
Aunou-le-Faucon	244
Commeaux	231
Fontenai-sur-Orne	277
Juvigny-sur-Orne	72
Moulins-sur-Orne	293
Occagnes	546
Sai	239
Sarceaux	279
Sévigny	170
Uron-et-Crennes	319

CANTON DE BRIOUZE
14 comm., 7,505 hab.

Nom	Pop.
Briouze	1.690
Craménil	323
Faverolles	523
Grais (Le)	612
Lande-de-Lougé (La)	161
Lignou	302
Lougé-sur-Maire	636
Ménil-de-Briouze (Le)	988
Montreuil-au-Houlme	272
Pointel	328
Saint-André-de-Briouze	444
Saint-Georges-d'Annebecq	307
Saint-Hilaire-de-Briouze	626
Yveteaux (Les)	279

LIVR. 6.

ARRONDISSEMENT D'ARGENTAN (suite)

NOM de LA COMMUNE.	POPULATION.	NOM de LA COMMUNE.	POPULATION.	NOM de LA COMMUNE.	POPULATION.
CANTON D'ÉCOUCHÉ 18 comm., 8,505 hab.		Cisai-Saint-Aubin	403	Ménil-Jean	234
		Coulmer	153	Ménil-Vin	136
		Croisilles	300	Neuvy-au-Houlme	445
Ecouché	1.448	Fresnaie-Fayël (La)	112	Pont-Ecrepin	387
Avoine	284	Mardilly	347	Rabodanges	403
Batilly	305	Ménil-Hubert-en-Exmes	316	Ri	278
Boucé	1.096	Neuville-sur-Touques	631	Rônai	335
Courbe (La)	154	Orgères	337	Retours (Les)	163
Fleuré	317	Résenlieu	229	Saint-Aubert-sur-Orne	330
Goulet	402	Saint-Evroult-de-Montfort	500	Sainte-Croix-sur-Orne	181
Joué-du-Plain	461	Sap-André (Le)	256	Sainte-Honorine-la-Guillaume	887
Louce	136	Trinité-des-Laitiers (La)	233	Saint-Philbert-sur-Orne	236
Montgaroult	304				
Ranes	1.558	**CANTON DU MERLERAULT** 12 comm., 6,351 hab.		**CANTON DE TRUN** 22 comm., 7,563 hab.	
Saint-Brice-sous-Ranes	336				
Saint-Ouën-sur-Maire	130				
Sentilly	252				
Serans	202	Merlerault (Le)	1.269	Trun	1.438
Sevrai	348	Authieux-du-Puits (Les)	165	Aubry-en-Exmes	286
Tanques	238	Champ-Haut	148	Bailleul	658
Vieux-Pont	434	Echauffour	1.378	Brieux	174
		Genevraie (La)	270	Chambois	539
CANTON D'EXMES 13 comm., 4,731 hab.		Lignères	92	Coudehard	195
		Ménil-Froger	132	Coulonces	218
Exmes	552	Ménil-Vicomte	66	Ecorches	283
Avernes-sous-Exmes	187	Nonant-Le-Pin	738	Fontaine-les-Bassets	203
Bourg-Saint-Léonard (Le)	517	Planches	500	Guêprei	234
Cochère (La)	363	Sainte-Gauburge-Ste-Colombe	1.280	Louvières	145
Courménil	301	Saint-Germain-de-Clairefeuille	313	Merri	287
Fel	276			Montabard	356
Ginai	233	**CANTON DE MORTRÉE** 13 comm., 5,490 hab.		Mont-Ormel	116
Omméel	214			Montreuil-la-Cambe	205
Pin-aux-Haras (Le)	447			Neauphe-sur-Dive	254
Saint-Pierre-la-Rivière	402	Mortrée	1.270	Nécy	620
Silli-en-Gouffern	584	Almenèches	771	Ommoy	205
Survie	400	Bellière (La)	380	Saint-Gervais-des-Sablons	293
Villebadin	246	Boissei-la-Lande	221	Saint-Lambert-sur-Dive	226
		Château-d'Almenêches (Le)	251	Tournai-sur-Dive	405
CANTON DE LA FERTÉ-FRÊNEL 15 comm., 6,105 hab.		Francheville	284	Villedieu-lès-Bailleul	223
		Marcel	307		
		Marmouillé	277	**CANTON DE VIMOUTIERS** 19 comm., 10,700 hab.	
Ferté-Frênel (La)	484	Médavy	200		
Ancoins	389	Montmerrei	521		
Bocquencé	243	St-Christophe-le-Jajolet	315	Vimoutiers	3.601
Couvains	267	Saint-Loyer-des-Champs	235	Aubry-le-Panthou	183
Gauville	407	Vrigny	458	Avernes-Saint-Gourgon	170
Glos-la-Ferrière	727			Bosc-Renoult (Le)	445
Gonfrière (La)	392	**CANTON DE PUTANGES** 23 comm., 9,009 hab.		Camembert	359
Heugon	487			Canapville	414
Marnefer	117			Champeaux (Les)	297
Monnai	507			Champosoult	284
St-Evroult-Notre-Dame-du-Bois	829	Putanges	593	Crouttes	507
Saint-Nicolas-des-Laitiers	189	Bazoches-au-Houlme	714	Fresnay-le-Samson	223
St-Nicolas-de-Sommaire	301	Champcerie	202	Guerquesalles	245
Touquettes	173	Chênedouit	446	Orville	236
Villers-en-Ouche	503	Courteilles	245	Pontchardon	431
		Forêt-Auvray (La)	604	Renouard (Le)	578
CANTON DE GACÉ 14 comm., 6,042 hab.		Fresnaye-au-Sauvage (La)	442	Roiville	314
		Giel	350	Saint-Aubin-de-Bonneval	406
		Habloville	540	Saint-Germain-d'Aulnay	276
Gacé	1.744	Ménil-Gondouin	409	Sap (Le)	1.273
Chaumont	391	Ménil-Hermey	365	Ticheville	458

ARRONDISSEMENT DE DOMFRONT

123,363 hectares. — 117,924 habitants. — 8 cantons. — 96 communes.

CANTON DE DOMFRONT
11 comm., 18,090 hab.

Commune	Pop.
Domfront	4.982
Avrilly	385
Céaucé	2.907
Champsecret	2.730
Haute-Chapelle (La)	1.092
Lonlay-l'Abbaye	2.693
Rouellé	508
Saint-Bômer-les-Forges	1.518
Saint-Brice	243
Saint-Clair-de-Halouze	720
Saint-Gilles-des-Marais	332

CANTON D'ATHIS
16 comm., 13,591 hab.

Commune	Pop.
Athis	3.272
Berjou	834
Bréel	477
Cahan	530
Carneille (La)	1.109
Durcet	503
Lande-Saint-Siméon (La)	390
Ménil-Hubert-sur-Orne	850
Notre-Dame-du-Rocher	196
Ronfeugerai	467
Sainte-Honorine-la-Chardonne	1.244
Sainte-Opportune	602
Saint-Pierre-du-Regard	2.019
Ségrie-Fontaine	561
Taillebois	333
Tourailles (Les)	204

CANTON DE LA FERTÉ-MACÉ
9 comm., 15,133 hab.

Commune	Pop.
Ferté-Macé (La)	8.121
Antoigny	393
Couterne	1.361

Commune	Pop.
Lonlay-le-Tesson	523
Magny-le-Désert	2.051
Méhoudin	262
Saint-Maurice-du-Désert	709
Saint-Michel-des-Andaines	532
Sauvagère (La)	1.181

CANTON DE FLERS
14 comm., 26,432 hab.

Commune	Pop.
Flers	13.860
Aubusson	408
Bazoque (La)	246
Caligny	1.309
Cerisi-Belle-Etoile	1.212
Chapelle-au-Moine (La)	378
Chapelle-Biche (La)	673
Lande-Patry (La)	1.534
Landigou	510
Landisacq	1.010
Montilli	1.018
Saint-Georges-des-Groseilliers	2.192
Saint-Paul	1.079
Selle-la-Forge (La)	1.003

CANTON DE JUVIGNY-SOUS-ANDAINE
13 comm., 9,128 hab.

Commune	Pop.
Juvigny-sous-Andaine	1.266
Baroche-sous-Lucé (La)	1.120
Beaulandais	583
Chapelle-Moche (La)	1.020
Geneslay	512
Haleine	398
Loré	430
Lucé	274
Perrou	650
Saint-Denis-de-Villenette	366
Sept-Forges	731
Tessé-Froulay	351
Tessé-la-Madeleine	513

CANTON DE MESSEI
10 comm., 8,814 hab.

Commune	Pop.
Messei	1.235
Banvou	955
Bellou-en-Houlme	1.920
Châtellier (Le)	407
Coulonche (La)	1.089
Dompierre	555
Echalou	512
Ferrière-aux-Etangs (La)	1.070
Saint-André-de-Messei	501
Saires-la-Verrerie	570

CANTON DE PASSAIS
8 comm., 10,540 hab.

Commune	Pop.
Passais	1.608
Epinay-le-Comte (L')	694
Mantilly	1.870
St-Fraimbault-sur-Pisse	2.156
Saint-Mars-d'Egrenne	1.607
Saint-Roch-sur-Egrenne	616
Saint-Siméon	1.079
Torchamp	916

CANTON DE TINCHEBRAY
15 comm., 16,496 hab.

Commune	Pop.
Tinchebray	4.533
Beauchêne	1.024
Chanu	2.145
Clairefougère	242
Frênes	1.537
Larchamp	507
Ménil-Ciboult (Le)	258
Moncy	437
Montsecret	902
St-Christophe-de-Chaulieu	265
Saint-Cornier-des-Landes	1.542
Saint-Jean-des-Bois	624
Saint-Pierre-d'Entremont	1.028
Saint-Quentin-les-Chardonnets	591
Yvrandes	561

ARRONDISSEMENT DE MORTAGNE

196,056 hectares. — 93,953 habitants. — 11 cantons. — 150 communes.

CANTON DE MORTAGNE
14 comm., 11,436 hab.

Commune	Pop.
Mortagne	4.435
Chapelle-Montligeon (La)	650
Comblot	160
Corbon	208
Courgeon	428

Commune	Pop.
Feings	568
Loisail	270
Mauves	1.031
Réveillon	655
Saint-Denis-sur-Huine	159
St-Hilaire-les-Mortagne	790
St-Langis-lès-Mortagne	528
Saint-Mard-de-Réno	1.016
Villiers-sous-Mortagne	519

CANTON DE BAZOCHES-SUR-HOËNE
12 comm., 5,509 hab.

Commune	Pop.
Bazoches-sur-Hoëne	987
Boëcé	143
Buré	232
Champeaux-sur-Sarthe	397

ARRONDISSEMENT DE MORTAGNE (suite)

Nom de la commune	Population	Nom de la commune	Population	Nom de la commune	Population
Courgeoût	699	Marchainville	526	Parfondeval	211
Courtoulin	111	Menus (Les)	318	Perrière (La)	693
Ménière (La)	527	Monceaux	207	Pin-la-Garenne (Le)	947
St-Aubin-de-Courteraie	337	Moulicent	514	Saint-Jouin-de-Blavou	648
Ste-Céronne-lès-Mortagne	503	Neuilly-sur-Eure	702	Saint-Julien-sur-Sarthe	1.015
St-Germain-de-Martigny	162	Pas-Saint-l'Homer (Le)	230	Saint-Quentin-de-Blavou	190
St-Ouën-de-Sècherouvre	435	Saint-Victor-de-Réno	563	Suré	585
Soligny-la-Trappe	976			Vidai	169

CANTON DE BELLÊME
15 comm., 10,520 hab.

Bellême	2.563				
Apponai-sous-Bellême	484				
Chapelle-Souëf (La)	631				
Chemilli	580				
Dame-Marie	506				
Gué-de-la-Chaîne (Le)	1.063				
Igé	1.292				
Origny-le-Butin	245				
Origny-le-Roux	530				
Pouvrai	300				
Saint-Fulgent-des-Ormes	503				
Saint-Martin-du-Vieux-Bellême	927				
Saint-Ouën-de-la-Cour	183				
Sérigny	478				
Vaunoise	290				

CANTON DE MOULINS-LA-MARCHE
17 comm., 5,835 hab.

Moulins-la-Marche	1.112
Auguaise	224
Bonsmoulins	312
Bonnefoi	242
Bréthel	124
Chapelle-Viel (La)	247
Fay	221
Ferrière-au-Doyen (La)	441
Genettes (Les)	275
Mahéru	578
Ménil-Bérard (Le)	152
Notre-Dame-d'Aspres	414
Saint-Aquilin-de-Corbion	211
Saint-Hilaire-sur-Rile	345
Saint-Martin-d'Aspres	363
Saint-Martin-des-Pézerits	292
Saint-Pierre-des-Loges	342

CANTON DE RÉMALARD
12 comm., 10,930 hab.

Rémalard	1.750
Bellou-sur-Huisne	709
Boissy-Maugis	895
Bretoncelles	1.710
Condeau	624
Condé-sur-Huisne	1.205
Coulonges-les-Sablons	824
Dorceau	738
Madeleine-Bouvet (La)	542
Maison-Maugis	229
Moutiers-au-Perche	1.213
Saint-Germain-des-Grois	561

CANTON DE LAIGLE
15 comm., 11,658 hab.

Laigle	5.078
Aube	416
Beaufai	410
Chandai	533
Crulai	770
Ecorcei	278
Irai	568
Itai	626
Saint-Martin-d'Ecublei	385
Saint-Michel-la-Forêt	274
Saint-Ouen-sur-Iton	410
Saint-Sulpice-sur-Rile	1.105
Saint-Symphorien-des-Bruyères	428
Tubœuf	143
Vitrai-sous-Laigle	234

CANTON DE NOCÉ
13 comm., 8,003 hab.

Nocé	1.401
Berd'huis	725
Colonard	503
Corubert	190
Courcerault	527
Dancé	591
Préaux	1.162
Saint-Aubin-des-Grois	172
Saint-Cyr-la-Rozière	878
Saint-Jean-de-la-Forêt	396
Saint-Maurice-sur-Huisne	298
Saint-Pierre-la-Bruyère	321
Verrières	844

CANTON DU THEIL
10 comm., 9,732 hab.

Theil (Le)	1.099
Bellou-le-Trichard	570
Ceton	3.025
Gémages	375
Hermitière (L')	422
Mâle	1.056
Rouge (La)	602
Saint-Agnan-sur-Erre	389
St-Germain-de-la-Coudre	1.550
Saint-Hilaire-sur-Erre	694

CANTON DE TOUROUVRE
15 comm., 5,627 hab.

Tourouvre	1.705
Autheuil	277
Beaulieu	276
Bivilliers	158
Bresolettes	109
Bubertré	289
Champs	186
Lignerolles	317
Moussonvilliers	426
Normandel	191
Poterie-au-Perche (La)	171
Prépotin	219
Randonnai	548
St-Maurice-les-Chorencel	609
Ventrouze (La)	146

CANTON DE LONGNY
13 comm., 6,908 hab.

Longny	2.023
Bizou	207
Hôme-Chamondot (L')	416
Lande-sur-Eure (La)	442
Mage (Le)	557
Malétable	203

CANTON DE PERVENCHÈRES
14 comm., 7,070 hab.

Pervenchères	751
Barville	481
Bellavilliers	540
Coulimer	712
Eperrais	884
Montgaudry	324

II. — STATISTIQUE GÉNÉRALE DU DÉPARTEMENT DE L'ORNE

Les numéros marqués en gros chiffres dans la première colonne indiquent le rang du département.
Sauf pour les données annuelles, les nombres des tableaux suivants correspondent aux quantités moyennes des dix dernières années.

Superficie : 41e.

609,729 hectares ou 6,097 kilomètres carrés.
1,129,000 parcelles de terre; 137,931 propriétés non bâties, avec une superficie de 564,509 hectares et un revenu annuel de 36,818,000 francs.
128,745 propriétés bâties, dont: 1,292 bâtiments publics, 126,452 habitations, 1,001 bâtiments industriels : revenu annuel de 12,222,000 francs.

Population : 43e.

354,387 habitants, dont 516 étrangers :
158,680 du sexe masculin;
195,707 du sexe féminin;
2,481 mariages par an;
48 divorces par an;
67 émigrants par an.

Densité de la population : 42e.

58 habitants par kilomètre carré.

Naissances : 03e.

6,042 naissances annuelles, non compris 277 mort-nés :
3,064 du sexe masculin;
2,978 du sexe féminin ;
17 pour 1,000 habitants.

Décès : 35e.

9,240 décès annuels, dont 108 par accident et 47 par suicide:
4,615 du sexe masculin;
4,625 du sexe féminin;
26 pour 1,000 habitants.

Durée moyenne de la vie : 6e.

Hommes : 45 ans 10 mois;
Femmes : 49 ans.

Représentation législative.

107,000 électeurs; 5 circonscriptions électorales;
3 sénateurs;
5 députés.

Organisation administrative.

1 préfecture, 3 sous-préfectures ;
4 arrondissements, 36 cantons, 512 communes ;
1 conseil de préfecture;
1 conseil général, 4 conseils d'arrondissement, 512 conseils municipaux.

Armée.

Subdivisions régionales :

7e et 8e subdivisions de la 4e région de corps d'armée ;
7e et 8e bureaux de recrutement, de mobilisation et de réquisition du 4e corps d'armée.

Recrutement :

2,665 jeunes gens inscrits chaque année sur les listes cantonales du département, dont :
1,655 incorporations du contingent annuel dans l'armée, et 280 provenant de la catégorie des ajournés des deux classes précédentes;
505 ajournés pour faiblesse de constitution, et 55 pour défaut de taille, à une nouvelle décision du conseil de revision;
180 classés dans les services auxiliaires comme inaptes au service armé ;
270 exempts comme inaptes à tout service.

Taille des inscrits :

85 de taille inférieure à 1 m. 54;
915 de la taille de 1 m. 54 à 1 m. 62;
145 de la taille de 1 m. 63 ;
130 de 1 m. 64;
140 de 1 m. 65;
140 de 1 m. 66;
530 de 1 m. 67 à 1 m. 69;
310 de 1 m. 70 à 1 m. 72;
270 de taille supérieure à 1 m. 72.

Troupes :

Portion centrale et dépôt du 103e et du 104e ou du 115e et du 117e régiments actifs; 303e et 304e ou 315e et 317e régiments de réserve; 31e et 32e régiments territoriaux d'infanterie;
État-major de la 4e brigade de cavalerie; 14e régiment actif de hussards; dépôt et escadrons de réserve; escadrons territoriaux de dragons de la 4e région de corps d'armée;
1 sous-intendance;
2 hôpitaux mixtes;
1 dépôt de remonte.

Gendarmerie :

1 compagnie, 52 brigades, 265 gendarmes.

Forestiers :

70 gardes des forêts.

Gardes divers :

735 gardes des champs, des chasses et des pêches, dont 610 particuliers.

Sapeurs-pompiers :

Compagnies et subdivisions cantonales et communales.

Instruction publique.

Enseignement primaire :

4 inspections primaires;
1 école normale d'instituteurs, 40 élèves; 1 école normale d'institutrices, 40 élèves;
28 écoles maternelles : 1,445 garçons et 1,370 filles;
837 écoles et 10 pensionnats primaires : 21,955 garçons et 23,875 filles;
1 école primaire supérieure, 45 garçons;
3 cours complémentaires, 80 filles.

Enseignement secondaire :

1 inspection académique;
1 lycée national : 210 élèves;
4 collèges communaux : 695 élèves;
5 établissements libres : 1,190 élèves.

Titres universitaires annuels :

2,310 certificats d'études primaires élémentaires de garçons, 1,055 de filles;
2 certificats d'études primaires supérieures de garçons, 2 de filles;
30 brevets de capacité élémentaire de garçons, 70 de filles;
10 brevets de capacité supérieure de garçons, 10 de filles;
29 diplômes des baccalauréats.

Sans instruction :

103 illettrés sur une classe annuelle de recrutement de 2,665 inscrits.

Institutions diverses :

Bibliothèques, musées, théâtres;
Sociétés des lettres, des sciences, des arts, de chant, de musique, de tir et de gymnastique;
41 journaux et publications périodiques.

Religion.

Culte catholique :

1 évêché, 45 curés, 467 succursales; 3 séminaires, 105 élèves.

Culte protestant :

900 protestants.

Culte israélite :

100 israélites.

Service sanitaire.

103 médecins, 56 pharmaciens.

Professions.

Sur une classe annuelle de recrutement de 2,665 jeunes gens, on compte :
15 sans profession;
590 de toutes autres professions que les suivantes :
70 employés de bureau;
1,990 ouvriers, dont : 1,345 ouvriers de l'agriculture, 85 meuniers et boulangers, 55 bouchers, 15 tailleurs d'habits, 60 ouvriers du cuir, 60 ouvriers de la pierre, 150 ouvriers du bois, 120 ouvriers des métaux, 60 palefreniers et voituriers, 5 bateliers, 35 ouvriers des manufactures.

Agriculture.

60,399 exploitations agricoles, dont : 41,323 directes, 18,686 par fermes, 390 par métairies, exploitant ensemble 564,509 hectares;
1 chaire départementale;
1 ferme-école;
4 chambres consultatives;
8 comices agricoles;
7 syndicats agricoles, 3,885 membres;
1 dépôt des haras;
2 sociétés hippiques, 9 champs de courses;
21 vétérinaires.

Céréales :

Froment : 34,000 hectares, 347,000 hectolitres de grains, 7,398,000 francs par an;
Orge, sarrasin, méteil, seigle : 63,000 hectares, 1,210,000 hectolitres, 14,008,000 francs par an;
Avoine : 69,140 hectares, 1,798,000 hectolitres de grains, 16,287,000 francs par an;
Total : 166,140 hectares, 3,355,000 hectolitres de grains et 4,000,000 de quintaux de paille, 47,000,000 de francs par an.

Farineux :

Pois, haricots, lentilles, fèves : 1,058 hectares, 19,000 hectolitres, 623,000 francs par an.

Pommes de terre :

4,000 hectares, 360,000 quintaux, 1,620,000 francs par an.

Autres racines :

Carottes, navets : 1,566 hectares, 208,000 quintaux, 790,000 francs par an.

Légumes :

Jardins potagers et maraîchers, vergers : 12,700 hectares.

Cidre :

Pommes à cidre : 823,000 quintaux, 11,520,000 francs, 965,000 hectolitres de cidre par an.

Alcool :

8,150 bouilleurs de cru, et 200 distillateurs, produisant ensemble 19,000 hectolitres par an.

Plantes textiles :

Chanvre et lin : 245 hectares, 1,000 quintaux de filasse, 79,000 francs par an.

Bois :

15e conservation des forêts;
2 inspections;
Bois et forêts : 85,507 hectares, dont : 23,105 à l'État, 122 au département et aux communes, 62,280 aux particuliers;
Principales essences : chêne, bouleau, hêtre, sapin, frêne, orme;
Nature des plantations : 67,835 hectares en taillis; 17,672 hectares en futaie;
Production annuelle de l'exploitation : 257,000 mètres cubes.

Fourrages :

153,300 hectares de prés naturels et 44,700 hectares de prairies artificielles : ensemble 198,000 hectares, 8,220,000 quintaux, 32,518,000 francs par an;
2,600 hectares de betteraves fourragères : 494,000 quintaux, 1,383,000 francs par an.

DÉPARTEMENT DE L'ORNE

Animaux de ferme :

Effectif de :
Espèce chevaline: 62,000 têtes; 19,000,000 de francs;
Espèce asine : 2,950 têtes; 290,000 francs;
Espèce bovine : 217,150 têtes; 54,000,000 de francs;
Espèce ovine : 147,750 têtes; 3,500,000 francs;
Espèce porcine : 46,000 têtes; 3,000,000 de francs;
Espèce caprine : 1,300 têtes; 20,000 francs.

Production annuelle de :
9,820,000 kilogrammes de viande, 14,750,000 francs;
1,125,000 hectolitres de lait, 13,500,000 francs;
2,237,000 kilogrammes de beurre, 5,368,000 francs;
2,466,000 kilogrammes de fromage, 2,030,000 francs;
280,000 kilogrammes de laine, 392,000 francs.

Animaux de basse-cour :

Effectif de 649,000 poules, 41,000 oies, 34,000 canards, 20,000 dindons, 3,000 pintades, 32,000 pigeons, 160,000 lapins; ensemble : 2,015,000 francs.

Apiculture :

12,000 ruches d'abeilles : 72,000 kilogrammes de miel et 18,000 kilogrammes de cire, 150,000 francs par an.

Industrie.

1 inspection départementale de l'enseignement industriel;
4 chambres consultatives des arts et manufactures;
269 établissements industriels, avec 300 machines à vapeur qui développent une force de 4,529 chevaux-vapeur, dont :
2,647 aux tissus et vêtements;
725 à l'agriculture;
417 aux travaux de bâtiments et autres;
295 à la métallurgie;
180 à l'alimentation;
122 aux mines et carrières;
109 aux instruments divers, meubles et papeteries ;
34 aux produits chimiques et tanneries;
Utilisation de la force motrice des cours d'eau, de l'air, de l'électricité.

Principales entreprises industrielles :

Moulins, distilleries, fromageries, fabriques de cidre, de chocolat, de cire;
Industrie de l'élevage;
Blanchisseries, teintureries, filatures, tissages de coton, de lin, de chanvre, d'amiante;
Fabriques de coutils rayés, de toile, de linge de table, de châles, de mèches, de sangles, de galons, de passementerie, de filets à cheveux;
Fabriques de dentelles;
Tanneries, corroiries;
Fabriques de gants, de chaussures;
Scieries, tonnelleries, boisselleries, tourneries, fabriques de parquets, de bondes, de talons;
Carrières de granit, de pierre, de schiste;
Briqueteries, poteries, tuileries, fours à chaux;
Verreries;
Mines de fer;
Hauts-fourneaux, fontes, forges, laminoirs, tréfileries, clouteries, pointeries, quincailleries, chaudronneries, ateliers de construction;
Fabriques d'aiguilles, d'épingles, d'agrafes, de ressorts, de limes, d'anneaux;
Usines à cuivre, à plomb, à zinc, à étain;
Fabriques de papier;
Imprimeries;
Usines à gaz et à électricité;
Sources d'eaux minérales.

Commerce.

5 tribunaux de commerce; 40 juges; 1,120 affaires annuelles;
4 conseils de prud'hommes, 70 membres, 140 affaires annuelles;
2 chambres de commerce;
2 musées commerciaux;
4 vérifications des poids et mesures;
3 syndicats patronaux, 115 membres;
3 syndicats ouvriers, 175 membres;
1 syndicat mixte, 20 membres;
10,203 patentes;
208 foires, durant 361 jours, se tenant dans 46 communes;
12 communes à octroi;
19 sociétés constituées et 9 dissoutes par an;
30 liquidations judiciaires et 95 faillites annuelles;
Exportation des bestiaux gras, des volailles, des cuirs, des œufs, du cidre, des fromages, des toiles, des filets à cheveux, des épingles, des aiguilles, des pierres;
Importation du sel, du vin, de la bière, du lin, du chanvre, du coton, de la laine, du fer, du cuivre, des denrées, objets et articles nécessaires à l'alimentation, à l'habillement, à l'habitation.

Routes et chemins.

1 direction du service ordinaire des ponts et chaussées;
6,735 kilomètres de voies de terre, dont 459 de routes nationales.

Voies ferrées.

566 kilomètres de ligne, dont: 558 à la Compagnie de l'Ouest, 8 à une Compagnie particulière;
106 gares, stations et haltes.

Postes et télégraphes.

1 direction : 68 bureaux des postes et télégraphes, 19 bureaux des postes, 7 bureaux des télégraphes;
8,145,000 envois annuels par la poste, 132,000 par le télégraphe.

Service des finances.

1 trésorerie générale, 3 recettes particulières, 74 perceptions des finances;
1 direction des contributions directes;
1 direction des impôts indirects;
1 direction des droits de l'enregistrement, des domaines et du timbre; 4 conservations des hypothèques;
1 succursale de la Banque de France, faisant pour 25,188,000 francs d'opérations annuelles.

Contributions annuelles.

28,686,000 francs au total, dont :
23,947,000 à l'Etat ;
2,912,000 au département ;
2,827,000 aux communes.

La répartition donne au budget de l'Etat :
4,237,000 francs de contributions directes et de taxes assimilées ;
4,753,000 francs de ressources spéciales ;
15,048,000 francs d'impôts indirects.

Parmi les contributions directes et ressources spéciales de l'État, on compte : 3,999,000 francs de contributions foncières sur les propriétés non bâties et 773,000 sur les propriétés bâties ; 1,092,000 francs de contribution personnelle-mobilière ; 685,000 francs de contributions sur les portes et fenêtres ; 879,000 francs sur les patentes.
Dans les impôts indirects, on relève : 4,566,000 francs de droits d'enregistrement ; 834,000 francs du timbre ; 3,787,000 francs sur les boissons ; 4,651,000 francs du produit des monopoles de l'État, lettres, télégrammes, allumettes, poudres, tabacs, cartes à jouer.

Situation financière.

9,261,000 francs, dettes du département ;
7,924,000 francs, dettes des communes.

Prévoyance.

Sociétés de secours mutuels :
21 sociétés, 4,375 membres ; 80,000 francs de recettes annuelles.

Caisses d'épargne :
64,000 livrets ; 25,000,000 de francs.

Caisse de retraite :
1,535 parties prenantes ; 237,000 francs de pensions annuelles.

Assistance.

Établissements hospitaliers :
14 hôpitaux et hospices ; 1,266 lits ; population moyenne de 415 hospitalisés ; 1,680 entrées et autant de sorties annuelles ;
1 asile d'aliénés ; population de 480 pensionnaires ; 110 entrées et autant de sorties annuelles ;
25 enfants assistés dans les hospices, 665 à la campagne, 180 à domicile.

Bureaux de bienfaisance :
185 bureaux secourant 10,565 personnes avec 309,000 francs de ressources annuelles.

Justice.
Tribunaux :
1 cour d'assises ;
4 tribunaux de première instance comprenant 4 chambres ; 36 justices de paix.

Personnel :
21 présidents et juges des tribunaux ; 6 procureurs et substituts ;
36 juges de paix ;
36 avocats, 30 avoués, 64 huissiers, 89 notaires ;
11 commissaires et 25 agents de police.

Crimes :
27 condamnations annuelles, pour 7 crimes commis contre les personnes et 20 contre les propriétés : 12 à des peines afflictives et infamantes, 15 à des peines correctionnelles d'emprisonnement.

Délits :
1,925 condamnations annuelles : 30 à plus d'un an de prison ; 1,385 à moins d'un an ; 510 à l'amende.

Contraventions :
1,980 condamnations annuelles : 69 à la prison ; 1,915 à l'amende.

Procès :
1,471 affaires civiles terminées par année.

Justices de paix :
2,667 affaires annuelles portées à l'audience pour y recevoir jugement ;
1,514 affaires suivies de jugements de simple police ;
317 affaires conciliées à l'audience ;
17,269 affaires conciliées en dehors de l'audience.

Répression :
42 chambres de sûreté ; 1,120 entrées et autant de sorties annuelles d'hommes, 90 de femmes ;
4 maisons d'arrêt, de justice et de correction : population moyenne de 200 hommes et 25 femmes ; 505 entrées et autant de sorties annuelles d'hommes, 220 de femmes ;
50 garçons et 10 filles originaires du département dans les établissements d'éducation correctionnelle ;
100 hommes et 15 femmes originaires du département dans les pénitenciers agricoles et les maisons centrales ;
15 hommes au dépôt des condamnés aux travaux forcés de Saint-Martin-de-Ré.

LA FRANCE ILLUSTRÉE, PAR V.-A. MALTE-BRUN

MACON

Statue de Lamartine.
Département de Saône-et-Loire.

75e fascicule.

DÉPARTEMENT DE SAONE-ET-LOIRE

Chef-lieu : MACON

Superficie : 855,174 hectares. — Population : 619,523 habitants.
5 Arrondissements. — 50 Cantons. — 590 Communes.

DESCRIPTION PHYSIQUE ET GÉOGRAPHIQUE

Situation. — Le département de Saône-et-Loire appartient à la région centrale de la France, et tire son nom des deux principales rivières qui l'arrosent.

Ce département a été formé, en 1790, par la réunion du Charollais, du Mâconnais, de l'Autunois, du Brionnais et du Chalonnais, pays de l'ancienne province de Bourgogne.

Ses limites sont : au Nord, le département de la Côte-d'Or; à l'Est, ceux du Jura et de l'Ain ; au Sud, ceux du Rhône et de la Loire; à l'Ouest, ceux de l'Allier et de la Nièvre.

Nature du sol. — Le département est traversé du Sud au Nord, en son milieu, par les Montagnes du Charollais, qui dépendent des Cévennes septentrionales, et par la partie méridionale des Montagnes de la Côte-d'Or; ces deux chaînes appartiennent à la fois aux grandes lignes de partage des eaux de l'Europe et de la France. A l'Ouest, court un contrefort des Montagnes du Morvan.

Les points culminants du département sont : au Sud de la première chaîne, près de Montmélard, un sommet de 774 mètres ; aux Grandes-Roches, 772 mètres; la Montagne de Suin, 593 mètres; le Mont Saint-Vincent, 603 mètres ; ces montagnes, que couronnent des plateaux ondulés et boisés, vont en s'abaissant de 400 à 200 mètres, pour laisser passer le Canal du Centre, et elles se relèvent ensuite dans l'arrondissement d'Autun jusqu'à 400 à 550 mètres; le Mont de Rome a 547 mètres, le Mont de la Reine, 516 mètres ; le Mont Auxy, à l'Est d'Autun, 540 mètres.

Les Monts du Morvan, qui, à l'Ouest, séparent le département de Saône-et-Loire de celui de la Nièvre, ont des sommets de 350 à 450 mètres à l'Est du Mont Beuvray.

Les montagnes du Charollais et du Morvan partagent le pays en belles vallées que séparent des coteaux couverts de riches vignobles ; ils présentent aussi des plaines fertiles et d'immenses pâturages dans le voisinage des deux grandes rivières ; le versant de la Saône est surtout renommé pour l'abondance de ses produits et la beauté de ses sites.

Cours d'eau. — Le département de Saône-et-Loire appartient à la fois au Bassin du Rhône, par la Saône, son affluent; et au Bassin de la Loire.

Il est arrosé par la Loire et ses affluents de droite, le Sornin, l'Arconce, l'Arroux et la Somme; par la Saône grossie à droite de la Dheune ou d'Heune, et de la Grosne ou Grône, et à gauche, du Doubs et de la Seille.

La Loire, l'Arroux, la Saône, le Doubs et la Seille, y sont navigables.

La Loire naît au Gerbier-de-Jonc, dans le département de l'Ardèche, à 1,408 mètres au-dessus du niveau de la mer, reçoit plus de 40 affluents et parcourt les départements de la Haute-Loire et de la Loire, avant d'atteindre le département de Saône-et-Loire où elle pénètre par le territoire de la commune d'Iguerande, à près de 240 kilomètres de sa source, traverse l'angle Sud-ouest de ce département, puis le sépare à l'Ouest de celui de l'Allier; après un cours de 92 kilomètres, pendant lequel elle reçoit le Sornin, l'Arconce, l'Arroux, la Somme et une vingtaine d'autres petits cours d'eau, elle quitte le département de Saône-et-Loire, pour parcourir ceux de la Nièvre, du Cher, du Loiret, de Loir-et-Cher, d'Indre-et-Loire, de Maine-et-Loire, de la Loire-Inférieure, se grossissant encore de plus de 75 affluents.

La Loire arrose, dans le département de Saône-et-Loire, les territoires d'Iguerande, de Marcigny, Beaugy, Vindecy, Digoin, Saint-Agnan, Gilly, Saint-Aubin, Trisy.

L'Arroux sort de l'Étang de Mouisson, canton d'Arnay-le-Duc, département de la Côte-d'Or, et coule constamment du Nord au Sud. Cette rivière, qui déborde fréquemment, est flottable depuis Autun, et navigable aux eaux moyennes à partir de Gueugnon. Elle a près de 140 kilomètres de cours, dont 120 dans le département, où elle arrose Igornay, Cordesse, Autun, Étang, Saint-Nizier, Toulon, Gueugnon, Rigny, Neuvy, puis se jette dans la Loire vers Digoin, après avoir reçu, dans le département de Saône-et-Loire, près de 25 cours d'eau sur la droite, et 20 sur la gauche, notamment : le Travoux, la Vesne, le Mesvrin, le Pontain et la Bourbince, grossie de l'Oudrache, sur la gauche; le Creuseveaux et le Monthelon, sur la droite.

La Saône, une des plus importantes rivières de France, naît dans les Vosges, au village de Vioménil, par 396 mètres d'altitude. Elle se dirige généralement du Nord au Sud, avec une pente moyenne de 48 millimètres par kilomètre et une largeur moyenne de 100 à 160 mètres; son cours total est de 455 kilomètres, dont 120 appartiennent au département. A environ 330 kilomètres de sa source, après avoir traversé les départements des Vosges, de la Haute-Saône et de la Côte-d'Or, elle pénètre dans celui de Saône-et-Loire par le territoire de Mont-lez-Seurre, arrose Charney, Verdun, Chalon, Marnay, Ormes, Tournus, puis, au-dessous de Villars, sépare au Sud-est le département de Saône-et-Loire de celui de l'Ain, passe à Saint-Martin-de-Senozan, à Saint-Jean-de-Senozan, à Mâcon, à Saint-Romain, et sort du département de Saône-et-Loire pour aller, en séparant ceux du Rhône et de l'Ain, se jeter dans le Rhône à Lyon.

Le Doubs, qui descend du Mont Rixon, près de Pontarlier, dans le département du Doubs, traverse celui du Jura, et n'appartient à celui de Saône-et-Loire que pour 35 kilomètres seulement des 455 dont se compose son cours total ; il passe, dans le département de Saône-et-Loire, à Lays, Longepierre, Navilly, Pontoux, Saunières et Verdun, où il afflue dans la Saône.

La Seille prend naissance au Mont de la Roche, vers Baume-les-Messieurs, dans le département du Jura, entre dans celui de Saône-et-Loire par le territoire de la commune du Tartre, se grossit d'un grand nombre de rivières, de ruisseaux et d'étangs. Elle est navigable depuis Louhans jusqu'à sa chute dans la Saône, sur environ 50 kilomètres; son cours total en compte 110, dont 72 appartiennent au département de Saône-et-Loire, où elle arrose Mouthier-en-Bresse, Montjay, Bouhans, Vincelles, Louhans, Sornay, Savigny, Cuisery, Ratenelle, La Truchère, puis se déverse dans la Saône; ses principaux affluents sont : la Brenne, sur la rive droite; sur la rive gauche, le Solman, grossi du Sevron et de la Vallière, la Sâne formée par la Sâne-Vive et la Sâne-Morte.

Le Canal du Centre, qui unit la Loire à la Saône, commence à Digoin-sur-Loire et finit à Chalon-sur-Saône; il traverse le département de Saône-et-Loire dans toute sa longueur en suivant la Vallée de la Bourbince, sur le versant de la Loire, celles de la Dheune et de la Thalie, sur le versant de la Saône : sa longueur est de 116 kilomètres, sa largeur moyenne de 12 mètres, sa profondeur de 1 m. 50. Il compte 81 écluses; le bief de partage est entre l'Étang de Long-Pendu, situé sur le versant de la Loire, et l'Étang de Montchanin sur celui de la Saône. Ce Canal a été commencé en 1784 et achevé en 1791.

Le Canal latéral de la Loire touche un instant le département de Saône-et-Loire; il parcourt 16 kilomètres d'Iguerande à Bourg-le-Comte, et rejoint, à Digoin, le Canal du Centre.

Le département possède plusieurs étangs très poissonneux; les plus importants sont ceux de Villeron, des Clayes, des Arbois-de-Barres, de Baignant, de Villeneuve, de Long-Pendu, de la Revarde, de Saint-Pierre, de Montchanin ou de Berthaud; les derniers alimentent le Canal du Centre; citons aussi ceux de Perrecy, du Rousset et du Baronay, dans le Charollais.

Les marais proprement dits sont rares. Ceux qui existent ont peu d'étendue et se rencontrent sur les bords du Canal du Centre, dans les parties basses des forêts, à l'approche des étangs. La Bresse est le pays qui en renferme le plus.

Climat. — Le département de Saône-et-Loire est sur la limite des deux climats rhodanien et girondin, ou du Sud-est et du Sud-ouest; aussi participe-t-il de chacun d'eux et conséquemment est-il variable, tenant du premier par la sécheresse et du second par ses pluies et l'humidité. Néanmoins, ce climat est sain et tempéré.

Le thermomètre ne s'élève que rarement au delà de 25° et ne s'abaisse guère au-dessous de 6° pendant l'hiver.

Les vents suivent généralement la direction des vallées. Les plus fréquents sont ceux du Sud, du Nord-est, de l'Ouest et du Nord; la violence de ces deux derniers est souvent très grande. Les vents d'Ouest et du Sud amènent la pluie.

La température moyenne de l'année est de 11°,31; celle de l'hiver, de 2°,47; et celle de l'été, de 20°,27; le maximum de température, de 38°; et le minimum, de 18° au-dessous de 0.

Voies de communication. — Le département de Saône-et-Loire possède 11,747 kilomètres de voies de terre, dont 590 de routes nationales.

Le réseau de ses voies ferrées appartient à la Compagnie de Paris-Lyon-Méditerranée.

La grande ligne de Paris à Marseille par Lyon parcourt 89 kilomètres dans ce département; elle y entre par Chagny, à 367 kilomètres de Paris, dessert ensuite Chalon-sur-Saône (383), Sennecey-le-Grand, Tournus, Mâcon (440); Romanèche-Thorins, et sort du département à 56 kilomètres de Lyon, à 407 de Marseille.

Sur cette ligne s'embranchent les suivantes :

De Chagny vers Nevers : 74 kilomètres dans le département; par Santenay, Épinac, Dracy-Saint-Loup, Autun, Étang, Saint-Didier;

De Chagny vers Roanne : 101 kilomètres; par Santenay, Montchanin, Blanzy, Montceau-les-Mines, Palinges, Paray-le-Monial, Marcigny;

De Chagny vers Lons-le-Saunier : 87 kilomètres; par Allerey, Verdun-sur-le-Doubs, Saint-Bonnet-en-Bresse, Saint-Germain-du-Bois, Louhans, Savigny-Beaurepaire;

De Chalon-sur-Saône vers Roanne : 98 kilomètres; par Givry, Buxy, Saint-Gengoux, Cluny, Clermain, Trambly-Matour, La Clayette;

De Chalon-sur-Saône vers Auxonne : 30 kilomètres; par Allerey;

De Chalon-sur-Saône vers Bourg : 42 kilomètres; par Saint-Germain-du-Plain, Cuisery;

De Mâcon vers Moulins : 108 kilomètres; par Cluny, Clermain, Saint-Bonnet-Beaubery, Cherrolles, Paray-le-Monial, Digoin, Gilly;

De Mâcon vers Bourg et Genève : ligne sortant aussitôt du département.

D'autres lignes joignent ou prolongent les précédentes; les voici :
D'Épinac vers Les Laumes : ligne sortant aussitôt du département;
De Dracy-Saint-Loup vers Avallon : 10 kilomètres;
D'Étang à Montchanin : 29 kilomètres; par Mesvres, Le Creusot;
De Montchanin à Saint-Gengoux : 27 kilomètres;
De Saint-Bonnet-en-Bresse vers Auxonne : 10 kilomètres;
De Saint-Bonnet-en-Bresse vers Dôle : 15 kilomètres; par Pierre;
De Louhans vers Saint-Amour : 22 kilomètres;
De Gilly à Cercy-la-Tour : 26 kilomètres; par Bourbon-Lancy;
Enfin une ligne de 53 kilomètres appartenant à une Compagnie particulière unit Étang à Digoin par Toulon-sur-Arroux et Gueugnon.

La longueur des voies ferrées en exploitation dans le département est de 861 kilomètres dont 808 appartiennent à la Compagnie de Paris-Lyon-Méditerranée et 53 à une Compagnie particulière.

On compte 127 gares, stations et haltes.

Il y a 443 kilomètres de voies navigables, dont :
129, pour la Saône;
92, pour la Loire;
39, pour la Seille;
37, pour le Doubs;
14, pour l'Arroux;
116, pour le canal du Centre;
16, pour le canal latéral à la Loire.

Agriculture, Industrie, Commerce. — Le département de Saône-et-Loire appartient à la région géologique du Plateau central pour le versant de la Loire, et de la Bresse pour celui de la Saône.

A l'Ouest, dominent principalement les terrains de formation plutonienne, les basaltes, les porphyres, les granits.

A l'Est on trouve ceux de formation neptunienne, qui comprennent des terrains primitifs, des terrains schisteux, des terrains carbonifères très riches, des terrains de grès rouge, des terrains jurassiques, des terrains d'alluvion et des terrains de la plus récente formation.

Le département est agricole, industriel et commerçant.

L'habitant des campagnes est généralement laboureur ou vigneron.

La culture a fait de grands progrès depuis ces dernières années; les terres sont cultivées avec des bœufs; l'assolement est biennal, à l'exception de quelques cantons de la Bresse, où il est triennal. Dans l'arrondissement d'Autun, les jachères dominent et quelquefois pendant plusieurs années.

Le département est compris tout entier dans la zone où croissent également et la vigne et le maïs.

La grande diversité de la composition du sol, ses nombreuses montagnes, ses vallées et ses plaines, rendent les productions végétales du département très variées.

Il récolte, année moyenne, plus de grains qu'il n'en faut pour sa consommation; mais, par la distribution de sa culture, il se trouve souvent obligé de s'approvisionner dans les départements voisins; c'est ainsi que le Mâconnais, qui cultive la vigne, reçoit son blé en grande partie du département de l'Ain; l'Autunois échange la surabondance de son seigle contre le blé; le Charollais se suffit à lui-même et a un excédent de seigle; le Chalonnais exporte la surabondance de ses grains.

La récolte des pommes de terre est considérable.

Le chanvre réussit fort bien.

La vigne est une des sources de production les plus importantes du département; la moitié environ se consomme sur les lieux; le reste est exporté à Paris, Lyon et Marseille, par les rivières et les canaux. Les vins du Beaujolais et du Mâconnais sont généralement connus sous le nom de vins de Mâcon; on les estime plus comme vins d'ordinaire que comme vins fins. Les principaux crus sont les vins rouges de Romanèche, de Thorins, de Moulin-à-Vent, les vins blancs de Pouilly et de Fuissey, pour le Mâconnais; les vins rouges de Givry, de Mâcon, de Rully, de Chânes, de Chenôve et de Saint-Vérand, et surtout de Mercurey, pour le Chalonnais.

Le département renferme un grand nombre de prairies naturelles, dont les fourrages sont excellents, et les prairies artificielles s'y montrent en grand nombre.

Les plantes médicinales et aromatiques abondent sur les montagnes.

Le chêne, le hêtre, le charme, le tremble, dominent dans les forêts dont les principales sont celles de la Planoise, 1,943 hectares; de Bourcier, 1,768; de Chapaize, 1,009; de Cheaume-Germagny, 1,007; de Montignons, de Bragny-la-Ferté, de Folins et de Pourlans.

Les animaux domestiques du département appartiennent à de belles espèces.

Les chevaux du Charollais, de petite race, ont néanmoins une grande vigueur.

Les bestiaux du Louhannais et du Charollais sont, avec les porcs et les volailles, un des principaux articles d'exportation pour les marchés de la capitale.

Vers les confins de la Nièvre et de la Côte-d'Or, on trouve la belle race des bœufs du Morvan.

Les étangs et les rivières contiennent d'excellents poissons, parmi lesquels on remarque le carpeau, la brème, le brochet, la truite, la perche, la lamproie, l'alose; les écrevisses foisonnent dans les petits cours d'eau; on y trouve aussi l'anodonte, que l'on mange dans beaucoup de localités; à Chalon, enfin, on pêche des ablettes, avec l'écaille desquelles on fait de l'essence d'Orient.

On trouve des sangliers, des cerfs, des chevreuils, des lièvres, des lapins, des perdrix, et en général tout le gibier ailé dans la saison.

Les forêts renferment des loups, des renards, des écureuils, des fouines, des blaireaux.

Le département de Saône-et-Loire contient de grandes richesses minérales.

On y exploite des mines de fer.

Les mines de houille, très riches, forment les trois bassins d'Autun, d'Épinac et de la Bourbince; ce dernier est le plus important : on évalue leur superficie à 42,000 hectares.

Des mines de schiste bitumineux sont exploitées à Igornay, Saint-Léger-du-Bois et Dracy, près d'Autun; les minerais sont traités dans des usines, sur les lieux mêmes.

Il y a aussi dans le département des indices de plomb, de cuivre, d'argent.

Une mine de manganèse est exploitée dans les environs de Romanèche.

Les marnes irisées se trouvent dans beaucoup de localités, aux environs de Sully, d'Épinac, de Saint-Léger-sur-Dheune, dans l'arrondissement de Charolles; le gypse qu'on en retire s'emploie dans la bâtisse et comme amendement pour les terres.

Les pierres à bâtir, de très bonne qualité et fort abondantes, proviennent surtout des carrières de Tournus, de Chagny, du Montel.

Le grès, la pierre lithographique, le marbre, divers sables, la pierre à chaux, des argiles, sont exploités sur le territoire de beaucoup de communes.

Sur beaucoup de points du territoire, il existe des eaux minérales; mais, le plus souvent, elles n'ont qu'un intérêt local; telles sont celles de Saint-Martin-de-la-Vallée, de Leynes, de Pierreclos, de Chazou, de Farges, de Sailly.

Celles de Bourbon-Lancy sont renommées comme très efficaces pour le traitement des affections rhumatismales.

Les usines métallurgiques tiennent le premier rang parmi les établissements industriels du département.

A leur tête se placent les importantes forges et fonderies du Creusot, qui sont non seulement les plus importantes de la France, mais encore de toute l'Europe continentale.

Les principales autres usines à fer sont à Mesvrin, aux Touillards, à Perrecy, à Autun, au Perrier et à Gueugnon.

Notons, en outre, les verreries à bouteilles d'Épinac, de La Motte, de Blanzy; les fonderies de cuivre, notamment celle de Mâcon qui a une grande importance; les papeteries de Cluny, Cormatin, Monthelon et Saint-Pantaléon; plusieurs raffineries de sucre; de nombreux tissages de soie, des manufactures de couvertures de coton, des briqueteries, des filatures de coton, des tanneries, des teintureries, des huileries, des tonnelleries, des fabriques d'armes à feu, de tapis de poils, de poterie commune.

Le commerce se compose principalement des produits du sol, de ceux des usines à fer, de la houille et des tanneries.

Chalon est l'entrepôt d'un transit très actif entre le Nord et le Sud de la France.

Le Charollais fait un commerce considérable de bestiaux.

Les principaux articles de négoce dans les foires sont : les chevaux et les bestiaux, le chanvre, le fil, les bois, les tonneaux, les cercles, les vins et les grains.

Organisation et divisions générales. — Le département de Saône-et-Loire a, pour chef-lieu, Mâcon, siège de la préfecture.

Il contient 5 arrondissements, 50 cantons, 590 communes, 9 circonscriptions électorales, et possède 1 conseil de préfecture, 1 conseil général, 5 conseils d'arrondissement, 590 conseils municipaux.

Ses sous-préfectures sont Autun, Chalon-sur-Saône, Charolles, Louhans.

Sa représentation législative comporte 5 sénateurs, 9 députés.

Le département forme les 3e, 4e et 7e subdivisions régionales du 8e corps d'armée.

Le 3e bureau de recrutement, de réquisition et de mobilisation de la 8e région de corps d'armée, est à Chalon-sur-Saône; le 4e, à Mâcon; le 7e, à Autun.

La répartition des troupes, services et établissements militaires, est la suivante :

A Mâcon: état-major de la 27e brigade d'infanterie ; 134e régiment actif, 334e régiment de réserve, 60e régiment territorial d'infanterie; 4e compagnie de cavaliers de remonte; compagnie de gendarmerie départementale; sous-intendance; hôpital mixte; dépôt de remonte.

A Autun: 29e régiment actif, 229e régiment de réserve, 63e régiment territorial d'infanterie; école militaire préparatoire de cavalerie; hôpital mixte.

A Chalon-sur-Saône; 56e régiment actif, 256e régiment de réserve, 59e régiment territorial d'infanterie; sous-intendance; hôpital mixte.

Le département relève de l'Académie universitaire de Lyon, forme le diocèse de l'évêché d'Autun, suffragant de l'archevêché de Lyon, ressortit à la cour d'appel de Dijon.

Château de Lamartine à Saint-Point.

Il est compris dans : la 6ᵉ région agicole, région de l'Est; la 2ᵉ inspection générale des mines, inpection du Nord-est, arrondissement de Chalon-sur-Saône, sous-arrondissements de Chalon-sur-Saône et de Dijon; la 5ᵉ inspection générale des ponts et chaussées; la 17ᵉ conservation des forêts, siège à Mâcon; la 2ᵉ inspection des haras, siège à Bourges, dépôt de Cluny; la 4ᵉ inspection du travail dans l'industrie, siège à Dijon; la 8ᵉ inspection de l'enseignement industriel; la 3ᵉ inspection de l'enseignement commercial; la 3ᵉ circonscription de vérification des poids et mesures, siège à Bar-le-Duc; la 10ᵉ direction pénitentiaire, siège à Dijon.

Le département possède des directions : des postes et télégraphes; des contributions directes; des contributions indirectes; de l'enregistrement, des domaines et du timbre; une trésorerie générale des finances; une succursale de la Banque de France.

HISTOIRE DU DÉPARTEMENT

Les *Éduens*, puissante tribu de la Gaule centrale, occupaient, avant l'invasion romaine, la plus grande partie du territoire qui a formé le département de Saône-et-Loire.

C'est comme allié des Éduens, et appelé par eux, pour les aider dans une guerre qu'ils soutenaient contre les Séquanais, que César franchit les Alpes.

L'occupation romaine ne rencontra donc d'abord aucune résistance dans la contrée et n'y souleva aucune opposition.

Bibracte, Autun, la vieille capitale du pays, fut adoptée par les soldats de César comme une seconde patrie.

Mais cette union, qui reposait sur un malentendu, ne fut pas de longue durée.

Lorsque les Éduens virent se changer en conquête définitive une occupation qu'ils n'avaient acceptée que comme un secours momentané, leur esprit national se réveilla et les sympathies anciennes firent bientôt place à une hostilité mal déguisée.

De leur côté, les conquérants, pour entraver l'organisation de la révolte, changèrent à diverses reprises les divisions administratives de la province. Une levée de boucliers répondit à ces mesures vexatoires. Les esclaves gladiateurs destinés aux cirques de Rome se réunirent sous un chef acclamé par eux, le vaillant Sacrovir; la population presque entière se joignit à eux, et les Éduens tentèrent, mais trop tard, de réparer la faute qu'ils avaient commise en appelant l'étranger dans leur patrie.

Cette tentative échoua comme celle de Vercingétorix dans l'Arvernie.

Les dernières forces de la race celtique s'y épuisèrent, et la volonté des Éduens n'eut même plus à intervenir dans le choix des maîtres qui se disputèrent leur territoire.

Quand le colosse romain commença à vaciller sur ses bases, quand les possessions de l'empire énervé purent être attaquées impunément, la Saône fut franchie tour à tour par les hordes barbares qui, des rives du Rhin ou du sommet des Alpes, se ruaient dans les plaines de l'Ouest et du Sud de la France.

Attila, avec ses Huns, passa comme une avalanche.

Les lourds Bourguignons s'arrêtèrent au bord du fleuve, en sorte que jusqu'à la venue des Francs, le pays fut possédé par deux maîtres à la fois, les Bourguignons et les Romains.

Les nouvelles divisions territoriales qu'entraîna la conquête de Clovis, les partages de son héritage, la constitution des grands fiefs, donnèrent naissance à un royaume, puis à un duché de Bourgogne, dont fit presque toujours partie le département de Saône-et-Loire, mais dont l'histoire trouve sa place plus spéciale dans notre notice sur Dijon et la Côte-d'Or.

L'importance des villes détermina d'abord la division administrative du pays en *pagi* ou cantons, qui devinrent autant de comtés plus ou moins indépendants, quand prévalut, sous la Seconde Race, l'organisation féodale dans la France entière, et qui ne furent réunis à la Couronne que successivement et beaucoup plus tard.

L'Autunois, le Mâconnais, le Chalonnais et le Charollais eurent longtemps une existence particulière, dont se compose l'ensemble des annales du département.

L'Autunois tira son nom de la ville d'Autun, autrefois *Bibracte*, l'ancienne capitale des Éduens, tribu, qui, par haine des Allobroges et des Arvernes, s'allia étroitement avec les Romains; aussi eut-elle des citoyens admis dans le sénat avant toutes les autres peuplades gauloises.

La foi chrétienne fut apportée dans cette contrée dès le IIe siècle par saint Andoche, prêtre, et saint Thirse, diacre, qui, malgré la protection d'un riche habitant de Saulieu, nommé Faustus, souffrirent le martyre à leur retour à Autun, en même temps qu'un marchand du nom de Félix qui leur avait donné asile.

Tetricus, général romain, s'étant fait reconnaître empereur, entraîna les Éduens dans son parti. Claude vint le combattre, ravagea les campagnes, incendia et pilla les villes. Constance et Constantin réparèrent ces désastres.

Le pays fut tranquille et prospère jusqu'à l'invasion des Barbares.

Les rapides progrès du Christianisme dans l'Autunois et l'influence de l'évêque dans la capitale donnèrent de bonne heure une prépondérance marquée au pouvoir clérical.

Sur quatre bailliages dont la province était composée, un seul, celui de Bourbon-Lancy, devint une baronnie de quelque importance.

Le Mâconnais, *Pagus Matisconensis*, eut sous les Romains les mêmes destinées que l'Autunois. Sa position sur les bords de la Saône en faisait un centre d'approvisionnement; on y fabriquait aussi des instruments de guerre.

Sous la Seconde Race, le Mâconnais est possédé par des comtes qui rendent leurs domaines héréditaires, et arrivent par leurs alliances jusqu'à la couronne ducale de Bourgogne.

C'était un comte du Mâconnais, cet Othon-Guillaume auquel le roi Robert fut obligé de disputer devant un concile et par les armes les deux Bourgognes et le comté de Nevers.

Sa descendance resta en possession du comté jusqu'en 1245, époque à laquelle il fut cédé à saint Louis par la comtesse Alix.

A l'exception d'une courte période pendant laquelle Charles VII l'aliéna à Pilippe-le-Bon, le Mâconnais est demeuré annexé au domaine royal.

Depuis saint Louis, il relevait du parlement de Paris, et les privilèges municipaux accordés par ce prince aux habitants des villes furent maintenus jusqu'à la Révolution de 1789.

Le pouvoir épiscopal profita moins encore de l'extinction des comtes du Mâconnais que de l'importance acquise par la puissante Abbaye de Cluny. Ce Couvent fournit un grand nombre de prélats au siège de Mâcon; aussi fut-il occupé, le plus souvent, par des personnages d'un grand nom et d'une haute position dont l'influence fut souveraine sur les destinées de la province.

Le Chalonnais était aussi compris dans le pays des Éduens; il en est question, ainsi que de sa capitale *Cabillonum*, — Chalon, — dans César, Strabon et Ptolémée. C'était un poste important des légions romaines, et une large Chaussée fut construite pour relier Autun à la Saône.

La tradition populaire donne les environs de Chalon pour théâtre à l'apparition de la Croix miraculeuse autour de laquelle Constantin put lire : « Tu vaincras par ce signe : » *In hoc signo vinces*.

Après avoir été traversé et ravagé par Attila, le Chalonnais devint le centre de la première monarchie burgonde. Chalon était la capitale du roi Gontran. Clovis II y convoqua une assemblée nationale.

La position du pays, qui le désigna, dès les premières invasions, comme le passage le plus favorable de l'Est à l'Ouest de la France et du Nord au Sud, ne lui permit d'échapper à aucun des envahissements que nos pères eurent à subir.

Après les Romains, les Germains, les Helvètes, les Huns et les Bourguignons, vinrent les Sarrasins et les Normands.

Jamais terre ne fut foulée par tant d'ennemis différents; et comme si ce n'eût point encore été assez, après tant d'assauts, de devenir le théâtre des luttes entre les maisons de France et de Bourgogne, il fallut encore que le Chalonnais payât tribut aux guerres religieuses et à toutes nos discordes civiles.

Le premier comte héréditaire du Chalonnais a été Théodoric Ier.

C'est seulement en 1247 que, par suite d'échange, le comté échut à la maison de Bourgogne; il y est resté jusqu'à la réunion du duché à la France.

Le premier apôtre du Chalonnais fut saint Marcel, prêtre attaché à saint Potin et venu de Lyon avec lui; il souffrit le martyre en 161, sous le règne de Vérus.

Pendant la période féodale, le pouvoir de l'évêque sur le Chalonnais fut plus nominal que réel. Les comtes se laissaient investir par eux de leur titre, mais sans renoncer à agir ensuite au gré de leur caprice ou selon leur intérêt. Les ducs de Bourgogne et les rois de France, trop haut placés pour recevoir l'investiture du comté des mains de l'évêque de Chalon, leur laissèrent en réalité un cercle d'action plus libre et moins restreint. Il est juste d'ajouter que le pays ne s'en trouva pas plus mal.

Les *Ambarri* et les *Brannovii* occupaient le Charollais et vivaient dans une étroite alliance avec les Éduens, dont ils suivirent les destinées sous les Romains et les Bourguignons.

L'administration franque fit du Charollais un comté, qui, sous la Première Race, dépendit du comté d'Autun, et de celui de Chalon sous la Seconde Race.

Au XIII° siècle, Hugues IV, duc de Bourgogne, ayant acquis le comté de Chalon et ses dépendances, le donna en apanage à son second fils Jean, qui épousa l'héritière de Bourbon.

Une seule fille naquit de cette union : on la maria à Robert, comte de Clermont, fils de saint Louis. Ce prince et trois générations de ses descendants possédèrent donc le Charollais, mais comme fief relevant du duché de Bourgogne.

En 1390, Philippe-le-Hardi le racheta moyennant 60,000 francs d'or. Il demeura plus d'un siècle dans la maison ducale, et l'estime qu'elle faisait de cette possession est attestée par le titre de comte du Charollais que portaient ordinairement les fils aînés des ducs de Bourgogne.

A la mort de Charles-le-Téméraire, en 1477, le Charollais fut compris dans les dépouilles de l'ennemi vaincu, que Louis XI réunit à la France.

Ses successeurs, Charles VIII et Louis XII, restituèrent ce comté aux héritiers de Marie de Bourgogne; il fut donc rendu, en 1493, à Philippe d'Autriche, père de Charles-Quint, et il resta dans la maison d'Espagne jusqu'en 1684, mais comme fief de la Couronne de France, à la charge de foi et hommage, et soumis à la juridiction française.

En dehors des grands événements qui décidèrent de ses destinées, les régions qui composent le département de Saône-et-Loire eurent leur part dans toutes les épreuves que traversa la France.

Sans avoir été marqué par des luttes aussi violentes que dans d'autres localités, l'établissement des communes l'agita au XIII° siècle.

Au XIV° siècle, le pays fut décimé par la peste noire; treize familles seulement survécurent à Verdun-en-Chalonnais.

Vint ensuite l'invasion des Anglais sous la conduite du Prince-Noir.

Quelques années plus tard, les Écorcheurs y exercèrent leurs brigandages.

Du Guesclin, en 1366, les avait décidés à le suivre en Espagne dans l'espoir d'un riche butin; mais ils revinrent quelques années après et ravagèrent tout le Mâconnais.

Nous les retrouvons, en 1438, en compagnie de la peste et de la famine, dévastant le Charollais et les environs de Paray-le-Monial, sous la conduite du fameux Antoine de Chabannes; il fallut, pour en délivrer la contrée, que le comte de Fribourg, gouverneur de la Bourgogne, convoquât la noblesse à une sorte de Croisade; les prisonniers mêmes ne furent point épargnés.

La guerre civile entre les Armagnacs et les Bourguignons, et les luttes qui précédèrent la réunion du duché à la France, eurent presque continuellement pour théâtre ces contrées douées d'une telle vitalité que quelques années de paix leur rendaient une prospérité relative.

Les discussions religieuses agitaient sourdement la France depuis plusieurs années, lorsque le massacre de Vassy fit éclater la guerre civile.

La noblesse de Bourgogne était peu favorable aux Protestants, mais ils avaient de nombreux adhérents dans les villes.

En 1562, un capitaine calviniste, nommé Ponsenac, parcourut la Bresse et le Mâconnais à la tête d'une troupe de 7,000 hommes, pillant et brûlant les Couvents et les Églises.

Le capitaine d'Entraigues et deux de ses lieutenants, Jean-Jacques et Misery, étaient maîtres d'une partie de la province, quand leur marche fut arrêtée par le maréchal de Tavannes.

Quelques années plus tard, en 1567, 1570 et 1576, c'est contre les Suisses et les reîtres des Deux-Ponts qu'il faut se défendre; ces derniers avaient traversé la Loire à Marcigny, au nombre de 25,000 environ.

L'anarchie régna en Bourgogne pendant tout le temps de la Ligue, même après l'abjuration de Henri IV et la bataille de Fontaine-Française.

En 1593, un article du Traité de Folembray accorda au duc de Mayenne la ville de Chalon comme place de sûreté.

Sous Louis XIII, la révolte de Gaston d'Orléans, frère du roi, appela les Impériaux en Bourgogne. La courageuse et patriotique résistance des habitants fit obstacle aux funestes progrès de l'invasion, qui échoua devant l'héroïsme de Saint-Jean-de-Losne.

Le pays se ressentit peu des agitations de la Fronde; quelques communes seulement eurent à subir les exactions de soldats indisciplinés et d'une bande de 500 rebelles que commandait un aventurier du nom de Poussin de Longepierre.

Les règnes suivants ne furent signalés que par d'utiles améliorations.

La Révolution de 1789, qui donna à la France unité et liberté, fut accueillie par le département de Saône-et-Loire avec le plus grand enthousiasme.

En 1814, à la chute du premier Empire, le département fut traversé par les troupes autrichiennes. Chalon, qui n'avait qu'une garnison de 200 hommes, n'en résista pas moins au général Bubna, et l'ennemi ne s'en rendit maître qu'après un vif combat soutenu, le 4 février, par les habitants. Sa vengeance s'exerça sur Autun qui subit de durs traitements, et sur le Château de Martigny-sous-Saint-Symphorien qui fut incendié.

En 1870, Autun, par la position de l'important établissement du Creusot, dont le matériel et les puissantes ressources davaient être convoités par les Allemands, fut un de leurs objectifs, et ils firent, dans les premiers jours de décembre, quelques démonstrations hostiles; mais Garibaldi y avait alors son quartier général avec des forces imposantes pour appuyer les opérations de l'armée de l'Est, commandée par le général Bourbaki; l'ennemi s'en tint à quelques reconnaissances autour de la ville, et prit sa direction vers le département de l'Yonne et la Loire.

Les habitants sont restés fidèles au culte de leurs principes.

En 1870, comme en 1792 et en 1814, la patrie menacée ne trouva dans aucune province de plus dévoués défenseurs.

Le sentiment de la nationalité est aussi fortement empreint chez le citoyen des villes que dans la population des campagnes.

Les développements de l'industrie et du commerce, le soin des intérêts privés, n'ont altéré ni comprimé dans ce département les élans généreux, les aspirations enthousiastes, qui caractérisent les fortes races et les grands peuples.

HISTOIRE ET DESCRIPTION
DES VILLES, BOURGS ET CHATEAUX LES PLUS REMARQUABLES

ARRONDISSEMENT DE MACON

MACON — (lat. N. 46°18'24"; — long. E. 2°29'55"; — alt. 184 m.; — à 423 kilom. S.-E. de Paris par la route; à 440 par la voie ferrée) — (*Matisco, Matiscona*). — Ville de 19,573 habitants; — chef-lieu du département, d'un arrondissement et de deux cantons; préfecture; conseil de préfecture; conseil général; conseil d'arrondissement; deux circonscriptions électorales; — 4e bureau de recrutement, de mobilisation et de réquisition de la 8e région de corps d'armée; état-major de la 29e brigade d'infanterie; 134e régiment actif, 334e régiment de réserve, 60e régiment territorial d'infanterie; 4e compagnie de cavaliers de remonte, dépôt de remonte; sous-intendance; hôpital mixte; légion de gendarmerie; — inspection académique, lycée national; inspection primaire, école normale d'instituteurs, école normale d'institutrices; bibliothèque, musée, théâtre; sociétés des lettres, des sciences, des arts, de chant, de musique, de tir, de gymnastique; — 17e conservation des forêts; société d'agriculture; — chambre de commerce; tribunal de commerce; — direction des ponts et chaussées; — direction des postes et télégraphes; — directions : des contributions directes; des contributions indirectes; de l'enregistrement, des domaines et du timbre; — trésorerie générale des finances; — bureau auxiliaire de la Banque de France; — trois établissements hospitaliers; — tribunal de première instance; deux justices de paix; prison; — gare où se croisent les lignes de Paris, de Cluny, de Marseille par Lyon, de Genève; — port sur la Saône; — était autrefois le siège d'un évêché auquel l'abbaye de Cluny donnait une grande importance, avec bailliage, présidial et prévôté royale; dépendait de l'intendance et du parlement de Dijon.

Des témoignages nombreux et authentiques constatent la haute antiquité de Mâcon.

C'était une des villes importantes de la confédération des Éduens, lorsque César pénétra dans les Gaules.

De grands magasins, pour l'approvisionnement de l'armée, y furent construits par les généraux Tullius Cicero, Sulpicius et Agrippa; plus tard, on y établit d'importantes fabriques de flèches et d'armes de guerre, et la ville s'embellit de tous les monuments publics, Temples, Bains et Théâtres, dont les Romains aimaient à parer leurs résidences; un Camp retranché défendit ses abords et le titre de cité lui fut accordé.

L'emplacement de Mâcon, sous la domination romaine, n'était pas exactement celui que la ville occupe aujourd'hui; ses habitations étaient alors groupées sur la hauteur d'où peu à peu elles sont descendues, en s'étendant sur les rives de la Saône.

Au ixe siècle encore, l'Église de Saint-Vincent était en dehors de son Enceinte.

Cette position stratégique ne la protégea pas contre les invasions des Barbares.

En 431, le pillage et l'incendie y signalèrent le passage d'Attila.

Les ruines laissées par le chef des Huns étaient à peine relevées, que les Bourguignons occupaient la place et s'installaient dans la contrée, en face des Romains, désormais impuissants à défendre leur conquête. Clovis, à son tour, chassa les Bourguignons.

Dans le démembrement de l'empire des Francs qui suivit sa mort, Mâcon fit partie du nouveau royaume de Bourgogne.

A cette période se rattache la terrible invasion des Sarrasins, en 720.

Vinrent ensuite les horribles vengeances exercées par Lothaire, en 834, contre Bernard et Guérin, comtes du Mâconnais, qui avaient pris parti pour Louis-le-Débonnaire dans la guerre impie que lui firent ses enfants ; la ville de Mâcon fut prise, livrée aux flammes et détruite en grande partie.

Pendant les déchirements qu'entraîna le partage des États de Charlemagne, Mâcon fit partie du royaume d'Arles et de Provence, qu'avait fondé le roi Boson ; celui-ci, cherchant partout des auxiliaires contre les menaces des Francs, accueillit dans Mâcon une colonie de Juifs, qui occupèrent un Quartier séparé, désigné sous le nom de Sabbat, et construisirent au Nord de la ville le Pont-Jud, *Pons Judæorum*, démoli de nos jours.

Les petits-fils de Charles-le-Chauve, Louis et Carloman, s'en prirent à la ville des méfaits de son maître ; ils assiégèrent Mâcon en 880, mais une prompte soumission désarma la colère des vainqueurs.

Moins heureuse, en 924, la ville eut à soutenir le choc d'une invasion de Hongrois ; épuisée, démantelée, elle ne put opposer une sérieuse résistance ; les habitants prirent la fuite ; l'évêque Gérard se réfugia au milieu des bois, où il jeta les premiers fondements de l'Église de Brou ; Mâcon disparut presque complètement sous les ravages des Barbares.

Pour se remettre d'aussi rudes épreuves et renaître de ses cendres, la ville eut trois siècles de paix et de tranquillité relative, sous la domination des comtes de Bourgogne, héritiers d'Othon-Guillaume, célèbre par ses démêlés avec le roi Robert.

La paix n'entraîna toutefois aucune des idées de bien-être et de prospérité que nous pourrions y ajouter aujourd'hui, car la peste ravagea la ville à diverses reprises, et, en 1028, la disette fut telle, qu'après s'être nourris des feuilles et de l'écorce des arbres, les habitants de Mâcon furent réduits, disent les chroniques du temps, à aller chercher leur subsistance dans les cimetières ; certains auteurs affirment qu'on vendit publiquement de la chair humaine dans les marchés de la ville ; cette famine dura quatre années.

Il faut encore ajouter à ces fléaux plusieurs excursions des Brabançons dans le XIIe et le XIIIe siècle, les longs et sanglants démêlés des évêques avec les comtes, et le sac de la ville par les Écorcheurs ou les Malandrins, vers 1361.

Mâcon, à cette époque, appartenait depuis plus d'un siècle à la monarchie française.

Le comté avait été vendu, dès 1228, au roi saint Louis, par le comte Jean, moyennant une somme de 10,000 livres et une pension viagère de 1,000 livres pour sa femme Alix.

En 1424, Mâcon fit retour au duché de Bourgogne, sauf quelques réserves mentionnées dans le Traité d'Arras (1435). Cette cession, faite par Charles VII au duc Philippe-le-Bon, ne plut pas aux soldats de son armée. Les Grandes Compagnies, au lieu d'obéir à l'ordre de licenciement, qui était une conséquence de la paix conclue, se ruèrent sur la ville et commirent les plus grands désordres.

Pendant la lutte de Louis XI et de Charles-le-Téméraire, Mâcon fut un des points le plus obstinément attaqués ; le roi de France fit assiéger la ville par le comte-dauphin d'Auvergne.

La mort de Charles réunit définitivement Mâcon au domaine de la monarchie.

Cette réunion, quoique féconde en conséquences heureuses pour la ville, qui retrouvait sa nationalité et des destinées moins variables, ne marqua cependant point pour elle le terme de ses épreuves.

Les discordes religieuses agitèrent longtemps la malheureuse cité; les prédicateurs de la Réforme y avaient fait de nombreux prosélytes; Mâcon fut de bonne heure le centre du mouvement protestant en Bourgogne. Les sires d'Entraigues et de Ponsenac y avaient planté l'étendard huguenot le 5 mai 1562. Tavannes reprit la place par ruse le 18 août de la même année. Cinq ans après, les Calvinistes en chassaient les Catholiques, pour être chassés à leur tour par le duc de Nevers, après un siège dont la plume se refuse à retracer les horreurs. Les Huguenots avaient souillé leurs victoires par d'affreuses cruautés; les représailles qu'exerça le gouverneur du roi, Saint-Point, dépassèrent en barbarie ce que l'imagination la plus délirante pourrait rêver. Son successeur, Philibert de La Guiche, dont la postérité doit bénir le souvenir, épargna à la ville des crimes dont la Saint-Barthélemy fut ailleurs le signal.

Enfin, l'avènement de Henri IV au trône de France inaugura pour Mâcon une ère de paix et de prospérité inconnue jusqu'alors, troublée seulement par quelques excès révolutionnaires, en 1792, et une apparition des troupes de la Coalition, le 18 février 1814.

Le siège épiscopal de Mâcon, fondé avant le ve siècle, et qui avait compté une longue suite de prélats recommandables, fut supprimé lors de la Révolution de 1789.

Parmi les cinq conciles tenus à Mâcon, celui de 585 mérite d'être signalé par la contestation de la qualité de créature humaine à la femme.

Mâcon est dans une riante position, sur les pentes adoucies d'une colline aboutissant à un large et beau Quai baigné par les eaux de la Saône; un Pont de douze arches, construit au xie siècle, mais plusieurs fois réparé, relie la ville au bourg de Saint-Laurent, qui s'étend sur la rive gauche du fleuve et dépend du département de l'Ain. L'intérieur de la ville est percé de rues irrégulières et souvent étroites; mais les constructions modernes qui entourent et cachent la vieille cité lui donnent, à distance, un aspect propre, digne et imposant. Beaucoup des anciens monuments ont été détruits; parmi ceux qui restent, il faut citer l'ancien Palais épiscopal, l'Hôtel-de-Ville, la Cathédrale Saint-Vincent, deux autres Églises surmontées de dômes et de flèches d'un effet très pittoresque, l'Hôtel-Dieu, achevé en 1770 d'après les plans de Soufflot, les Hospices de la Providence et de la Charité, l'Asile départemental, une Bibliothèque, un Musée, une Salle de spectacle, la Statue de Lamartine.

La richesse principale de Mâcon consiste dans ses vins, dont le mérite et la renommée peuvent se passer de tout éloge.

Il se fait sur ses marchés d'importantes affaires en céréales et en bestiaux.

Ses principaux établissements industriels sont des distilleries, une brasserie, des corderies, des tanneries et corroiries, des imprimeries avec quatre journaux, des fonderies, des scieries, des boissilleries, des tonnelleries, des vanneries, une usine à gaz, des fabriques d'articles de cave, de billards, de bouchons, de calorifères, de chaises, d'encre, de présure, de sparterie, de toiles en crin.

Il y a, dans les deux cantons, des moulins, des distilleries, des carrières de pierre.

On y remarque de nombreux Châteaux et Villas, et, en outre : à *Berzé-la-Ville*, un Camp romain; de même, à *Bussières*; à *Solutré*, d'importants vestiges préhistoriques.

Mâcon est la patrie du généalogiste Guichenon, historiographe de France et de Savoie; du conventionnel Roberjot, un des plénipotentiaires assassinés à Rastadt; du comte de Montrevel, député de la noblesse aux États généraux; de Bigonnet, célèbre par sa résistance au coup d'État du 18 brumaire; de l'astronome Mathieu; d'un homme, enfin, dont le nom suffirait seul à la gloire de sa ville natale, Alphonse de Lamartine.

Les armes de Mâcon sont : *de gueules, à trois cercles d'argent, deux en chef et un en pointe*

DÉPARTEMENT DE SAÔNE-ET-LOIRE

Autun.

La Chapelle-de-Guinchay. — Bourg de 1,839 habitants; chef-lieu de canton; justice de paix, perception des finances; station de la ligne de Paris à Lyon; sur la Mauvaise; à 13 kilomètres Sud de Mâcon.

Ce canton possède des moulins, des carrières de pierre, des tuileries considérables, d'importants vignobles, des distilleries d'eau-de-vie de marc et de cassis de Bourgogne.

Notons : à *Chaintré*, un Château du xve siècle; à *Chânes*, une Église du xiie siècle; plusieurs Châteaux et Villas dans d'autres localités.

Romanèche-Thorins — (*Romanaesca*). — Ville de 2,297 habitants; bureau des postes et télégraphes; station de la ligne de Paris à Lyon; à 10 kilomètres Sud de Mâcon.

Cette ville passe pour avoir été une Station romaine, et l'on a trouvé, aux Mailles, des débris de marbre et de mosaïque. Des documents du ixe siècle indiquent les droits reconnus de l'abbé de Tournus sur la localité.

Romanèche doit sa célébrité actuelle à la qualité exceptionnelle de ses vins dont les principaux sont ceux de Thorins et de Moulin-à-Vent.

Le vin n'est pas la seule richesse que Romanèche ait trouvée dans son sol.

Il renferme une très riche mine de manganèse, dont la commune est concessionnaire pour une partie. La mine est exploitée par puits et galeries; des moulins sont employés à la

LIVR. 3.

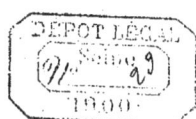

pulvérisation du minerai; les produits, qui rencontrent ailleurs la concurrence de l'Allemagne, sont expédiés principalement dans l'Est et le Midi.

Romanèche-Thorins possède, en outre, des distilleries d'eau-de-vie de marc et de cassis de Bourgogne.

Cluny — (*Clunacum, Cluniacum*). — Ville de 4,073 habitants; — chef-lieu de canton; — bibliothèque, musée; sociétés de chant, de musique, de tir, de gymnastique; — station agronomique; dépôt des haras; — école nationale pratique de contremaîtres et d'ouvriers; — bureau des postes et télégraphes; — établissement hospitalier; — justice de paix; — gare où se croisent les lignes de Chalon-sur-Saône, de Mâcon, de Roanne; — à 25 kilomètres Nord-ouest de Mâcon.

Cette jolie petite ville est située dans une étroite vallée traversée par la Grosne et resserrée entre deux montagnes couvertes en grande partie de bois.

Elle doit sa célébrité historique et son origine à la puissante Abbaye fondée, au commencement du xe siècle, par Bernon, qui était entré dans les ordres à Gigny et était devenu abbé de Baume-les-Moines.

Bernon s'installa à Cluny, avec douze religieux seulement, y organisa la communauté d'après les règles de l'Ordre de Saint-Benoît, et mourut en 927.

Son successeur, saint Odilon, connu aussi sous le nom d'Odon, gouverna l'Abbaye pendant quinze ans. Sous son administration les progrès furent rapides, le nombre des moines augmenta de façon à fournir des fondateurs pour d'autres Couvents; des Monastères, établis déjà depuis longtemps, adoptèrent la règle de Cluny, qui devint chef d'Ordre.

Tout concourait à la grandeur de Cluny, quant à ses richesses; un proverbe populaire disait:

> En tout pays où le vent vente
> L'abbé de Cluny a rente.

En 1109, la mort de l'abbé Hugues, qui avait été l'arbitre des princes de son temps, appela Ponce de Melgueil à la direction de Cluny. Sa vanité, son arrogance, son orgueil, le rendirent criminel. Un concile lui avait refusé le titre d'abbé des abbés, auquel il prétendait; dans son dépit, il se démit de sa prélature, quitta Cluny, passa en Palestine, puis revint secrètement à la tête d'une troupe d'aventuriers bourguignons, s'empara par guet-apens et surprise du Monastère dont il avait été élu abbé, le profana, le saccagea et abandonna aux soudards, ses nouveaux et dignes compagnons, les trésors dont les Religieux ses frères lui avaient autrefois confié l'administration et la garde. Un pareil crime ne pouvait demeurer longtemps impuni; Melgueil fut vaincu, pris et envoyé captif à Rome, où il mourut dans la Tour-des-Sept-Salles, en 1125.

Le coup moral porté par la criminelle extravagance de l'indigne abbé fut tel que Cluny ne s'en releva point, malgré les efforts de Hugues II, élu pendant l'absence de Ponce, et malgré le dernier éclat que jeta sur l'Abbaye la sage et habile administration de Pierre-le-Vénérable, qui lui succéda. Le pieux prélat appela en vain à son aide tous les souvenirs qui pouvaient faire oublier le scandale. Il fit achever la superbe Église du Couvent, obtint du pape Innocent II qu'il vînt la consacrer en personne, le reçut en 1130 avec une extrême magnificence, assembla un chapitre général de son Ordre, avec 200 prieurs qui en dépendaient, porta à 460 le nombre des Religieux de la communauté de Cluny, eut pour ami particulier Suger et pour disciple Abailard, vécut jusqu'en 1158, et garda pendant 35 ans le gouvernement de l'Abbaye sans obtenir d'autre résultat que de retarder de quelques années l'heure de la décadence qui avait sonné pour Cluny.

Pierre-le-Vénérable avait pu voir jeter de son vivant les premiers fondements des Ordres rivaux de Cîteaux et de Saint-Bernard. C'est de ce côté que se tournèrent, après sa mort, l'influence morale et les libéralités des grands.

La discipline de Cluny alla se relâchant de jour en jour sous les successeurs de Pierre, dont les noms n'ont plus de signification historique.

Cluny demeura toutefois longtemps encore une des plus riches Communautés de France et une espèce de somptueuse Hôtellerie où les potentats de l'Europe se donnaient rendez-vous pour régler leurs différends.

En 1245, le roi saint Louis, accompagné de la reine Blanche sa mère, s'y rencontra avec Baudouin, empereur de Constantinople, et les fils des rois d'Aragon et de Castille; le pape Innocent IV, qui s'y était rendu de son côté, officia pontificalement dans l'Église du Monastère, assisté de douze cardinaux, et en présence des patriarches d'Antioche et de Constantinople : tous ces hauts personnages trouvèrent à se loger convenablement, eux et leur suite, dans les immenses bâtiments du Cloître, sans déranger ses 400 moines.

En 1307, Boniface VIII, Philippe-le-Bel et les princes de Castille et d'Aragon, y reçurent encore une royale hospitalité.

Mais la vie s'était retirée de ces lambris magnifiques; les abbés ne résidaient plus; ils passaient l'hiver dans leur célèbre Hôtel de Cluny, à Paris, l'été, dans quelque somptueuse Villa, et c'est du dehors qu'ils dirigeaient une administration devenue presque exclusivement financière.

Dès que cette renommée de richesse ne fut plus protégée par son ancienne réputation de sainteté, Cluny devint une proie que se disputèrent tous les pillards et tous les affamés.

En 1470, Guillaume de Chalon se jette sur le Couvent avec une bande de Brabançons.

Au XIIIe siècle, deux incendies consument une partie du Cloître et du Palais abbatial.

Les Huguenots, après avoir renversé les Autels et brisé les Statues, enlèvent pour plus de 2,000,000 d'ornements sacrés et brûlent 1,800 manuscrits, croyant, dit naïvement Théodore de Bèze, « que c'étaient tous livres de messe ».

Cluny, désormais, n'est plus qu'un riche bénéfice dont les prélats de sang royal, ou puissants par leur position politique, s'adjugent le titre et surtout les revenus.

La Révolution de 1789 détruisit à peu près tout ce qui restait de Cluny : la Communauté religieuse fut dissoute et dispersée; les domaines qui en dépendaient furent compris parmi les biens nationaux.

Des immenses constructions de la superbe Basilique abbatiale, la plus vaste de la chrétienté après Saint-Pierre de Rome, il ne reste aujourd'hui que le Transept méridional, des ruines rangées parmi nos monuments historiques, un Clocher et une Chapelle.

C'est aux descriptions des anciens historiens qu'il faut avoir recours pour reconstruire par la pensée cette triple Nef de 150 pieds de longueur sur 120 de largeur avec son Transept, en forme de croix archiépiscopale, et son double Autel dont le plus petit, appelé la Prothèse, servait à la communion des ministres assistant le prélat officiant qui, après avoir reçu l'hostie sainte, allaient y communier sous la seconde espèce avec un chalumeau d'argent.

Les Tombeaux ont disparu, ainsi que les appartements autrefois célèbres sous le nom de Logis-du-Pape-Gélase.

On retrouve de temps en temps, en fouillant sous les décombres, quelques fragments de vastes Souterrains creusés pour l'écoulement des eaux de la montagne.

On a utilisé dans ces derniers temps les restes des anciens bâtiments du Monastère, qui étaient d'une grande étendue, en y établissant une École nationale pratique de contremaîtres et d'ouvriers, dans laquelle quelques jeunes gens d'élite viennent perfectionner leurs études.

La Mairie, la Justice de Paix, la Bibliothèque, riche des derniers débris de celle des moines, le Musée, l'École des frères, le Dépôt des Haras, occupent aussi l'emplacement de l'ancien Monastère. Cluny possède les deux Églises Notre-Dame et Saint-Marcel; un bel Hôpital; de curieuses Maisons du XIIe, du XIIIe et du XVe siècle.

C'est dans cette ville qu'est établie la Maison mère des Dames de Saint-Joseph, qui rendent tant de services dans les maisons hospitalières.

Cluny a, en bois, céréales et bestiaux, un commerce prospère et assez important.

Son industrie comprend des distilleries, des poteries, une usine à électricité, une usine à gaz, une tannerie.

Le canton contient des moulins, des distilleries, des carrières de pierre, des tuileries.

Signalons : à *Berzé-le-Châtel*, les ruines d'un Château-Fort; à *Lournand*, de même; à *Massy*, également; à *Blanot*, des Grottes à stalactites; à *Donzy-le-Pertuis*, une Église du XIe siècle; à *Igé* et à *Mazille*, également; à *Saint-André-le-Désert*, le Château-Fort de Gros-Chigny; dans plusieurs localités, des Châteaux.

Cluny a vu naître le célèbre peintre Prudhon; Jean Germain, qui, de porteur d'eau bénite, devint évêque, chancelier de l'ordre de la Toison d'or, conseiller de Philippe-le-Bon, son représentant au concile de Bâle.

Ses armes sont : *de gueules, à une clef d'argent et une épée de même à la garde d'or passée en sautoir.*

Lugny. — Bourg de 1,097 habitants; chef-lieu de canton; justice de paix, perception des finances, bureau des postes et télégraphes; à 25 kilomètres Nord de Mâcon.

Des moulins, des distilleries, des fromageries, des huileries, sont les seuls établissements industriels de ce canton surtout agricole et viticole.

Signalons : à *Azé*, la Fontaine intermittente du Grain, la Grotte de la Balme; à *Bissy-la-Mâconnaise*, la Fontaine intermittente de la Gueule-du-Loup, une vieille Tour; à *Burgy*, une Église du XIIe siècle; à *Clessé*, les vestiges d'une Voie romaine; à *Cruzille*, un Château du XVe siècle; à *Péronne*, un autre, du XVIIIe siècle; à *Saint-Gengoux-de-Scissé*, des Tombes antiques; à *Saint-Maurice-de-Satonnay*, une Église du XIe siècle.

Matour. — Bourg de 2,020 habitants; chef-lieu de canton; justice de paix, perception des finances, bureau des postes et télégraphes; station de Chalon-sur-Saône à Roanne; à 36 kilomètres Ouest de Mâcon.

L'industrie du canton se compose de moulins, d'huileries, de scieries, de tuileries, de fabriques d'outils en fer.

Mentionnons, à *Brandon*, le Camp romain d'Auguste.

Saint-Gengoux-le-National. — Ville de 1,647 habitants; chef-lieu de canton; justice de paix, perception des finances, bureau des postes et télégraphes, établissement hospitalier; gare où se croisent les lignes de Chalon-sur-Saône, de Cluny, de Montchanin; à 46 kilomètres Nord-ouest de Mâcon.

Cette petite ville, située sur un affluent et à 3 kilomètres de la Grosne, possédait un Château des ducs de Bourgogne dont il ne reste plus que la Tour du Presbytère.

Elle fait le commerce des vins de son territoire.

Ses établissements industriels et ceux de son canton sont des moulins, des distilleries, des huileries, des tanneries, des tonnelleries, des tissages, des carrières de pavés.

On remarque : à *Chapaize*, une Église du XIe siècle, monument historique, le Château d'Uxelles, les restes d'un Prieuré; à *Chissey-lès-Mâcon*, une Église du XIe siècle; à *Cormatin*, un Château du xviii° siècle, monument historique ; à *Cortevaix*, un Château du xv° siècle ; à *Curtil-sous-Burnand*, le Château de la Serrée ; à *Sigy-le-Châtel*, une Église du xii° siècle.

Tournus — (*Trinurcium, Trenarchium*). — Ville de 5,025 habitants ; — chef-lieu de canton ; — collège communal ; sociétés de musique, de tir, de gymnastique ; — tribunal de commerce ; — bureau des postes et télégraphes ; — perception des finances ; — deux établissements hospitaliers ; — justice de paix ; — station sur la ligne de Paris à Lyon ; — port sur la Saône ; — à 30 kilomètres Nord de Mâcon.

Cette ville, de très ancienne origine, était habitée par les Éduens, quand les Romains pénétrèrent dans la Gaule. Les lieutenants de César y établirent des magasins de blé.

Les lumières du Christianisme furent apportées à Tournus par saint Valérien, qui y subit le martyre en 177.

Gontran, roi de Bourgogne, consacra plus tard le lieu même du supplice par la fondation d'une Abbaye dont la Chapelle devint, en 875, une vaste et belle Église placée sous l'invocation de saint Philibert.

L'Abbaye de Saint-Valérien formait comme une petite ville à l'intérieur de Tournus ; elle avait ses Tours, Murs, créneaux et fossés comme une Forteresse ; une Porte, défendue par un Ravelin et un Pont-levis, conduisait dans la campagne ; du côté de la ville, il n'y avait d'accès que par une étroite et solide Poterne, la Porte d'Orbe.

Selon quelques auteurs, la première rencontre de l'armée de Septime Sévère et de son compétiteur Albin eut lieu dans une plaine voisine.

La ville fut ruinée par les Sarrasins en 732, et ravagée, en 937, par les Hongrois.

Elle a été mêlée à tous les événements qui agitèrent le pays sans qu'aucun fait important se rattache spécialement à ses annales.

Deux conciles ont été tenus à Tournus : l'un en 949, et le dernier en 1115.

Ses habitants se signalèrent, en 1814, par leur résistance aux armées étrangères.

L'aspect de Tournus est des plus séduisants.

Située sur la rive droite de la Saône, à distance presque égale de Mâcon et de Chalon, la ville s'élève en amphithéâtre sur les pentes d'un coteau que couronnent les ruines imposantes et pittoresques de la vieille Abbaye de Saint-Valérien. A l'Ouest, un beau Quai, et, de tous les autres côtés, de riantes campagnes se relient à de gracieuses constructions. Un beau Pont en pierre de taille, construit en 1870, traverse la Saône et aboutit à la route de Suisse par Lons-le-Saunier, et à celle de Genève par Bourg. L'Église paroissiale, dédiée, comme nous l'avons dit, à saint Philibert, est un beau monument gothique, décoré, à l'intérieur, de curieuses Mosaïques en briques ; à la suite d'habiles réparations, elle a été rangée au nombre de nos monuments historiques. Après l'Église, il faut citer l'Hôtel-Dieu fondé sous Philippe-le-Bel, et qui fut administré par Marguerite, veuve de Charles d'Anjou, roi de Sicile ; l'Hospice de la Charité, fondé en 1718 par le cardinal Fleury, prieur de son Abbaye ; l'Hôtel-de-Ville, d'une construction un peu plus récente.

Une Colonne de 6 mètres de hauteur, que les uns supposent provenir de quelque Temple romain, et d'autres n'être qu'une Colonne milliaire, décore la Place de l'Hôtel-de-Ville.

Un Marbre placé devant l'arcade d'une Maison constate que Jean-Baptiste Greuze, le peintre célèbre, y naquit le 21 août 1725. Sa Statue orne, d'ailleurs, une des Places.

Tournus fait un commerce important de grains, de vins, de bestiaux, de cercles, d'échalas, de tonneaux, de pierres.

Ses établissements industriels et ceux de son canton sont des moulins, une féculerie, une glucoserie, des distilleries, des huileries, des fromageries, des brasseries, une fonderie, une imprimerie avec un journal, une usine à gaz, des carrières de pierre, des tuileries, des fabriques de chaises, de cordes, de cristaux de soude, de vélocipèdes.

Citons : à *Brancion*, une Église du XIIe siècle, monument historique, les ruines d'un Château féodal; à *La Chapelle-sous-Brancion*, le Menhir de la Pierre-Levée, des Sépultures antiques, le Château de Noble; à *Romenay*, les restes des Remparts; à *La Truchère*, des Tombelles; au *Villars*, une Église du XIIe siècle.

Les armes de Tournus sont : *d'azur, à deux tours crénelées d'argent, tenant l'une à l'autre, celle du milieu plus haut, et deux fleurs de lis d'or en chef;* — alias : *de gueules, au château d'argent, au chef d'azur, chargé de trois fleurs de lis d'or.* Sous l'Empire, l'aigle remplaça les fleurs de lis.

Tramayes. — Bourg de 1,007 habitants; chef-lieu de canton; justice de paix, perception des finances, bureau des postes et télégraphes; à 23 kilomètres Ouest de Mâcon.

On y voit deux Châteaux du XVIe siècle, celui de Tramayes et celui de La Rolle, et deux Pierres-de-Justice où l'on exécutait les criminels.

Le canton renferme des moulins, des huileries, une tannerie, des tuileries.

Notons : à *Bourgvilain*, un Château du XIIIe siècle; dans le canton, d'autres Châteaux.

Saint-Point. — Village de 750 habitants; à 28 kilomètres Ouest de Mâcon.

Lamartine, après avoir fait agrandir et réparer l'ancien Château de Saint-Point, y résida souvent. Ce Château est resté la propriété de la famille de l'illustre poète. C'est là que se trouve son Tombeau.

ARRONDISSEMENT D'AUTUN

Autun — (lat. N. 46°56′43″; — long. E. 1°57′47″; — alt. 379 m.; — à 303 kilom. S.-E. de Paris par la route; à 316 par la voie ferrée; à 106 kilom. N.-O. de Mâcon) — (*Bibracte, Ædua, Æduorum Civitas, Augustodunum, Flavia Æduorum*). — Ville de 15,187 habitants; — chef-lieu d'arrondissement et de canton; sous-préfecture; conseil d'arrondissement; deux circonscriptions électorales; — 7e bureau de recrutement, de mobilisation et de réquisition de la 8e région de corps d'armée; 29e régiment actif, 229e régiment de réserve, 63e régiment territorial d'infanterie; école militaire préparatoire de cavalerie; hôpital mixte; — collège communal; inspection primaire; bibliothèque, musée, théâtre; sociétés des lettres, des arts, du chant, de musique, de tir, de gymnastique; — évêché; deux séminaires; — chambre consultative d'agriculture; inspection des forêts; — tribunal de commerce; — bureau des postes et télégraphes; — recette particulière des finances; — conservation des hypothèques; — deux établissements hospitaliers; — tribunal de première instance; justice de paix; prison; — station de la ligne de Nevers à Chagny; — sur l'Arroux.

Autun est une des plus anciennes villes de France.

Sans remonter aux légendes fabuleuses qui lui donnent pour fondateur Somothné, fils de Japhet et petit-fils de Noé; sans accepter même, faute de documents assez authentiques, la version qui attribue la construction de *Bibracte* à une colonie de Phocéens, pénétrant dans la Gaule celtique 600 ans avant la fondation de Rome, il est permis d'affirmer que, avant la conquête romaine, Autun, sous le nom de *Bibracte*, était une cité fort importante, capitale de la puissante confédération des Éduens et exerçant une influence prépondérante sur les destinées de la Gaule entière.

Les historiens romains qui se sont occupés d'elle, grâce au rang qu'elle occupait, nous ont transmis de précieux détails sur son administration intérieure.

Elle était gouvernée par un *vergobret* ou grand juge, dont les pouvoirs cessaient au bout d'une année; au-dessous de lui, quelques puissantes familles et les druides, qui possédaient un riche et nombreux Collège dont le Mont Dru rappelle aujourd'hui l'emplacement, se partageaient l'influence religieuse et politique, sans empiéter toutefois sur les droits d'une démocratie libre et quelque peu turbulente.

Une rivalité des Éduens avec les Arvernes, qui appelèrent Arioviste à leur secours, resserra entre Autun et Rome une alliance que la prévoyance habile du sénat s'était déjà ménagée depuis longtemps.

César ne rencontra donc pas de sérieux obstacles sur les bords de la Saône; il n'eut contre lui que la patriotique fraction de ceux qui pensaient, comme il le rapporte lui-même dans ses *Commentaires*, que « mieux valait encore obéir à des Gaulois qu'à des Romains, si désormais les Éduens étaient impuissants à conquérir la domination ».

Quoique ce parti fût ensuite parvenu à entraîner la cité dans le mouvement national de Vercingétorix, dans la tentative de Sacrovir et dans la révolte de Tétricus, il ne semble pas que le gouvernement romain en ait gardé rancune aux Autunois.

Si, dans la division territoriale des Gaules, Lyon devint la capitale de la province, Autun resta la ville de l'élégance et des loisirs, des sciences et des arts. C'est à Autun que se retira César après sa victoire d'Alésia. Au Collège des druides succéda l'établissement d'Écoles dont la renommée attira de Rome même de nombreux écoliers, à l'entretien desquels le philosophe Eumène consacrait les 600,000 sesterces qu'il recevait de l'empereur Constance comme chef des études. La ville s'embellit de monuments de toute sorte dont nous aurons occasion de parler, et que la civilisation romaine ne prodigua sur aucun autre point du territoire celtique avec autant de libéralité et de magnificence. Les ravages causés par les premières attaques des Barbares furent réparés avec empressement. L'immense et massive Muraille, dont subsistent maintenant des ruines si imposantes, fut plusieurs fois relevée et restaurée dans son étendue de 8 kilomètres.

Aussi la population d'Autun restait-elle romaine au milieu de ce monde romain qui tombait en dissolution autour d'elle.

Les dieux de Rome régnaient encore dans la vieille cité des Éduens, alors que la religion du Christ avait conquis presque tout le reste de la Gaule. C'est dans ce fait que nous trouvons l'explication des persécutions acharnées qui accueillirent les premiers apôtres, saint Andoche, saint Thirse, saint Faustin, saint Symphorien, et tant d'autres illustres martyrs, jusqu'à la conversion de Constantin et au triomphe définitif de la vraie foi.

Cette obstination dans les mœurs romaines est la seule protestation que put opposer Autun aux crises suprêmes qui transformèrent le monde au ve siècle.

L'envahissement du territoire éduen par les Bourguignons, leur installation, l'invasion du schisme arien, le mécontentement des évêques orthodoxes qui prépara l'accès aux Francs et facilita leur victoire, passèrent sur la ville sans y soulever de grands orages.

La domination nouvelle ne pouvait guère apporter à Autun l'équivalent de ce qu'elle lui enlevait en importance et en richesse.

Toutefois, c'est ce qu'il y avait en elle de plus vital et de plus fécond, une administration cléricale, qu'elle substitua à l'organisation détruite.

Autun devint la capitale d'un comté où l'évêque eut presque toujours une autorité prépondérante. Les prérogatives attachées à ce siège étaient fort considérables. L'évêque d'Autun avait droit au pallium; il était premier suffragant de Lyon, président né et perpétuel des États de Bourgogne. Lorsqu'il prenait possession, il entrait dans sa Cathédrale porté par quatre des plus hauts barons du diocèse. Il conférait de plein droit les plus hautes dignités de son Église, et son pouvoir s'étendait sur les cures de plus de 700 paroisses.

La liste des évêques d'Autun est remplie des noms les plus vénérés et les plus illustres, parmi lesquels il suffira de citer saint Amator, saint Siagre, frère de Brunehaut, saint Léger, de la famille de Clovis, maire du palais sous Clotaire III et Childéric II, rival d'Ébroïn, qui le fit assassiner dans une forêt, près d'Arras.

Sous la direction et grâce aux libéralités de ces prélats, la glorieuse tradition des Écoles d'Autun se perpétua; on peut citer comme sortis de leur sein l'évêque de Paris saint Germain, saint Grégoire de Langres, saint Didier de Vienne, saint Hugues, le fameux abbé de Cluny.

La chronique des comtes d'Autun est moins intéressante et se rattache d'ailleurs moins directement aux annales de la ville.

Le rôle politique de l'ancienne capitale des Éduens va toujours en s'amoindrissant du Moyen-Age aux temps modernes.

Il est purement passif au milieu des orages qui agitent cette longue période.

A l'invasion des Sarrasins succèdent les ravages des Normands.

Après eux viennent les Anglais, qui en 1379, brûlent la ville.

Ce sont ensuite les guerres de Religion.

Autun embrasse le parti de la Ligue et soutient, en 1591, contre le maréchal d'Aumont, un siège dont le fanatisme pousse des deux côtés l'acharnement au dernier point.

Enfin, en 1814, la chute de Napoléon amène à Autun les troupes coalisées, et les baïonnettes étrangères effacent sur les Arcs-de-Triomphe romains l'inscription que, dans des temps meilleurs, la municipalité avait fait graver en l'honneur du nouveau César : *Novo Cæsari*.

En 1870, la ville fut un instant menacée par les armées allemandes; mais il suffit d'un mouvement combiné des armées de Bourbaki et de Garibaldi pour faire renoncer l'ennemi à ses projets sur la ville et sur Le Creusot.

Si nous ajoutons seulement à cette notice, nécessairement succincte, la date des conciles tenus à Autun (590, 661, 663, 670, 1055, 1061, 1065, 1071, 1077, 1094), il nous restera à peine un espace suffisant pour donner une idée des trésors archéologiques et des richesses architecturales qu'a pu sauver à travers tant de siècles la vieille *Bibracte*, la ville d'Auguste.

Autun est sur le mamelon de Montjeu, que protège une couronne de hautes montagnes. Sa forme seule suffit à révéler l'antiquité de son origine; la ville se divise en trois parties : le sommet est occupé par l'ancien *palatium*, sur l'emplacement duquel ont été construits les édifices publics et les Temples dont la destination a souvent changé; au-dessous, à mi-côte, s'étend le Marchand, *Martis Campus*, le Champ-de-Mars, qui séparait la résidence officielle des conquérants de la ville proprement dite; celle-ci descendait jusqu'au niveau de la belle et vaste plaine qu'arrose la petite rivière d'Arroux.

Dans ce vaste espace, qui se déploie vers l'Ouest, la trace des Voies romaines, les fragments des Tombeaux, les ruines des vieux Temples, témoignent à chaque pas de la splendeur d'Autun sous les descendants de César. La Muraille massive qui formait l'Enceinte subsiste dans beaucoup d'endroits ; sur les huit Portes qui donnaient jadis accès dans l'intérieur de la cité, deux ont conservé, intacts quant à la forme, des Arcs-de-Triomphe qui suffiraient à l'appréciation de l'art antique; ce sont les Portes d'Arroux et de Saint-André, classées parmi les monuments historiques. Un Cirque et un Amphithéâtre ont été déblayés ; le plus important de ces monuments pouvait contenir 32,000 spectateurs. On a retrouvé l'emplacement et

Châlon-sur-Saône.

de notables débris de Temples élevés à Janus, à Jupiter, à Vénus, à Pluton, à Proserpine, à Diane, à Cybèle, à Apollon et à Cupidon. Chaque jour, le sol livre, aux savantes et persévérantes recherches de la Société éduenne, des pièces de monnaie, des médailles, des mosaïques.

Un Temple d'Anubis, les urnes funéraires de Couhard, les ruines du Mont Dru, constituent les antiquités druidiques.

L'âge chrétien pouvait opposer à ces splendeurs du Paganisme ses deux Basiliques, ses huit paroisses et ses riches Abbayes. Il ne reste aujourd'hui de remarquable que la Cathédrale dédiée à saint Lazare; près du Temple, une Fontaine d'ordre ionique, monument historique; l'Évêché, qui a été habilement restauré; le Grand-Séminaire et ses Jardins dessinés par Le Nôtre; les Églises Saint-Jean, Saint-Pantaléon et Notre-Dame; la Chapelle de l'ancienne Abbaye de Saint-Martin, qui renferme la Tombe de Brunehaut; l'Hôtel-de-Ville, de construction récente; l'ancien Petit-Séminaire, qui est devenu l'École des enfants de troupe de cavalerie.

Autun est bien plutôt une ville d'étude, de loisir et de souvenirs, qu'un centre de commerce et d'industrie.

Il se fait cependant sur ses marchés quelques affaires en céréales, chevaux, bestiaux, vins, chanvre, bois, peaux et cuirs.

LIVR. 4.

On trouve, dans la ville ou ses environs, des moulins, des distilleries, des féculeries, des brasseries, des filatures de laine, des tanneries, corroiries et mégisseries, des mines d'huile de schiste, des carrières de spath-fluor, des fours à chaux, des tuileries, des scieries, des imprimeries avec quatre journaux, des usines à gaz et à électricité, des ateliers de construction, des fabriques de vinaigre, de meubles, de pompes.

Signalons : à *Curgy*, une remarquable Église du xie siècle; à *Monthelon*, un Château du xve siècle; à *Saint-Pantaléon*, un Alignement mégalithique, monument historique.

Autun est la patrie du grammairien Eumène; de saint Germain, évêque de Paris; de saint Syagrius et de saint Didier, son disciple; de l'astronome Bertrand; de Mme de Genlis; du président Jeannin, mort en 1662, regardé comme le plus honnête homme de son temps; du général Changarnier.

Les armes d'Autun sont : *d'or, au lion grimpant de gueules;* — alias : *d'argent, au lion de gueules; au chef de Bourgogne ancienne, qui était d'or à trois bandes d'azur, à la bordure de gueules.*

Couches-les-Mines — (*Colchœ*). — Ville de 2,754 habitants; chef-lieu de canton; justice de paix, perception des finances, bureau des postes et télégraphes, établissement hospitalier; à 25 kilomètres Sud-est d'Autun.

Cette petite ville renferme les restes d'anciennes constructions.

D'Anville y voit le théâtre de la bataille où Sacrovir fut vaincu par Silius, l'an 21 de l'Ère chrétienne.

La découverte d'une Mosaïque romaine, de nombreux squelettes, les Voies enfouies sous le sol, les restes d'une Maladrerie, indiquent suffisamment le rôle historique de cette localité, bien antérieurement à l'avènement des seigneurs de Couches, dont l'influence, succédant à celle des abbés de Flavigny, ne se révèle qu'à partir du xiie siècle.

Il y avait à Couches, sous le vocable de saint Georges, un Prieuré fondé au viiie siècle, qui passa, sous Charles-le-Chauve, à l'Église d'Autun, puis à l'Abbaye de Flavigny.

En 1130, Étienne, l'un des seigneurs de Couches, fait prévaloir ses droits sur ceux des moines. A cette petite féodalité succéda la grande, celle des ducs de Bourgogne.

La commune, affranchie en 1496, fut autrefois divisée en deux parties, l'une dépendant du bailliage d'Autun, l'autre de celui de Montcenis.

Une tradition assez suspecte se rattache aux ruines du Château de Couches qui, célèbre au xie siècle, reconstruit par Claude de Montaigu en 1442, n'a conservé que le Caveau funéraire des seigneurs, et une Chapelle décorée d'anciennes peintures. C'est là que se seraient rassemblés les Catholiques des environs pour « se liguer » contre les Protestants et d'où serait sorti le mot de Ligue, qui devint le mot de ralliement des premiers contre les seconds.

Couches-les-Mines doit son surnom actuel à une mine de fer exploitée par les usines du Creusot.

Le canton renferme, en outre, des distilleries, des moulins, des carrières de pierre, des tuileries et briqueteries, des fours à chaux, des fabriques de plâtre, de produits réfractaires.

Citons : à *Dracy-lès-Couches*, un Château du xive siècle; à *Essertenne*, une Église du xiie siècle; à *Saint-Emiland*, le Château d'Épiry, du xvie siècle; à *Saint-Martin-de-Commune*, des Ruines gallo-romaines et féodales, un Château et une Chapelle du xiiie siècle; à *Saint-Pierre de Varennes*, le Dolmen du Foulon, une Église du xiie siècle et un Château féodal.

Le Creusot. — Ville de 28,635 habitants; — chef-lieu de canton; — garnison d'infanterie; — bibliothèque, musée; sociétés de chant, de musique, de tir, de gymnastique; — champ de courses; — bureau des postes et télégraphes; — perception des finances; — établissement hospitalier; — justice de paix; — station de la ligne de Montchanin à Étang; — sur un affluent de l'Arroux; — à 30 kilomètres Sud-est d'Autun.

Immense usine, Le Creusot doit ses développements et son importance aux mines de houille que son sol renferme.

La proximité du minerai et la facilité des transports déterminèrent au Creusot l'établissement de forges et d'usines pour l'exploitation du combustible qui s'y trouvait en abondance.

Pendant les guerres de la République et de l'Empire, le gouvernement y organisa ou y entretint une importante Fonderie de canons. La population augmenta du chiffre des ouvriers employés à ces travaux, et le village devint un bourg considérable.

Durant la longue période de paix qui suivit 1815, l'industrie privée, demeurée maîtresse de l'immense usine, sembla plusieurs fois près de succomber sous un fardeau au-dessus de ses forces; mais la création des Chemins de fer rendit bientôt la vie et la prospérité à l'établissement régénéré.

Le Creusot est aujourd'hui en pleine activité et en voie de grand succès; il peut à peine suffire aux commandes qu'il reçoit de tous côtés; sa grandiose organisation et l'importance de son outillage lui permettent d'aborder la fabrication des plus puissantes machines; ses produits jouissent d'une grande et légitime réputation.

Nous abandonnons à des plumes plus spéciales la description détaillée de ses énormes fourneaux, de ses puissants laminoirs, de ses monstrueux soufflets et de ses marteaux cyclopéens.

Ce que nous recommandons à ceux de nos lecteurs qui, comme nous, sont surtout impressionnables au côté pittoresque du travail, c'est le spectacle fantastique qui se déroule aux yeux du voyageur quand il arrive le soir sur les hauteurs qui dominent l'Usine.

Le bassin du Creusot se dessine devant lui par une ceinture de flammes jaillissant des fours où la houille en combustion se change en coke.

Dans l'intérieur de cette espèce de cirque, que le contraste des clartés environnantes rend plus obscur, au milieu d'appareils bizarres surgissant çà et là, et marquant l'entrée des puits à charbon, spectres étranges auxquels l'imagination et la nuit peuvent prêter les destinations les plus lugubres, s'étendent sur une prodigieuse longueur des constructions à la toiture lourde et écrasée.

Entre ce toit et le sol, qui restent dans l'ombre, le regard plonge, par de larges travées, dans d'immenses ateliers éclairés d'une lueur inégale et sinistre par les étincelles qui jaillissent du fer ou les flammes d'immenses foyers qui ne s'éteignent jamais.

Sur ce théâtre vulcanien, comme les personnages de quelque drame infernal, passent et repassent des formes humaines noires et rouges, corps demi-nus, circulant au milieu du métal en fusion, courbant, tordant, étendant, étalant, façonnant des barres énormes, des blocs informes, sous leurs obéissantes machines, tout cela au milieu du bruit confus des sifflets perçants, du pétillement des flammes, du retentissement des lourds martinets, concert qui étonne les oreilles autant que le spectacle a surpris les yeux, et qui fait douter de la réalité du tableau qu'on admire.

L'extension toujours croissante des Chemins de fer, les développements donnés à la marine cuirassée font incessamment grandir l'importance du Creusot.

Sa population, qui était, en 1832, de 3,000 âmes, en 1852, de 8,083, en 1882, de 26,432 habitants, atteint maintenant près de 29,000.

L'établissement s'étend sur une surface de 125 hectares, dont 20 sont couverts de constructions; le nombre des ouvriers employés est de 10,000, chiffre égal à celui des chevaux-vapeur qui fonctionnent journellement.

Annuellement, il extrait 300,000 tonnes de minerai et 250,000 tonnes de houille, produit 120,000 tonnes de fer, rails, tôles, fer ouvré, construit des locomotives, des vaisseaux, des ponts, des canons, des affûts, des projectiles, des tourelles cuirassées, des plaques de blindage, des machines de toute sorte.

Les communications avec le Canal du Centre et les grandes voies ferrées s'opèrent par 70 kilomètres de Chemins de fer.

Outre les installations spéciales, la forge à laminoirs, les aciéries, les ateliers de constructions mécaniques, ceux d'artillerie, le marteau-pilon de 100 tonnes, le Polygone de tir, l'atelier des modèles, il faut citer encore le service médical, l'Hôpital, la Caisse de secours pour les malades, la Caisse d'épargne, les Écoles pour les enfants et les adultes, car rien n'a été oublié de ce qui peut assurer l'existence et l'avenir de l'ouvrier sage et laborieux.

La plupart de ces Institutions sont dues à la sollicitude d'Eugène Schneider, président du Corps Législatif en 1870, auquel Le Creusot reconnaissant a élevé une Statue.

Un Chemin de fer d'intérêt local, ayant 10 kilomètres de développement, met en communication les diverses parties de l'établissement et unit celui-ci au Canal du Centre.

Notons : au *Breuil*, l'Étang de Torcy, Réservoir de 120 hectares qui alimente le Canal du Centre ; à *Saint-Firmin*, une Église du XIIe siècle, but d'un Pèlerinage.

Epinac — (*Spinacum*). — Ville de 4,061 habitants ; chef-lieu de canton ; justice de paix, perception des finances, bureau des postes et télégraphes ; gare où se croisent les lignes de Chagny, de Laumes, de Nevers ; sur la Drée ; à 19 kilomètres Nord-est d'Autun.

Cette petite ville, située sur une éminence, était appelée Monetoy avant son érection en comté, et dépendait du diocèse d'Autun.

En 1226, Gauthier de Sully fondait, dans une vallée attenant à son territoire, un Prieuré de Saint-Benoît que les Anglais saccagèrent et brûlèrent en 1359. Cette Abbaye était autrefois protégée ou dominée par un Château-Fort avec Enceinte défendue par sept Tours ; les deux qui restent ont valu à ces ruines d'être classées parmi les monuments historiques.

Epinac possède des mines de houille et une verrerie importantes.

Il y a, dans le canton, des mines de fer et des carrières de pierre.

A *Sully*, se voit un magnifique Château du même nom, reconstruit au XVIe siècle et classé parmi les monuments historiques : c'est la propriété des descendants du maréchal de Mac-Mahon, duc de Magenta, ancien Président de la République, qui avait une prédilection marquée pour cette somptueuse demeure.

Issy-l'Evêque. — Bourg de 2,188 habitants ; chef-lieu de canton ; justice de paix, perception des finances, bureau des postes et télégraphes ; à 45 kilomètres Sud-ouest d'Autun.

Ce bourg est situé près de l'Étang de Bauzot.

On y voit les ruines du Château de Champcéry, où naquit Mme de Genlis.

Le canton, exclusivement agricole, possède quelques moulins.

Lucenay-l'Evêque. — Bourg de 1,124 habitants ; chef-lieu de canton ; justice de paix, perception des finances, bureau des postes et télégraphes, établissement hospitalier ; sur le Ternin ; à 16 kilomètres Nord d'Autun.

On remarque, dans ce bourg, une Église du XIIe siècle, et à 2 kilomètres vers le Nord-est, le beau Château de Vésigneux.

Il y a, dans le canton, des moulins, des huileries, des scieries, des tuileries, des fours à chaux, des houillères, une mine d'huiles minérales.

Mentionnons : à *Barnay*, les vestiges d'une Voie romaine, à *Chissey-en-Morvan*, un Château du xii° siècle; à *Cussy-en-Morvan*, le Dolmen de Saint-Martin; à *Roussillon*, le Saut-de-la-Canche; à *La Selle*, une Église du xi° siècle; dans d'autres localités, plusieurs Châteaux.

Mesvres. — Bourg de 1,334 habitants; chef-lieu de canton; justice de paix, perception des finances, bureau des postes et télégraphes; station de la ligne d'Étang à Montchanin; sur le Mesvrin; à 13 kilomètres Sud-ouest d'Autun.

On voit à Mesvres, les ruines d'un Prieuré, et, dans le Cimetière, trois Pierres sculptées représentant des figures gauloises.

Le canton, entièrement agricole, renferme quelques moulins.

Signalons : à *Brion*, un Mégalithe; à *Broye*, les quatre Stèles funéraires des Saints-de-Chapey, le Château de Montjeu, du xviii° siècle, propriété de la famille de Talleyrand-Périgord; à *La Chapelle-sous-Uchon*, le Château de Toulongeon, le Pèlerinage de la Chapelle de Notre-Dame-de-Certenne; à *Uchon*, la Pierre-qui-Croule; dans d'autres endroits, des Châteaux.

Montcenis. — Ville de 2,036 habitants; chef-lieu de canton; justice de paix, perception des finances, bureau des postes et télégraphes, établissement hospitalier; à 27 kilomètres Sud-est d'Autun.

Cette petite ville est située sur une éminence entre deux montagnes, dont celle du Sud atteint une altitude de 475 mètres.

Sur celle de l'Est existait, avec titre de baronnie, un ancien Manoir des ducs de Bourgogne de la Première Race. Ce Manoir fut démoli sous Henri IV, après avoir passé des mains du marquis de Hocheberg, qui l'avait reçu de Louis XI, à la maison d'Orléans, puis à celle de Soissons. Il avait été réuni à la Couronne, par confiscation, lors de la trahison du connétable de Bourbon. L'emplacement des ruines a conservé le nom de Château.

Montcenis possède des carrières de pierres granitiques rougeâtres, des mines de fer et de houille, dépendantes de la concession du Creusot, et avait donné son nom à l'importante cristallerie qui procura sa première notoriété à l'établissement si puissant aujourd'hui.

A quelques industries secondaires, Montcenis joint un important commerce de bétail, bœufs, moutons et porcs.

Citons : à *Charmoy*, la haute Tour du Bost; à *Torcy*, un Tumulus, le Tunnel de 1,500 mètres de la Rigole-de-Torcy.

Blanzy — (*Blanzeium*). — Ville de 4,942 habitants; bureau des postes et télégraphes; station de la ligne de Digoin à Chagny; sur la Bourbince; port sur le canal du Centre; à 40 kilomètres Sud d'Autun.

Blanzy appartenait pour les deux tiers à un Prieuré du même nom fondé en 1060, et tenait du duc Robert II les droits de seigneurie.

Dès 938, l'Église avait été donnée par Rotmond, évêque d'Autun, à l'Abbaye de Cluny.

Blanzy est au milieu d'une ceinture d'anciens Châteaux-Forts : il y en avait deux à Savigny, un au hameau d'Ocle, et celui du Plessis, qui a appartenu au chancelier Rollin.

Les Romains ont laissé dans ces localités des traces de leur passage; on y trouve fréquemment des tuiles et des briques de leur fabrication.

La principale richesse du sol consiste dans d'importantes mines de houille. La plus importante des concessions est celle de Blanzy; on y a établi des chemins de fer qui, de l'intérieur même des mines, transportent le charbon jusqu'aux bords du Canal du Centre.

Blanzy possède, en outre, une verrerie à bouteilles, un moulin à vapeur sur le Canal, des tuileries, des huileries, des fours à chaux, des carrières granitiques, des pierres blanches faciles à tailler, et d'autres dures dont on fait des meules de moulin et des pavés.

Saint-Léger-sous-Beuvray. — Bourg de 1,868 habitants; chef-lieu de canton; justice de paix, perception des finances, bureau des postes et télégraphes; à 20 kilomètres Sud-ouest d'Autun.

Ce bourg est situé au pied du Mont Beuvray dont le sommet est dans le département de la Nièvre et portait, dit-on, la ville gauloise de Bibracte.

Le canton est exclusivement agricole.

On remarque : à *La Comelle*, un Tumulus considérable; à *La Grande-Verrière*, une Église du XII° siècle; à *Saint-Didier-sur-Arroux*, l'Étang de Bousson.

ARRONDISSEMENT DE CHALON-SUR-SAONE

CHALON-SUR-SAONE — (lat. N. 46° 46′ 51″; — long. E. 2°31′ 17″; — alt. 178 m.; — à 343 kilom. S.-E. de Paris par la route; à 366 par la voie ferrée; à 58 kilom. N.-E. de Mâcon) — (*Cabillonum, Cabillo Æduorum*). — Ville de 24,686 habitants; — chef-lieu d'un arrondissement et de deux cantons; sous-préfecture; conseil d'arrondissement; deux circonscriptions électorales; — 3° bureau de recrutement, de mobilisation et de réquisition de la 8° région de corps d'armée; 56° régiment actif, 256° régiment de réserve, 59° régiment territorial d'infanterie; sous-intendance; hôpital mixte; — collège communal, collège de jeunes filles; inspection primaire; bibliothèque, musée, théâtre; sociétés des lettres, des sciences, des arts, d'archéologie, de chant, de musique, de tir, de gymnastique; — arrondissement des mines; — inspection des forêts; — chambre consultative d'agriculture; — chambre de commerce; tribunal de commerce; — bureau des postes et télégraphes; — recette particulière des finances; — succursale de la Banque de France; — trois établissements hospitaliers; — tribunal de première instance; deux justices de paix; prison; — gare où se croisent les lignes de Paris par Dijon, de Paris par Nevers, de Marseille par Lyon, de Genève par Bourg; de Belfort par Dôle; — sur la Saône; — port sur le Canal du Centre; — possédait autrefois un évêché, chapitre et séminaire, avait un gouvernement particulier et relevait du parlement de Dijon.

La haute antiquité de Chalon, son importance comme ville celtique, sont aussi incontestables que celles de Mâcon et d'Autun.

Sous la domination romaine, Chalon intervient dans tous les événements importants dont sa contrée est le théâtre.

C'est à Chalon que se manifestent les premiers symptômes de la désaffection des Éduens, qui chassent de la ville le tribun Aristius et les marchands romains qui y trafiquaient.

César, après la prise d'Alise, et avant d'aller établir ses quartiers d'hiver à Bibracte, fait de Chalon un centre d'approvisionnement pour son armée, *Castrum frumentarium*, et en confie le commandement à son lieutenant Q. Cicéron, frère de l'orateur. Un Port y est établi pour les bateaux de transport, et l'officier qui y réside porte le titre de *præfectus navium araricarum*.

Auguste s'arrête à Chalon, en allant de Lyon à Autun.

Agrippa, son gendre, dans le tracé des grandes Voies militaires décrétées par l'empereur, choisit Chalon comme point d'intersection où la grande Route de Lyon en Belgique se croise avec la Route d'Autun à Besançon.

Probus traverse Chalon à son tour, et la plantation des premiers vignobles du Chalonnais, ordonnée par lui, immortalise son passage.

Constantin y laisse reposer son armée, qu'il conduit de Trèves à Rome pour combattre le tyran Maxence ; c'est près de Chalon que lui apparaît dans le ciel le labarum miraculeux.

Quand le triomphe des Barbares est déjà proche, Julien accourt de Vienne à Chalon pour secourir Autun, qu'assiègent les Allemands, en 356, et il y passe la revue de ses troupes. Son historien qualifie cette ville « une des plus fortes et des plus considérables villes de la Gaule ». Il n'y avait rien d'exagéré dans ce témoignage, que les faits confirment.

Les Bourguignons, lorsqu'ils remplacent les Romains sur le territoire éduen, adoptent Chalon comme la résidence la plus habituelle de leurs princes.

Théodebert, Gontran, Thierry, y habitaient un Palais construit vraisemblablement sur l'emplacement du Châtelet, et dont les deux vieilles Tours de la Porte-au-Change marquaient sans doute l'entrée.

Aux époques où la Bourgogne était réunie au royaume des Francs, les monarques ne négligeaient pas de visiter Chalon. Dagobert y tint ses assises. Clovis II y assembla les États généraux et y réunit un concile. Charlemagne lui-même vint y rétablir la discipline du clergé et y régler l'ordre des hautes études ; il ordonna, pendant son séjour, la restauration de la Cathédrale Saint-Vincent qui avait beaucoup souffert de l'invasion des Sarrasins.

Au règne de Louis-le-Débonnaire se rattache un épisode qui peint à la fois et la loyauté du caractère bourguignon et la barbarie des mœurs de ce temps. Lorsque les fils dénaturés de ce prince se liguèrent pour le détrôner, Guérin, comte de Chalon, et Bernard d'Autun, à la tête de leurs vassaux, marchèrent à son secours. Lothaire, après le succès de son crime, résolut de se venger de ceux qui avaient refusé d'être ses complices. Il vint assiéger Chalon en 834, prit la ville, la réduisit en cendres ; ayant reconnu une sœur de Bernard dans une religieuse nommée Gerberge, il la fit clouer dans un tonneau et jeter dans la Saône.

En 864, Charles-le-Chauve, par un édit, classe Chalon parmi les huit principales villes de France et permet qu'on y batte monnaie.

Pendant les siècles désastreux qui suivirent, Chalon eut à subir les inconvénients de sa grandeur : Hongrois, Normands, Brabançons, Anglais, Grandes-Compagnies, Écorcheurs, s'abattaient tour à tour sur cette ville. Les ravages qu'ils y commirent furent couronnés par les sanglants exploits du comte de Fribourg, qui, y ayant rassemblé la noblesse de la province, « en tailla en pièces une partie, et fit périr le reste par la main du bourreau ; la Saône était si pleine de leurs corps, ajoute Olivier de la Marche, que les pêcheurs, au lieu de poissons, les tiraient bien souvent deux à deux ou trois à trois, liés et accouplés de cordes. »

Toutes les secousses qu'éprouva la France réagirent sur Chalon avec une force proportionnée à son importance.

Ses habitants supportèrent tout le poids des rancunes de Louis XI, qui se vengea sur eux des peines que lui avait coûtées la conquête de la Bourgogne en leur imposant pour gouverneur le cruel et violent sire de Craon.

Une peste horrible y sévit pendant plusieurs années.

Arrive ensuite la longue et affligeante période des guerres religieuses, qui eurent à Chalon un caractère particulier d'obstination et d'acharnement, et durèrent quelque temps après l'abjuration de Henri IV, puisque Chalon fut une des trois places de sûreté laissées au duc de Mayenne par le Traité de Folembray.

Le dernier fait historique que nous ayons à consigner est la courageuse résistance que les Chalonnais opposèrent, en 1814, aux troupes étrangères : appuyés seulement par un détachement du 144ᵉ de ligne, ils repoussèrent l'ennemi au delà de leurs Faubourgs et chassèrent de la ville le commandant qui leur avait proposé de se rendre. En récompense de cette attitude patriotique, la ville fut autorisée par Napoléon à ajouter l'aigle impériale à son blason.

Chalon est au milieu de vastes prairies arrosées par la Saône, sur la rive droite de la Saône, et à l'embouchure du Canal du Centre qui communique avec la Loire.

Ses monuments les plus remarquables sont la Cathédrale, dédiée à saint Vincent, monument historique, l'Église Saint-Pierre, l'Hospice Saint-Laurent, l'Hôpital Saint-Louis, l'Hôtel-de-Ville, le Palais de Justice, les deux Places de Beaune et Saint-Pierre, la Fontaine Saint-Vincent, l'Obélisque érigé en 1793 en mémoire de l'ouverture du Canal du Centre. Outre les Quais et les Promenades de l'Ile Saint-Laurent, il faut citer encore la Salle de spectacle, la Bibliothèque, le Musée, la Statue de Niepce, le Pont du xve siècle élargi au xviiie.

Le Canal du Centre et les Chemins de fer font de Chalon l'entrepôt des marchandises dirigées vers les départements centraux de la France; le commerce de commission des vins y est très florissant.

Les principaux établissements industriels sont des brasseries, des distilleries, des poteries, des scieries, des tanneries et corroiries, des fonderies, des clouteries, des ateliers de constructions métalliques, des usines à électricité et à gaz, des chantiers de construction de bateaux en bois et en fer, des tuileries et briqueteries, une verrerie, un service de bateaux à vapeur pour Lyon, des imprimeries avec cinq journaux, des fabriques de fécule et de glucose, de pain d'épices, de sucre raffiné, de vinaigre, de bonneterie, de broderies, de chapeaux, de dentelles, de gants, de lingerie, de mousseline, de boissellerie, de bougies, de cartonnages, de chaises, de chaudronnerie, de ferblanterie, de plâtre, de savon.

Les deux cantons de Chalon-sur-Saône sont surtout agricoles; il s'y trouve quelques moulins, huileries, tuileries, poteries, et une fabrique de margarine.

Signalons : à *Champforgueil*, un vieux Château; à *Épervans*, le Château de La Motte, du xviiie siècle; à *Saint-Marcel*, l'ancienne Église de l'Abbaye où mourut Abélard, monument historique.

Chalon a vu naître saint Ariglus, évêque élu de Gap, ami de saint Grégoire; saint Césaire, archevêque d'Arles, qui présida plusieurs conciles au xie siècle; le sculpteur Boichot; l'ingénieur Gauthey, qui dirigea les travaux du Canal du Centre; le général Poinsot et le maréchal d'Uxelles, membre du conseil de régence après la mort de Louis XIV; Victor Denon, que recommandent sa science et ses voyages.

Les armes de la ville sont : *d'azur à trois annelets ou cercles d'or, deux en chef et un en pointe.*

Buxy. — Ville de 1,982 habitants; chef-lieu de canton; justice de paix, perception des finances, bureau des postes et télégraphes; station de la ligne de Chalon-sur-Saône à Roanne; à 16 kilomètres Sud-ouest de Chalon-sur-Saône.

L'Église de Buxy remonte au xiie siècle.

Il y a, dans le canton, d'importants vignobles, des moulins, des distilleries, des mines de houille, de grandes fabriques de produits céramiques, de tuiles, de chaux, de plâtre.

Signalons : à *Culles*, la Grotte de la Foltière; à *Ecuisses*, à *Saint-Laurent-d'Andenay*, des Étangs ; à *Montagny-lès-Buxy*, un Château du xve siècle; de même, à *Saint-Germain-lès-Buxy* et à *Sainte-Hélène*; à *Sassangy*, un Château du xvie siècle.

Chagny. — Ville de 4,736 habitants ; chef-lieu de canton; justice de paix, perception des finances, bureau des postes et télégraphes, établissement hospitalier; sociétés de musique, de tir, de gymnastique; gare où se croisent les lignes de Dijon, de Nevers, de Roanne, de Lyon, de Dôle ; sur la Dheune ; port sur le Canal du Centre ; à 17 kilomètres Nord-ouest de Chalon-sur-Saône.

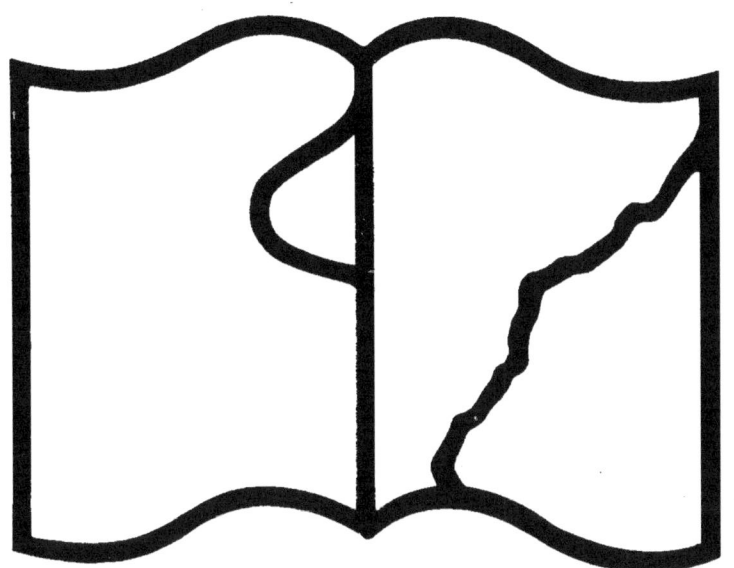

Texte détérioré — reliure défectueuse
NF Z 43-120-11

www.ingramcontent.com/pod-product-compliance
Lightning Source LLC
Chambersburg PA
CBHW062235180426
43200CB00035B/1787